Günter Stoewer

Magier und Engel
Die Zeit der Rosen

Fiktive Erzählung

Günter Stoewer

Magier und Engel

Die Zeit der Rosen

Fiktive Erzählung

München 2014

Bibliografische Information der Deutschen Nationalbibliothek:
Die Deutsche Nationalbibliothek verzeichnet diese Publikation in der Deutschen Nationalbibliografie; detaillierte bibliografische Daten sind im Internet über http://dnb.ddb.de abrufbar.

ISBN 978-3-86870-888-2

Umschlagillustration: nurmalso / photocase.de

www.rediroma-verlag.de
13,95 Euro (D)

Inhaltsverzeichnis

Vorwort 6
Die „Flucht“ zum Wildsee 9
Unter Freunden 18
Herzog Wittich von Stormland 26
Abschied von der Rosenburg 41
Thules Garten Eden 50
Die Hort des Reiches 54
Freudentaumel 68
Königlicher Alltag 84
Die Südlandreise 89
Ein unerwarteter Empfang 107
Indulfsvik 121
Der Jahrestag der Schlacht 131
Thules karger Osten 141
Das große Thing 160
Wie das Leben so spielt 171
Zwei Hochzeiten 186
Die stormländische Herausforderung 196
Sorglosigkeit oder Leichtsinn? 203
Die Königsweihnacht 210
Eifersucht 218
Königin Amalas erste Seereise 226
Landung in Meerburg 231
Balthensvik 254
Im Fjordland 260
Ein unerwarteter Besuch 271

Vorwort

Dieses 1362 bedeutete für das Reich Thule und seine Menschen ein denkwürdiges Jahr, eines das sie in ein Wechselbad der Gefühle tauchte. Ihres Herrschers Leben hing nach einem Giftanschlag lange an einem seidenen Faden. Wäre ihr verehrter König gestorben, hätten die um sein Leben bangenden Menschen erneut ein Interregnum befürchten müssen. Noch immer unvergessen war die schreckliche Zeit des verheerenden Machtkampfes nach dem Ableben des letzten königlichen Indulfingers. Der große Prozess gegen die Mörder der Eltern König Friedrichs und der kurz darauf folgende Aufstand, den Herzog Markulf angezettelt hatte, beschäftigten die Gemüter, deren glückliches Ende ließ sie aufatmen. Selbst jene, die bisher an der Prophezeiung gezweifelt hatten, wurden durch die vermiedene Schlacht von Rabenholm überzeugt: Unstrittig war Friedrich Teja jener große König, der ihnen seit mehr als siebenhundert Jahren versprochen wurde. „Erringt den größten Sieg ohne einen Toten!“ So stand es in dem uralten mysteriösen Text, den zuvor keiner der Könige vor ihm und keiner der Weisen zu deuten wusste. Wie Schuppen fiel es danach allen von den Augen. Das unerwartete Eingreifen des kranken Königs wendete die drohende Schlacht ab und ließ die Aufrührer die Waffen niederlegen. Dank seiner Gnade wurde auch beim anschließenden Gericht keiner zum Tode verurteilt.

Die Weissagung wurde in jenen Tagen vielen Orts erörtert und gedeutet. Sie lautet: *Gott schenkt den Goten zum Lohn nach langen harten Jahren ihren größten Sohn. Er wird an Kriegs- und Friedenstaten seine vielen Vorgänger weit überragen. Dieser mächtige König wird herrschen über ein großes Volk in fernem Land. Er einigt die zerstrittenen Goten, schenkt ihnen den größten Sieg ohne einen Toten. Ein edler Engel als Gemahlin an seiner Seite wird ihn durch das Leben geleiten. Er bringt seinem Volk Frieden und Glück, wird von diesem in den Himmel gerückt. Dieser Friedensreiche stammt aus fremdem Geschlecht, dennoch ist es jedem so recht. Er trägt das Blut aller Könige vor ihm in sich, ist als Herrscher und Held unvergleichlich.*

Bis auf einen einzigen Punkt hatte sich damit die Weissagung aus den Wanderjahren der Goten erfüllt. Doch dieser war weit weniger rätselhaft als die inzwischen gedeuteten und eingetretenen Aussagen. Ein Engel an seiner Seite wird ihn geleiten! War dies die schöne und warmherzige Gräfin Amala von Rosenburg? Sie, die im großen Prozess als Zeugin den nach der Macht gierenden Erzbischof Berengar überführt hatte. Würde sie zu ihrer neuen Königin werden? Bedeutete sie das Glück des verehrten Herrschers, brachte sie ihm seine als Kind so gewinnende Art zurück? Warum aber hatte sie den mit dem Tode ringenden König verlassen, während ihr Vater, der mächtige Markgraf Wittich noch geblieben war? Nichts bewegte die Thulaner derart heftig wie diese Frage. Der Markgraf war nach dem Ende des Schreckens und der Genesung seines Ziehsohns wieder abgereist und ließ die Hoffnungen des Volkes aufblühen. Aber hatte dies wirklich etwas zu bedeuten oder lief alles wieder den gewohnten Gang? Der König, von dem es hieß, er habe wieder einen gesundheitlichen Rückfall erlitten, weilte nach wie vor in seinem Schloss. Wie mussten seine Thulaner dies deuten, war es nur seiner Schwäche infolge seiner Vergiftung geschuldet? Würde er seinem Ziehvater bald nachreisen oder war sein Interesse an der Schönen wieder erloschen? Oder waren ihrem so gebildeten und klugen König zuletzt Bedenken gekommen? Konnte er, der fast dreißigjährige Mann, es verantworten eine 18 Jährige von der Welt abgeschirmt Aufgewachsene zur Königin zu erheben? Diejenigen, die dazu Näheres wussten, schwiegen beharrlich. Warum denn nur, waren sie bedrückt, weil wieder einmal eine große Hoffnung geplatzt war? Oder hatte sie der verehrte König selber im Unklaren gelassen? Viele Fragen schwirrten durch Thule, beschäftigten und verwirrten die Menschen, ließen ihre Hoffnungen wie Blätter im Wind taumeln.

Es war nun mal so in Thule, nichts beschäftigte die Menschen mehr als ihr König. Er beflügelte aller Hoffnung auf noch bessere Zeiten, er war das Idol der Jungen. Für alle war er – so wie es die alte Weissagung versprochen hatte – das Geschenk Gottes an die einst vom Schicksal so bedrückten Goten, die auf diesen Inseln überleben konnten. Das Hoffen auf den seit Jahrhunderten versprochenen großen Herrscher spendete früher Trost in schweren Tagen, sein bejubeltes Erscheinen belebte vieler Hoffnungen, kündete von friedlichen Zeiten. Auf einmal atmeten die Thulaner auf, der prächtig gekleidete Herrscher ritt auf seinem Staatsross gen Nordosten. Ihn geleiteten viele Paladine und „Löwen", ein untrügliches Zeichen für ein bedeutendes Ereignis, das im letzten Kapitel des vorherigen Buches beschrieben wurde. Dieser Band schließt daran an und lässt die Leser das weitere Geschehen miterleben.

München, im Jahre 2015
Günter Stoewer

Die „Flucht“ zum Wildsee

In die Hochzeitsglocken des Kapellenturms der Rosenburg stimmte das Läuten der burgnahen Kirchen ein. Die Gotteshäuser in der Nähe nahmen es auf, trugen es hinaus in die Thulanischen Lande. Doch nicht nur diese Klänge schwebten über Berge und Täler, auch die Kunde von der Vermählung des Herrschers ging rasch von Mund zu Mund. Überall erhob sich Jubel, denn darauf hatten die Thulaner schon so lange gewartet. „Unser Friedrich, der uns seit alten Zeiten versprochene große König, er hat jetzt den letzten Punkt der uralten Prophezeiung eingelöst! Ein Engel steht ihm zur Seite und bringt ihm das Glück zurück.“ So ging es von Ohr zu Ohr, von Mund zu Mund. Wie sah sie aus, die Gemahlin des Herrschers? Und wie verhält sie sich zu ihm und zu uns? Die Wünsche und Erwartungen an die neue Königin blieben bescheiden. Volksnah und zugewendet sollte sie sein, herzlich auch und vor allem dem Verehrten eine gute Gefährtin. Wer des Markgrafen Wittich warmherzige, schöne Tochter kannte, der konnte zu den Erwartungen lächelnd sagen: Das ist sie und noch mehr. Wie es in Thule nicht anders sein konnte, machte diese Einschätzung die Runde und beflügelte aller Neugierde ungemein.

Etwas kitzelte Amalas Nase und machte sie wach. Ausgelöst hatten es einige dunkle Haare, Haare auf einer ansonsten nur spärlich behaarten Männerbrust. Es war eine mächtige Brust auf der ihr Kopf ruhte und die sie umklammert hielt, als wolle sie diese nie wieder loslassen. Eng an ihn gekuschelt hielt sie sich an ihm fest, ihrem Mann und Geliebten. Ganz still verhielt sie sich, um ihn nicht aufzuwecken und selbst nicht aus diesem Traum, diesem herrlichen Empfinden zu erwachen. Doch sie träumte nicht, alles war wirklich. Eine kräftige Hand strich ihr sanft über das gelöste Haar und die Schulter. „Guten Morgen, geliebtes Murmeltier, die Sonne steht schon am Himmel.“ Seine Stimme, seine liebevolle Stimme, welch eine Seligkeit für Amala. Nackt lagen die Eheleute unter einer dünnen Decke auf dem Bett und kein Funke von Scham regte sich bei der sonst so prüden Amala. Ganz im Gegenteil, als sie ihrem Mann über das Gesicht fuhr, auf dem sie zarte Stoppeln fühlte, da war ihr, als müsse diese Nähe künftig immer so sein. Sie gehörte ihm für immer an, sie war seine Frau und er ihr Mann. Ja, und ihr König war er auch, doch dies war in diesem Augenblick ohne jede Bedeutung. Denn den Kuss gab ihr nicht der König, sondern ihr Geliebter. Er, der ihr gestern in der Kapelle der Rosenburg seinen Ring über den Finger gestreift hatte und sie ihm den ihren. Er, der sie am gestrigen Nachmittag zu seiner Frau gemacht hatte. Mit dem sie sich so tief verbunden fühlte, wie es nur zwischen Liebenden möglich sein konnte. Jetzt erst verstand sie jene Stelle in der Bibel „seid ein Fleisch“ so richtig und empfand es mit allen Sinnen.

Draußen über dem einsam liegenden Wildsee verzogen sich die letzten Schwaden des von der Sonne weg gesaugten Regengusses. Nie zuvor war

Amala ein Regen so willkommen gewesen, wie der von gestern als sie hier ankamen, hier an diesem trauten Ort ihrer Kindheit und Jugend. Hier in der Jagdhütte ihres Vaters hatte sie so manchem Traum nachgehangen. Und nun hatte sich ein unvorstellbarer Traum erfüllte, der schönste ihres Lebens. Der liebevollste Mann unter dem Firmament lag in ihren Armen, so sah sie es in ihrer Liebe. Als sie es realisiert hatte, da musste sie sich korrigieren, denn sie lag in seinen Armen, so an ihn geschmiegt, als wäre ihr kalt.

„Mein Schatz, was hältst Du denn von einem morgendlichen Bade?“ Sie musste eingestehen nicht schwimmen zu können und der Wildsee sei am Steg so tief. „Dann hältst Du Dich an mir fest, bis wir eine seichte Stelle finden.“ Friedrich sah es seiner Frau an, dass sie nicht so mutig war. „Amala, Du hast Angst? Dann suchen wir eben lieber vom Ufer aus eine geeignete Stelle oder wir nehmen Vaters Nachen.“ Nun hieß es aufstehen, Friedrich, der schon länger auf ihr Erwachen gewartet hatte, fiel das leichter als ihr. Amala musste sich überwinden ihn loszulassen und den neuen Tag im Stehen zu begrüßen. Sie schlug die dünne Decke zurück, um ihrem „Adam“ zu folgen. Gestern, als sie „danach“ das Lager verließen, da hatte sich Amala erschrocken, als sie die Blutflecken auf dem Laken sah. Sie hatte den Geliebten fragend angeblickt und zum Lachen veranlasst. Amala konnte sich es nicht erklären, weil er aber so ansteckend lachte, lachte sie mit. „Der König von Thule, so ist es seit Jahrhunderten niedergelegt, darf nur eine Jungfrau heiraten. Das, Du himmlisches Wesen, ist das „geforderte Testat“, das Zeugnis der ersten Nacht“, sagte er wieder ernst geworden. Nun wusste sie auch, warum dort in der Ecke, gegen alle Gepflogenheit, ein weiteres Laken gelegen hatte. Tante Winthala schien alles erahnt zu haben, nicht nur die Hochzeit sondern auch Amalas kleine „Flucht“ hierher. Zu ihr hatte sie kein Wort verlauten lassen. Amala wollte das Laken wegräumen, aber ihr Mann kam ihr zuvor und verstaute es in seinem Fellsack. Als Amala das neue Laken über das Lager gezogen hatte, da wirkte es unberührt wie zuvor, so als wäre nichts geschehen. Amala spann den Gedanken fort, für sie galt das so nicht mehr, denn sie war nun eine verheiratete Frau und keine Jungfrau mehr. Ihr war etwas geschehen, was sie tief in eine andere Welt geführt hatte und fast die Sinne geraubt hatte. Sie hatte sich ihrem Friedrich nicht nur hingegeben, sie hatte ihn ihre Glut und Leidenschaft fühlen lassen. Ja und auch ihre Lust, die sie nun wieder ergriff. Sie schmiegte sich an ihn und liebkoste ihren Mann, auch dort, wo sie nun wusste, dass er ihr nicht widerstehen konnte. Das Laken war danach nicht mehr so frisch und glatt wie zuvor. „Du bist vielleicht stürmisch und….“ Ihr Kuss erstickte weitere Worte, aber das Glück strahlte ihr aus den Augen. Hier oben gehörte er ihr ganz und gar, war nur ihr Gemahl und Geliebter. Der König „wartete“ unten bei den Pferden und ließ ihrer Liebe diesen verschwiegenen Platz.

Sie banden den Nachen ihres Vaters los, Amala saß in der morgendlichen Wärme Urmutter Eva gleich im Boot. Ihr Adam schob die Nussschale auf die kleine Insel zu, die mitten im See aus einer Sandbank herauswuchs. Zuvor hatte er noch Tücher in den Nachen geworfen und sein Schwert hineingelegt. Mit einem sie ängstigenden Kopfsprung sprang Friedrich ins schwärzlich-grüne Nass hinaus. Angst um ihn, der mit dem Wasser spielte, das würde sie von nun an vermehrt haben, in ihrem gemeinsamen Leben. Er gab dem großen Nachen einen Stoß. Mit kräftigen Armzügen überholte er den Kahn, so als wäre er Neptun selbst. Für Amala bedurfte es keiner Vergleiche mit der Antike, für sie war ihr Friedrich einfach unvergleichlich, zärtlich und beschützend, ja und auch so... Darüber würde sie nicht reden, das sollte zwischen ihnen beiden bleiben, eingeschlossen in den Kokon ihrer Liebe. An der Insel gab es eine wunderbare Stelle an der Amala ohne Angst stehen und sich im seichten Wasser ergehen konnte. Sie fühlte sich so leicht, so neugeboren in seiner Nähe und auf seinen Armen, mit denen er sie ans Ufer trug und abtrocknete. Auf ihrer „Liebesinsel", wie sie Amala umgetauft hatte, vergaßen sie Zeit und Raum. Frau zu sein, das ist so herrlich, und von ihm geliebt zu werden und ihm die eigene Liebe schenken zu dürfen, empfand Amala wie eine himmlische Gnade. Nun verstand sie die Worte ihrer Freundin Prinzessin Adelheid zu ihrem Bruder, als diese von einer verpassten Gelegenheit sprach. So sollte es für Amala immer bleiben, mit ihm auf diesem Inselchen, sich selbst die ganze Welt und alle Seligkeit des Universums. Die Sonne zwang sie mit ihrer wärmenden Kraft immer wieder ins Wasser, kühlte jedoch die beiden Liebenden nicht ab.

Gestern, am späten Nachmittag verließen die frisch Vermählten „kurz" das Hochzeitsfest, um einen Ausflug zum Wildsee zu unternehmen. Amala wollte mit ihrem Mann wenigstens einige Augenblicke lang allein zu sein. Friedrich hatte, wie es Amala schien, wohl unter „kurz" anderes verstanden. Auf Amalas Wunsch waren sie in die Berge geritten, sie wollte ihm ihren zweiten Lieblingsplatz zeigen. Oder, war dieser eher ihr Traumplatz, in den sie ihn hereinholen wollte, ihn der so lange ihre Träume besetzt hatte. Nachdem sie ihre Reitkleidung angelegt hatten, wollte sich Amala ihre Stute satteln lassen, doch Friedrich meinte: „Amala, nimm entweder Deinen grauen Wallach oder die Norma. Mein Pegasus ist ein Hengst, er würde zur Stute drängen und wäre auch von mir nur schwer zu bändigen." Amala schoss durch den Kopf: Ob es ihm mit mir auch so geht? Sie verbat sich weitere Gedanken. Sie ließ sich Norma satteln, die Schwester des Pegasus.

Begleitet von des Königs Knappen Ibrahim ritten sie hinunter in das menschenleere Dorf und bogen nach der Klarälvbrücke rechts ab. Es ging entlang des Klarälv, vorbei an der Walkmühle, und bald darauf nahm sie eine Schlucht auf. Nun stellte Amala ihrem Mann jene Frage, die sie schon länger bewegte hatte. „Fried, warum wusstest Du, als Du in der Sturmnacht aus Deiner Ohnmacht erwachtest, wer ich bin?“ Der König lächelte: „Schatz, dazu musste ich kein Hellseher sein. Ich wusste ja, dass Markgraf Wittich eine sehr schöne Tochter hat.“ Neugierig setzte sie nach: „Woher hattest Du das?“ „Sowohl von Adelheid, die oft von Dir erzählt hatte und von Bodo, der von Dir schwärmte, und Dich mit seiner Gerlind vergleichen konnte. Selbst am Königshof wird geschwatzt, was gelegentlich sogar an mein Ohr gelangt. Aber es gibt noch einen Grund, der meine Annahme rechtfertigte, Du konntest nur die schöne Amala sein. Niemals hätte es Dein Vater zugelassen, dass eine andere Maid, vor allem eine so Schöne, seinen König pflegen durfte. Dies hätte er nur seiner Tochter einräumen dürfen.“

Kurz darauf nahm ihr der König ihre zweite Frage ab. Amala schaute verblüfft, denn sie wollte fragen, ob ihr Mann als „Ritter des roten Löwen“, in seiner Ohnmacht überhaupt mitbekommen hatte, was um ihn her geschah. Und dies beantwortete er: „Es gab Phasen da wollte ich mit Macht erwachen, zurückkommen in das Leben. Wenn Du mich geküsst und gestreichelt hast, war mein Verlangen danach am stärksten. Das hatte ich mitbekommen, sicher nicht immer. Deine Tränen um mich, den Dir vielleicht unwillkommenen Fremden, wie Deine Gebete für mich blieben mir nicht verborgen. Mir erschien es so, als würde meine Seele über mir schweben und Du Engel hattest Dich liebevoll meines noch lebenden Leibes angenommen. Gebannt von Dir konnte ich nicht hinwegschweben in das verlockende helle Licht, das mich hieß in die Ewigkeit einzugehen. Doch Deine Liebe war stärker in diesem Ringen. Du hast um mich gekämpft und in mir Liebe und Verlangen zu und nach Dir geweckt. Seitdem hatte mich ein tiefes Sehnen ergriffen, mir ein Leben ohne Hass vor Augen geführt.“ Friedrich, der König von Thule, reichte seiner Frau die Hand, die sie gerührt an ihre Wange zog.

Schlucht und Reitweg endeten in einem kleinen Kessel, in den sich der Kläralv herabstürzte. Satte Wiesen umgaben einige Felsen und Lärchen und erfreuten das Auge. Eine rote Hütehütte, die sich an eine steile Felswand lehnte, setzte einen Farbtupfer. Vor ihr war eine Wiese eingezäunt, auf dem die Pferde weiden konnten. Des Königs Knappe Ibrahim würde sie hüten und hier warten. Wie sein Herr hatte er sich mit Proviant eingedeckt und wollte sich die Zeit mit Flötenspiel vertreiben. Die Pferde fanden Platz auf Koppel und unter einem Felsüberhang Schutz gegen Hitze und Regen. Der König warf sich seinen Fellsack über, in dem sich neben Essen noch andere kleine Dinge befanden – das, was er bei den Streifzügen durch Thule mit sich führte. Auch das Schwert hing daran, es war immer dabei.

Sie nahmen einen steilen gut gepflegten Fußpfad, damit Markgraf Wittich das Hochtal jederzeit unbehindert aufsuchen konnte. Im Tal sammelte der Klarälv einige Bäche und durchfloss einen See. Dort fand der Markgraf Muße, um ungestört seinen Gedanken nachzuhängen. Zum Jagen kam er selten, das überließ er zumeist seinem Vogt Gero und den Jägern. Als Amalas Mutter noch lebte, weilte das Markgrafenpaar ab und an einige Tage in dieser stillen Welt. Dort waren sie nur auf sich bezogen, fern der Verpflichtungen der Rosenburg. Als Kind war Amala öfters mit dabei gewesen, erfreute sich am einfachen Leben in der Hütte am Wildsee. Sie genoss die ungeschmälerte Zuwendung der Eltern, denn ihr einziger Bruder, diente damals als Page bei Oheim Theodemir, dem Herzog von Indulfia. Leonardos Witwe Martha kümmerte sich sorgfältig um die Hütte. So blieb die Hütte mit ihren drei Zimmern und ebenso vielen Nebenräumen stets bewohnbar, damit der Markgraf dort jederzeit nächtigen konnte. Amala wusste, dass sich Martha und einige Mägde gestern der Hütte angenommen hatten. Amala konnte sie ohne Bedenken ihrem Gemahl, dem König von Thule, vorführen.

Vom Wasserfall an war es noch eine rüstig genommene Stunde Wegs. Es ging sanfter hoch durch den Bergwald, entlang dem plätschernden, verspielt dem unteren Tal zu eilenden Flüsschen. Als das Paar den Weg und eine letzte Engstelle überwunden hatte, weitete sich das Blickfeld und breitete eine liebliche Szenerie aus. Vor ihnen zeigte sich ein weites Tal mit Waldinseln und blühenden Wiesen. In dessen Mitte lag der Wildsee in unberührter Stille, ringsum schlossen Berge dieses Idyll ein. Als sie gestern den See erblickt hatten, entging ihnen die dunkle Wolkenwand nicht, die über dem Talkessel dräute. Ehe sie noch überlegen konnten, ob sie wieder umkehren sollten, ergoss sich der Regen über das Paar. Dabei war die rettende Hütte doch schon so nah. An eine Umkehr war nicht zu denken, daher hasteten sie durch den warmen Regenguss zur Hütte. Amalas Reitgewand wurde dabei durchnässt, des Königs zweckmäßigere Kleidung hielt dem Wetter besser stand. Nass geworden erreichten sie schließlich die Jagdhütte, die ihnen nun Schutz und Unterschlupf bot.

Ungeniert zog sich Friedrich aus, schämte sich seines Nacktseins nicht, Amala hingegen zögerte ihm zu folgen. Sie neckend sagte er: „Königliche Hoheit, nicht nur Ihr habt mich schon nackt gesehen!“ Sie blickte ihn verunsichert an, wollte etwas sagen, doch er kam ihr zuvor. „In jener Nacht, als Du mich aus dem Dunkel zurückgerissen hast, da trugst Du nur Deine Schönheit und sonst nichts. Da erschienst Du mir wie ein Engel, warst so schön.“ Ein wenig erschrak sie doch: „Ich dachte, dass Du vor lauter Schwäche meine Nacktheit nicht wahrgenommen hast.“ Friedrich lachte leise: „Amala, so viel Schönheit und Reinheit durchdringt Schwäche und Ohnmacht. Dein so herrlicher Körper ist die Lockung des Lebens gewesen. Nicht als Verführung, sondern als Abbild alles Schönen. Dieses Bild habe ich mit mir getragen, es hat mir viel Kraft gegeben." Während er dies sagte, legte Amala ihre Kleider ab, die beide säuberlich zum Trocknen aufhängten. Dabei berührten sie sich und Amala umarmte und küsste ihn. Ihre Lippen fanden sich, lange und in einer Art, von der sie nichts geahnt hatte. Es fanden sich ihre erhitzten Leiber, es fand sich das Lager, das ihrer Vereinigung Zeuge wurde. So viel Zärtlichkeit und so viel Lust, davon hatte Amala zwar schon geträumt, aber als etwas „Verbotenes" wieder verdrängt. Verboten? Nein, das war es für Amala wahrlich nicht mehr. Einst wollte sie ihr Leben für Friedrich opfern und jetzt konnte sie sich ihm in allem hingeben. Dabei durfte sie am Leben bleiben, auch wenn es ihr so vorkam, als wären all ihre Sinne entrückt und sie glaubte zu sterben vor Wonne und Leidenschaft. Es war ein himmelstürmendes Erleben, ein unvorstellbares Verschmelzen in Liebe und Lust. Lange lagen die beiden eng umschlungen und spürten dem schnellen Atem des anderen nach. Sie labten sich an Küssen und sanften Berührungen, von denen Amala nicht genug bekommen konnte. Sie war jetzt eine liebende Ehefrau, eine um das Geheimnis der tiefsten Liebe wissende Frau, nun seine Geliebte in allem. Sie empfand es als ein unfassbares Glück und die Erfüllung ihrer Sehnsucht.

Der Regen endete so plötzlich wie er über sie gekommen war. Ihnen war so als würde eine göttliche Hand die Wolke zur Seite schieben, um ihnen zu zeigen, dass die Sonne sich anschickte im Westen hinter den hohen Bergen zu versinken. „Cara, sollen wir jetzt wieder zurück reiten oder bleiben wir über Nacht hier?" Ohne Zögern und Ziererei wünschte sie zu bleiben, sie wollte ihren Mann für sich haben, statt ihn auf der Rosenburg wieder mit allen teilen zu müssen. Sie schlang die Arme um ihn und sagte: „Dich will ich und sonst gar nichts, mein Mann und Geliebter!" Friedrich neckte sie: „Du setzt Dich damit dem Verdacht aus, noch vor unserer Hochzeit in Theodericia das Lager mit mir geteilt zu haben!" „Und wenn schon, Fried, das ist für mich bedeutungslos. Bedeutend bist nur Du für mich und Deine Liebe. Die Thulaner sollen mitbekommen, dass ich Dich über alles liebe und Dir an jeden Ort der Erde folgen werde. Alle sollen wissen, wie sehr ich Dir anhänge, Dir, meinem Mann und König."

So blieben die beiden Neuvermählten in ihrem Liebesnest. Friedrich entfachte im Kamin ein Feuer, das die Stube mit wohliger Wärme füllte und die Gewänder trocknete. Amala bekam mit, was sein Fellsack für „Schätze" barg. Er enthielt das Zeug zum Feuermachen und einen Angelhaken, aber auch frisches Brot und Käse. Der Knappe hatte es in der Rosenburger Küche geordert und das Beste bekommen. Das Angelzeug benützte der König anschließend nicht, stattdessen fasste er unter eine Wölbung des an der Hütte vorbei fließenden kleinen Baches. Gleich darauf hatte Amalas Adam eine große Forelle ergriffen und nahm sie selbst aus. Ihr Abendessen, vom König Thules bereitet, fand Amala wirklich königlich. Zuerst staunte sie, dass ihr Gemahl so etwas konnte, sie hätte es nicht vermocht. Aber es wurde ihr bewusst, ihr Mann hatte sich manchmal allein durch Thule bewegt, und auch in unbewohnter Wildnis aufgehalten. Sich selbst zu versorgen, das war ihm so vertraut wie den Hirten auf den Berghütten und den Holzfällern. Amala hätte es vielleicht ohne Essen ausgehalten und sich von der Liebe genährt, doch so verwöhnt zu werden, das genoss sie. Ihr erfrischendes Getränk schöpfte er aus einer kleinen Quelle, die sich dem „Forellenbach" nach kurzem Fließen vermählte. Diese Vermählung sah Amala als etwas Immerwährendes an, so wie sie sich ihr Leben mit ihrem Friedrich vorstellte. Nun war er auch noch zu ihrem Ernährer geworden, ein Begriff, der ihm ein fröhliches Lachen entlockte.

Ihr Fried konnte fröhlich lachen, das Gespinst aus ungestillter Trauer, frustrierender Ohnmacht und nicht vollzogener Rache; alles was ihn bisher umhüllt und alle Fröhlichkeit erstickt hatte, er hatte es abgestreift. Durch die Liebe zu Amala trat sein eigentlicher Wesenskern wieder zum Vorschein. Die Ähnlichkeit mit seiner Schwester Adelheid wurde für Amala immer deutlicher. Hoheit ja, aber Herzlichkeit auch – das Gewinnende trat plötzlich wieder ans Licht. Welch eine Verwandlung hatte sich bei ihrem Mann vollzogen. Aus der unberührbaren, entrückten und scheu verehrten Majestät wurde auf einmal ein nicht mehr versengender und erdrückender Mensch. So als könnte er Amalas Gedanken lesen, äußerte er: „Daran bist vorwiegend Du schuld, mein Goldköpfchen." „Woran?" fragte seine Frau schelmisch. „In Deinen lieben Zügen ist für mich manchmal zu lesen wie in einem offenen Buch. Was bin ich froh darüber, diese Last abwerfen zu können, wieder leben und lieben zu dürfen. An Deiner Hand", dies sagte er ernst, „wird die so erdrückende Bürde, das Amt des Herrschers, leichter zu tragen sein!" „Du bist nicht gerne unser König!?" Friedrich nickte und sagte fast resigniert: „Du siehst es richtig! König zu sein, das ist eine stete Verpflichtung zu Würde, Ausgewogenheit, Hoheit und Gepränge. Für dich werden edle Gewänder bereitgelegt, die dich als „Höhepunkt" in die purpurne Hülle schlüpfen heißen. Du handelst wie alle König vor dir zu handeln hatten. Geschriebene und ungeschriebene Gebote geben dir deinen Weg vor. Erwartungen in vielen Ausprägungen, oft voll von Widersprüchen treffen auf Dich. Die Thulaner erwarten das Heil vom König, Abwehr allen Unbills und ein gutes Leben. Der König muss verhindern, dass die Starken die Schwachen unterdrücken und die Reichen auf Kosten der Armen ihren Reichtum mehren. Er muss zum Wohl aller handeln, hat die nach eigennütziger Macht strebenden Institutionen und Gruppen in Schach zu halten. Er darf sich dabei nicht beirren lassen, sich so Feinde zu verschaffen. Vermag er diese Herausforderung zusammen mit seinen Getreuen so einigermaßen zu schultern, dann ist er für sein Volk ein guter König.

Brechen dagegen die inneren Widersacher den Frieden, fallen die Feinde aus der Fremde ein, überziehen Seuchen das Land, drängen die Elemente der Natur über uns herein, dann heißt es stets, König hilf. Oft drängt sich mir der Eindruck auf, alles, was schiefgeht – und den Adel nehme ich nicht aus – wird vor allem mir, dem Herrscher angelastet. König zu sein, das heißt Verantwortung für alles zu übernehmen, sich um alles zu kümmern und zugleich Schuld zu sein an allem Misserfolg. Läuft es hingegen gut, dann war es jeder selbst. Wer Macht, Pomp und das Bad in der Menge liebt, der sieht nur die Fassade und neidet sie mir. Doch dahinter steckt viel Nachdenken und Arbeit; das Amt fordert ein stetiges Abwägen und Entscheiden. Doch damit ist es noch nicht genug, du musst dich weiterhin darum kümmern. Nichts läuft von selbst, gerade wenn es gut zu gehen scheint, ist darin der tückische Keim angelegt, aus dem Nachlässigkeit, Gewöhnung und oft Gier nach noch mehr sprießen. Aber einer muss diese Bürde übernehmen, für unseren ersten Sohn, der uns hoffentlich beschieden wird, ist dies sein Schicksal, so wie zuvor für mich."

„Wie viele Kinder wollen wir denn überhaupt haben, so wir welche bekommen?" Damit wechselte König Friedrich das Thema und befreite sich aus der ihm unerwünschten Nachdenklichkeit. Seine Amala stieg darauf ein: „Wenn es jedes Mal so herrlich ist wie es soeben war, dann wünsche ich mir mindestens zehn Kinder von Dir!" Sie schaute dabei so, als wenn das Kinderkriegen das einfachste auf der Welt wäre, was ihren Mann zum Schmunzeln brachte. „Da ich mich selbst um jedes Kind kümmern möchte, würde ich mich mit dreien oder vieren begnügen wollen." „Müssen es denn nur Söhne sein?" wollte die Königin wissen, denn das war Amala ja seit gestern. „Nehmen wir es doch so, wie es uns beschieden ist. Sollte ein Sohn darunter sein, fände ich es sehr schön. Wenn nicht, dann werde ich dafür sorgen, dass Adelheids Sohn dereinst die Herrschaft übernehmen kann." „Fried, ich bin mir ganz sicher, ich habe vorhin einen Sohn empfangen, der Dir gleichen wird." Sie sagte es dermaßen überzeugt, dass sie dafür ein liebes Lachen erntete. Er alberte: „Oh Schreck, dann muss ja unsere Hochzeit in Theodericia noch schneller anberaumt werden!" „Hast Du am Ende schon die Hochzeit vorbereiten lassen?" „Aber ja, das habe ich, Deine Freundin Adelheid hat sich sofort mit Feuereifer darauf gestürzt, fast als wollte sie selbst noch einmal in den Stand der Ehe treten.

„Woher wusstest Du denn, dass ich ja sage, Du alles steuernder König?" Wieder flachste er: „Ich hätte es einfach befohlen und Du hättest Dich dem „Allesbeherrscher", Deinem „Tyrannen" fügen müssen." Bevor sie darauf noch etwas sagen konnte, fuhr er fort: „Amala, nun im Ernst. Ich habe es in Deinen

Augen gelesen, als Du mich im Thronsaal anblicken musstest, und auch danach konntest Du Deine Liebe zu mir nicht mehr verbergen. In Deinem Brief konnte ich zwischen den Zeilen Deine Selbstzweifel erkennen und dahinter Deine unglückliche Liebe zu mir entschlüsseln. Aus Deinen Augen entnahm ich, dass Du mich mehr liebst als Dein eigenes Leben und so um mich bangtest, als wäre ich Dein Geliebter. Da wusste ich, dass wir zusammengehören. Füreinander Mann und Frau zu sein, vor einander und vor Gott wie den Menschen, halte ich für so etwas wie ein unentrinnbares Schicksal!" Amala nickte und entgegnete ihm: „Wie leider so oft, hast Du wieder Recht. Ich habe mich nach Dir gesehnt im Wachen und im Träumen, ich wollte Dir angehören auf immer und nun ist es so. Wann wird das große Ereignis sein, Hohe Majestät?" „Königliche Hoheit, hochedle Königin von Thule, wenn es Euch beliebt, bereits in wenigen Tagen." Amalas Kuss auf diese „frech" gestelzte Antwort sagte ihm dann mehr als jedes ja.

Eines wurde Amala in diesen so zauberhaften Stunden schnell klar, sie musste bei ihrem Mann nicht nur wegen seiner Klugheit aufpassen, sondern auch wegen seiner Neckerei. Die kam ganz Ernst daher und endete in fröhlichem Lachen, wenn er sie hereingelegt hatte. Da war nichts, aber auch gar nichts von einem Herrscher zu erahnen. Friedrich verwandelte sich dann wieder in Prinz Sonnenschein, der damals den Königshof mit seiner Fröhlichkeit und Schelmerei, seinen nie bösartigen Streichen so erfreut hatte. So wusste es Amala von ihrem Cousin Prinz Theodemir und von dem heutigen Regenten von Rhenia, Markgraf Bodo. Diese engen Freunde des Königs waren von Kindertagen an um ihn und mit ihm zutiefst vertraut.

Friedrich begann das Geschirr im „Forellenbach" abzuwaschen, Amala wollte ihm dabei helfen, doch er bedeutet ihr, eine angehende Mutter habe sich zu schonen. Amala wollte ihm diese Frechheit durch Nassspritzen vergelten, plumpste aber versehentlich ins Wasser und wurde von ihm aus dem kühlen Bächlein geborgen. Die beiden alberten und tollten herum wie zwei übermütige Kinder. Kein Beobachter wäre je auf den Gedanken gekommen, dass sich hier das Königliche Paar unbeschwert aneinander erfreute und die ersten Tage als Ehepaar genoss.

Unter Freunden

Zurück auf der Rosenburg wollte Friedrich den Alltag noch nicht einkehren lassen und frozzelte seine Frau: „Ist es der schwangeren Königin zuzumuten, der Wöchnerin Gerlind ihre Aufwartung zu machen?“ Dafür erhielt er von Amala einen liebevollen Knuff und ein freudiges ja. Diesmal lief es gemäß dem festgefügten Ritual ab, daher ritt das Königspaar mit großem Gefolge in den Westmeergau. Ihr Kommen hatte sich in Windeseile herumgesprochen, was niemand wunderte in einem Land, in dem der König so im Mittelpunkt aller Gespräche stand. Allerorten eilten die Landleute zur Strasse, bestaunten und bejubelten das Königliche Paar. Länger wurden sie in Silberthal aufgehalten, begrüßt vom Rat der Stadt und der Bevölkerung. Der Patrizius hieß den König und seine Gemahlin willkommen und entbot ihnen die Glück- und Segenswünsche der Stadt. König Friedrich dankte huldvoll und die Königin fröhlich, ihr war danach. Als sie weiter ritten sagte der Herrscher zu seiner Frau: „Cara, Du hast Dir neue Verehrer geschaffen, so wie Du gedankt und den Menschen zugewinkt hast.“ Wie ein Kind freute sich Amala über die Anerkennung ihres Mannes und über die Fröhlichkeit, die sie bei den Menschen ausgelöst hatte. Sie ahnte nicht, dass ihr von jetzt an die Thulaner überall mit großer Herzlichkeit begegneten. Sie hatten es ihr ganz leicht gemacht, so konnte ihre Königin gut freundlich zu ihnen sein. Aber es hatte ihr wohl getan, wie auch ihrem Gemahl. Sein Stolz auf seine junge, schöne Gemahlin machte ihr Glück noch runder.

Danach konnte selbst der salzgeschwängerte Meerwind den Zug nicht aufhalten, der aus der Walbucht einem Blasebalg gleich blies. Rasch gewannen sie den Windschatten des Vogelbergs. Es war beeindruckend wie geschlossen und zügig der große Reiterzug vorankam. Am Fuße der Burg Hohenfels erwartete Markgraf Bodo seinen Herrscher. Friedrichs Kommen konnte ihm von seiner hohen Warte herab nicht verborgen bleiben. Natürlich gab es einen herzlichen Empfang durch den Markgrafen und Freund sowie dessen Mannen. „Nun mein lieber Freund Bodo zeigt Eurer Königin und mir Euer neugeborenes Kind.“ „Mit Freuden Majestät und … Königin!?“ Ausgerechnet Bodo hatte es noch nicht gewusst, die Botschaft hatte entweder nur Silberthal erreicht oder alle hatten angenommen, dass es ihr Markgraf als enger Vertrauter des Königs längst wusste. Bodo, der verrückte Kerl, ließ freudetrunken seinen mächtigen Braunen tanzen und fragte erstaunt: „Meine Königin? So ist es wahr, liebe Amala? Ihr seid meines Herrn Gemahlin?“ Amala nickte: „Ja, so ist es lieber Bodo, nach uraltem Königsrecht bin ich vorgestern meinem Gemahl und König angetraut worden, durch ihn selbst, den Herrscher von Thule!“ Nun nahmen alle den Helm ab und grüßten ihre junge Herrin mit blankem Schwert. Im Chor riefen sie: „Heil sei unserer schönen Königin, ewiges Heil sei Euch, Ihr edles Paar!“ „Wie die wilden Goten dereinst!“ lachte der König. Einst erfolgte solche

Huldigung auf dem Schlachtfeld, aber auch so war es spontan und anrührend ehrlich. Sie ritten hoch zu der steil aufragenden Burg. Dort wurden die hohen Gäste von den Knechten und Mägden gegrüßt, zuerst jedoch von Agnes, der Patentochter des Königs. Die Kleine tanzte vor Freude, kümmerte sich nicht um die Pferde, die beinahe scheuten. Der Markgraf stieg ab, nahm seinen blonden Irrwisch auf den Arm, und reichte ihn hinauf, nun in Augenhöhe mit Oheim König und Tante Amala. Artig, so wie ihr geheißen, begrüßte sie das Königspaar.

Von Bodo wurden die Gäste zu der Wöchnerin Gerlind geführt, die etwas geschwächt, aber glücklich auf ihrem Bett ruhte. Als die Gäste eintraten, der so verehrte König und die liebe Freundin, strahlte sie voller Freude. Kaum hatte sie das Paar begrüßt, sprudelte es aus ihr heraus: „Majestät und Amala zusammen, das bedeutet etwas. Unser König war seit ich hier lebe nie zu Gast und nun kommt er sogar mit Dir, Amala. Lass mich raten, es….“ „Ihr erratet es doch nicht, Gerlind“, unterbrach sie Friedrich. „Amala ist seit vorgestern meine Gemahlin und Thules Königin.“ Gerlind musste erst einmal schlucken, Staunen und Freude überzog ihr Gesicht. „So schnell und so überraschend?“ fragte sie ungläubig nach. „Nun liebe Gerlind, möchtet Ihr uns nicht Euren jüngsten Spross vorstellen?“ Der stolze Vater reichte Amala den neugeborenen Sohn. „Wie heißt er denn, Bodo?“ „Das müsst Ihr entscheiden Königliche Hoheit; falls Ihr noch seine Patin sein wollt.“ „Gerlind und Bodo, um zwei Dinge möchte ich bitten, sprecht mich nicht mit Königliche Hoheit an, bleibt bei Amala wie zuvor. Zum anderen möchte ich mein Versprechen einhalten und bei dem Neugeborenen gerne die Patin sein.“ Sie wandte sich an ihren Gemahl: „Fried, da ein Sohn schon Deinen Namen trägt, würde ich den kleinen Jungen gerne Wittich nennen, aber nur wenn es seinen Eltern Recht ist.“ Bevor sich diese äußern konnten schaltete sich der König ein. „Wittich mit dem ersten Namen und Beowulf als zweitem, das wäre mein Vorschlag, liebe Freunde. Seht das bitte nicht als den Vorschlag des Königs an, sondern als den des Freundes.“ „Das finden wir großartig“ sagten Gerlind und Bodo zugleich. „Wittich Beowulf von Falkenberg, Patensohn der Königin Amala von Thule“, rezitierte Bodo stolz. Unterwegs hatte das Königspaar das Patengeschenk festgelegt und so erhielt der kleine Spross den Titel „Herr von Auenstein“. Dies war das Gut, das ihm König Friedrich nun zum Lehen gab. Wie seine Schwester Agnes durfte er es ab Volljährigkeit oder Eheschließung selbst verwalten. Die kleine Agnes hatte sich zu Amala gesellt, diese war und blieb „nur“ die Tante. Die gebührende Ansprache „Königliche Hoheit“ oder wenigstens Königin Amala, negierte das Mädchen, obwohl ihr Vater es dazu angehalten hatte.

Als die Männer sich zurückgezogen hatten, setzte sich Amala zu ihrer Freundin Gerlind aufs Bett und ergriff deren Hand. Die Wöchnerin druckste verlegen herum: „Amala, eigentlich darf ich Euch nicht mehr duzen, das würde gegen jeden Brauch verstoßen.“ Amala entgegnete ihr entrüstet: „Untersteh Dich, Gerlind. Beim König, meinem Gemahl, da kann es nicht anders sein, bei mir aber schon. Auch er sieht und wünscht dies so.“ Gerlind, sichtlich erleichtert und erfreut: „Liebe Amala, hab Dank für den Beweis Deiner Freundschaft und dafür, dass Eure erste Reise gleich zu uns führt. Bodo platzt vor Stolz und Freude, denn unser König ist ihm so wichtig wie ich und unsere Kinder, er verehrt ihn zutiefst. Amala, Du bist wirklich seine Frau? Und das in allem?“ Amala nickte. Keineswegs verlegen sagte sie: „Gerlind, so ist es! Mein Vater hat uns zusammen gegeben und Friedrich hat es am Grab meiner Mutter in unserer Kapelle bestätigt. Doch dabei blieb es nicht, noch am selben Abend machte mich mein Gemahl in der Jagdhütte meines Vaters zur Frau. Gerlind, meine liebe Freundin, seitdem schwimme ich in einem Meer des Glücks. Nicht weil ich unseres Königs Gemahlin werden durfte, sondern weil ich einem solch liebevollen und edlen Mann anhängen darf.“ „Amala, ich erinnere mich an unser beider Träume auf der Rosenburg als der so schwer verwundete „Ritter des roten Löwen“ in Dein Leben getreten ist. Ich war die Zehnte, doch tatsächlich nur die Neunte, da ja der König selbst jener geheimnisvolle Ritter war. Unsere Träume sind Wirklichkeit geworden, sie haben sich unglaublich schön erfüllt. Ich freue mich von ganzem Herzen für Dich aber auch für Majestät, die nur die tiefe Liebe zu Dir aus der dunklen Welt des Schmerzes und Hasses lösen konnte. Du hast ihn erlöst und ins Leben zurückgeführt. Dafür, dazu gehört keine prophetische Gabe, werden Dir die Thulaner viel Dankbarkeit und Zuneigung entgegen bringen. Deine voll erblühte Schönheit wird ein Übriges dazu tun. Mein Vater, der Dich am Tag der „Abschiedsrede“ erlebt hatte, war fast verliebt in Dich. So etwas habe ich noch nie bei meinem nüchternen, gelegentlich rauen und doch seelenguten Vater erlebt.“ Das gefiel Amala, nicht nur Friedrich und Gerlind, sondern auch Herzog Beowulf fanden sie schöner, als sie sich selbst wahrnahm. Amala war davon ausgegangen, der Herzog besorgt um seinen hinfälligen König, hätte damals für nichts anderes Augen gehabt. Dagegen sprach allerdings, dass er die Tochter seines Freundes Wittich herzlich in seine Kriegerarme geschlossen hatte.

Diese Gedanken durchbrach Gerlind: „Du musst wissen, mein Vater kannte die schöne Königin Agnes gut, die Mutter unseres Königs. Er sagte zu mir: „Stell Dir vor, als ich die schöne Amala sah, dachte ich einem Trugbild aufzusitzen. Sie glich der gemordeten Königin so sehr, dass ich sie fast mit Königliche Hoheit angesprochen hätte. Wie ich Amala dann aus der unmittelbaren Nähe erleben konnte, muss ich Dir gestehen, meine Tochter, eine schönere junge Dame hatte ich noch nie in meinem ganzen Leben gesehen.“ Amala, Du wirst ja rot, aber mein Vater hat recht, unser König, dieser Ästhet, hat einen vorzüglichen Geschmack. Ich weiß, dass er noch viel mehr Wert auf das Wesen, den Charakter und die Seele legt." Hatte Amala ihres Friedrichs bewundernde Worte als von der Liebe verfälscht eingeordnet, dann musste sie das, was ihr Gerlind gespiegelt hatte erst einmal verdauen. Es tat ihr allerdings gut, aber viel wichtiger war ihr die Liebe ihres Mannes. Und diese erlebte sie in jeder Situation. Wie er sie in Silberthal einbezogen hatte, sie nach ihrer Meinung fragte und darauf einging, das war für Amala eine stille Form der Liebe und Wertschätzung. Sie wusste, dass im Gegensatz zum fernen Festland, die Frau in Thule eine ganz andere Stellung innehatte. Sie erfährt nicht nur Achtung und Schutz, sie wird auch dem Manne in fast allem als ebenbürtig angesehen. Doch vom König, dem weit über allen Anderen stehenden Herrscher, darf dies nicht erwartet werden. Dies galt auch für seine Königin, sein Wort ist Gebot und sein Wollen ist bestimmend. Das wusste Amala von ihrem Vater, von Adelheid und Theodemir, das ist das Bewusstsein aller Thulaner und wird von allen so gewollt. Amalas Quelle des Glücks lag darin, in seiner nächsten Nähe zu sein und ihn als Weib lieben und ehren zu dürfen. All ihre Aufsässigkeit, ihr jugendlicher Trotz und ihre eingeträufelte Abneigung dem unbekannten König gegenüber, war in sich zusammen gefallen wie Schaum auf den Wellen. Nun musste sie sich hüten nicht ins andere Extrem zu verfallen und vor lauter Liebe sich selbst zu vergessen. Friedrich schätzte starke Persönlichkeiten und deren Rat. Daran, das war ihr bewusst, musste sie arbeiten, um das richtige Maß zu finden. Es durfte ja nicht so sein, dass sie mit dem geliebten Gemahl in ein stilles Tal fliehen musste, um die Rolle von der Person trennen zu können.

„Amala, Du hörst ja gar nicht zu", sagte Gerlind und holte Amala aus ihren Gedanken zurück. „Ach, entschuldige liebe Freundin, ich irre noch immer ab und wähne mich in einem Traum. Ich kann noch immer nicht fassen, was so schnell und gewaltig über mich hereingebrochen ist." Gerlind schaute erstaunt: „Amala, das klingt ja so als wärst Du doch nicht so ganz glücklich?" Amala schüttelte den Kopf und entgegnete: „Gerlind, ganz im Gegenteil, auch ein Übermaß an Glück und Seligkeit muss erst einmal verarbeitet werden. Entschuldige, was hast Du denn noch erzählt, Gerlind?" „Meine Eltern kamen letzte Woche, um das neugeborene Enkelkind zu sehen, aber es ließ leider noch auf sich warten. Meine Mutter hat mir dann bei der Entbindung geholfen. Mit ihrer großen Erfahrung als Mutter von sechs Kindern war sie für mich eine große Hilfe." „Leider habe ich keine Mutter mehr, die mir helfen könnte wenn es soweit ist. Und Adelheid hat selbst ja auch noch nicht entbunden." „Nun, dann werde eben ich da sein und Dich in diesen Stunden unterstützen", sagte Gerlind als sei dies das Selbstverständlichste auf der Welt. „Aber das hat ja noch lange Zeit" warf die Markgräfin ein. Amala schüttelte den Kopf: „Vielleicht irrst Du Dich, ich hege den leisen Verdacht, in neun Monaten einen Sohn zu gebären, den dritten Friedrich." Gerlind nahm Amalas Aussage ernst und machte sich nicht wie der König darüber lustig. „Wir Frauen spüren diese große Veränderung in uns, und das mit dem Jungen kann auch zutreffen. Ich wusste stets wann ich schwanger wurde und ahnte was es wird, Junge oder Mädchen. Mein Bodo nahm dies nie ernst und war jedes Mal verblüfft, wenn es dann so eintrat.“

Der kleine Wittich begann kläglich zu weinen. Diese Töne, welche die Königin zuvor nicht angesprochen hätten, erreichten sie nun, fast so als sollte sie sich selbst des Neugeborenen annehmen. Den Kleinen plage nur der Hunger, fand Gerlind, und gab ihm die Brust. Amala wollte alles genau verfolgen, um später bei ihren Kindern genauso zu verfahren. Sie war jetzt Ehefrau und künftige Mutter, fühlte sich jetzt dieser Welt zugehörig. Sie wollte ihrem Friedrich viele Kinder schenken, mindestens fünf sollten es sein, so wie sie es sich auf der Burg Vogelstein erträumt hatte. Daher genoss sie dieses gar nicht so stille Gemach. Agnes und ihre Schwester Elsa spielten zwar lieb mit ihren Puppen, sie brauchten dazu jedoch auch ihrer Mutter Bett und stritten schon mal um den Vorrang. Friedrich, der Stammhalter, zerrte hingegen an allem, was er irgendwie ergreifen konnte und hielt seine Kindsmagd in stetem Bewegen. Gerlind nahm alles gelassen hin, war ganz Mutter und doch auch die Markgräfin. Sie ordnete an, was zu Tisch gereicht werden sollte, wer wo übernachtete, und dass sich König und Königin ein Zimmer teilen würden. Es waren noch etliche Dinge, die sie zu regeln hatte. Zwischendurch kümmerte sie sich geduldig um ihre Töchter, bezog die Königin ein und war nicht aus der Ruhe zu bringen. Gerlind hatte ursprünglich geplant am nächsten Tag das Wochenbett zu verlassen, wollte es aber schon am heutigen Abend tun. „Das lass ich mir doch nicht nehmen, den König und die Königin bewirten zu dürfen, da will ich unbedingt mit dabei sein. Ich fühlte mich ohnehin die Schwangerschaft über pudelwohl und auch im Wochenbett ging es mir gut.“ So die Markgräfin, die sich von ihrem besorgten Gemahl davon nicht abbringen ließ.

Das festliche Mahl wurde mit ihr und der kleinen Agnes eingenommen, die versprochen hatte sich bestens zu verhalten. Das ging auch einige Zeit gut, doch dann hielt es der kleine Wirbelwind nicht mehr aus. Sie wagte es zum König, ihrem Patenoheim zu gehen. Bodo und Gerlind wollten ihr dies verwehren. Amala wusste selbst nicht wie sie sich in diesem Fall verhalten sollte. Sie war gespannt darauf, wie ihr Gemahl, der zwischen ihr und der Gastgeberin saß, damit umgehen würde. Sie hegte den Verdacht, dass auch die Paladine, des Markgrafen ehemalige Kameraden, darauf gespannt waren, was ihr Herrscher tun würde. Den König sprach Agnes als Oheim König und mit dem unerlaubten „Du“ an. Bodo, der den Platz neben der Königin innehatte, wirkte hilflos. Ein schneller Griff, ein kindlicher Jauchzer, und schon saß Agnes auf dem Schoß des Königs, der sie in ein Gespräch über ihren neugeborenen Bruder verwickelte. Dann wurde es nachgerade peinlich für die Runde und alle hielten die Luft an. Die unbekümmerte Agnes fragte Majestät: „Küsst Du Tante Amala auch so lieb wie der Papa die Mama?“ „Agnes!!!“ riefen Bodo und Gerlind unisono und entsetzt. Friedrich lächelte, wehrte den Eltern und fragte sein Patenkind: „Wie ist es denn richtig, mein kleiner Schatz?“ „Du musst sie ganz fest in die Arme nehmen und sie ganz fest küssen, weil sie doch so lieb ist!“ „Das verspreche ich Dir und werde es so machen, denn ich mag meine Frau doch ganz arg.“ „Na gut, dann bin ich mit Dir zufrieden!“ Ganz ernsthaft sagte es die Kleine. Friedrich lachte fröhlich, steckte damit die ganze Runde an, selbst das Markgrafenpaar verlor all seine Zurückhaltung. Agnes verstand zwar nicht, warum all die komischen Erwachsenen über den Dialog so lachen mussten. Doch da ihr offensichtlich alle zugetan waren und sie einen Augenblick lang im Mittelpunkt stand, genoss sie dies sehr.

Jetzt hätte die Königin eigentlich in gewisser Weise auf Agnes eifersüchtig sein müssen, denn die schmiegte sich an den Herrscher und küsste ihn dann gar noch auf den Mund. Ihre Zuneigung tat sie auch mit Worten kund: „Wenn ich einmal groß bin, dann heirate ich Dich, weil Du so schön und so lieb bist!“ Seinen Einwand, er sei ja mit ihrer Tante Amala verheiratet, ließ sie nicht gelten. Sie beschied ihn: „Dann hast Du halt zwei Frauen, als König kannst Du das doch!“ Dieses ernsthafte Gespräch erstarb im prustenden Lachen der Runde. Als Graf Erarich, der Anführer der Paladine sagte: „Agnes, unser König kann sogar hundert Frauen haben…“, da gerieten alle in eine übermütige Laune. Die Kleine entgegnete ihm ernsthaft, wobei sich ihre blauen Kulleraugen entrüstet weiteten, fast die Augenhöhlen zu verlassen schienen. „Das geht doch nicht! Unser König muss regieren und Kriege führen, da kann er doch nicht hundert Frauen küssen!“ Nun gab es kein Halten mehr und selbst Friedrich flossen die Lachtränen über die Wagen, so freute er sich an dem aufgeweckten Kind. Es wurde ein überaus heiterer Abend. Seine Getreuen erlebten ihren Herrn so, wie sie es sich bisher nicht vorstellen konnten. Bodo flüsterte der Königin zu: „Amala, Ihr habt ein Wunder bewirkt. Dank Euch verwandelt sich Majestät wieder in jenen fröhlichen Menschen, der er vor der Mordtat gewesen ist. Unser König war damals der Liebling aller, am Hof wie in Theodericia. Unser Prinz Sonnenschein, das Glück und der Stolz seiner Königlichen Eltern und unser aller Zukunft ist uns durch Euch wiedergeschenkt worden.“ Amala freute sich über diese Worte und noch mehr darüber, dass ihr Gemahl endlich die drückende Bürde aus Trauer, Hass und Misstrauen ablegen konnte. Agnes, die Verursacherin dieses einmaligen Abends, verabschiedete sich dann brav zur Nacht. Sie gab nicht nur ihren Eltern, sondern auch der Königin und ihrem Patenoheim, dem König, einen Gutenachtkuss. Sie blieb ein Leben lang sein Liebling und sie war ihrem Paten stets in töchterlicher Zuneigung zugetan. Das galt auch für Amala, die für sie die Tante blieb und nie zur Königlichen Hoheit wurde.

Im Schlafgemach alberte das Königspaar weiter. Friedrich neckte Amala: „Wo bringe ich denn nur die weiteren Frauen her?“ Da gab sich seine Frau eifersüchtig: „Zur Strafe musst Du mir zu Willen sein.“ Als sie gar zu zählen anfing, da gab er sich lachend geschlagen. „Ich verspreche es hoch und heilig. Es wird nie eine andere Frau neben Dir geben, meine Einzige bleibst Du allein.“ Damit war seine junge Frau zufrieden, sie hatte den unbezwingbaren Helden besiegt und triumphierte. Zum ersten Mal musste sie ihren Mann am nächsten Morgen aufwecken, ihn, den so berüchtigten Frühaufsteher. Es hieß ja von ihm, er würde sich oft schon in der Frühe im Schein der Öllampen an den Schreibtisch setzen. Das Königspaar nahm das Morgenmahl im Bett ein. Danach trennten sich ihre Wege für einige Zeit.

König Friedrich hatte mit Bodo einiges abzuklären, Amala begab sich zu Gerlind. Dort traf sie deren Mutter, Herzogin Elsa von Fjordland an. Die edle Frau blickte Amala mit großen Augen an, erstaunt von ihrem Aussehen. Die Herzogin hatte ein gütiges, von Lachfältchen untermaltes Gesicht. Sie verbeugte sich, was für Amala peinlich war und durch die Begrüßung und „Königliche Hoheit“ verstärkt wurde. Als die Königin ihren Gruß herzlich erwiderte, löste sich ihre Befangenheit. „Ich freue mich sehr, Euch nun selbst kennen lernen zu dürfen. Beowulf hat so von Euch geschwärmt, Königin. Ich ging davon aus, er würde etwas übertreiben, als er sagte Amala sieht aus wie Königin Agnes, aber sie ist fast noch schöner. Mein Gemahl hat nicht übertrieben, und das fast streiche ich jetzt. Ihr seid das Glück unseres vom Schicksal so hart geprüften Herrschers. Das ist für uns wundervoll, die wir stolz darauf sind zu seinen engsten Getreuen und Vertrauten zu zählen. Beowulf brachte noch die freudige Botschaft mit: Elsa stell Dir vor, Amala, die Tochter unseres Freundes Wittich wird unsere neue Königin.“ Amala wehrte leise ab: „Herzogin, zwischen diesem Ereignis stand jedoch lange das drohende Gespenst des Todes und meine quälende Angst um sein Leben.“ Im weiteren Verlauf tauschten sich die Damen so aus, als würden sie sich schon lange kennen. Die Königin bat Herzogin Elsa darum, sie im kleinen Kreis nicht mit Königliche Hoheit anzusprechen, was der hohen Frau ganz recht war.

Wie Amala erfuhr, seien die Herzogin und ihr Gemahl nach Mitternacht angekommen. Den letzten Weg musste der Reitertrupp im Schein der Fackeln zurücklegen. Sie hatten Graf Roderich und Gemahlin Hildegard, die künftigen Schwiegereltern ihres Sohnes Arnulf aufgesucht. Dort hätten sie sich verplaudert, wie die Herzogin fröhlich einräumte, wodurch es spät wurde. Eigentlich hatten sie vor dort die Nacht zu verbringen, aber ein Bote ihres

Schwiegersohnes hielt sie davon ab. Bodo ließ ihnen mitteilen, das Königspaar sei überraschend eingetroffen. Sie alle waren höchst erstaunt, denn von einem Königlichen Paar wussten sie nichts. Diese Freude mussten sie dann noch gebührend begießen! Der Weg vom Drachensee, an dem die Grafenburg Georgenstein lag, nach Hohenfels zog sich immer mehr hin. Auf der guten Strasse kämpften sie ständig mit Regen und Gegenwind.

König Friedrich, Herzog Beowulf und Markgraf Bodo traten in den Raum. Der Herzog begrüßte die Königin so, als würde er sie schon von klein auf kennen. Amala stellte es so an, dass er sie auf die Wangen küssen durfte, an Beowulfs Strahlen ob dieser besonderen Gunst ergötzten sich alle. Als Friedrich etwas mit seinem Freund Bodo besprach, nützte es der Herzog um seiner Königin zuzuflüstern. „Euer Einfluss auf unseren Magier grenzt selbst an Magie. So gelöst habe ich unseren Herrn zuletzt als Kind erlebt, er hat wieder die Schlüssel zu den Herzen gefunden. Welch ein Segen für ihn, für Thule und uns seine Getreuen. Königin dafür danke ich und versichere Euch, dass Ihr mich stets zu Euren getreuen Gefolgsmannen zählen dürft.“ Friedrich, der sich mit Bodo zu den Übrigen gesellt hatte, frozzelte: „Lieber Oheim Beo, jetzt versucht Ihr gar noch mir meine Gemahlin auszuspannen, das geht aber zu weit. Ich musste ihr doch versprechen, dass es nie eine andere neben ihr geben wird.“ Amala wurde rot vor Verlegenheit und sagte empört „Friedrich!“ Mehr konnte sie nicht sagen, denn sein Kuss vor allen im Raum ließ sie verstummen. Agnes, die sich respektvoll im Hintergrund gehalten hatte, unterbrach das Geplänkel. „Oheim König, Du musst auch die Arme ganz fest um Tante Amala legen, sonst gildet es nicht!“ Und was tat der Herrscher Thules? Er folgte seinem Patenkind. Mühsam das Lachen unterdrückend fragte er die Kleine: „Bist Du es so zufrieden, Agnesschatz, „gildet“ es so?“ Ganz ernsthaft antwortete sie: „Ja, Du kannst es doch!“ Worauf schallendes Gelächter ertönte. Wohl oder übel schloss sich Amala an. Darüber lernte sie von ihrem Friedrich die Balance zwischen seinem Verhalten unter vertrauten Freunden und dem Auftreten in der Öffentlichkeit. Zu Letzterem sollte sich früher als gedacht die Notwendigkeit ergeben. Die auslösende Nachricht erhielt der König am Abend auf der Rosenburg.

Herzog Wittich von Stormland

Das Königspaar war rechtschaffen müde, als es in der anbrechenden Nacht wieder auf der Rosenburg anlangte. Sie hatten an der Michaelskapelle angehalten und ein Dankgebet gesprochen. Hier hatte sich das Paar zum ersten Mal gesehen, dort hatte ihre Beziehung den Anfang genommen. Vor der alten Kapelle musste der König als „Ritter vom roten Löwen“ erbittert um sein Leben kämpfen, und hätte es fast eingebüßt. An der Treppe lagen frische Blumen und ein großes Gesteck. Dieser schon vorher so mystische Ort schien sich immer mehr von einer Stätte der Andacht zu einem Ort der Verehrung des großen Königs zu wandeln. Das war ein Spiegel dessen, was sich in Thule in den letzten Jahren herauskristallisiert hatte. Nicht nur für die Bauern, Hirten und Handwerker war ihr Friedrich längst zum „Halbgott“ geworden, zum verehrten Vater Thules. Selbst die Adeligen und der Klerus beteiligten sich an dieser Vergötzung, wie es der König abwertend bezeichnet hatte. Ihm wurde es allmählich unheimlich, er wollte als Herrscher respektiert und als Mensch gesehen werden, aber nicht als Übervater und Titan. So sehr er sich dagegen verwahrte, es nützte ihm nichts; seine Thulaner wollten es so haben, und sie erfreuten sich daran.

Am Morgen überbrachte der Markgraf die Nachricht vom Ableben seines Oheims Eurich, des Herzogs von Stormland. Gräfin Ortrudis, die Tochter des Herzogs, ließ diese Botschaft ihrem Cousin zukommen. Darin bat sie den künftigen Herzog um Weisungen zur Trauerfeier und Beisetzung. Markgraf Wittich, beraten vom Schwiegersohn, übergab dem Boten ein Schreiben, das auch im Namen des Herrschers ausgestellt war. Wittich von Rosenburg sollte nun das ihm seit dem Schlachtentod seines Vaters zustehende hohe Amt antreten. Den neuen Herzog erwarteten eine große Bürde und eine Flut an Arbeit. Wie Wittich bitter bemerkte, ginge es sowohl in Ermanaricia als auch im Herzogtum Stormland ans Ausmisten. Trauer oder Betroffenheit ob des Todes von Herzog Eurich zeigten weder Amalas geliebte Männer noch sie selbst. Ihre Stimmung als Erleichterung einzustufen, beschrieb diese sicher zutreffend. Die Königin kannte die Hintergründe und wusste, wie sehr der Bruder ihres Großvaters alles daran gesetzt hatte, seinen Neffen Wittich um dessen Ansprüche zu bringen. Die Staufischen Herrscher, allen voran König Friedrich Teja, wiesen Eurichs Ansinnen, seiner Familie die Nachfolge zu ermöglichen, stets deutlich zurück. König Friedrich, der dadurch zu seinem Feind wurde, hatte die letzte Anfrage harsch abgeschmettert, und ihm bei einem erneuten Versuch mit Absetzung gedroht. Seitdem hetzte Eurich insgeheim gegen den Herrscher, denn er fürchtete den mächtigen König. Sich mit Friedrich Teja anzulegen, das war noch keinem bekommen; Eurichs Schwiegersohn Graf Volkmar musste dies mit der Verbannung auf eine unwirtliche Insel im nordwestlichen Meer büßen.

An der großen Tafel des Speisesaals saßen die überforderten Schreiber des Königs, unterstützt von den Paladinen und Leibwächtern des Herrn von Thule. Als der mitbekam, dass es seine Mannen in der angesetzten Zeit nicht schaffen konnten, griff auch er zur Feder. Unaufgefordert schlossen sich der Markgraf und seine Königliche Tochter an. Mit diesen Schreiben wurden die Großen des Reiches zur Beisetzung nach Ermanaricia geladen. Dafür war sonst die Hofkanzlei zuständig, aber angesichts der knappen Zeit ging das nicht. Amala erlebte erstmals, wie schnell ihr Gemahl schreiben konnte, aber auch ihr Tempo konnte sich sehen lassen. Die Schreiben mussten vom König unterzeichnet und gesiegelt werden, dann konnten die Königsboten ihre Aufgabe erfüllen. Von den sechs Boten blieben zwei zur Verfügung ihres Herrn, die anderen ritten nach Tejaholm, Ermanaricia und zum Regenten Markgraf Bodo. Einer ritt nach Theodericia mit den Briefen für Prinzessin Adelheid, Prinz Theodemir und den Kanzler. Boten waren in Thule unantastbar und mussten bedingungslos unterstützt werden. Sie trugen ein rotes Wams und eine Lanze, ritten schnelle ausdauernde Pferde, die sie an den Wegstationen wechselten. Bei besonders eiligen Botschaften lösten sie Botenstafetten aus, in der jeder Reiter das Äußerste aus seinem Pferd herausholte. Geheime Briefe des Herrschers durften nur die Königsboten selbst dem Empfänger übergeben. Daneben gab es noch ein System von Lichtsignalen, die von Burg zu Burg weitergegeben wurden. Das geschah allerdings nur bei feindlichen Überfällen oder ähnlich gewichtigen Ereignissen. Nachmittags trafen drei abgekämpfte Boten wieder bei ihrem Herrn ein. Sie hatten die Empfänger erreicht oder die Botenkette ausgelöst.

Nachdem die vielen Schreiben verfertigt und abgesendet waren, erhielt Amala anerkennende Worte ihres Mannes: „Amala, Du hast uns heute sehr geholfen. Konntest Du bis jetzt die Paladine durch Deine goldene Schönheit und Dein heiteres Wesen beeindrucken, kam heute noch die Bewunderung für Deine Schreibkunst hinzu. Diese Seite kannte ich an Dir nicht, aber ich freue mich darüber." Statt Amala, die dieses Lob gerne vernahm, antwortete ihm sein Schwiegervater. „Amala wollte von Kind an Lesen und Schreiben können, auch Latein erlernen. Sie hat es von ihrer Mutter…" Amala warf ein: „Und noch mehr von Dir gelernt." Friedrich neckte ihn: „Vater, Du hast wohl geahnt, dass Dein Goldkind einmal die Königin wird." Der Markgraf lächelte und entgegnete ihm: „Gewusst habe ich es zwar nicht, aber in meinem Vaterstolz darauf gehofft, das gebe ich gerne zu. Mein lieber Schwiegersohn, auch Väter hegen Träume für ihre Kinder. Dich Friedrich, den ich von Kind an erleben und schätzen durfte, mir als künftigen Gemahl meiner Amala vorzustellen, das fiel mir ganz leicht. Nur Dir wollte ich sie lassen, nur zu Dir hat sie wirklich gepasst. Nicht weil Du unser König bist, sondern weil ich Dich als edlen und außergewöhnlichen Menschen erlebte. Es hat es mir wehgetan, als sich Amala vom Königslager abwendete, durch schlechte Ratgeber beeinflusst.“ Friedrich wehrte ab: „Das lass besser ruhen, lieber Vater, wir sind ja doch noch ein Ehepaar geworden. Vielleicht lieben wir beide uns deswegen so, weil uns diese Liebe nicht geschenkt wurde, und wir beide darum kämpfen mussten. Kämpfen gegen falsche Bewertungen und Einflüsse, gegen eigene Enttäuschung und Eitelkeit und auch gegen das Gefühl der Kränkung.“

Amala davon überrascht, hakte nach: „Fried, für mich klingt da zwischen den Zeilen etwas durch, was ich noch nicht kenne, oder täusche ich mich?“ „Du schätzt es richtig ein. Um Deinetwegen und um meiner Liebe zu Dir musste ich mich selbst überwinden. Musste verletzten Stolz bezwingen und eigener Eitelkeit wehren, musste dem Verdacht Einhalt gebieten wieder einmal verraten worden zu sein. Weil ich Deine Liebe auch als der Dich so schreckende Friedrich wieder gewinnen wollte, und dies ohne Zwang und Überredung, ist es mir doch noch möglich geworden. Nur dadurch konnte ich die quälende, langsam vergiftende Rachsucht und den verzehrenden Hass überwinden. Ich konnte mich so vom Lebensüberdruss befreien, der mich seit dem Tod meiner Eltern besetzt hatte. Den Lohn hierfür konnte ich mir zuvor nicht vorstellen, er ist so überwältigend. Endlich lebe ich wieder auf, lebe gerne. Du hast dieses Tor geöffnet durch das helles Licht, strahlende Liebe und beglückende Vertrautheit hereinströmen konnte. Das ist die Befreiung des grimmen Teja durch eine gar nicht so schwache Frau!“ Nicht nur Amala berührten diese Worte, auch ihrem Vater traten Tränen in die Augen. Der alte Markgraf war sichtlich gerührt ob der Tiefe der Liebe des Paares und schien dadurch selbst befreit zu sein. Ihn hatte mit dieser Ehe, die seine Einzige eingegangen war, wieder Lebensmut und Zuversicht ergriffen. Ständig umspielte ein Lächeln seine Lippen, seine wiedererwachte fröhliche Art blieb keinem auf der Rosenburg verborgen. Gräfin Winthala sagte zu ihrer Nichte: „Amala, jetzt ist er fast wieder so wie früher, mein Herzensbruder. Wenn er irgendwann noch ein Enkelkind bekommt, dann ist sein Glück vollkommen.“ Als niemand in Hörweite der beiden Damen war, flüsterte ihr Amala zu: „Tante, ich glaube das mit dem irgendwann kannst Du vielleicht vergessen. Ich gehe irgendwie davon aus, in neun Monaten wird es da sein, das Prinzchen.“ Überrascht und erfreut sagte die Gräfin: „Wenn Du das so ahnst, meine glückliche Amala, dann könnte es auch so sein.“

Drei Tage später ritt das Königspaar mit großem Gefolge nach Ermanaricia. Mit ihnen zogen das fjordländische Herzogspaar und Markgraf Bodo mit seiner Gerlind. Zu ihnen gesellten sich Graf Roderich und Gräfin Hildegard. So wie dieser große bewaffnete Zug zogen andere Scharen hin zu der Herzogsstadt an der Rhenia. Wieder andere trugen die Schiffe über das Meer oder die Rhenia hinab, keiner der Geladenen wollte oder durfte(?) fehlen. Wären nicht die vielen edlen Frauen gewesen, hätten die vielen hohen Herrschaften und ihr Gefolge wie Heerzüge angemutet. So viel wusste Amala längst, dieser Eindruck war von Friedrich gewollt, wie immer hielt er das Heft des Handelns in eiserner Faust. Mit dieser strich er ab und an seiner Gemahlin sanft und liebevoll über die Wange. Der Hochadel von Thule würde sich vollzählig und mit großem Gefolge einfinden, um an der Beisetzung Herzog Eurichs teilzunehmen. Dieser Anlass wurde durch zwei andere Ereignisse überlagert. Der allseits so geschätzte Markgraf Wittich würde, unmittelbar nach der Bestattung seines ungeliebten Oheims, vom König zum Herzog erhoben werden. Daran wollten seine Standesgenossen unbedingt teilnehmen, zumal dadurch die Machtbalance in Thule neu austariert wurde. Unverhohlene Neugierde bildete ihre andere Triebfeder. Es hatte sich überall herumgesprochen, dass Thule endlich wieder eine Königin beschieden wurde. Ihr mächtiger König hatte sich überraschend und in aller Stille mit Amala verehelicht, der Tochter des Wittich von Rosenburg. Erstmals würde sich des Königs junge Frau dem gesamten Hochadel zeigen. Diejenigen, die schon eingetroffen waren und ihr Quartier bezogen hatten, beschäftigten sich daher weit mehr mit der jungen Königin als mit dem Verstorbenen. Herzog Eurich weinte kaum jemand eine Träne nach, abgesehen von seiner engeren Familie. Der so zögerliche, starrsinnige und verbohrte Herzog regierte sein Herzogtum wahrlich nicht gut. Der schwache Bruder des in der Schlacht gefallenen Helden Wittich hatte sich Änderungen verschlossen und mit Schmeichlern umgeben.

Je mehr sich der Königszug dem Ziel näherte, desto strenger wurde des Herrschers Miene. Erzürnt wandte er sich an seinen Schwiegervater: „Wir bewegen uns hier im Armenhaus von Thule, welch ein Kontrast zu Deiner Grafschaft.“ Die Straßen befanden sich in schlechtem Zustand, waren übersät mit Schlaglöchern und oft verschmutzt mit Erde, an den Brücken fehlten teilweise die Geländer. Es ging vorbei an schäbigen Anwesen, vor denen ärmlich gekleidete Menschen ängstlich und verunsichert die an ihnen vorbei reitenden Herrschaften grüßten. Was würde die neue Herrschaft für sie bringen? Stimmte am Ende doch einiges von dem Abträglichen, was der alte Herzog über seinen Neffen hatte verbreiten lassen? War der nur eine Marionette in den Händen des gefürchteten Königs, den ihre eigenen Herren hinter vorgehaltener Hand als harten Tyrannen schmähten? Diese geduckten und unselbständigen Bauern, die bisher kein gutes Leben hatten, hofften zwar auf bessere Zeiten, doch daran glauben konnten sie nicht. Amala, die inzwischen die wohlhabenden und blühenden Regionen Thules kannte, war sich bewusst, dass es in dieser Kerngrafschaft Stormlands noch lange dauern würde, bis sich die Zustände deutlich bessern würden. Bedingt durch die schlechte Straße kam der lange Zug nicht so rasch voran wie geplant, was den König sichtlich ärgerte.

Herzog Beowulf, mit dem er sich unterhielt, fragte ihn: „Friedrich, mein König, seit ich diese verlotterten Straßen sehe und die Erbärmlichkeit ringsum, bewegt mich die Frage, warum haben wir nicht eingegriffen?“ „Lieber Oheim, mein tapferer Heerführer und getreuer Ratgeber, diese Frage hatte ich immer wieder in mir hin und her gewälzt. Doch stets drängte sich mir dieselbe Antwort auf, die mich davon absehen ließ, diesen Augiasstall mit Gewalt auszumisten. Es wäre ein Leichtes gewesen, mit Heeresmacht einzufallen und den stormländischen Widerstand zu brechen, falls es einen gegeben hätte. Dafür hätten acht Hundertschaften völlig ausgereicht. Dabei wäre dieses arme Land noch ärmer geworden, die Bauern auf dem Lande und die Bürger in den eingenommenen Städten hätten den bitteren Preis hierfür bezahlt. Sie, die ohnehin mehrheitlich auf unserer Seite stehen, wären für das Verhalten ihrer Herren bestraft worden. Die Edlen in ihren Burgen hätten sich flugs ergeben, um größere materielle Verluste zu vermeiden. Und genau diese Herrschaften sind unsere Gegner. Sie wollen keine Veränderungen, weder Macht einbüßen noch die Schmälerung ihrer Privilegien hinnehmen. Euer Kollege Eurich, begünstigte dies, er tastete weder deren zustehende noch angemaßte Rechte an. Nach unserer Intervention hätten sie hinten herum gegen uns gewühlt, weit stärker als sie es ohnehin schon tun. Mit falschen Argumenten das Recht auf ihre Seite zu biegen, uns des Überfalls zu zeihen, wäre ihre Form der Rache gewesen. Wenn wir uns dann zurückgezogen hätten, gar noch in dem Bewusstsein, hart aber gerecht vorgegangen zu sein, was dann? Euren Freund Wittich, den neuen Herzog hätten dann Wiederaufbau und notwendige Veränderungen vorwiegend betroffen. All den Hass auf mich, alle Animositäten der Stormländer hätte er aushalten müssen. Oheim, ein Land zu regieren, in dem dir Misstrauen und verdeckte Feindschaft entgegenschlägt, ist nahezu unmöglich. Mein Schwiegervater wird es auch jetzt sehr schwer haben mit diesem verbohrten Adel. Ich setze auf die Bauern und Bürger, ihnen helfen wir mit Reformen und mit Krediten. Deren Unterdrücker und diejenigen, die jede Veränderung ablehnen, die will ich treffen. Beo, ich werde jedem, der sich widersetzt, ungerührt das Lehen entziehen. Damit hat Herzog Wittich ein wirksames Druckmittel in der Hand. Sollte dies nicht ausreichen, dann winkt den Aufsässigen im schlimmsten Fall Verbannung. Ich wollte das Dreinschlagen nicht, denn es wäre nicht von Staatskunst geprägt, sondern von Kurzsichtigkeit, wenn nicht gar von Dummheit.“ Der Herzog entgegnete ihm darauf: „Friedrich, mein König, nun habt Ihr mir wieder einmal demonstriert, warum sie Euch den Großen heißen.“ Friedrich drohte ihm mit dem Finger: „Oheim Beo, groß ist Gott, er allein und kein Sterblicher!“ Amala, die der Aussage ihres Gemahls gebannt gefolgt war, sah es Herzog Beowulf an, dass er von dieser Überhöhung seines Königs nicht abrücken würde. Er, der so stolz darauf war, bereits früh im kleinen Prinzen Friedrich den kommenden großen

König zu erkennen. Jenen mächtigen Herrscher, den sie seit Jahrhunderten sehnsüchtig erwarteten.

Endlich tauchten jenseits der Rhenia die Türme der Herzogstadt Ermanaricia auf und vor ihnen zeigte sich das Spitaltor der Walliavorstadt. Urplötzlich veränderte sich die Ordnung des Zuges. Wie seit langem eingespielt, nahmen die Leibwächter und die Paladine ihre Positionen rund um das Königspaar ein. Amala erlebte zum ersten Mal wie dies ablief, ohne jeden Befehl des Königs. Eines war ihr entgangen, Erarich der Anführer der Paladine, hatte seinem Herrn per Handzeichen eine Frage gestellt. Er streckte zwei Finger nach oben, worauf der König unmerklich nickte. Ein Finger hieß, keine Gefahr ist zu erwarten, zwei hieß, ein Attentat ist nicht auszuschließen und drei Finger bedeuteten große Vorsicht, wir bewegen uns in Feindesland. Rechts des Tores war ein großes Zeltlager entstanden. Hier wogte buntes Treiben, Mägde und Knechte weilten nicht auf dem Domplatz wie ihre Herrschaften. Als sie des mächtigen Zuges ansichtig wurden, gab es kein Halten mehr, alles stürzte hin zur Strasse. „Der König, unser König kommt!“ Dieser freudige Ausruf hatte alle aufgescheucht und alles wurde stehen und liegen gelassen. Eine Jubelwolke aus vielen Kehlen begrüßte den Herrscher und sein Gefolge, der ihnen dafür freundlich winkend dankte. Der Jubel wurde auf dem fernen Domplatz gehört und in aufstiebenden Wellen von den an der Straße Harrenden weitergetragen. Beim Ritt über die Rheniabrücke sahen sie die Schiffe, die vor und im Hafen angelegt hatten, darunter das Königsschiff, die Totila. Daneben lag ein kleineres Seeschiff, jenes der Herzogin Griseldis.

Auf der großen Brücke setzte der König seiner Gemahlin ihre Krone auf die goldenen Haare. So konnte er Amala zuflüstern: „Ich liebe Dich, denke immer nur daran, denn jetzt wird es ernst. Mache es mir nach, bleibe dicht bei mir, ich gebe Dir Halt.“ Es wurde tatsächlich ernst, der Domplatz quoll über von Menschen, dennoch herrschte, dem Anlass gemäß gedämpfte Lautstärke. Als die Volksmenge des Herrscherpaares ansichtig wurde, schwoll das Raunen an. Von ihnen säuberlich geschieden hatte sich der Hochadel von Thule vor dem Dom versammelt, hinter diesem standen ihre engen Gefolgsleute. Sie harrten ihres Königs in Ehrfurcht und seiner jungen Königin in Neugierde. Mehr als sonst trat Amalas Vater in den Mittelpunkt des Interesses. Und dies aus zwei Gründen. Wittich war der kommende Herzog Stormlands und zudem noch der Schwiegervater des Herrschers. Amala wusste, das Machtgefüge Thules hatte sich verändert und sie selbst trug durch ihre Ehe mit König Friedrich maßgeblich dazu bei. Angesichts der vielen Menschen stieg in ihr wieder ein Anflug von Angst auf. Bevor er sich ausbreiten konnte, griff ihr Gemahl ein. „Cara, die Herrschaften wissen auch nicht so richtig, wie sie jetzt dran sind. Etliche von ihnen sind daher weit mehr verunsichert, als Du es sein solltest, meine Geliebte.“ So ermutigt lächelte ihm seine Frau liebevoll zu, was kaum jemand der Näherstehenden entgangen war, und es gefiel allgemein.

Jetzt konnte Amala einen Teil der Volksmenge als ihr wohlbekannte und gewogene Menschen werten. Sie erkannte ihre Tante Amala und ihren Cousin Herzog Alarich. Daneben standen Prinz Theodemir und Prinzessin Adelheid, der Königin Freundin und Schwägerin, die sich ein schalkhaftes Zuzwinkern nicht verkneifen konnte. Zu ihnen gesellte sich der Hochadel Thules. Erleichtert stellte Amala fest: Sie kannte ja schon alle und alle lächelten ihr wohlwollend zu. Es war ja fast so wie beim Treffen einer großen Familie. König Friedrich stieg mit Hilfe seiner Knappen vom Pferde, aber er selbst half seiner Frau von Norma abzusteigen. Er fasste sie mit starken Armen und stellte seine Gemahlin fürsorglich auf den Boden. Diese Ehrerbietung und der Liebesbeweis, demonstriert vor all den Großen dieses Reiches, löste allseits Raunen aus. Das unterstrich König Friedrich mit dem seiner Gemahlin gereichten Arm zusätzlich. Seinen Schwiegervater bat er an Amalas andere Seite. Das hatte es noch nie gegeben, nicht der König bewegte sich wie sonst in der Mitte, sondern Amala seine Königin.

Zuerst galt es der trauernden Familie das Beileid auszusprechen. Alle wirkten verunsichert, einige gar verkrampft und ängstlich. Was ging in ihnen vor, was würde nun auf sie zukommen? Wenn es gut für ablaufen würde, dann bliebe es bei der Einbuße an Einfluss und Geltung. Mit dem Rückzug auf ihre Güter hätte es dann sein Bewenden. Doch da einige großen Anteil am beklagten Verhalten des Verstorbenen hatten, mussten sie sich auf anderes einstellen. Es war zu befürchten, dass sie Stormland zu verlassen und ihre Güter zu veräußern hatten. Aus diesem Grund trauerte dieser Zweig der Rosenburger weniger um den Verstorbenen als um ihr verändertes Dasein. Das betraf vor allem den ältesten Schwiegersohn Eurichs, den Ränkeschmied Walafrid. Der Graf war zwar beim großen Aufstand nicht auf dem Schlachtfeld, aber der König verdächtigte ihn, insgeheim bei dessen Vorbereitung mitgewirkt zu haben. Walafrid kannte und fürchtete den Herrscher, ahnte, dass er unter Beobachtung stand, und das verhieß nichts Gutes. Das betraf indirekt auch seine Gemahlin Ortrudis und ihre Kinder Sunthala, Winthala und Walafrid. Neben ihnen stand eine weitere Tochter des Herzogs Eurich, Gräfin Roswitha mit ihren Kindern. Deren Gemahl, Graf Volkmar hatte auf Seiten der Königsgegner am Aufstand teilgenommen und sühnte seinen Hochverrat auf einer kargen, sturmumtosten Insel vor Stormland. Sie und ihre Kinder knieten vor dem Herrscher nieder, was ihn unangenehm berührte: „Gräfin, nicht Euch galt die Strafe, sondern Eurem Gemahl, bitte erhebt Euch. Ich hege keineswegs die Absicht, seine Familie noch tiefer ins Unglück zu stürzen.“ Amalas Tante wirkte höchst erleichtert als sie des Königs Worte vernahm. Sie hatte noch immer mit großer Strafe gerechnet, vermutlich hatte Eurich dieses Gerücht in die Welt gesetzt. Eurichs zweitjüngste Tochter, Äbtissin Berthalda, begegnete dem Herrscher und dessen Gemahlin Amala unbeschwerter, was ihr das Königspaar mit einem freundlichen Ton vergalt. Amala hatte ihre Tante schon zweimal im Kloster St. Ursula am Schönsee aufgesucht und fühlte sich dort stets willkommen. Griseldis, die jüngste Tochter des Verstorbenen, stand nicht bei ihren Schwestern, sondern bei ihren Cousinen. Die Herzogin war seit langem zu ihnen auf Distanz gegangen. Ihren unverschämten Kampf um die Nachfolge auf dem Herzogstuhl verargte sie ihnen, denn sie hielt treu zum Königshaus. Außerdem waren sie und ihr Cousin Wittich von Kind an eng verbunden. Nachdem das Königspaar der Trauerfamilie das Beileid ausgesprochen hatte, konnte es jetzt die anderen Trauergäste begrüßen.

Nun ging es streng nach Brauch und Protokoll, das alleine der Herrscher durchbrechen durfte. Zuerst begrüßten und umarmten sie das Prinzenpaar. Amala konnte dabei ihrer Freundin zuraunen: „Adli, ich bin so glücklich!“ Herzogin Adelheid nahm ihre neue Nichte mit Freudentränen in den Augen in die Arme. „Amala, meine liebe Tochter, sei nun wirklich willkommen in unserer kleinen Familie.“ Auch Herzog Hildebrandt verhehlte die Freude ob seiner neuen Nichte nicht. Danach lag Amala in den Armen ihrer Tante und Patin Amala, der Schwester ihres Vaters. „Meine liebe Nichte, Du wirkst dermaßen glücklich, dass es so richtig ansteckend ist.“ So ging es durch die Reihen der Trauergäste, immer ihren Gemahl und König dicht neben sich wissend. Außer den nahen Verwandten begrüßten alle Amala mit dem ihr noch wenig vertrauten Titel „Königliche Hoheit“. Davon wich nicht einmal ihre Tante Griseldis ab. Sie sagte zu ihres Cousins Tochter: „Dank Euch hat sich unverdiente Milde über uns ergossen. Das schulde und danke ich Euch auf ewig, Königliche Hoheit.“ Amala lächelte ihr zu und entgegnete: „Liebe Tante Griseldis, mein eigener Anteil daran ist wahrlich gering, nur meinem Gemahl gebührt Euer Dank. Dennoch habe ich mich über seine Milde sehr gefreut.“

Es war Amalas neues Los als Königliche Hoheit angeredet zu werden, so wie das ihres Mannes in der Öffentlichkeit die verehrte Majestät zu sein. Wobei diese eine verkürzte Ansprache war, noch zur Zeit der Indulfinger musste der Herrscher, selbst von einem Hochadeligen, mit Ihre Hohe und Erhabene Majestät tituliert werden. Dies schaffte König Friedrich I. als eine seiner ersten Amtshandlungen ab, er fand es unangenehm und vermessen. Die nächste in der Reihe war Gräfin Beatrix, die erste Hofdame, die in der Königin ihre neue Herrin begrüßen durfte. Die sonst so zurückgenommene Frau strahlte die Königin an: „Königliche Hoheit, ich freue mich von Herzen für Euch und für unseren Hohen Herrn. Das Glück soll Euch und Majestät durch ein langes Leben begleiten.“ Amala war sichtlich erleichtert. Niemand aus der großen

Begrüßungsrunde hatte sie kritisch gemustert. Diese, trotz des zur Zurückhaltung gemahnenden Anlasses, herzliche Aufnahme im Hochadel von Thule tat ihr gut. Die bewundernden Männerblicke, auch die Markulfs ihres entfernten Cousins, gefielen der jungen Königin.

Anschließend ging es wie lange eingespielt in den Dom hinein. Friedrich, das hatte es noch nie gegeben, fasste seine Frau an der Hand und schritt mit ihr dem Zug voran. Die Leibwächter des Herrschers, die ihren gefährdeten Herrn nicht aus den Augen ließen, umringten das Königspaar. Von Friedrichs Hand ging viel Kraft aus, die sich auf Amala übertrug. Der Dom war dicht gefüllt, alle erhoben sich beim Eintreten des Königs und verbeugten sich tief. Die freien Plätze vor dem Altar nahm der Adel ein. Auf den Stufen vor dem Altar ruhte der Sarg des Toten auf einem Podest. Beiderseits des Altars nahmen die Verwandten Eurichs Platz. Auf erhöhtem Stuhl saßen der König und seine Gemahlin, die Großnichte Herzog Eurichs. Zu ihnen gesellten sich Amalas Vater und seine Schwestern Amala und Winthala, sowie seine Cousine Griseldis mit ihrem Sohn Markulf. Deutlicher ließ sich die Distanz zu ihren Schwestern nicht ausdrücken, die sich auf der anderen Seite des Sarges niedergelassen hatten. Prinz Konrad, der Primas von Thule, und Nuntius Donato hielten die Totenmesse, ihnen assistierten die beiden Bischöfe von Stormland und der Abt des Reichsklosters St. Georg im Sternensee.

Nach der Messe zog die Trauergemeinde auf den Domplatz. Vor dem von der Herzoglichen Wache getragenen Sarg schritten die hohen Geistlichen. Dahinter folgte die Familie. Danach kam das Königspaar, begleitet vom Hochadel Thules. Dumpf erklangen die Glocken, kündeten vom Ende eines hohen Herrn und vom Anfang einer neuen Herrschaft. Auf dem großen Platz segnete der Primas die Menschen, nicht jedoch der Herrscher. Begleitet von gedämpften Trommelwirbeln begann die letzte Reise Herzog Eurichs hinüber zur Schlosskapelle. Neben seinem Vater und den Ahnen fand er die letzte Ruhestätte in einem marmornen Sarkophag. Der König hielt eine kurze Rede, würdigte den Verstorbenen in ungewohnt kargen Worten. Ihm schlossen sich der designierte Herzog Wittich und Primas Prinz Konrad an, auch sie begnügten sich mit wenigen dürren Worten. Damit konnte das dem König nie genehme Kapitel Stormlands zugeschlagen werden und ein neues seinen Anfang nehmen.

Herzog Wittich lud die Trauergäste in den großen Saal der Herzogsburg. Dort unter den Bildern seiner Vorfahren fand der nächste Akt statt, auf den er seit vielen Jahren warten musste. Die Erhebung des Markgrafen zum neuen Herzog bedeutete für den Adel Stormlands eine gewaltige Zäsur und machte so manchen äußerst besorgt. Während sich der Trauerzug geordnet hatte, zog Prinz Konrad seine neue Großnichte fest an sich. „Meine liebe Tochter Amala, ein großer Wunsch ist mir zum Ende meines langen Lebens nun erfüllt worden. Dich an Friedrichs Seite zu wissen, ist für mich ein großes Glück!" Der neben ihm stehende Nuntius, küsste der Königin galant die Hand und sagte in holprigem Thulanisch: „(H)ochverehrte Königin Amala, so schön Ihr seid und so (h)och glücklich!" Dabei strahlte er sie herzlich an, vergaß für einen Augenblick den Anlass des Tages.

Vor der folgenden Zeremonie zog sich das Königliche Paar in ein Nebengemach zurück. Ihm folgten Prinzessin Adelheid und die Tanten Adelheid, Amala und Winthala. Fröhlich, wie es so gar nicht zu einer Beisetzung passte, kamen sie auf den Herrscher und seine Gemahlin zu. Adli nahm ihre Freundin und Schwägerin stürmisch in die Arme: „Schwesterherz, Du hast alle ungeheuer beeindruckt, selbst mich und Toti. Du bist so aufgetreten, als wärst Du schon lange unsere Königin." Dann wendete sie sich an ihren Bruder und fragte schelmisch: „Großer Bruder, bist Du nun glücklich?" Der König tupfte seiner Schwester zart mit dem Zeigefinger auf die Nase und sagte lächelnd: „Mein Schwesterlein, Du neugieriges Wesen, ja, so wie noch nie zuvor in meinem Erwachsenenleben und Du hast daran einen großen Anteil!" Dieses Mal spürte Amala beim Kuss, den Friedrich seiner Schwester gab, keinen Stich mehr im Herzen; sie freute sich von Herzen mit den beiden Geschwistern. Erneut wendete sich die Prinzessin an ihre Freundin: „Ach Amala, was bin ich froh, dass Du nun zu seiner Frau und zu unserer Königin geworden bist, und keine andere. Dass Du meinen Fried von Herzen liebst, das weiß ich ja längst, und Du kannst es zudem überhaupt nicht verbergen. Wie Du ihn so liebevoll anstrahlst, da tanzt das Glück sichtbar in Deinen Augen!" Die drei Tanten, seit Kindertagen Freundinnen, stimmten unisono in der Prinzessin Laudatio ein. Tante Amala, die Schwiegermutter Adelheids, sprach es aus: „Wir bangten so lange um das Wohl Friedrichs und nun dürfen wir Zeugen Eurer wunderbaren Liebe sein. Mein Bruder Wittich hat beide Lebensträume erfüllt bekommen und ganz Thule ist wie von einem Albtraum befreit. Meine liebe Nichte, Du hast wahrlich den großartigsten Gemahl unter Gottes Himmel errungen!"

Hier fühlte sich Friedrich, dem gerade seine purpurne Tunika angelegt wurde, aufgefordert diese Aussage zu korrigieren: „Liebe Tante Amala, jetzt übertreibt Ihr aber gewaltig, so großartig bin ich wirklich nicht." Es nützte ihm nichts, die Damen überstimmten ihn, und seine junge Frau verstärkte dieses Votum: „Liebe Tante, Du hast ja so Recht, noch immer fühle ich mich wie in einem wundervollen Traum, in einem, der nicht enden soll. Und wie hatte ich mich gegen ihn gewehrt, Gott sei Dank vergeblich. Mein Friedrich war viel zu stark und mein inneres Streben hat mich mit aller Macht zu ihm hingezogen." Tante Adelheid bekräftigte es: „Amala, Deine tiefe und selbstlose Liebe, die unser gütiger Gott in Dein Herz gesenkt hat, erhielt mir meinen geliebten Neffen und gab uns Thulanern unseren unersetzlichen König wieder."

In diesem Moment erhielt der König durch Herzog Wittichs Knappen den Hinweis, alle Trauergäste hätten ihre Plätze eingenommen und warteten auf den Herrscher. Dies erinnerte die kleine Gruppe daran, im Augenblick stünde kein Familientreffen an, sondern die Übergabe des Herzogtums an Wittich von Rosenburg. Friedrich flüsterte seiner Frau zu: „Cara, setzen wir wieder eine würdige Miene auf, damit es alle zufrieden sind." Ein letztes schelmisches Lächeln und dann veränderte sich seine Haltung und Mimik. Der fröhliche Mensch Friedrich verwandelte sich wieder in den Herrscher, „erstarrte" in Hoheit und wirkte wie ein Denkmal seiner selbst, so wie er es von Kind an eingeübt hatte. Der König wusste nur zu gut, seine Thulaner erwarteten ihn so entrückt und monumental, diese Haltung entsprach nach ihrer Vorstellung dem Bild ihres Herrschers.

In dem großen, von Säulen unterteilten Saal, gab es für die den Gästen Aufwartenden fast kein Durchkommen, dicht an dicht standen die Tische und die vollbesetzten Bänke. Lediglich um den erhöhten Tisch, an dem der Herrscher Platz nehmen würde, standen Sessel und Stühle. Vor dem Saal empfing der Hochadel seinen König und zog nach ihm in den altehrwürdigen Raum ein. Als der Zeremonienmeister den Herrscher ankündigte, erhoben sich alle und bei seinem Eintritt verneigten sich die Anwesenden tief und ehrfürchtig. Ihr verehrter großer König, der ihnen seit Jahrhunderten Versprochene trat nun in ihre Mitte. Eingerahmt von seiner jungen Gemahlin und seinem Schwiegervater, um die sich der Hochadel gruppierte, saß das Idol der Thulaner auf erhöhtem Sessel. Und dann kam das, worauf alle gewartet hatten, ihres Herrschers Ansprache. Friedrich Teja, der 36. König von Thule, nach übereinstimmender Ansicht der Mächtigste in der Geschichte ihres Inselreiches, erhob sich gemessen.

„Adel von Thule, meine Getreuen, wir haben uns versammelt, um an einem sehr bedeutsamen Ereignis teil zu nehmen. Markgraf Wittich von Rosenburg, ehedem gemeinsam mit meinem Oheim Prinz Konrad mein Vormund, stets getreuer Diener, Berater und Heerführer der Krone und nun auch mein verehrter Schwiegervater, zeige Dich uns allen. Ich, Friedrich Teja, König von Thule erhebe Dich zum Herzog von Stormland. Ich wünsche Deiner Regentschaft eine gute Hand, Gottes Beistand und in diesem, Deinem neuen Lebensabschnitt Glück und Erfolg. Ich freue mich mit Dir und für Dich, dass ein so würdiger Edler den Herzogstuhl seiner Väter einnehmen wird. Herzog Wittich, der Siebzehnte dieses ehrwürdigen Namens, regiere dieses Herzogtum in Treue zu Gott und zu mir, Deinem König." Er legte dem Herzog beide Hände segnend auf den Kopf, küsste ihn auf beide Wangen und ließ sich von ihm nach uraltem Brauch den Treueid schwören. Danach setzte er Herzog Wittich den goldenen Herzogreif auf das Haupt, überreichte ihm das herzogliche Schwert und den frisch polierten Herzogschild. Die Herzöge Hildebrandt und Beowulf legten ihm den Herzogsmantel um und nahmen ihn dadurch symbolisch in ihre Mitte auf.

Die Insignien des Herzogs wurden dem König von Graf Markulf, dem Enkel des verstorbenen Herzogs Eurich zugereicht. Der junge Graf, wie alle im Raum, wusste bei dieser ihm gewährten Gunst des Königs um dessen Symbolik. Markulf von Rabenholm könnte in absehbarer Zeit selbst zum Herzog erhoben werden, und damit würde seiner Familie das Herzogtum Holmenland erhalten bleiben. Zum Abschluss der Zeremonie schloss der Herrscher den neu ernannten Herzog Wittich in die Arme. Leise sagte er zu ihm: „Lieber Vater, ich lasse Dich beim Aufräumen dieses Augiasstalls nicht im Stich. Bei all dem, was Du zu tun gedenkst, hast Du mein volles Vertrauen und meine Zustimmung. Und das vorbehaltlos und ohne jedes Zögern! Notfalls sorge ich höchstpersönlich mit dem Heer für den nötigen Nachdruck." Dies war zwar leise gesprochen, aber vielleicht nicht leise genug, und dies tat der Herrscher absichtlich. Dadurch sollte allen Gegnern der Veränderung klar werden: Der König ist gewinnender und herzlicher geworden, aber nicht weicher und nachgiebiger! In diesen wenigen Minuten machte sich Staunen unter den Edlen breit. Was zuvor unvorstellbar erschien, der König duzte Herzog Wittich auch offiziell, nannte ihn sogar Vater. Was für eine bedeutsame und eindeutige Geste!

Bewegt dankte Herzog Wittich seinem Herrscher und Schwiegersohn: „Hochverehrte Majestät, lieber Friedrich, mein geliebter Sohn, ich danke Dir für diesen erhebenden Augenblick und Deinen erneuten großen Beweis des Vertrauens. Ich werde Dich nicht enttäuschen und diesem Land, das meine Vorväter seit der ersten Inselzeit regierten, ein guter Herr sein. Ich darf diese Gelegenheit nutzen, um Dir vor den Edlen unseres Reiches für weiteres zu danken. Deine stete Gunst, und Deine ermutigende Freundschaft haben mich immer getragen und mein Leben bereichert. Und nun hast Du all diese Gnade noch einmal übertroffen. Du hast mein Herzblatt, meine geliebte Tochter, das einzige mir gebliebene Kind, zu Deiner Gemahlin erkoren und zu unserer Königin erhoben. Dieser Verlust ist für jeden eifersüchtig wachenden Vater ein großer Einschnitt. Aber Dich zum Schwiegersohn gewonnen zu haben, Dich, den ich sein ganzes Leben kennen und schätzen durfte, verwandelt diesen Verlust in eine Gnade und ein Gottesgeschenk. Dafür danke ich Gott dem Ewigen und Allmächtigen aus tiefstem Herzen." Anschließend bekam der Herzog noch den Segen der Kirchenfürsten und war jetzt für die Kirche unstrittig der geweihte Herzog. Damit stand nur noch der zweite Teil der Zeremonie aus, der an dem Ort stattfinden sollte, der den Thulaner seit König

Indulf I. heilig ist, dem uralten Thronsaal der Indulfsburg. Dort würde König Friedrich Teja, der Nachfahre des Gründungskönigs, den Herzogsreif gegen eine goldene Herzogskrone austauschen. Der Herrscher hatte diesen Termin bewusst mit der Feier seiner offiziellen Vermählung verbunden. Friedrich Teja würde dann noch weitere Ernennungen vornehmen, darunter die Besetzung der vakanten Stellen der Gaugrafen.

Das folgende Essen war ein Festmahl und kein Leichenschmaus. Die Krone hatte es ausgerichtet, die zerstrittene Familie des Verstorbenen konnte sich zuvor nicht einigen. Ihr Cousin Markgraf Wittich fühlte sich nicht dazu befugt, obwohl er es übernommen hätte. Allen wurde so einmal mehr die Macht und Großzügigkeit des Königs demonstriert. Auch das Gefolge der angereisten Trauergäste und die Bevölkerung wurden auf den Plätzen und in der Zeltstadt gut bewirtet. Das stand in krassem Gegensatz zu der bisherigen Ärmlichkeit, der vergangenen Pracht und dem knauserigen Verhalten Eurichs. Das Festmahl vermochte eines nicht zu überdecken: Keine größere Stadt Thules befand sich in einem solch trostlosen Zustand wie die Hauptstadt von Stormland. Es war die optische Manifestation dessen, was Herzog Wittich an Arbeit erwarten würde. Vor ihm standen gewaltige Herausforderungen. Er musste bei den Bürgern und Bauern den Mut in die eigenen Möglichkeiten bestärken, den Handel und das Handwerk ermutigen sowie Schulen gründen und fördern. Sein Schwiegersohn hatte ihm angeraten, in Ermanaricia eine Universität zu gründen, was der Herzog gerne annahm.

Als letztes der Herzogtümer Thules war Stormland im Königreich des Friedrich Teja angekommen und ab jetzt eng an ihn gebunden. Amala sinnierte: So viel sie überblicken konnte, hatte nie zuvor ein Thulanischer Herrscher eine derartige Machtfülle besessen wie ihr Gemahl. Und wie hätte sie dies noch vor Wochen mit Worten gegeißelt und den König als machtlüsternen Tyrannen geschmäht. Doch längst hatte sie der Einblick in die Realität eines anderen belehrt. Sie hatte gesehen, dass es für die Einheit Thules unabdingbar war und gegenüber äußerer Bedrohung unverzichtbar. Nicht nur für sie war dies eine historische Stunde. Die gelöste und zugewendete Art des Königs machte es dem Adel leichter, sich in das Unvermeidbare zu schicken. Zwar ballte so mancher Adelige insgeheim die Faust, doch das war nicht mehr als eine Geste der Ohnmacht. Gegen diesen allmächtigen König und seine Getreuen hatte keiner auch nur den Hauch einer Chance. Wie töricht es war sich gegen ihn zu erheben, das hatte ihnen der rasche Zusammenbruch des Aufstandes drastisch vor Augen geführt.

Wie es in Thule üblich war ergab sich nach dem Mahl fast von selbst eine Männer- und eine Frauengesellschaft. König Friedrich ließ sich kurz an jedem der Tische blicken und wechselte einige Worte. Dies wurde mit großer Aufmerksamkeit, aber auch mit Erleichterung und Freude vermerkt. Er dankte für die Glückwünsche zu seiner Vermählung und lud zur offiziellen Hochzeitsfeier nach Theodericia ein. Immer wieder gesellte sich die Königin zu ihrem Gemahl, was allseits gefiel und mit ihrer sonnigen Art gewann sie die Herzen. Dieses Erleben trug dazu bei, Amalas eigene Angst abzubauen. Die junge Königin hatte sich dieses erste Mal in ihrer neuen Rolle schwerer vorgestellt. Sie konnte es allerdings noch nicht genießen, dazu war der Tag für sie zu aufregend. Sie registrierte jedoch eines, mit ihrer Art den König zu unterstützen, milderte sie die Angst vor ihm ab. Herzogin Griseldis, die Mutter der unglücklichen Theodelinde, die der Kronrat dem Herrscher als Gemahlin aufzwingen wollte, befand sich unter jenen, mit denen Amala etwas eingehender sprechen konnte. „Verehrte Königliche Hoheit, liebe Amala, Tochter meines Cousins Wittich, Ihr seid die einzige zu König Friedrich passende Gemahlin. Eure Wesensähnlichkeit mit seiner Mutter Königin Agnes, meiner lieben Freundin, ist für mich so erfreulich wie faszinierend. Ihr gebt unserem vom Schicksal so schwer geprüften Herrscher jene innere Heimat, die auch dieser Gewaltige als einen stillen und sicheren Hafen braucht. Werdet glücklich, ganz Thule wird davon angesteckt werden. Wahre Liebe ist ein Meer der Kraft, Vertrauen ein Strom der Sicherheit und Treue jener kräftige Quell, der beides speist. Gott halte seine schützende Hand über Euch und Euren hohen Gemahl!" Diese Worte ihrer Tante prägte sich Amala ein, diese ermutigenden Wünsche der jüngst noch so unglücklichen Frau, zeugten von großem Wohlwollen.

Abb. 1 Ermanaricia

Abschied von der Rosenburg

An diesem letzten Tag vor ihrer Übersiedlung nach Theodericia suchte Königin Amala noch einmal all jene Stätten auf der Rosenburg auf, die ihr wichtig waren und die sie in der Erinnerung nun mitnehmen wollte in ihre neue Heimat. Mit vielen Orten verbanden sich kleine Geschichten. Amala wusste, sie würde künftig den Hort ihrer Kindheit und Jugend nur noch selten aufsuchen können. Dennoch kam keine Wehmut auf, nicht am Grabe ihrer Mutter und nicht an ihrem Lieblingsplatz, dem von Rosen überwölbten Auslug. Ihre Heimat war nun bei ihrem Mann, dessen Hand sie beim Abschiednehmen immer wieder suchte. Wo er war, da war auch sie, befand sich ihr inneres Zuhause. So musste es sein, davon hatte sie immer geträumt. Keiner Jugendfreundin war es vergönnt, einen so besonderen und liebevollen Gemahl zu bekommen, wie es ihr beschieden wurde. Auch für ihren Vater und ihre Tante Winthala, die nach Ermanaricia ziehen würden, war es fast ein Abschied und ein Neuanfang. Ihren Vater, den würde Amala sicher häufiger sehen, doch ihre Tante wohl eher seltener. Es sei denn sie würde mit ihrem Bruder, dem Herzog von Stormland, an den Königshof reisen. Die Rosenburg betreute in Zukunft der treue Vogt Gero von Ilberg. Er zog dann mit seiner Familie in die Grafenburg, um dort einen Teil des Gästebaus zu bewohnen. Seine Gäste würde Herzog Wittich künftig zumeist in seiner Residenz empfangen, der alten Wasserburg seines Geschlechts. Aber er hatte vor, das Stammschloss der Rosenburger und sein bisheriges Domizil so oft es anging aufzusuchen.

Den Nachmittag vor der Abreise und die letzte Nacht verbrachte das Königspaar in der Jagdhütte am Wildsee. Amala befürchtet zuerst, die Wiederholung würde das vorherige, so wundervolle Erlebnis zerstören, doch ihre Sorge war unbegründet. Der Zauber lebte schon nach dem Anstieg wieder auf. Hand in Hand wanderten sie hinauf zur Hütte. Erneut waren sie nur auf sich bezogen. Amala fand es so schön wie an jenem Tag, als sie zu Friedrichs Frau geworden war. Doch etwas hatte sich verändert, sie gingen inzwischen so vertraut miteinander um, wie es nur bei einem liebenden Paar sein konnte. Friedrich versuchte seiner Amala das Schwimmen beizubringen und er fand sie sehr willig und gelehrig. Er nahm ihr die Angst und so wagte sie einige, wenngleich noch überhastete Schwimmzüge. Dennoch durfte sie auf diesen ersten Versuch stolz sein, was ihr Gemahl durch sein Lob noch verstärkte. Danach sorgte der König für das Abendliche Essen, diesmal gab es eine köstliche Rehleber und wilden Mangold, den er unweit der Hütte gefunden hatte. Mit seinem mitgenommenen Bogen war es ihm ein leichtes, das Tier zu erlegen. Amala hatte wohlschmeckende Beeren entdeckt. Das Abendessen wurde zu einem königlichen Festmahl, das Friedrich zubereitet hatte. Hier waren die Rollen vertauscht, was Amala weniger verwunderte als beim ersten Mal. Dieses stille Tal war ein „königsfreies“ Gebiet, oder wie es Friedrich bezeichnete, ein Rückzugsraum, in dem nur sie beide Liebende Platz finden würden. Amala saugte dieses glückliche Erleben mit allen Sinnen ein, so als wollte sie es auf immer festhalten. Kurz wehmütig gestimmt war sie der Ansicht, sich diese Freiheit und dieses private Glück in Theodericia nicht bewahren zu können. Wie sich zu ihrer großen Freude später herausstellte, hatte sie sich bei dieser Annahme getäuscht. Ihr Gemahl schirmte sein privates Leben am Königshof wider Erwarten weitgehend von der Öffentlichkeit ab. Selbst bei ihren kleinen „Fluchten" zur Friedrichsruhe und an den Vogelsee ließen sie stets das Amt hinter sich. Dort gehörte er ihr und sie ihm, hier waren sie nur Mann und Frau und nicht das Königspaar. Amala erkannte bald, ihr Friedrich brauchte dies, daraus schöpfte er Kraft für sein erdrückendes Amt, wie zur Überwindung seiner körperlichen Schwäche. Das ihm verabreichte Gift hatte seinem Körper mehr zugesetzt, als er es wahrhaben wollte. Heftige und anhaltende Kämpfe hätte er wohl nur mit größter Mühe durchstehen können. Zum Glück musste der König sein Heldentum so nicht mehr unter Beweis stellen. Seine Zeitgenossen sprachen vom Friedrichsfrieden, der Thules Wohlergehen und Wohlstand mehrte. Größere Einfälle von Außen, wie bisher blieben glücklicherweise aus. Doch nach diesem Ausblick wieder zurück zur Rosenburg.

Die Königin hatte schon die vergangenen Tage entschieden, was von ihrer persönlichen Habe auf das Königsschloss gebracht werden sollte. Doch immer wieder stiegen Zweifel in ihr auf, denn im prächtigen Schloss gab es ja alles in überwältigender Fülle. Außerdem konnte sie, die Königin, sich dort jeden Wunsch erfüllen, sie musste ihn nur aussprechen. Da Amala den Charakter ihrer Räume belassen wollte, blieben mehr Dinge zurück als sie sich ursprünglich vorgestellt hatte. Dennoch waren es mehrere Truhen, die es zu transportieren galt, voller Sachen, die sie auch im Königsschloss vorfinden wollte. Darum kümmerte sich ein Beauftragter des Kanzlers. Ein letzter gemeinsamer Gang führte sie in die Kapelle zu den Gräbern ihrer Mutter, ihres Bruders Manfred und ihrer jung gestorbenen anderen Geschwister. Gräfin Winthala gab noch ein Abschiedsmahl, an dem Vogt Gero und seine vor Schüchternheit ganz geduckte Frau Margareta teilnahmen. Danach verabschiedeten sie sich von Herzog Wittich und Gräfin Winthala, ließen sich auf ihre Pferde helfen und ritten hinaus in die Thulanischen Lande.

Pegasus und Norma trugen sie hin zum hohen Schloss über dem großen See, dem Mittelpunkt des Reiches Thule. Doch Amalas neuer Lebensinhalt ließ sich viel enger fassen, denn der hieß für sie Friedrich. Immer und immer wieder musste sie ihn ansehen, wollte sich vergewissern, dass alles kein Traum, sondern beglückende Wirklichkeit war. Trafen sich ihre Blicke, dann zog ein Lächeln über des Königs Antlitz, füllten sich seine Augen mit Wärme und ließen Amala seine Liebe erkennen. Wenn der Herrscher sich unbeobachtet wähnte, dann wirkte seine Miene oft starr und irgendwie undurchschaubar. Seine hellen Augen, die so durchdringend schauen konnten, richteten sich in weite Fernen, waren aufmerksam, aber zugleich auch abwesend. Amala sorgte sich um ihren Gemahl, denn ihr entging nicht, dass dabei eine tiefe Müdigkeit erkennbar wurde, die er sonst zu verbergen trachtete. Mehr und mehr wurde ihr deutlich, dass der geliebte Mann noch immer nicht völlig genesen war und viel Unterstützung brauchen würde. Diese wollte sie ihm von ganzem Herzen geben und lernen wie sie ihm diese geben konnte, ohne sich aufzudrängen oder seiner zu bemächtigen. Ihre Liebe erlebte Amala als einen Quell, aus dem unglaubliche Kraft und Zuversicht floss, sie fühlte sich neugeboren und voller Lebensfreude.

Unterwegs wurde der Königszug überall bejubelt, die Menschen eilten festlich gekleidet an den Weg, um das hohe Paar gebührend zu begrüßen. Sie freuten sich riesig über die Gegengrüße des Königlichen Paares. Eine Überraschung hatten sich die gefangenen Nordländer ausgedacht. Die Brücke auf der Strasse von Silberthal nach Niederburg stand nach langer Bauzeit und harrte der Nutzung. Als der Zug ankam war die Brücke mit einem blauen Band gesperrt und in der Mitte lag ein rotes Tuch; woher auch immer es die blonden Hünen hatten. Die Königin durfte das Band durchtrennen, der König hob das Tuch und enthüllte eine Überraschung. Die Nordländer hatten mitten auf der Brücke die Wappen der Hohenstaufen und der Rosenburger gepflastert. Des Herrschers spontane Freude über diese unerwartete Ehrung, war für deren Erbauer großer Lohn. Er erließ ihnen als Dank den Rest der Gefangenschaft. Der König erfuhr von ihrem Aufseher, dass die Nordländer gerne in Thule bleiben wollten, was er ihnen gewährte. Statt der erwarteten Jubelschreie knieten die einstigen Krieger nieder und stimmten als Dank an Gott ein Vaterunser an, in welches das Königspaar und Gefolge einstimmten. Danach folgte der Treuekuss auf des Herrschers Hand, bei einigen vermischt mit Tränen der Freude. König Friedrich, den sie als Helden verehrten, erteilte ihrem bisherigen Aufseher eine Weisung. Er, den der König zu deren Betreuer ernannte, sollte die fertige Baustelle räumen und mit seinen Schützlingen nach Niederburg ziehen. Dort würde ihm ein Plan zum weiteren Vorgehen zugehen. Die künftige Heimat der nun Freien würde ihm angegeben werden, wie die Mittel und Unterstützung, mit denen sie bei ihrem Neuanfang rechnen durften. Auch die anderen Papiere würde er dort erhalten. Dem zweiten Sprecher der Nordländer, einem Häuptlingssohn, bot der König an, am Hofe Dienst zu tun. Sigvard nahm die Gunst freudestrahlend an, zu der ihn die Freunde beglückwünschten. Als er eines der mitgeführten Pferde besteigen durfte, fühlte er sich frei und glücklich. Frisch eingekleidet reihte er sich in die Wachmannschaft ein. Der König raunte seiner Gemahlin zu: „Cara, am Hof ergeben sich etliche Veränderungen, wodurch in der Leib- und Schlosswache Plätze frei werden. Dieser kampfgeübte Nordländische Edle scheint mir geeignet zu sein, einen dieser Plätze einzunehmen. Ich gehe davon aus, dass er uns treu dienen wird. Zwar ist die Zahl der Anwärter groß, doch ich will hier ein Zeichen setzen. Die Nordländer sollen die Gewissheit bekommen, dass sie nun ganz zu uns gehören und in Thule eine gute Chance bekommen."

Der Empfang in Tejaholm war überwältigend. Bereits vor dem ersten Vorwerk empfing der Rat der Stadt den Herrscher und seine Gemahlin. Wie stets reichten sie Brot und Salz, dazu gab es noch eine Spezialität der Stadt, eine Art Printen. In Tejaholm hatten Friedrichs Eltern eine glückliche Zeit verbracht und war Königin Agnes einst mit Friedrich schwanger geworden. Stolz waren die Städter aber nicht nur hierauf, sondern auch auf die guten Honiglebkuchen ihrer Bäcker, die nun auch Amala kennen lernen durfte. Dicht an dicht säumten die Bürger Strassen und Plätze. Die Häuser waren festlich geschmückt worden, über den Hauseingängen grüßten Fahnen und Wappen den Besuch. Nicht nur vom Turm des Domes herab erklangen die Glocken, auch die anderen Kirchen sendeten dem Herrscher ihren erzenen Gruß. So etwas hatte Amala noch nie erlebt und war daher entsprechend beeindruckt. Vor dem Dom erhielten sie den Segen Bischof Werinhers. Ihn umringten das Domkapitel und die Pröbste. An ihrer Seite zeigten sich die Professoren und Studenten der hiesigen Universität, und davon ein wenig abgerückt scharten sich Schüler um ihre Lehrer. Die Zünfte mit Fahnen und allen Ehrenzeichen entboten dem Königspaar den gebührenden Gruß. Als Friedrich für das Willkommen freundlich dankte und dabei lächelte, da machte sich rings um Staunen breit. Als er den Seinen zuwinkte und es ihm seine Gemahlin nachtat, da gab es kein Halten mehr. Nun wurde der Königsbesuch zu einem Bad in der fröhlich gestimmten Menge, ein freudiger Taumel hatte die Tejaholmer erfasst. Dämme schienen gebrochen zu sein, die bisher Respekt und Scheu vor dem verehrten aber entrückten Herrscher aufgerichtet hatten. Welch eine Wandlung hatte sich vollzogen!

Friedrich hatte sich zu seiner Gemahlin hinüber gebeugt und flüsterte ihr zu: „Der meiste Jubel gilt sicher Dir. Dich willkommen zu heißen überwindet deren Vorsicht mir gegenüber. Ich bemerke dies mit großer Freude." Amala nahm an, ihr Gemahl wollte all die Liebenswürdigkeiten noch übertreffen. Aber dann wagte es der Patrizius der Stadt Friedrichs Worte, die er nicht gehört haben konnte, fast wortgleich zu wiederholen. „Hohe Königliche Majestät, verehrte Königliche Hoheit, wir sind überglücklich unser Königspaar in unseren Mauern begrüßen zu dürfen. Endlich haben wir eine liebreizende Königin bekommen, eine Herrin aus hochedlem Geschlecht und so schönen Angesichts. Sie hat unseren so bewunderten und verehrten Hohen Herrn von seiner Traurigkeit" – er wagte es zu sagen – „verzeiht Hohe Majestät, von seiner unnahbaren Strenge geheilt." Das war kühn, doch des Herrschers fröhliches Lachen vertrieb den Anflug des Erschreckens. Er nickte zustimmend, lächelte seine Gemahlin an, hob ihre rechte Hand, und so dankte das Königliche Paar den Bürgern von Tejaholm für den herzlichen Empfang. Ihre hocherhobenen Arme lösten einen Jubelsturm aus. Noch nie hatten sie ihren König so zugewendet erlebt. Friedrich ließ sich von Amalas Freude und Fröhlichkeit anstecken und schenkte seinem Volk manch Lächeln. In ihrer jungen Königin sahen sie zu recht diejenige, die den so gestrengen und unnahbaren Helden verwandelt hatte. Ohne ihr zutun machte das Volk die junge Königin zur Erlöserin ihres Herrschers, oder wie es Friedrich ausdrückte, zur „Herrin ihrer Herzen". Diese Aussage ihres Mannes gefiel Amala ungemein und seine Zustimmung verankerte sich in ihr. Als die Königin ein kleines Mädchen und deren noch kleineren Bruder, die ihnen Blumen überreichten, in ihrer Freude spontan herzte, da war sie angekommen bei ihrem Volke. In diesem Augenblick wurde sie für die Thulaner zu ihrer Königin, und löste sich aus dem Schatten des übermächtigen Herrschers. Dennoch, ihres Friedrichs aus dem Herzen strömende Freude war Amala das Wichtigste an dieser Woge der Zuneigung, die ihr selbst zuteil wurde.

Zum Herzogsschloss hin bedurften sie eigentlich keiner Pferde mehr, die Welle der Begeisterung und die Wolken von Blumen hätten sie gut und gern dorthin schweben lassen. Ein Tor vor dem Tor, eine liebevoll gestaltete Blumenpforte, „versperrte" den Zugang zum Schloss. Links standen die dienstbaren Geister und rechts harrten die Edlen Rhenias des Königspaares. Alle hatten ihr bestes Gewand angelegt und dank anschwellender Lautstärke mitbekommen, in welchem Taumel der Begeisterung sich der Zug dem Schloss näherte. Graf Markulf, der Vertreter des Regenten Markgraf Bodo, begrüßte froh gestimmt seinen Herrscher und dessen Gemahlin. Der junge Graf trug nun die Tunika der Königlichen Räte und nicht mehr jene des Rabenholmer Hofes. Als er sich zu einem Hochruf auf die schöne Königin Amala verstieg und dieser frenetisch aufgenommen wurde, da wendete sich der König an seine Frau. „Auf Deinen Minnesänger muss ich streng aufpassen, der will mir gar noch die Gemahlin abspenstig machen." Mit ihrem entrüsteten „aber Fried!" löste sie bei ihm lausbubenhaftes Lachen aus, schon wieder hatte er seine Frau gefoppt. Und all das während ihnen die Mägde und Knechte ein Ständchen darbrachten. Manchmal schien der König gerade in Situationen, die er über sich ergehen lassen musste, seine Schalkhaftigkeit auszuleben. Wären sie jetzt unter sich gewesen, dann hätte ihm Amala einen Knuff verpasst, so konnte sie ihm jedoch nur zuzwinkern.

Graf Markulf zeichnete auch für die abendliche Festtafel verantwortlich. Die Tische bogen sich fast unter der Flut an Genüssen. Die kunstvoll arrangierte Dekoration zeigte immer wieder die ineinander übergehenden Wappen des Königspaares. Das Lob seines Königs für die Begrüßung und das Festmahl tat Markulf sichtlich gut, der seinem Herrn die Wünsche von den Augen ablesen wollte. Er verehrte ja nicht nur die schöne Königin, sondern weit mehr noch, wenn auch heimlicher, den König. Er hatte ihn während des Gerichtstages in Rabenholm näher erlebt und staunte nur noch über dessen Gnade und Weisheit. Was für ein Herrscher und Mensch! Dieser Eindruck hatte sich dem jungen Mann, der bis dahin kein adäquates Vorbild erleben durfte, tief eingeprägt. Die Gespräche, die er mit seinem Mentor Bodo und anderen führen durfte, die den König näher kannten, bestätigten und ergänzten sein Bild vom Herrscher. Wegen der Sitzordnung, die so wichtig war, hatte Graf Markulf sich bei dem hierin erfahrenen Bischof Werinher Rat geholt. Da alle zufrieden waren, beeinträchtigte keine Missstimmung das Fest. Außerdem galt eines, sie befanden sich in dieser Hochburg des Königs als Gleichgesinnte unter sich. König Friedrich war von jeher mit Tejaholm eng verbunden, er war ja nicht nur der Herrscher von Thule, sondern auch der Herzog von Amelungia und der von Rhenia. Damit hoben sich die direkt vom König regierten Tejaholmer aus ihrer Sicht von anderen Herzogsresidenzen ab. Und nun, das hatten sie mit Freude vermerkt, hatte ihnen der König einen besonderen Regenten zugedacht. Markgraf Bodo, des Königs Freund und enger Vertrauter galt in Thule als ein fähiger und volksnaher Herr. Der Markgraf würde sicher dafür sorgen, dass all das bereinigt wurde, was unter der Regentschaft Hartungs im Argen lag. Dazu brauchte es keiner hellseherischen Gaben, denn der Markgraf hatte den Westmeergau in kurzer Zeit in eine blühende Region entwickelt.

Neben dem König saß der Bischof und neben der Königin hatte Markulf seinen Platz. Von ihm wollte Amala im Laufe des Abends wissen, was aus der Familie des hingerichteten Regenten Hartung geworden sei. „Königliche Hoheit, ursprünglich sollte Gräfin Hartung, getreu dem Urteil des Gerichts ihr ferneres Leben in einem Kloster fristen. Da sie jedoch sechs unmündige Kinder groß zu ziehen hatte, wurde das Urteil nach Rückfrage bei unserem König abgemildert. Sie wurde nur in ein Dorf am Ende des Tejaälvtales verbannt. Auf einem königlichen Meierhof muss sie nun körperliche Arbeit verrichten. Ihr geht dort nur eine Magd zur Hand, aber sie hat so wenigstens ein erträgliches Auskommen. Gerne war Ihre Majestät nicht gnädig, wie wir erfuhren, musste der König länger mit sich ringen. Ihren Anteil am Verrat des Regenten sieht er als sehr hoch an. Deren blasierte Geschöpfe – so unseres Herrn Bezeichnung für deren Kinder – nötigten ihm kein Mitleid ab, das Gegenteil war der Fall. Majestät will, dass die älteren Kinder dort oben mitarbeiten, und ein normales Dasein führen.“ Die Königin setzte nach: „Was ist mit jenen geschehen, die dem Grafenpaar eng verbunden waren und mit ihm konspiriert haben?“ „Mein erster Auftrag war es, diese herauszufinden und vor allem diejenigen zu identifizieren, die nicht zu dem verräterischen Hartung gehalten hatten. Die Mitwisser hatten keinen Platz mehr am Herzogshof, die Mitschuldigen müssen seitdem auf den rauen Inseln im nordwestlichen Meer in harter Arbeit Läuterung suchen. Es waren nicht so viele, wie ursprünglich angenommen wurde. Das Regentenpaar war sowohl unter den Bediensteten als auch unter den Wachen sehr unbeliebt. Dennoch fehlen uns nun einige Wachleute. Derzeit bräuchten wir noch einige tüchtige Mannen, die kampferprobt und treu sind, und auch sonst gut zupacken können." Der König, der sich zu Amala hinübergebeugt hatte, bekam den letzten Satz mit: „Dürfen es denn auch einstige Nordländer sein, Graf Markulf?" „Majestät, das sind tapfere und nun auch des Arbeitens gewohnte Kämpen. Davon könnten wir hier fünf brauchen."

Friedrich ließ Sigvard rufen, und gab ihm den Auftrag fünf geeignete Männer unter seinen einstigen Mitgefangenen auszuwählen. Seine Vorgabe: arbeitswillig und kräftig, verschwiegen und treu sollen sie sein, und des Thulanischen einigermaßen mächtig. Der Häuptlingssohn freute sich über die gute Perspektive für fünf seiner Gefährten und machte sich sofort auf den Weg. Graf Markulf gab ihm einen Begleiter und zwei Knechte mit, die fünf Pferde am Zügel mitführten. Markulf händigte ihm die vom König zugesagten und inzwischen von den Schreibern fertig gestellten Dokumente für den Betreuer seiner Landsleute aus. Schon am nächsten Morgen standen die fünf Neuthulaner erwartungsvoll im vorderen Hof und warteten auf die Einweisung durch den Wachhabenden und auf die Befehle Graf Markulfs. Ihr einziges Problem auf der kurzen Reise sei lediglich das Durchqueren der auf den Strassen Tejaholms Feiernden gewesen. Für Amala war dies wieder ein Einblick in die Arbeitsweise ihres Gemahls. Alles was sofort erledigt werden konnte, das geschah unmittelbar. Alles andere wurde gemäß dessen Bedeutung sofort in die Wege geleitet und von ihm penetrant kontrolliert. Der König war gewiss nicht bequem für diejenigen, die für und mit ihm arbeiteten, aber er schonte sich zu Amalas Kummer ja auch selbst nicht. Wie sie schon wusste und später direkt erlebte, bewältigte der König ein riesiges Pensum und übertrug nur deren finale Erledigung seinen Gefolgsleuten. In Kanzler Rainald hatte er einen ähnlich denkenden und handelnden Getreuen gefunden, der ihm bedingungslos ergeben war. Das galt auch für alle ihre unmittelbaren Mitstreiter und deren Mannen.

Die Feier ging tief in die Nacht hinein, wie es bei solchen Festen üblich war. Was allerdings das Königspaar nicht daran hinderte, sich nach einigen Stunden zurückziehen, um Friedrich Ruhe zu verschaffen. Eng aneinander geschmiegt lagen sie im Schlafzimmer des Königs, das sich im stillen Südtrakt des Schlosses befand. Nebenan war das Arbeitszimmer, die für ihn unabdingbare Bibliothek, sein Speisezimmer mit lauschigem Balkon, von dem aus sich ein weiter Blick gen Süden eröffnete. Daneben gab es noch einen riesigen und repräsentativen Aufenthaltsraum. Alle Räume waren großzügig und licht, mit hellen Farben ausgemalt und mit erlesenem Mobiliar bestückt. Die anderen Zimmer benützte er derzeit nicht, sie blieben geschlossen. Dieser Trakt war seit jeher dem König und seinem Gefolge vorbehalten, der Regent mit Familie würde im weitläufigen Westflügel wohnen. Deren Räume hatte Amala schon besichtigt und freute sich für die Freunde. Sie erwartete ein besonderes Domizil und sie würden sich hier sehr wohlfühlen. Im von Säulen umkränzten Garten würden die Kinder ihr irdisches Paradies vorfinden, so empfand es Amala.

Zum Frühmahl hatte Friedrich den Grafen Markulf in sein privates Speisezimmer eingeladen, der diese große Ehre sehr zu schätzen wusste. Die drei ließen den gestrigen Abend noch einmal vorbeiziehen, dann stellte der König dem jungen Herrn eine scheinbar harmlose Frage. „Graf Markulf, was und wer ist Euch denn im Verlauf des Abends aufgefallen?“ Den ersten Teil konnte der junge Herr zufriedenstellend beantworten, aber beim „wer?“, da tappte er in des Königs Falle. Zwei Herren an der Festtafel hatten Markulf beeindruckt. Ein junger Edler, der eine Frage geistvoll und eloquent abhandelte, hatte es ihm besonders angetan. Der andere, ein kräftiger Graf mittleren Alters, sezierte das Verhalten des einstigen Regenten Graf Markulf messerscharf und listete alle seine Fehler auf. Friedrich, der dem jungen Grafen zugetan war, erteilte ihm jetzt nachsichtig lächelnd eine Lektion. „Markulf, dem erstgenannten Herrn würde ich nie eine Aufgabe von Bedeutung anvertrauen. Er ist eitel und von sich ungemein überzeugt. Der Herr hat fast den ganzen Abend nur geredet, er ist nie auf die anderen eingegangen. Ihre Einwände nahm er entweder nicht zur Kenntnis, oder er nutzte sie als Vorlage, um seinen Monolog wieder aufnehmen zu können. Und der andere Herr? Der hätte aufgrund seines Rangs früher stets die Möglichkeit gehabt seine Besorgnisse, Eindrücke und Erkenntnisse bei mir, oder wenigstens bei Markgraf Bodo vorzubringen. Hinterher so zu tun, als hätte er alles gewusst, das ist keine Kunst und zeugt vor allem nicht von Mut. Ihn werde ich nicht fördern und auch Bodo raten, den Herrn zu negieren. Aber das wird mein Freund, der ja auch Euer „Lehrherr“ sein wird, ohnehin selbst recht schnell herausfinden.

Mir ist ferner aufgefallen, dass der eigentliche Adressat ihrer Botschaften etwas abseits von ihnen saß. Ich, der König, sollte ihr gescheites Reden vernehmen und ihnen den nach ihrer Ansicht einzig gebührenden Rang verschaffen. Die beiden Ehrgeizlinge gehen zu Recht davon aus, dass bald einige Gaugrafenstellen neu besetzt werden! Und da wollen sie zu den Anwärtern zählen.“ Die Königin musste sich eingestehen, dass auch sie sich in der Bewertung der beiden Herren getäuscht hatte. „Mit den drei ersten Empfehlungen will ich es bewenden lassen, lieber Markulf. Wir, die Regierenden, tragen eine große Verantwortung, unsere Fehler wiegen weit schwerer wie die anderer. Daher müssen wir uns bei unserem Handeln und Veranlassen erst einmal ein möglichst genaues Bild von dem verschaffen, worüber wir befinden sollen. Das fordert uns als Erstes eines ab: Das

Beobachten! Meist treten uns die Sachverhalte nicht selbst vor Augen, sie werden uns vorgetragen. Dargelegt in Form von Bittschriften, Gesuchen, Vorentscheidungen und Empfehlungen. Dadurch ergibt sich der zweite Punkt von selbst: *Zuhören!* Da jede Information, die uns zugeht, subjektiv eingefärbt ist, gilt das Dritte: *Abklären!* Ist das, was uns nun vorgelegt oder vorgetragen wird, frei von Manipulation? Sollen wir zu einem Entscheid verleitet werden, der hauptsächlich dem Vortragenden oder dessen Zuträger nutzt? Selbst dann, wenn die Verfälschung unabsichtlich geschieht, weil die Lage nicht richtig eingeschätzt wurde, oder weil eigenes Wunschdenken die Beobachtung einfärbte, gilt es dies aufzudecken. Wir müssen fragen und nachfassen, müssen auf Feinheiten beim Vortragenden achten, den Klang seiner Stimme prüfen und seiner Mimik nachspüren. Was will er wirklich? Was ist sein eigentliches Ziel? Ein gesundes Misstrauen schützt uns zwar nicht vor Fehlurteilen, aber es grenzt sie wenigstens ein. Äußerst gefährlich sind die Schmeichler, die dich von deinem eigentlichen Auftrag wegbringen und dich zum Maß aller Dinge machen wollen. Fällst du darauf herein, dann bekommen sie Amt und Würden, stehen in der Gunst des Herrschenden und bringen diesen auf den Weg zum Verderben. Das gilt auch für jene Berater, die dich kritiklos bewundern und dich zu ihrem Halbgott machen. Wir müssen uns selbst immer wieder hinterfragen, unserer eigentlichen Auftrag ständig vor Augen halten und dürfen uns nicht so wichtig nehmen. Auch wir sind nur Sterbliche, Menschen, denen ein Amt mit hoher Verantwortung aufgetragen wurde, das wir bestmöglich ausfüllen müssen. Uns und das Wohl der uns Anvertrauten gefährdet Eitelkeit und Selbstüberschätzung, Gutgläubigkeit und Bequemlichkeit. Das und noch mehr, Graf Markulf, werdet ihr bei meinem Freund Bodo erlernen dürfen und vertiefen können. Das ist eine große Herausforderung und verlangt Euch vieles ab. Noch ein Letztes dazu, Bodo hat sein hohes Amt nicht deswegen erhalten, weil er mein Freund ist. Ihn und seine unglaubliche Entwicklung konnte ich über viele Jahre verfolgen. Ich schätze ihn weil er mir vieles abnimmt, treu und klug ist und mir auch widerspricht, wenn ich im Begriff bin einen Fehler zu machen. Bodo ist ein eigenständiger Kopf und lässt sich nicht jeden Bären aufbinden!“ Damit schloss der Herrscher und hatte Graf Markulf, dem er ja in zwei Jahren das Herzogtum Holmenland übertragen wollte, einige wertvolle Hinweise gegeben.

Thules Garten Eden

In der einsetzenden Dunkelheit erreichten Königspaar und Gefolge das Schlösschen „Bella Vista", das im Volksmund längst „Casa Rex" hieß. Graf Rubi und Familie hielten Windlichter und bereiteten dem Königspaar einen familiären Empfang. Erneut durfte sich Amala an der italienischen Herzlichkeit der Rubis erfreuen. „Willkommen Daheim, Regina bella", so des Grafen Begrüßung. Seine Frau strahlte Königin Amala so an, als hätte sie vorausgesehen, diese junge Hochadelige bald in einer anderen Rolle zu erleben. Im Laufe des heiteren Abends gestand sie dies der Königin. Die Contessa hatte, nachdem sie Amala vor einigen Wochen erlebt hatte, zu ihrem Mann gesagt: „Tancredi, diese schöne und herzliche Gräfin Amala wird unsere künftige Königin! Unser König kann doch gar nicht anders, als sich in diese warmherzige Bellezza zu verlieben." Ganz sicher sei sie sich gewesen, als sie mitbekam, welch innig schwesterlichen Umgang Prinzessin Adelheid und Marchesa Amala pflegten. Sie freue sich von ganzem Herzen über das Glück ihres so verehrten Königs.

In dieser Runde trank Friedrich etwas mehr Wein, ein untrügliches Zeichen des Wohlbehagens. Mit sichtlichem Genuss kostete er von den apulischen Speisen, welche ihm die Contessa hatte zubereiten lassen. Sie raunte Amala zu: „Regina mia, das ist sein Lieblingsessen, damit legen wir stets Ehre ein. In unserer einstigen Heimat heißt es: Liebe geht durch den Magen, das darf auch seine Königin und die Hofküche nicht außer Acht lassen." Dabei lächelte sie Amala verschmitzt und wie eine Verschwörerin an, die Nonna Rubi, diese wahrlich lebenskluge und warmherzige Frau. Amala stellte erfreut fest, dass das alte Grafenpaar ihren Gemahl nicht nur als König verehrte, sondern ihm darüber hinaus auch wie einem eigenen Sohn zugetan war. Friedrich hatte sie und ihre Familie aus der Bedrückung durch die Anjous errettet und ihnen dann in Thule ein sorgenfreies Dasein ermöglicht. Seitdem hingen sie dem König in Dankbarkeit und Verehrung an. Die junge Königin schlossen sie in ihre Zuneigung fest ein, was Amala gut tat. Diese Mischung aus Achtung und Verehrung einerseits und Zuneigung und Vertrautheit andererseits fand Amala unnachahmlich. Dieses Schlösschen war ein Ort zum Wohlfühlen und längerem Verweilen, den sie noch öfters aufsuchen würde. Im großen Zimmer, das Amala schon kannte, teilte sie jetzt tatsächlich das Bett mit dem König. Als sie Friedrich von ihrer damaligen Verwirrung erzählte, die das Necken der Contessa ausgelöst hatte, da lachte er und sprach von einer unabwendbaren Vorsehung.

Der Ritt am nächsten Tag führte das Königspaar an den Seebrückern vorbei, die den Segen ihres Herrschers erhielten. Danach ging es über die Amelungabrücke nach Südosten, der Zug folgte der Strasse, die durch das Hügelland am Amelungensee führte. Kronstadt sollte ihr Zwischenziel sein. Der größere Teil ihres Gefolges verließ mit ihnen Schloss Bella Vista, nahm aber die Reichstrasse über die Berge nach Theodericia. Für die Königin war jenseits der Brücke alles Neuland. Wohlhabende Dörfer säumten die Straße, an der die vielen jubelnden Menschen fast den Blick auf die behäbigen Steinhäuser verdeckten. Reich tragende Felder und Obsthaine, Gärten voller Blumen und Gemüse lagen beiderseits des Weges. Rechter Hand stiegen die Fluren sanft an, sie trugen Weinberge und stießen weiter oben am Fuß der Berge an hintereinander aufsteigende Terrassen. Jeder Fleck war auch dort droben bebaut und brachte reichen Ertrag. Kleine Dörfer und Weiler grüßten stolz von der Höhe herab. Erstmals erlebte Amala den Garten Theodericias, das üppige Seeland. Der Kontrast zu ihrer Heimat, sogar zum fruchtbaren Rheniatal, das Amala schon so beeindruckt hatte, war unglaublich. Hier im Kernland des Königs lag der thulanische Garten Eden. Links spiegelte er sich im silbrig glänzenden thulanischen Binnenmeer, den ganz im Osten die majestätische Landeskrone mit ihrem strahlenden Gipfelkegel begrenzte. Rechts zeigten sich die begrünten Berge, die diesen Paradiesgarten vor den rauen Winden schützten. Was für einen herrlichen Morgen konnten sie erleben und welch eine belebende linde Luft durften sie einatmen; Amala fühlte sich so leicht und heiter in diesen Gefilden.

Doch selbst dieser Eindruck wurde noch einmal übertroffen. Als sie über eine letzte Kuppe geritten waren, breitete sich vor ihnen ein einmaliges Panorama aus. Der Kronberg stieg aus wirbelnden Wassern auf, die ihn krönende Kronburg der Hort des Reiches schien darüber zu schweben. Rechts, jenseits der Neria wuchs Kronstadt an jenem Hügel empor, der vor einer hohen, lotrecht aufsteigenden Felswand lag. Davor schwammen kleine Inseln im breiten Fluss, waren mit Brücken aneinander gebunden, über die ihre Strasse führte. An der größeren Insel, die von Häusern gerahmt wurde, hingen noch vier weitere mit steinernen Stegen verbundene Eilande. Auf der letzten, stromabwärts getriebenen Insel erhob sich eine bemalte Kapelle. Der Blick schweifte weiter nach links, dort bot sich ihm ein anderer Anblick dar. In der Ferne schwamm das Kronkloster im See, vor ihm lagen die muschelförmigen Garteninseln, auf welche die Neriaburg ein wachsames Auge warf. Unendlich schien der See linker Hand zu sein, sein Silberspiegel fand keinen Rahmen, verlor sich in der Weite und verfloss in der Ferne mit dem Himmel. Rechts endete er jedoch an der schroffen Hohen Wand, sie benetzten die Schleierfahnen der sich in den See herabstürzenden Bäche und Rinnsale. Weit hinter der Steilwand zeigten sich die weißbestäubten hohen Gipfel der Thulanischen Alpen. Am Ende des großen Sees, das nur zu ahnen war, lag Amalas neues Domizil, das Königliche Schloss über der Heiligen Stadt Theodericia. Es schien fast so zu sein, als würde ihm all das Erhabene und Schöne ringsum als Einfassung dienen. Doch noch war es nicht so weit, die Kronburg zog Amalas

Blick magisch an. Der unerreichbar über allem thronende Hort des Reiches, im Falle großer Gefahr das letzte Refugium des Königs, wirkte aber nicht nur auf sie magisch. Ein einziges Mal in der langen Geschichte Thules musste sie einem König den letzten Schutz bieten, einem Jungen, der die Krone trug und dem die Mörder seiner Eltern nach dem Leben trachteten. Dort verbrachten der unmündige König Friedrich und sein Oheim Prinz Konrad bange Tage, bevor ihre Getreuen wieder die Oberhand gewannen. Schwer nur konnte die Königin den Blick wieder von dieser überwältigenden Aussicht lösen und den Ritt fortsetzen.

Wie überall empfing sie der Rat der kleinen Stadt vor den Toren, dort wo ein trutziges Vorwerk die Kette der Brücken schützte. Zu ihnen hatte sich die Besatzung der Neriaburg gesellt, die sich den Besuch des Königspaares nicht entgehen lassen wollten. Danach ritten sie über die reißende Neria, den zweiten großen Zufluss des Amelungensees. An den Stromschnellen nach den Brücken war zu ahnen, dass sich der Strom bald in die Tiefe stürzen würde. Der Donner des fallenden, aufbrodelnden Gewässers ließ sich nicht überhören, die Wasserfälle selbst konnten sie von den Brücken aus nicht sehen. Von dem eilig zum See strebenden Bergwasser stieg eine frische Brise auf. Auf dem langgestreckten Marktplatz erwarteten die Kronstädter das Ereignis. Auch hier gab es für das Königspaar ein Bad in der fröhlichen Menge. Durch ein Spalier jubelnder Menschen schob sich der Zug vorbei an Stadthaus und Dom, erreichte das Seetor und ritt hinab zum Hafen der Stadt.

Abb. 2 Die Umgebung der Kronburg

Die Hort des Reiches

Amala nahm an, dass das Königsschiff am Kai auf sie warten würde, aber sie hatte sich getäuscht. Ein kleineres, prächtiges Boot würde sie befördern. Wollte Friedrich ihren heimlichen Wunsch erfüllen? Durfte sie bald die legendäre Kronburg betreten, den Heiligen Berg der Thulaner? So musste es sein. Hinter dem Königsschiff war ein flaches breites Lastschiff vertäut, das ihre Pferde und die des engeren Gefolges aufnehmen und nach Theodericia bringen würde. Ibrahim nahm sich des störrischen Pegasus an, während sich Norma brav von einem Stallknecht aufs Schiff führen ließ. Zwölf festlich gekleidete Ruderer, bewegten das Boot aus dem Hafen. Als sie den ruhigen Hafenbereich verlassen hatten mussten sie sich mit aller Kraft gegen den stark fließenden Strom stemmen, aus dem die Felsenburg aufstieg. Nun bannte ihren Blick die schwarze Wand des Kronberges, der sich vor ihnen auftürmte. Die Ruderer nahmen einen weiten Bogen, um auf die andere Seite des Monolithen zu kommen, wo es ruhigeres Wasser gab. Eine silbrig wallende Flutwand zog das Auge auf sich. Kirchturmhoch in zwei Stufen, ergoss sich dieser Nebenarm der Neria in die bergnahe Bucht des Amelungensees, vereinigte sich mit ihm in Wogen aus Wasserstaub und aufschäumenden Fluten. Die Neria prallte auf den gewaltigen Block des Kronberges, erwies dem Heiligen Berg ihre Reverenz und umarmte ihn mit ihren Fluten.

Wenigen Menschen war es vergönnt, dort hinauf zu gelangen, und nun machte es Friedrich seiner etwas aufgeregten Frau möglich. Adelheid, die Freundin, hatte es Amala damals bereits an der Mauer des Kronklosters angekündigt, und sie hatte diese kryptische Aussage nicht zu entschlüsseln vermocht. Davon geträumt hatte sie oft, vor allem dann, wenn ihr der Vater von der Versammlung des hohen Adels auf der Kronburg erzählt hatte. Amala wusste wie heftig der mythische Ort die Phantasie der Thulaner beflügelte, und wie gerne jeder einmal dort oben sein würde. Der hier aufbewahrte Reichsschatz wurde in den Erzählungen immer größer und wertvoller, übertraf in ihren Vorstellungen auch den der Nibelungen. Sie konnten sich nicht recht vorstellen, wie es auf dem Heiligen Berg aussah. Waren dort alle Gebäude aus Marmor und Porphyr? Funkelten im Palast des Königs überall Silber, Gold und Edelsteine? Bald würde es Amala wissen, denn das Boot schob sich in eine Zone ruhigen Wassers hinein. Einen Augenblick lang zeigte sich der breitere und ungestufte Neriafall. Zwischen mit Büschen bewachsenen Felsinseln schoss die Silberflut fast neunzig Fuß hinunter. Gewaltig und Schauder auslösend empfand sie dieses Schauspiel, die gewaltige Kraft der Natur zeigte den Menschen hier ihre Grenzen.

Der flüchtige Anblick wurde durch das kleine Hafenbeckens abgelöst, das sich an den Fuß des Kronberges klammerte. Sie passierten einen engen Einlass, hatten nun stilles Wasser unter dem Kiel und legten an dem bogenförmigen Kai an. Ratternd, einer Seeschlange gleichend, wuchs aus dem Wasser hinter ihrem und den drei folgenden Booten eine mächtige Sperrkette, zwischen den beiden Einlasstürmen. Sie verwehrte jedem weiteren Schiff den Zugang. Der Hafen war mit festen Mauern umgeben und mit drei Türmen gegen mögliche Angreifer gesichert. Im kleinen Zeughaus des Hafens wurden die Waffen derjenigen gelagert, die den legendären Kronberg betreten durften. Nur der König und seine Leibwache trugen in der Kronburg Schwerter. Oben auf dem Heiligen Berg herrschte Frieden, war Friedfertigkeit das oberste Gebot. Gefolge und Pferde der Hohen Herren warteten derweilen im Hafen von Kronstadt. Brauerei und Gasthäuser waren auf Gäste eingestellt, dort ging es ab und an weniger würdig und lautstärker zu, als Oben.

Keine Treppe führte in diese Höhe hinauf und keine frei schwebenden Förderkörbe, wie sie in den Bergen ab und an in Gebrauch waren, warteten auf sie, sondern ein technisches Wunderwerk. Davor stand ein Wächter, der das zu erwartende und nun erfasste Gewicht mit Flaggenzeichen nach oben durchgab. Nachts ersetzten Lichtsignale diese Meldung. Ein vergoldeter Aufzug nahm das Königspaar auf, während das Gefolge auf den nächsten zu warten hatte, mit dem Herrscher auf so engem Raum zu sein, war nicht erwünscht. Wobei der Begriff Raum nicht zutraf, eher konnte man von einem lichten Eisenkorb sprechen, den eine mächtigen Schiene mit dem Berg verband. Höchstens zehn normalgewichtige Personen konnte der Korb aufnehmen. Leise ruckelnd ging es mit dem Gefährt gemächlich nach oben. Wie Amala erfuhr, sorgten unterschiedliche Mengen Wasser im Boden der Körbe dafür, dass einer sanft nach oben gezogen wurden. Unten wurde das Wasser dann abgelassen, und der Tank des Gegenkorbs nahm oben so viel Wasser auf, wie zum Heben der Gegenlast erforderlich war.

Amala kam sich vor wie ein ängstliches Kücken, das sich eng an ihren Staufischen Adler schmiegte. So wurde sie besser mit diesem unheimlichen Gefühl fertig, das sie ergriffen hatte. Sie fühlte sich der Technik und den sie bedienenden Menschen ausgeliefert. Die Nähe des Geliebten milderte ihre Angst und der überwältigende Ausblick tat ein Übriges dazu. Je höher sie stiegen, desto beeindruckender wurde das Panorama. Der Hafen zu ihren Füßen, auch die nahe Klosterinsel wurden immer kleiner, der See hingegen immer weiter. Die Hohe Wand war zum Greifen nahe, die Seeinseln traten ins Blickfeld, sie lagen im See gleich Schiffen auf der Reede. Zunehmend beherrschte die Landeskrone den Hintergrund, an sie schien der See anzubranden. Dieser weißgekrönte Berg bannte von jeher den Blick der Thulaner, seit ihn König Indulf I. mit seinen Getreuen erstmals erblickt hatte. Auf dessen Zinne stieg ihr kühner Gemahl als erster Mensch, er der alles ergründen wollende Herr Thules. Vor der Kette der Sundberge konnte Amala jene sanfte, sattgrüne Mattenlandschaft erkennen, durch die sich die zur Heiligen Stadt führende Reichstrasse nördlich des Sees schlängelte.

So wie diesen traumhaften Ausblick, so stellte sich die Königin in ihren Jugendjahren eine Märchenlandschaft vor. Eine, in die sie sich als Prinzessin hineinträumte, die dort voller Sehnsucht auf ihren Prinzen hoffte. Doch die Wirklichkeit hatte ihre Träume noch übertroffen. Statt eines Traumprinzen hielt sie der mächtige Herrscher Thules schützend umfangen, dessen ruhiger Herzschlag sich auf sie übertrug. Ihr kam die alte Mär in den Sinn, in der es hieß: Es war einst ein König von Thule, der liebevoll seine Buhle in den Armen hielt und mit ihren goldenen Haaren spielt. Sie jedoch hatte einen edleren Status inne, sie war seine Gemahlin und der Thulaner Königin. Auf halber Höhe fuhr der Gegenkorb an ihnen vorbei zum Hafen hinunter. Es dauerte einige Zeit bis das Königspaar oben anlangte. Amala hätte nichts dagegen gehabt, noch länger über dem See zu schweben. Wie schön war es, den Gemahl auch am Tage ganz nahe zu fühlen, den sie sonst mit so vielen zu teilen hatte. Ein letztes Ruckeln, dann hing der Korb an seinem Träger fest, sie betraten eine kleine Plattform und gelangten auf den Speicherhof.

Ein riesiger Speicher hatte dem Platz den Namen eingetragen. Das angebaute Amtshaus, in dem der Burgkastellan wohnte, fiel erst danach auf. Hier diente der natürliche, von fleißigen Händen geglättete Fels als Fußboden. Diesen schwarzen, leicht glänzenden Steinboden kannte Amala schon vom Königsschloss her. Der Burgkastellan und die dienstbaren Geister der Kronburg begrüßte den Herrscher respektvoll, seine Gemahlin hingegen mit kaum verhohlener Neugierde. Während der Begrüßung suchte Amala nach dem weiteren Weg. Vom Platz aus schien es keine Treppe zu geben, was angesichts des mächtigen Bergklotzes nicht sein konnte. Ging es hinter dem prächtigen Portal des Speichers in einem Treppenhaus hinauf auf das Bergplateau? Neben dem Speicher öffnete sich nun langsam eine Türe, vergoldete Bronzeplatten und Löwenköpfe zierten sie auf beiden Seiten. Dahinter galt es viele bequeme Stufen zu nehmen, die aber fast nicht enden wollten, doch oben belohnte Amala dafür eine große Überraschung.

Die gesamte staufische Familie erwartete das Königliche Paar als es um die Biegung kam. Ein blonder Knappe schwenkte die Fahne des Hauses Hohenstaufen, zu dem sich nun auch Amala zählen durfte. Wie würde dieses Mal in der Familie die Begrüßung ablaufen, fragte sich die Königin? Ihr Gemahl schloss als erste seine Ziehmutter Adelheid liebevoll in die Arme, während die Prinzessin ihre Schwester Amala herzte. Adelheid verströmte jetzt alle ihre Herzlichkeit, die sie bei der Beerdigung noch zurückhalten musste. Auch die anderen Staufer machten aus ihrer Freude über das Erscheinen des jungvermählten Königspaars kein Hehl. Die Königliche Familie war unter sich und musste sich nicht zu einem würdigen Auftreten in der Öffentlichkeit zwingen. Amala wurde von allen ganz vertraut und herzlich begrüßt, so als gehöre sie schon seit langem zu dieser erlauchten Runde. „Liebes schönes Cousinchen, jetzt bist Du zu meiner Königin geworden und zu meines Freundes Frau. Das ist so unglaublich und so schön, meine Freude darüber ist groß." Mit diesen Worten nahm sie Theodemir in Empfang, und mit seinem Schwager Friedrich in die Mitte.

Danach wurde der Königin der blonde Knappe vorgestellt, Manfred von Sternfels, von dem sie aus der Erzählung von Markgraf Bodo wusste. Der Junge durfte nach der Einarbeitung mit dem heutigen Tag seinen offiziellen Dienst antreten. Dies galt auch für seine Schwester, die weiter oben vor dem Königstor neben der Gräfin Beatrix wartete. Die Gräfin wollte die Königin in der ihr jetzt gebührenden Form begrüßen, doch diese bog es ab und bat darum die bisherige Vertrautheit beizubehalten. Ein glückliches Lächeln flog über die herben Züge der ersten Hofdame, die sich über diese Gunst freute. Agnes, die zweite Zofe der Gräfin, verharrte hinter ihr schüchtern und mit niedergeschlagenen Augen. Friedrich wendete sich auch an sie: „Na, Agnes, ist das nicht besser, als mit Pfeil und Bogen durch eine brennende Stadt zu irren?" Die Zofe wurde über und über rot, sie antwortete verlegen stotternd: „Ja, Hohe Majestät, alles ist so schön für mich!" Dabei blickte sie den König verschämt an, während sie ihre Königin eher verstohlen musterte. Amala fand es köstlich, musste sich zwingen ernsthaft zu bleiben.

Mit dem Königstor, einem von den aufgerichteten Löwen Thules gehaltenen und mit Szenen aus der frühen Geschichte Thules geschmücktem Triumphbogen, begann der besondere Teil des Heiligen Berges. Beschattet von ausladenden Platanen säumten rote Säulen mit den Büsten aller fünfunddreißig Könige Thules einen kreuzförmig angelegten, mit Steinen aus Porphyr und Marmor gepflasterten Weg. Er führte hin zu dem goldenen Tor, das eingebettet in einer mächtigen Schildmauer, vorerst noch den Königshof den Blicken entzog. Fünfunddreißig Könige, Indulfinger und Hohenstaufen mahnten die Lebenden ihrer zu gedenken, erinnerten den jeweils herrschenden König an die Vergänglichkeit und Endlichkeit seiner Königszeit; so Friedrich, der sechsunddreißigste Herrscher von Thule. „Diese steinernen Königsgestalten, einige davon berühmte Helden, repräsentieren die lange Geschichte Thules und erinnern uns an ihre Erfolge und Niederlagen. Sie beschwören uns: Gedenkt stets der Lehren, die hieraus zu ziehen sind, wiederholt meine Fehler nicht!"

Im Schnittpunkt des Wegkreuzes lag der Heilige Brunnen, der seiner mit Gold verzierten Figuren wegen der Goldene Brunnen genannt wurde. Hier wurden alle Königlichen Prinzen in einem uralten Ritual getauft. Zuvor erhielten sie im Dom St. Michael den Segen der Arianischen Kirche und wurden danach im Thinghof mit allen ihren Namen und Titeln in den Kreis des Hochadels aufgenommen. Diesen Weg schritten aber nicht nur die Taufgesellschaften, sondern vor dem Thing auch die Edlen beim feierlichen Einzug in den Kernbereich der Kronburg. Stets begann das Thing mit einem Gottesdienst im ehrwürdigen Dom St. Michael, er stimmte die Geladenen darauf ein, sich des Heiligen Ortes würdig zu erweisen. Hier oben, dem Himmel nahe, hatten schon Generationen von Würdenträgern gebetet und danach im Thing ihren Beitrag zum Erfolg eingebracht. Dessen waren sich fast alle der nach hier Geladenen bewusst und handelten auch so.

Die beiden Adelheids hakten Amala unter und entführten sie ihrem Mann, der von den Herren in Beschlag genommen wurde. Die drei Damen gingen zu einem mächtigen achteckigen Turm, dem hohen Ausguck. Er trug ein doppeltes Dach, das noch ein schlanker Laternenaufsatz krönte. Eine kleine Anlage umgab ihn, ihre Bäume und Sträucher bildeten einen Gegenpol zu der Strenge, die von den Statuen früherer Herrscher ausging. Dennoch, der Heilige Berg wirkte überraschend anheimelnd und entsprach so gar nicht Amalas Vorstellung von einer uneinnehmbaren letzten Zuflucht des Königshauses. Diesen Turm bestiegen die Damen, schraubten sich auf einer Wendeltreppe empor, die ihr Licht aus den Fenstern des jeweiligen Stockwerks bezog. Alles war gepflegt und in heller Farbe getönt. Hier lagerten neben den Waffen auch jene Vorräte, die nicht gekühlt werden mussten. Der Ausguck war die letzte Zuflucht im Fall der Fälle, doch dafür musste der Turm in den vielen hundert Jahren noch nie herhalten.

Endlich endete das Treppensteigen, es wurde durch eine unglaubliche Rundumsicht belohnt. Der See lag ihnen zu Füßen, seine ihn umringenden Berge zeigten sich in ihrer ganzen Größe, auch Seebrücke ließ sich von hier aus gut erkennen. Doch zuerst wollte Amala die Kronburg von oben einsehen. Den eiförmigen Inselberg umringte eine durch Türme verstärkte Mauer. Drei Höfe unterteilten ihn, der Amala am meisten interessierende Königshof verbarg sich jedoch hinter einer hohen Schildmauer. Sie und das von Türmen flankierte Tor waren gut zu erkennen, wie auch die meisten der anderen Bereiche. So viel Grün hatte Amala nicht erwartet, und auch nicht das große Wasserbecken und die Brunnen. Wie wohl das ständig fließende Wasser auf den Kronberg hinauf gelangte? Das wollte Amala wissen, und wie es möglich sei, dass auf einem Felsklotz so viele Bäume, Sträucher und Blumen gedeihen konnten? Adelheid verwies sie an Friedrich, der ihr besser darüber Auskunft geben könne. Der uralte Dom St. Michael zog als nächstes den Blick auf sich, er zählte zu jenen Heiligen Orten Thules, von denen in der Schule berichtet wurde. Hinter ihm lag ein Park, in dem sich das Häuschen des Burgkaplans ans Felsplateau des Königshofes anlehnte. Zwischen dem Dom und dem Wasserspeicher kündete ein kleiner Friedhof von der Endlichkeit des menschlichen Daseins. Im Thinghof, der dem Dom gegenüber lag, zog nur an wenigen Tagen Leben ein. Und zwar dann, wenn sich der Herrscher hier mit seinen hohen Edlen beriet oder für das ganze Reich Thule wichtige Entscheidungen anstanden. Ansonsten blieb die Kronburg ein Ort der Stille, an den sich der Ruhe suchende König immer wieder zurückzog.

Die Details der Gebäude und Anlagen, so Tante Adelheid, ließen sich unten besser erkennen und erklären, jetzt gehe es nur darum, sich einen Überblick zu verschaffen, und vor allem die unvergleichliche Aussicht zu erleben. Und damit hatte die Herzogin wahrlich recht, Amala konnte die grandiose Kette der Thulanischen Alpen zum Greifen nahe sehen, diese schwer zugängliche Quellheimat fast aller großen Flüsse des Reiches. Weit konnte sie hineinblicken in die unteren Täler der Neria und Walatha, die in sie einmündete. Über der Hohen Wand zeigten sich die Matten der Hirten und Bergbauern, folgten die Bergwälder. Viele Bäche durchquerten diese Idylle, um sich dann über die Hohe Wand hinab in den See zu stürzen. Nur einige wenige besonders kräftige Bäche hatten es vermocht, in den von ihnen tief eingeschnittenen Schluchten sanfter ins Tal zu fließen. Nur dort vermochten die Bauern und Fischer Steige anlegen, über die sie das Ufer des Sees erreichen konnten. Wie verloren lagen ihre Dörfer und Höfe in dieser grünen Welt, nur vereinzelt zeigten sich auch an kleinen Buchten des Sees einige bunte Fischerhütten.

Wieder unten bei ihrem Mann, ließ sich Amala von ihm einiges zur Kronburg erklären. Zuerst interessierte sie das hier so üppig sprudelnde Wasser. Sie vermute, dass es aus der Neria geschöpft werde, sehe aber nirgendwo ein Schöpfwerk. Friedrich lächelte: „Amala, ein Becherwerk herauf in diese Höhe zu führen, ist technisch unmöglich. Das antreibende Wasserrad müsste riesengroß sein und würde zudem eine aufwendige Pflege erfordern. Wir haben es anders und einfacher gelöst, wir sammeln das Wasser einer starken Quelle oberhalb von Kronstadthafen. In steinernen Rohren fließt es ins Tal und durch den See zu uns herauf. Hinter der Michaelsinsel liegt in der Neria eine Schwelle auf der die Leitung geführt werden konnte, so kommen wir auch bei Reparaturen gut an sie heran. Dazu dient uns ein Kasten, den wir darüberstülpen und auspumpen können, so dass daran gearbeitet werden kann. Der Druck des fallenden Wassers in der Leitung ist stark genug, um hier sogar einen Springbrunnen zu betreiben. Alles überschüssige Wasser leiten wir hinter dem Wasserturm wieder in den See. Die Pflege dieser Leitung und all derjenigen auf der Kronburg ist eine sehr verantwortungsvolle Aufgabe. Sie obliegt dem Brunnenmeister und seinen Mannen, die zudem auch die Aufzüge betreuen. Beides zusammen ist der Lebensnerv der Kronburg! Werden die Männer hierfür nicht gebraucht, dann kümmern sie sich um andere Dinge auf der Burg. Der Kastellan und der Brunnenmeister sind Brüder, die mit ihren Familien gemeinsam im Amtshaus am Kranplatz leben. Ihre Frauen betreuen auf der Kronburg vorrangig die Blumen und Büsche, sie finden aber auch noch Zeit für den Gemüse- und Krautgarten hinter dem Amtshaus. Ihr besonderes Verdienst ist es, dass die Kronburg immer ein blühender und gepflegter Ort ist, wozu auch die Kübelpflanzen beitragen, die hier überall zu sehen sind.“ Das konnte Amala nur bestätigen, die schon zuvor festgestellt hatte, wie sauber und anheimelnd alles war. Die hohe Burg atmete eine Heiterkeit und Ruhe aus, fast hatte sie das Gefühl, in einer anderen Welt zu sein. Ihre nächste Frage lautete: „Fried wie sind die Menschen erstmals hier hoch gelangt?“ Und setzte noch nach: „Weshalb gibt es hier oben ein so üppiges Grün?“ Seine Antwort bündelte der König. „Cara, willst Du nun die Sage hören, oder das überlieferte Geschehen?“ „Beides Caro, aber zuerst die Sage, denn darin ist meistens viel mehr Leben enthalten!“

„Nun denn, dann fange ich mit der Sage an. In der Zeit von König Indulf dem Fünften hatte ein Fischer drüben vor dem Kronkloster sein langes Netz ausgelegt und darin viele Fische gefangen. Einmal, als er seinen Fang in das Boot leeren wollte, riss ihn ein gigantischer Adler samt Netz und Fischen hoch in die Lüfte. Der bedauernswerte Fischer war starr vor Angst und Schrecken, er hatte mit seinem Leben abgeschlossen. Der riesige Adler setzte ihn der Sage nach genau dort ab wo heute der Königliche Palast steht. Ein ungeheuer großes Nest war sein Landeplatz, in dem zwei fast flügge Adlerküken gierig auf ihr Futter warteten. Dabei öffnete sich zum Glück das Netz und die großen Fische füllten das Nest. Der Adler erhob sich sofort wieder und flog hinaus auf den See, um nach weiterer Beute zu suchen. Ihrer gewohnten Nahrung wegen machten sich die Küken erst einmal über die Fische her. Der Fischer vermochte es sogar sein Netz wegzuziehen und sich in dem dichten Gebüsch davon zu machen. Dort wo heute der Speicherplatz liegt versteckte er sich angstvoll, das Gebüsch und die Bäume schützten ihn hier vor den Adleraugen. In der folgenden Nacht befestigte er sein Netz an einem dicht am Abgrund wachsenden Baum und kletterte nach unten. Und oh Wunder, das Netz wurde immer länger. Der Heilige Michael, zu dem er in seiner Not gebetet hatte, zog es so in die Länge, das es bis hinunter zum See reichte. Unten bangten seine fünf Söhne um den Vater. Welch eine Freude überkam sie, als sie im Schein der Fackeln den über ihnen hängenden Vater erkannten und zu sich ins Boot nehmen konnten.

König Indulf V. war am folgenden Morgen unterwegs zum Kronkloster, um dort am Morgengottesdienst teilzunehmen. Hier fanden sich auch die dankbaren Fischer ein, um Gott für die wundersame Errettung zu danken. So erfuhr der Herrscher von der unglaublichen Geschichte des Fischers, hörte von den riesigen Adlern und dem immer noch hängenden Netz. Seinen goldenen Schild auf dem Rücken stieg der König mit acht seiner „Löwen“ anhand des Netzes den Felsberg hinauf. Mit seinem Goldschild konnte er die vier Adler mit den gespiegelten Strahlen der Morgensonne so blenden, dass diese erschreckt ihr Nest verließen. Sie flogen zur Landeskrone, um auf ihrem von den Menschen gemiedenen Gipfel eine neue Zuflucht zu finden. Dieser Ort sollte künftig Zeugnis ablegen für das Wunder des heiligen Michael. Daher ließ der König aus dem Holz einiger hier gefällter Bäume den Vorgängerbau des heutigen Domes St. Michael errichten. Alle weiteren Bauten kamen dann im Verlauf der Jahrhunderte dazu.“

Längst hatte sich die Staufische Familie zu ihnen gesellt und Friedrich zugehört, denn diese alte Sage war in Vergessenheit geraten und von anderem überlagert worden. Amala wollte nun wissen, wie es sich wirklich zugetragen hatte, und wurde dabei unterstützt von den anderen. Der König folgte der Bitte und berichtete: „Den in den ersten Inseljahren teilweise noch abergläubigen Thulaner war dieser so dunkle und die Menschen abweisende Felsklotz nicht geheuer. Ihn umgaben statt einer wabernden Lohe wie um Walhall zwar nur die tosenden Wasser, dennoch wurde der Berg für sie zum Sitz des Donnergottes Thor. Der schwarze Klotz wirkte unheimlich und unberührbar, galt als Ort, der tunlichst zu meiden war. Wenn die Gewitter, die überwiegend aus den Tälern von Neria und Walatha über uns kommen, mit Blitzen den regenfeucht glänzenden Monolithen in grell gleißendes Licht hüllen, dann breitete sich die Angst aus. Das ist auch heute noch ein gespenstischer Anblick. Das Bild des Donnergottes drängte sich unseren Vorfahren geradezu auf.

König Indulf der Fünfte, ein gottesfürchtiger und unerschrockener Held, ärgerte sich über diese Deutung. Daher beschloss er, oben auf dem Plateau des Felsens eine Christliche Kirche zu errichten. Das sagte sich leicht dahin, stieß aber in der Realität auf schier unüberwindliche Schwierigkeiten. Das Wasser hatte seit Urzeiten den Fels blankpoliert, kein Riss, kein Spalt und keine Erhebung bot Kletterern Halt. Doch der König ließ sich davon nicht entmutigen. Mühsam bohrten Bauleute Löcher in den harten Fels. Sie begannen dort wo sich heute die sichelförmige Hafenmole an den Fels anschließt. Nebeneinander trieben sie im Abstand von drei Fuß Löcher in den Fels und schlugen starke Eisenanker hinein. Darauf wurde ein stabiles Brett mit Randleiste befestigt, eine lange Leiter darauf gestellt und diese an einem dritten Anker fixiert. So entstand allmählich eine lange Kette aus Leitern und massiven Brettern. Als die letzte, die Felskante nun überragende Leiter befestigt war, stieg der mutige König als erster Mensch auf das vordere Plateau. Ihm folgten die „Löwen“ und zuletzt die stolzen Bauleute. Wie ich den alten Dokumenten entnehmen konnte, war die Krone des Berges öde und leer. Nur wenige kümmernde Bäumchen und einige Büsche wuchsen hier oben, dafür aber viele kleine genügsame Blumen und Gräser. Auf Adler stießen die Entdecker nicht, dafür aber auf viele Schwalben und Mauersegler. Die Männer hatten große Mühe, um auf die mittlere Ebene zu gelangen. Die Oberfläche des Berges war damals uneben und wurde erst im Laufe vieler Jahre so geglättet, wie wir sie heute vorfinden. Die mühsam heraus gebrochenen Steine ergaben die Wände des Domes und die der anderen Gebäude, auch die Mauern und Türme entstammen ihnen. Bald wurden Kräne aufgebaut, um Wasser und Material nach oben zu fördern. Ein besserer Nachfolger dieser Tretkrane steht noch heute an seinem Platz, er könnte dann wenn die Aufzüge ausfallen, gute Dienste leisten.

Nun zu Deiner zweiten Frage, jener nach dem vielen Grün. Dort wo jetzt die Bäume stehen wurde der Boden tief ausgehoben, mit Abflussrohren versehen, mit einer Sand- und Kieslage bedacht und mit hoch gezogener Erde verfüllt. Der Aushub ergab weiteres Material für den Bau der Häuser. Zuletzt lieferte uns das abgestufte Halbrund des Thinghofes Baumaterial. Hieraus wurden die ihn umgebenden Gebäude ausgeführt. Seitdem hat jedes Herzogtum ein eigenes Gästehaus und ein angemessenes und gewohntes Domizil während des Things. Sollten wir noch einmal bauen wollen, dann würden wir die Keller unter den Wirtschaftsgebäuden erweitern und zuletzt unter dem Königshof selbst noch Keller ausheben. Aber derzeit steht nichts an, somit bleibt die Kronburg ein Ort des Friedens und eine Oase der Stille.“

„Fried, dass Du mal etwas ausführlicher darstellst, ist sogar für mich neu. Weder die Sage noch die Realität über die Entstehung der Kronburg war mir bisher vertraut. Wir haben uns vorhin noch darüber unterhalten, wohin einmal Dein Denkmal kommen wird?“ Letzteres sagte Theodemir leicht verschmitzt, und sein Schwager nahm den Flachs auf. „Das ist einfach, Ihr stellt mich in Stein gehauen vor den Thron im Thinghof. Dann wird keiner mehr von dort schlaue Sprüche verkünden!“ Dabei lachte er so spitzbübisch, wie einst als unwiderstehlicher Prinz Sonnenschein. „Im Ernst, meine Lieben, mir ist mit dem Denkmal in Theodericia schon unbehaglich genug zu Mute. Dann braucht es nicht auch hier eines. Das soll der nach mir kommende König entscheiden. Vielleicht will er nicht an mich erinnert werden und ständig mit dem Standbild seines Vorgängers konfrontiert sein. Lasst uns jetzt weitergehen, es gibt für Amala noch vieles zu sehen.“

Nun kam der Thinghof an die Reihe, den sie durch den Durchgang im Gästehaus betraten. Zu beiden Seiten luden je sieben Steintische und Steinbänke dazu ein, sich im Schatten der Bäume oder Sonnensegel niederzulassen, was jetzt nicht angesagt war. Das traf während des Things auch die Teilnehmer, sie setzten sich erst am Ende des anstrengenden Tages hierher, um sich zu unterhalten. Der mittlere Tisch fiel schon optisch aus der Reihe, er bestand aus massivem Porphyr, dem Stein der Könige. Daraus war auch der Sessel in der Mitte, dem des Herrschers. Den Tag über saßen die Hohen Herren auf den Bänken im abgesenkten Halbrund und berieten sich mit ihrem König. Der saß auf rotem Thron aus Porphyr, den rote Löwen trugen und der auf einem marmornen Podium stand. Ein Adler und ein Löwe aus purem Gold krönten die hohe Lehne des Thrones. Kein weiterer Sessel milderte die von dort ausgehende Erhabenheit, aber auch Einsamkeit. Für Amala war dies das Abbild des Thulanischen Königtums schlechthin. Steinerne Säulen begrenzten das Halbrund, von ihnen gingen Seile aus, die sich wie Sternstrahlen oberhalb des Thrones am schwarzen Turm trafen. Sie dienten an heißen Tagen zum Abschatten des Halbrunds mit Planen, aber die Symbolik war dennoch nicht von der Hand zu weisen. Den Thron überdachte ein marmorner Baldachin, den antike Heldengestalten trugen. Vier Mal im Jahre tagten hier die Herzöge, Markgrafen, Gaugrafen und die hohen Würdenträger des Reiches. Ganz selten wurden andere Edle hinzu gebeten, und noch seltener fanden sich hier die Frauen der Geladenen ein. Der Thinghof wurde von fünf reich verzierten, die Wappen der Geschlechter tragenden Häusern eingefasst, die ihnen Unterkunft boten. Das engere Gefolge fand seine Bleibe in den beiden Häusern über dem Speicherhof.

Danach ging es in den selbst während des Things nicht zugänglichen Königshof, jener Bereich, von dem in Thule als Wunder fabuliert wurde. Das majestätische Portal aus makellosem Porphyr beeindruckte noch jeden Besucher, wie zuletzt den weitgereisten Nuntius Donato. Es war in zwei Rechtecke gegliedert, das Obere füllte ein schön ornamentiertes Tympanon. Das hohe untere Rechteck, flankiert von kannelierten Lisenen, endete in einem reich verzierten Querträger. Den eigentlichen Eingangsbereich begrenzten zwei schwarze Säulen, die von goldenen Adlern gekrönt wurden. Adelheid erklärte ihrer Schwägerin: „Unser Wappentier macht deutlich, dass dieses Tor in Staufischer Zeit verändert wurde. Nur mein Urgroßvater und mein Bruder kannten den Eingang von Castel del Monte. Unser Ahn fand in seiner großen Not sicher keinen Blick für die Schönheit seines jahrelangen Kerkers. Unser Fried hingegen schon, denn der verweilte Stunden davor und prägte sich den Bau genau ein. Einige Jahre nach seinem Herrschaftsantritt übertrug er seine inneren Bilder auf die Kronburg und auf die Fassade des Königshofes. Viereckige Türme flankierten das Portal, auch das mächtige Tor blieb das alte, aber es wurde neu vergoldet.“ Kleine Löwen- und Adlerköpfe lockerten dessen große Fläche auf. Gesäumt wurde das Portal von riesigen aufgerichteten roten Löwen, dem Wappentier der Indulfinger. Eine nach vorn gewölbte Treppe führte zu ihm hinauf. Das Goldene Tor würde nur selten ganz geöffnet werden, sondern nur der kleine in ihn integrierte Einlass. Das geschehe nur bei besonderem Anlass, den allein der Herrscher bestimme, flüsterte ihr Adelheid zu.

Zur Überraschung aller öffnete sich das gewaltige Tor, es ächzte in den frisch gefetteten Angeln. Acht Wächter zogen es auf, die sich wegen des großen Gewichts sehr anstrengen mussten. Sichtlich gerührt wendete sich Tante Adelheid an Amala: „Solch eine Ehre gewährt er Dir, liebe Amala. Nie zuvor wurde dies einer Frau zu Teil. Darüber freue ich mich von ganzem Herzen!“ Friedrich reichte seiner Frau den Arm und die anderen folgten. Der geschlossene einer unregelmäßigen Muscheln ähnelnde Hof erwies sich als ein Juwel. Wohin sollte Amala ihre Blicke wenden? In der Mitte erhob sich der Palast des Königs, dessen prunkvoller Eingangsbereich sich turmartig von seinen prächtigen Flügelbauten abhob. Seine vergoldeten Dachziegel flirrten in der Sonne und rückten das Gebäude dem Himmelsgestirn näher. Eine aus goldfarbenem Marmor erbaute filigrane Doppeltreppe führte hinauf, die in einer Empore endete. Davor ragte die Rostra über einer Brunnenmuschel, von der aus sich Hof und schwarz glänzender Felsboden mit dem darin eingelassenen Kranz der Wappen bestens überblicken ließ.

Bei Regen würden sie unter den Kolonnaden schreitend trockenen Fußes den Palast erreichen können. Doch sie betraten die Mitte des Hofes und ließen die prächtigen Gebäude auf sich wirken. Auch hier hatten die Erbauer den vorgefundenen Basalt verbaut, lockerten ihn aber durch andersfarbene Steine derart auf, dass sich das Düstere des dunklen Steines verloren hatte. In der Mitte des Hofes waren in dem zum Tor hin abfallenden Felsboden das Thulanische und das Staufische Wappen in hellen Steinen ausgelegt. Golden strahlte der Löwe Thules, golden war auch der schwarze Staufische Adler hinterlegt. Kleine Steine aus echtem Lapislazuli umrahmten den Löwen. Pracht wohin das Auge schweifte, dieses Juwel war die zu Stein gewordene Manifestation thulanischer und königlicher Würde und Macht. Der Königshof wirkte in seiner edlen Schönheit dennoch anheimelnd.

Prinz Konrad, dem Amalas Staunen nicht entgangen war, flüsterte ihr zu: „Liebe Amala, meine Tochter, ich kenne diesen Hof schon ein ganzes Leben lang. Dennoch freue ich mich jedes Mal aufs Neue an dessen Schönheit und Erhabenheit. Dem zuvor etwas abweisend wirkenden Boden hat Friedrich mit den Wappen und den drei Rahmen alles Düstere genommen, so wie Du es bei

Deinem Gemahl geschafft hast. Der gütige Gott hat Dich zu ihm geführt, hat meine flehentlichen Gebete erhört und meinem geliebten Neffen und Ziehsohn seine gewinnende Art und Heiterkeit wieder zurückgegeben." Friedrich, der seinem Oheim zugehört hatte, legte seine Arme um die beiden und sagte: „Das, lieber Oheim, kann ich aus ganzem Herzen unterschreiben. Wärmende, lautere Sonne hat sie mir ins Herz scheinen lassen und mit ihrer selbstlosen Liebe den düsteren Hass und die selbstzerstörende Rache vertrieben!"

Rechts neben dem Königlichen Palast lag der Prinzenbau. Im Gebäude daneben würde ihr Gefolge unterkommen, vor ihm lag ein kleiner Grünbereich mit sprudelndem Springbrunnen. Nach dem Torbau kamen der Wirtschaftsbereich und das Haus der Königlichen Wache. Ganz links überragte ein hoher achteckiger Turm alle anderen Gebäude, Fresken mit Fabeltieren, Löwen und Adlern sollten wohl alle Räuber abschrecken. Dies war der legendäre Schatzturm, der den Staatsschatz Thules barg. Über dessen unermesslichen Wert im ganzen Land gerätselt wurde. Langsamen Schritts gingen sie weiter zum Eingang zu, passierten die Standbilder der Könige Theoderich und Totila. Gemessen stiegen sie die Marmortreppe empor, hielten oben auf der Empore an und blickten hinunter in den weiten Hof. Vom hohen Mittelbau aus, der sowohl Eingang als auch Treppenhaus war, betraten sie den Königstrakt.

Bekränzt waren nicht nur dieser Eingang, sondern auch jene, die zu den Schlafzimmern führten und speziell das Himmelbett des Königspaares. Adelheid flüsterte Amala ins Ohr, sie hätte dies veranlasst, denn dies bedeute von alters her Fruchtbarkeit. Die schmunzelnde Amala zog sie zur Seite, dankte für den lieben Wunsch wie für die Blumen und Gebinde. Sie eröffnete der Freundin, dass es dieser lieben Nachhilfe vielleicht nicht mehr bedürfe. Adelheid in ihrer manchmal so spontanen und fröhlichen Art rief aus: „Amala, ist das möglich, Du bist schwa..." Erschrocken über ihren freudigen „Ausbruch" brach sie ab. Doch es war zu spät, Tante Adelheid und Friedrich hatten es mitbekommen. Vor Mitfreude überwältigt küsste die Herzogin ihre neue Nichte, freute sich wie ein Kind über diese so wundervolle Botschaft. Friedrich wollte es seiner Tante gegenüber auf eine Vermutung reduzieren, doch damit kam er bei ihr nicht durch. „Mein Lieber, Du bist bei weitem der klügste Mensch, der mir je untergekommen ist, aber davon Fried verstehst Du nun mal gar nichts. Wenn Amala sagt, sie sei guter Hoffnung, dann ist dies auch so."

Die Staufer genossen einen wunderschönen Abend hoch über der leise rauschenden Neria. Vom breiten Balkon des Palastes konnten sie ihre Blicke schweifen lassen, entweder hinunter auf die kleine Stadt, zu der Perlenkette der Neriabrücken oder hinein in die Täler. Wohin sie auch blickten, überall bot sich ihnen ihre schöne Welt dar. Solch einen Ausblick genossen wohl sonst keine Thulaner und solch festliches Mahl vermutlich auch nur wenige, ganz zu schweigen vom köstlichen Wein. Doch darum war es der Königlichen Familie nicht zu tun, sie erfreuten sich am Beisammensein und an ihrem Einvernehmen. Diese kleine Familie, die erste in Thule war nun auch die Amalas. Ihr kam es so vor, als würde sie schon lange zu dieser erlauchten Runde zählen. Sie fühlte sich nicht nur hochwillkommen, sondern geradezu herbeigefleht, um Friedrich aus dem Nornengespinst der Unerbittlichkeit und Rachsucht zu erlösen. So hatte es der Senior des Hauses, Prinz Konrad ausgedrückt. Und sein Neffe, der sonst eher wortkarge Hildebrandt verstärkte dies jetzt am Abend noch. „Meine liebe Tochter Amala, als ich Dich jüngst im Schloss in Deiner voll erblühten Schönheit sah und Deine Warmherzigkeit erleben durfte, da verband sich mein Herzenswunsch noch mit einem weiteren Wunsch. Trotz des traurigen Hintergrundes unseres Zusammentreffens, wusste ich sofort, was ich mir noch wünschte: Der allmächtige Gott möge mir und uns allen den Neffen und König belassen! Das war mein größter Wunsch an den Allmächtigen, doch damit beschied ich mich nicht. Mein anderer und damit untrennbar verbundener Wunsch war: Dich und Friedrich danach als Ehepaar erleben zu dürfen. Mit ihm verknüpfte ich ziemlich unbescheiden eine große Hoffnung, es möge Dir mit Deiner Liebe gelingen, bei unserem Friedrich wieder die andere, die lichte Seite des Lebens hervorzulocken. All diese Wünsche wurden mir von Gott erfüllt, dafür bin ich zutiefst dankbar. Du bist die einzige uns genehme Gemahlin für unseren Friedrich!“ Seine Gemahlin Adelheid, die letzte des uralten Geschlechts der Löwenberger, erfreuten und berührten seine Worte, sie setzte noch hinzu: „Mein Schatz, eine solch lange Rede hast Du seit langem nicht mehr gehalten. Aber Du hast mir aus dem Herzen gesprochen! Gott hat uns einen seiner Engel gesendet und hat ihn dem uns seit Urzeiten versprochenen großen König an die Seite gestellt. Das ist pures Glück und der Beginn einer besonderen Zeit, eine in der Frieden herrscht und Thule vollends erblühen wird! Darauf lasst uns anstoßen und darum bitten, dass wir alle diese große Zeit noch lange und gesund miterleben dürfen.“

Abb. 3 Die Kronburg

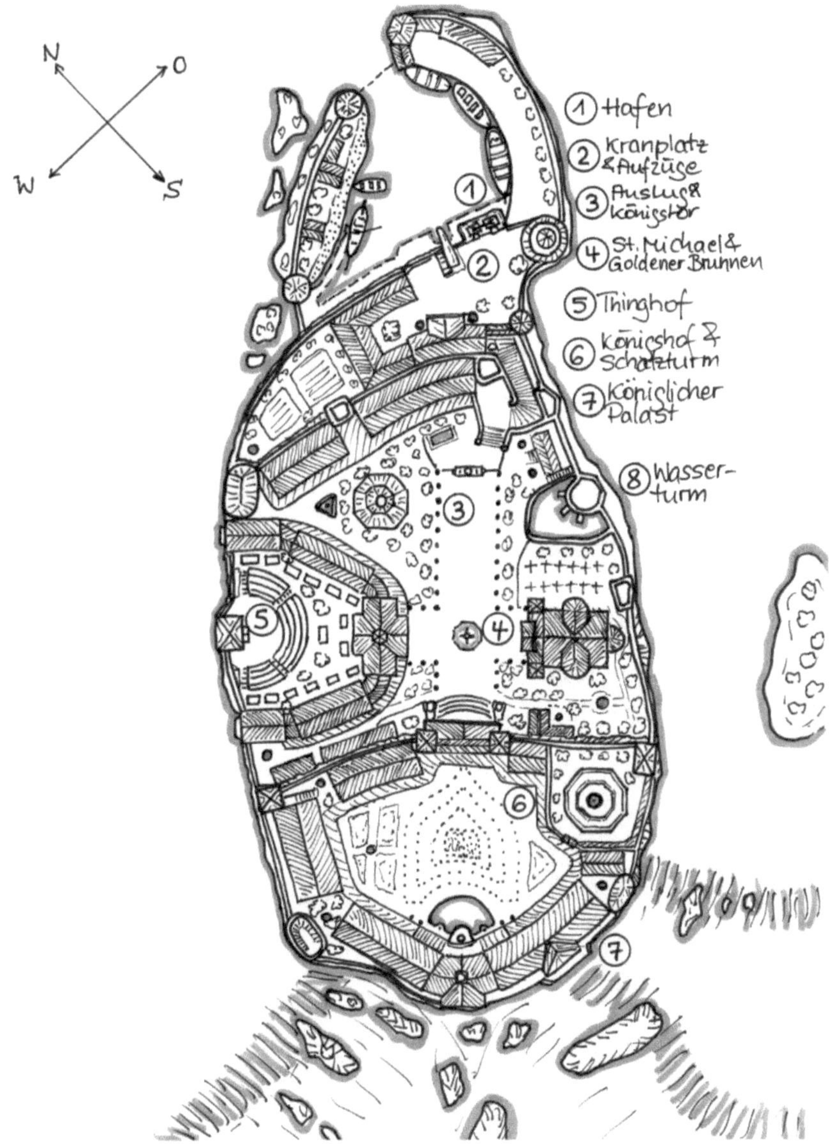

Freudentaumel

Das Feiern nahm kein Ende, ringsum herrschte ungetrübte Freude, wogte Festlichkeit und Fröhlichkeit. Es war so, als hätte sich ganz Thule in der Heiligen Stadt eingefunden, um das schon so lange ausstehende Ereignis gebührend zu feiern. Erstmals seit Menschengedenken vermählte sich ein Herrscher, zumindest was seine erste Ehe betraf. Stets waren es die Kronprinzen gewesen, deren Hochzeit mit großem Gepränge begangen wurde. Aus diesem Grund versanken Theodericia und Thule in einem Taumel ausgelassener Freude. Auf allen Plätzen der großen Stadt wurde gefeiert, nahezu alle Arbeit ruhte. Wirte, Bäcker, Metzger und viele andere, die für das Wohl der vielen Tausenden zu sorgen hatten, ertranken fast in der Arbeit. Überall zeigten sich auch die Landleute in ihren farbenfrohen Trachten und feierten begeistert mit. Schließlich ging es um ***ihren*** Friedrich, den einst oft geschmähten *Bauernkönig*, der ihre Arbeit kannte, würdigte und respektierte. Alle waren eingeladen, keinem sollte es an etwas mangeln und alles ging zu Lasten der Krone. Die Humpen kreisten, Becher wurden geleert und spornstreichs wieder gefüllt. Fässer gingen zur Neige und durch neue ersetzt. Ochsen und Schweine drehten sich am Spieß, es gab Geflügel, Fische und andere Köstlichkeiten zu genießen. Brot und Gebäck fand reißenden Zuspruch. Heute war Theodericia das erträumte Paradies aller Schlemmer. Arm und reich, alt und jung, verbanden sich im Feiern, vergaßen die Nöte des Alltags und den Kummer der anderen Tage. Viele Zelte waren vor den Toren der Stadt aufgestellt worden und drunten an den beiden kleinen Seen im Stadtgebiet entstand eine Zeltstadt. Es sollten auch jene eine Herberge vorfinden, die nicht in den Gasthöfen, Klöstern oder bei Verwandten unterkommen konnten. Der Adel von Thule feierte im Schloss, den riesigen Thingplatz füllten die Edlen und ihre Familien. Hier ging es nicht weniger festestrunken zu wie auf den anderen Plätzen in der Stadt. Das galt allerdings nicht im selben Ausmaß für den Hochadel und die anderen Gäste, im festlich geschmückten Königshof. In Anwesenheit des Herrschers wurde weniger lautstark und bechertrunken gefeiert, denn König Friedrich mochte es zwar fröhlich, jedoch stilvoll. Alle wussten dies und hielten sich daran, sie ehrten damit ihren Herrn und seine junge Gemahlin. Drei Tage lang durften die Thulaner das große Fest begehen und konnten darüber ihren nicht immer einfachen Alltag vergessen.

Das Hochzeitsfest hatte mit dem Empfang des Königspaares draußen auf dem See begonnen. Kaum war das Schiff des Königs in Sichtweite des Schlosses, kamen ihm viele Boote entgegen. Auf dem Schiff der Prinzessin zeigten sich neben dem gesamten Hochadel noch andere hohe Herren. Kanzler, Schlossgraf, Stadtpatrizius und Nikolaus, der unentbehrliche Leibarzt standen in deren Nähe. Fast alles an Bord der Schiffe und Kähne war mit Fahnen, Standarten, Wimpeln und Tüchern geschmückt. Eine Brandung aus Jubel und

Hochrufen schlug dem Königsschiff entgegen, die Ruder wurden senkrecht gestellt, die Menschen winkten dem edlen Paar begeistert zu. Am Königshafen standen die Pferde für die Königliche Familie und deren viel größer werdendes Gefolge bereit. Dort geschah etwas Merkwürdiges. Die Königin wurde hier nicht nur von ihrer Stute Norma stürmisch begrüßt, auch der sonst so abweisende Pegasus wollte von ihr gestreichelt werden. Das Staatsross stupste sie sogar auffordernd mit seinem samtenen Maul an. Friedrich staunte, denn nie zuvor durfte eine Frau ihn berühren. Die feiertäglich gekleideten Theodericianer säumten dicht gedrängt den Weg hinauf zum Forum und dort selbst. Aus allen Fenstern blickten sie, Kinder wurden hochgehoben, die Hundertschaften konnten dem Druck der Begeisterten kaum standhalten. Die Theodericianer holten ihr Königspaar heim und durften ihrer Zuneigung freien Lauf lassen. Wo immer sich das Paar zeigte wurde es zu einem Bad in Freude und Verehrung. Amala konnte sich so richtig mitfreuen, sie erlebte dies ihr noch immer Ungewohnte mit allen Sinnen mit. Ihr Gemahl, sonst eher zurückhaltend, ließ sich anstecken, zeigte seine Freude. Das Königspaar dankte herzlich für die Glück- und Segenswünsche. Wenn Friedrich die Menschen segnete, kehrte auf dem jeweiligen Platz Stille ein, denn dieser Segen bescherte Glück und Heil für das eigene Leben. Daran glaubten die Thulaner nach wie vor mit Inbrunst und einer Spur Aberglauben. Für die Meisten waren diese Tage das Fest ihres Lebens, von dem sie noch ihren Nachkommen erzählen würden und diese es dann den ihren.

Im Herzen der Heiligen Stadt, dem Indulfplatz, wurden sie vom Rat der Stadt begrüßt. Selbst hier überlagerte Freude die altehrwürdige Zeremonie, die stolzen Räte strahlten so, als würden sie ein Fest in ihrer eigenen Familie begehen. Huldvoll dankte der Herrscher seiner Geburtsstadt für die guten Wünsche. Seine junge Gemahlin, fröhlich gestimmt durch das herzliche Willkommen, drückte es auch so aus. Danach ging es langsam voran, die Paladine und Leibwächter hatten Mühe dem Zug einen Weg durch die jubelnde Menge zu bahnen. Die Gebäude am Wege, selbst die Bäume waren geschmückt, wetteiferten miteinander um den prächtigsten Anblick. Kurz vor dem Schlossplatz hielten sie an, denn es galt das Geschenk der Stadt zur Hochzeit in Empfang zu nehmen. Mitten in der weiten Schlossstrasse, im sogenannten Großen Blick, wartete das verhängte Denkmal auf seine Enthüllung. „Amala, das ist jenes Denkmal, das meine Heimatstadt mir unbedingt schenken wollte. Nun stellen sie mich zu Lebzeiten in Erz gegossen vor das Schloss meiner Väter. Die Theodericianer wollen wohl, dass ich mich künftig so ortsfest wie ein Denkmal verhalte und nicht mehr von hinnen weiche. So als wäre ich nicht nur als ihr Gönner stets für sie da, sondern als Oberstadtpatrizius präsent.“ Dabei schwang in dieser launigen Aussage sehr wohl eine Spur des Ernstes mit. Amala kannte nun ihres Mannes Bestreben, Thules großen Städten weitgehende Selbstverwaltung einzuräumen. Seiner Ansicht nach wüssten die Räte besser, woran es in ihrer Stadt mangele und was im Gemeinwesen noch zu verbessern sei. Diese Ansätze gelte es auszubauen, um mehr Nähe zu den eigentlich Sorgen und Nöten der Bürger zu erreichen. Den großen Rahmen hierfür, um den wolle er sich als Herrscher gerne kümmern, aber nicht um die alltäglichen Dinge. So hatte er es nicht nur den Räten der großen Städte nahegebracht, sondern auch seinen Stadtvögten und anderen damit befassten Mitstreitern.

Amala gefiel das Denkmal ihres Gemahls sehr, es zeigte ihn durchaus als Herrscher aber auch als Mensch. Osmin hatte gewagt, den König lächelnd und gelassen darzustellen, so wie ihn die Seinen gerne erlebten. Das kühle Erz hatte der Bildhauer belebt und ein besonderes Kunstwerk geschaffen. Der Herrscher schaute zuvor weniger gelassen, eher etwas gequält, als die Kaskade der Tücher fiel und das Denkmal den Blicken preisgab. Königin Amala, welche mit der Kordel die Tücher gelöst hatte, freute sich mit den Thulaner, die sich ringsum drängten. Vor den Augen der Menschen zeigte sich das größte Denkmal Thules, das gewaltige Monument bildete ihren Heros lebensecht ab. Aus dem Staunen wurde ein Sturm der Begeisterung, der auch den Hochadel mitgerissen hatte. Nun konnten alle den Verehrten, in Erz gegossen jederzeit sehen. Stadtpatrizius Gerhardus drückte es in seiner Rede so aus: „Damit haben wir unseren großen König und Magier hierher gebannt, der Heiligen Stadt ein neues Wahrzeichen und einen Ort der Verehrung geschaffen." Immer wieder unterbrach Beifall seine Rede, frenetisch feierten sie ihren Herrscher. Keiner hatte ihn je so verlegen gesehen, ihm war es sichtlich unwohl so gepriesen zu werden. Doch sein Unbehagen teilten weder sein Volk, noch seine Nächsten, selbst seine Amala machte hier keine Ausnahme. Ganz alleine stand er in diesem Augenblick, seine impulsive Frau küsste ihn gar vor allen auf die Wange, worauf viele „da capo" Rufe folgten. So viel ansteckende, unbeschwerte Fröhlichkeit, ausgelassene Freude und Übereinstimmung mit dem Redner hatte die Hauptstadt Thules noch nie erlebt.

Wie würde nun die Dankesrede des Herrschers ausfallen? Nicht wenige befürchteten, er würde Essig in den Wein der Freude schütten, doch dem war nicht so. Sein Dank kam von Herzen, er sprach sogar davon, dass er gerührt sei und alles auch für ihn ein einmaliges Erlebnis darstelle. Der König wendete sich zwar zuerst an den Rat und die Bürger der Heiligen Stadt, aber dann dankte er auch seinen Thulanern für ihre Treue, und selbst Amala meinte sich verhört zu haben, für ihre Zuneigung. Nie zuvor hatte der Unnahbare so etwas geäußert, er erwartete Treue und Respekt, sonst nichts. Die Menge war aus dem Häuschen, ihr Friedrich bekannte sich zu ihnen, ließ sich von den Seinen berühren, welch ein Ereignis. Der Jubel wollte nicht enden, sie ließen ihn hochleben, was sich bald zu Sprechchören ausbaute. Lange dämpfte er den Freudensturm nicht, doch dann gebot seine magische Geste dem Taumel Einhalt. „Ich danke Euch auch von ganzem Herzen dafür, dass Ihr, meine Getreuen, Eure Königin, meine Gemahlin so herzlich auf- und angenommen habt. Damit habt Ihr mir eine ganz besondere Freude bereitet.“ Jetzt ließen sie ihre junge Königin hochleben. Als Friedrich Amalas rechte Hand ergriff und mit seiner Linken in die Höhe streckte, da ging etwas Wundersames in der Menge vor. Diese Geste löste bei vielen Rührung aus. Als ein Edler ein Dankgebet anstimmte, fiel das Volk darin ein und dankte für das doch noch eingetretene Wunder. Das hatte es noch nicht gegeben und nicht, dass der König das Vaterunser in der Version Ulfilas sprach, er und sein Volk damit dem Himmel für diesen Tag und für die Kontinuität im Königshaus dankte. Abschließend würdigte der König die großzügigen Spender und den Schöpfer und die Gießer des Denkmals. Er hieß die Geehrten vortreten und forderte für sie Hochrufe, die nicht ausblieben.

Der Bildhauer und Architekt Osmin stand bei der Familie des Leibarztes, nahe der schönen Miriam. Launig rief der König nach seinem *Leibsklaven*, dem er vor aller Welt die Hand reichte. „Osmin ist der Schöpfer dieses Denkmals und der oberste Architekt der Krone, ein Künstler, den ich überaus schätze. Er, der jüngste Sohn eines maurischen Edlen wird uns sicher noch mit weiteren Kunstwerken beglücken. Osmin wird, was er nur in Umrissen kennt, als Gründungsrektor eine neue Akademie aufbauen. Durch ihn sollen in unserem Thule Architektur und Kunst als Blüten des Friedens aufblühen. Das im See liegende Schloss Concordia wird hierfür ein gemäßer Rahmen und die böse Erinnerung überdecken, die diesen Ort belastet.“ Friedrich raunte Amala zu: „Es ist das umgetaufte Sommerschloss des Berengar.“ Und wieder laut: „Damit will ich ganz bewusst ein Zeichen setzen und neue Zeiten einleiten!“ Bei dieser Laudatio auf den glücklichen Osmin hatte Amala nicht nur ihn sondern auch Miriam von Kamen im Blick, die seine Freude aus ganzem Herzen teilte. Hingegen schienen der Leibarzt und seine Gattin hin- und hergerissen zu sein zwischen freudiger Zustimmung und zögerlichen Vorbehalten. Amala, die dank ihres Mannes gelernt hatte besser zu beobachten, wollte darüber später mit Friedrich sprechen.

Nach der Denkmalsfeier schritten das Königspaar und ihr Gefolge durch eine Gasse sich tief verneigender Menschen hinein ins Königliche Schloss. Friedrich flüsterte Amala zu: „Ich lasse Osmin und Miriam, aber auch Nikolaus und seine Gemahlin für nachher einbestellen. Ich hätte Dich gerne mit dabei.“ Zuvor durfte Amala in ihre künftige Welt einziehen, in die Räume des Königs, die sie mit ihrem Mann teilen würde. Mehr als eine kurze Stippvisite wurde nicht daraus, das Programm der drei Festtage war zu dicht gepackt mit Veranstaltungen.

Getrennt trafen die Einbestellten im Audienzzimmer ein, zuletzt erschien Osmin, wie die Wache mitteilte. Die vier Menschen ahnten, um was es gehen würde, einzig das Erscheinen der Königin an der Seite ihres Gemahls überraschte sie. König Friedrich machte es kurz, er hielt als „Ziehvater" für Osmin um die Hand von Miriam an. Er bezeichnete Osmin als Edlen von Gnadenthal, Hofarchitekten, Baumeister und als Professor der Bildenden Künste. Osmin erhielte aus des König Hand als „Morgengabe" das Gut Gnadenthal zu Lehen, einst das Hofgut Berengars. Damit verbunden sei die Erhebung Osmins in den Thulanischen Adelsstand, was die vor Friedrich liegende Urkunde beglaubigte. „Nun, Nikolaus von Kamen, mein lieber Leibarzt ist es an Euch zu antworten." Nikolaus, der sonst so redegewandte Professor, druckste herum. Er sagte zwar, dass er Osmin als Mensch und als begnadeten Künstler überaus schätzen würde. Er freue sich über seine große Ehrung und die Erhebungen, aber... Friedrich, der sonst stets ausreden ließ, fiel ihm ins Wort: „Er ist kein Jude sondern ein Muslim. Dies, Nikolaus, ist doch Euer Problem. Der angesehene Parnassim der Jüdischen Gemeinde von Theodericia kann doch seine einzige Tochter keinem Muslim anvertrauen, oder ist dies nicht so?" „Ja, Majestät, das ist in der Tat eine unüberwindliche Hürde." Bekümmert und mit sich ringend, wehmütig und mit seiner Tochter mitfühlend, hatte er seinem Herrn geantwortet. „Nun, mein Leibarzt und Lehrer, dann werde ich diese Ehe eben befehlen müssen. Ist damit die Hürde aus dem Weg geräumt, Nikolaus?" Dieser schaute seinen König verdutzt an, damit hatte er nicht gerechnet. Dann klärte sich sein vorher so umwölktes Gesicht auf und er begann verschmitzt zu lächeln. Nun konnte er den Herrscher wieder frei ansehen und erkannte ein nicht minder verschmitztes Lächeln auf dessen Zügen. „Dem müsste sich die ganze Gemeinde und ich beugen!" „Und ich auch", setzte Mutter Miriam eilfertig und erleichtert hinzu. „Nun, dann ergeht mein Königlicher Befehl in dieser Angelegenheit. Ist jetzt der Thulanische Knoten durchgeschlagen, mein verehrter Lehrer und Leibarzt?" „Ja, Majestät, fast bin ich versucht König Alexander zu sagen!" Der Königin helles Lachen über diesen Vergleich löste Heiterkeit aus und lockerte die Runde. Die beiden Liebenden konnten ihr Glück nicht fassen, aber auch ihre Eltern zeigten ihre Freude. Bisher verhinderte die Glaubensbarriere ein Zusammenkommen, doch einem Königlichen Machtwort wagte sich auf diesen Inseln niemand zu widersetzen. Das galt gewiss auch für den Rabbiner von Theodericia und für die Ältesten der Gemeinde.

Die beiden jungen Menschen knieten gerührt vor dem Herrscher nieder und dankten ihm von ganzem Herzen. Beide verehrten ihn ohnehin zutiefst, und jetzt hatte er sie auch noch zusammengegeben. Was dem Ganzen aber die Krone aufsetzte, der König bot sich dem Paar als Trauzeuge an. Diese immense Ehre, sonst dem Hochadel vorbehalten, überwältigte Nikolaus nun vollends. Jetzt konnte er sich aus vollem Herzen freuen. Als der König noch etwas mit dem Brautpaar klärte, wendete sich der Leibarzt an die Königin: „Königliche Hoheit, verehrte Königin Amala, immer wieder überrascht die Hohe Majestät uns. Er allein findet den Ausweg aus einem hoffnungslosen Dilemma. Sein erneuter Gunstbeweis, obwohl er doch in Angelegenheiten unserer Familie eingegriffen hat, lässt uns noch tiefer in seiner Schuld stehen. Er ist wahrlich ein Magier, die Thulaner haben schon recht, wenn sie ihn mit diesem Begriff bedenken."

Amala kam die Unterredung in den Sinn, die sie während einer kurzen Pause mit ihrer Schwägerin Adelheid in den Königlichen Räumen geführt hatte. Die Prinzessin bezog sich dabei auf die Szene, als Friedrich Amalas Hand ergriffen hatte und hochhob. „Du, meine Schwester bist nun in ihren Herzen, unser Fried hingegen in ihren Gedanken. Du verkörperst für sie – nun wehr Dich doch nicht dagegen – Wärme und Herzlichkeit. Dein Strahlen und Deine ungekünstelte Fröhlichkeit erreichen sie und dafür lieben sie Dich. Unser Fried ist dafür schon zu weit entrückt und längst zur Helden- und Sagengestalt geworden. Scheue Verehrung und staunende Bewunderung schaffen zwangsläufig Distanz. Dafür kann Fried nichts, sein Volk, ja selbst seine Herzöge und Markgrafen wollen es so. Sie haben ihn längst in den Thulanischen Olymp erhoben, sind unbändig stolz auf ihren Herrscher. Vor seiner Größe und Genialität schwindet Neid und Rivalität, lässt einen jeden in seiner Treue und Mitgestaltung wachsen. Hast Du beobachtet wie sie ihm an den Lippen hingen? Wie ein gläubiges Strahlen über die Gesichter zog als er vom Frieden sprach, dem er nun seine ganze Kraft widmen werde. Er sprach von der Pax Thulensis, aber sie werden daraus die Pax Friederiensis machen. Was er sagt, daran glauben sie, das ist für sie die Wahrheit, daran zweifeln sie nicht. Alles trauen sie Fried zu, beten mit Inbrunst für seine Gesundheit und sein Wohlbefinden. Sie fürchten schon heute den Tag seines Hinscheidens und wünschen ihm ein ewiges Leben. Liebe Schwester, angst und bange könnte es einem werden, wenn ich unseren Fried nicht so gut kennen würde. Vor Hybris und Eitelkeit ist er zu unser aller Glück durch sein Naturell gefeit. Kämpfen muss er hingegen wohl ein Leben lang gegen seine dunkle Seite. Seine Ungeduld, seine Unerbittlichkeit, gepaart mit der Erwartung unbedingter Treue, quält ihn und andere. Das Menschliche und Allzumenschliche, Nachlässigkeit und großzügiger Umgang mit Anvertrautem, Unzuverlässigkeit und Schlamperei kann er nun mal nicht ertragen."

„Wie Recht Du damit hast, meine liebe Adli." Friedrich, den die beiden im Nebenraum schlafend wähnten, trat auf einmal zu ihnen. „Es ist wahrlich nicht leicht, diese Vergötzung zu ertragen und auch nicht das Plutonische, Staufische Erbe. Ihr beide könnt mir dabei helfen, dass weder das eine noch das andere je in mir die Oberhand gewinnen kann." Nachdenklich gestimmt, doch liebevoll zugleich, legte er die Arme um die beiden seinem Herzen am nächsten stehenden Menschen. „Vieles, meine Lieben, habe ich dieser Tage erlebt. Überhäuft wurden wir mit Freudenbekundungen, Zuwendungen und Ehrungen, doch eines steht für mich über allem, Ihr beiden geliebten Schwestern. So wie ihr miteinander umgeht, so vertraut, liebevoll und schwesterlich, aber auch so selbstverständlich und frei jeder Eifersucht, das ist für mich ein riesiges Geschenk!“ Da schauten sich die Angesprochenen nur glücklich an und strahlten, mehr nicht. Sie wussten, dass diese innige Beziehung bleiben würde und Theodemir als vierten einschloss. In der langen Thulanischen Geschichte bedeutet ein solches Verhältnis in der Königlichen Familie die große Ausnahme. Üblich waren eher Streit, Eifersucht und Missgunst, gelegentlich sogar in Mord und Verbannung.

Am nächsten Morgen fand die offizielle Trauung von Friedrich und Amala statt. Die beiden traten nicht im Dom des Schlosses, sondern im Dom „Zum Heiligen Kreuz“, der Hauptkirche von Theodericia nach den Regeln der Kirche in den Stand der Ehe. Zwar wussten alle, dass sich der König längst mit Gräfin Amala von Rosenburg vermählt hatte, denn von alters her konnte der König Ehen bestätigen oder lösen. Des Königs Wille und Rechte stand über allem, daher galt diese Ehe vor Gott und den Menschen. Gemeinsam nahmen der Primas von Thule, Prinz Konrad, und der Nuntius des Papstes, Graf Donato die Zeremonie vor. Der Gottesraum war bis zum letzten Eckchen gefüllt, überall drängten sich die Menschen und ließen nur die von den Leibwächtern und Paladinen geschaffene Gasse frei. So erlebte es das Paar auf den Straßen zum Dom und auf jedem Weg, den es nahm. Hoch zu Ross ritten die Beiden, geleitet von den Führern der Leibwache und der Paladine. Nach ihnen zogen in Fünferreihen zuerst die engsten Verwandten des Hochzeitspaares, der Hochadel und die engsten Getreuen. Die Bischöfe und die Äbte der Reichsklöster hatten bereits ihre Plätze im Dom eingenommen. König Friedrich trug die purpurfarbene Adlerdalmatika und seine Gemahlin hatte eine herrliche dunkelblaue Seidendalmatika an, mit Goldapplikationen ihrer Wappen. Dazu trug Amala eine Schleppe aus golddurchwirktem Brokat, die auf ihrer Norma beinahe keinen Platz gefunden hätte. Sie trugen ihre Kronen, erstmals erlebten die Thulaner ihre Königin in all ihrer Pracht.

Der erbetene Segen wurde ihnen überreich zuteil. Sie erhielten je ein kostbares Kreuz umgehängt und den Segen des Heiligen Vaters durch seinen Gesandten erteilt. Nuntius Donato verlas ihn ganz feierlich in Latein und der Primas übertrug es selbst ins Thulanische. In die Ansprache an das Königliche Paar teilten sich die beiden Kirchenfürsten, Prinz Konrad übertrug es jeweils ins Thulanische. Kardinal Donato nannte Friedrich einen edlen Sohn der Kirche und den wiedergeborenen Kaiser Friedrich II., das Genie auf dem Thron. Das löste mächtiges Raunen aus, was er mit seiner nächsten Aussage nochmals aufleben ließ. Er erzählte, wie er Jahre zuvor den König als einfachen Studenten kennen und schätzen gelernt habe und sich jetzt in die Heerschar seiner Bewunderer einreihen dürfe. „Nun hat er sich aus dem Kreis der herrlichen Mädchen dieses schönen Landes, so wie es ihm gebührt, die Allerherrlichste erwählt und zu seiner Königin gemacht." Amala konnte eine zarte Röte nicht unterdrücken und wurde gar purpurrot als Friedrich ihr zuflüsterte: „Wie recht er damit hat!" Dankbar und liebend strahlte sie ihren Gemahl an. Der Nuntius fuhr weiter fort, und sagte, dass er gerne der Pate des ersten Kindes werden würde und ihnen dieses bald wünsche. Der König entgegnete ihm darauf: „Eminenz, mein lieber und verehrter Lehrer, es wäre uns eine große Ehre!" Damit hatten sie bereits den ersten Paten für den kommenden Prinzen Friedrich, so Amala recht behalten sollte. Einen, der dem Königspaar in einer wohltuenden Herzlichkeit zugetan war.

Primas Prinz Konrad ging vor allem auf Amala ein. Er habe sie zwar schon als Kind und schwesterliche Freundin seiner Nichte erlebt, dann jedoch aus den Augen verloren. Wieder gesehen habe er sie als voll erblühte Schönheit bei der aufopferungsvollen Pflege des Ritters vom roten Löwen. „Amala konnte nicht wissen, dass dieser fremde Ritter kein anderer war als unser König, mein geliebter Neffe. Liebe Amala, mir ist es damals nicht entgangen, dass er Dir alles andere als gleichgültig war. Seither habe ich mir Dich sehnlich als Gemahlin meines Friedrichs gewünscht. Meine lieben Thulaner, Gott hat meine Gebete erhört. Er hat uns nicht nur eine engelsschöne sondern auch eine engelsgütige Königin geschenkt. Meine liebe Tochter Amala, Engel von Thule, schenke Deine Herzlichkeit und Dein Leuchten uns allen. Mache meinen Friedrich, Deinen Gemahl und unseren König, so glücklich, dass dieses Glück auf uns alle abfärbt."

Amalas freudiges Ja konnten selbst jene Gäste in den weiter entfernten Kirchenbänken vernehmen. Dabei blickte sie ihrem Friedrich tief in seine hellen Augen und ließ deren warmes Licht in sich wirken. Friedrich setzte hinzu: „Aus tiefstem Herzen und mit großer Dankbarkeit an Gott den Allmächtigen." Diese Worte fanden raunenden Widerhall im Dom. Danach bestätigte das Prinzenpaar Adelheid und Theodemir als Trauzeugen die Vermählung. Darauf hatten die beiden so viele Jahre warten müssen. Amalas lange Schleppe trugen acht kleine Mädchen. Darunter waren die glückliche Agnes, des Königs kleiner Liebling und Patenkind, Amalas Nichten und die Enkeltochter des Stadtpatrizius Gerhardus. Diese Ehre war Friedrichs Dank an seine geliebte Heimatstadt Theodericia und wurde als besondere Geste gewürdigt. Zum Altar führte Herzog Wittich seine Tochter, aller Stolz und das Glück über diese Verbindung war an seiner Miene abzulesen.

Nach der geistlichen Zeremonie wurde dem Königlichen Paar im Domhof streng nach der Hierarchie gratuliert, aber doch ungewohnt gelöst. Amala nahm ihre Tanten genauso herzlich in die Arme wie ihre Freundinnen Adelheid und Gerlind. All diese ehrlich und gut gemeinten Glückwünsche hätten ausgereicht, um dem Paar ein ewig glückliches Leben möglich zu machen. Danach zeigten sie sich auf der Domtreppe, dabei geleiteten sie der Hochadel und die Kirchenfürsten. Blumenblüten regneten auf sie nieder und bedeckten den Weg, den sie nahmen. Das Königspaar winkte der freudetrunkenen Menge zu, und war selbst in derselben Stimmung. Mit der wiederholten Trauung war dem Wunsch des Klerus entsprochen und eine aus deren Sicht von Gott gesegnete Ehe begründet worden. Der König verstand ihren Wunsch, doch dann musste, um der Tradition Thules Genüge zu tun, auch der zweite Schritt wiederholt werden, die Erhebung Amalas zur Königin in der Indulfsburg. Wo auch noch weitere Ernennungen anstanden.

In der ersten Reihe des altehrwürdigen Thronsaals der Indulfinger nahm die Königliche Familie ihre Plätze ein. Neben Adelheid und Theodemir fand Amala ihren vorübergehenden Sitz. Alle anderen setzten sich auf ihre gewohnten Plätze. Prinz Theodemir als Stellvertreter des Herrschers hatte die Zeremonie vorbereitet und dazu die Grafen Hildebrecht und Rainald als Gäste geladen. Alle warteten gespannt auf den König und die anstehende, sehr seltene Zeremonie, die nur ein Herrscher vollziehen durfte. Dann kam er, angetan mit dem Königsornat der Indulfinger, deren Abkömmling Friedrich durch seine Ahnin Amalara war. Friedrich trug die Indulfskrone mit den blutroten Rubinen und dem großen Smaragd. Er hatte sich in den hellblau-goldenen Sternenmantel gehüllt, trug in der Linken die goldene Lanze und hatte das Reichsschwert aus der Wanderzeit der Goten umgegürtet. Dem König folgten seine und Theodemirs sechs Knappen. Jeder von ihnen hielt ein Kissen auf den Armen auf dem je eine Krone lag, auf dem purpurroten eine prächtige Goldkrone und auf dem hellblauen eine Herzogskrone. Auf den vier gelben Kissen befanden sich etwas weniger prächtige Kronen in Gold und Silber. Der König nahm auf seinem Thron Platz, mehr denn je ein Monument seiner selbst und auf eine gewisse Weise schien er aus einer anderen Welt zu stammen. Ein größeres, mit Goldborten eingefasstes purpurfarbenes Kissen wurde zu seinen Füßen gelegt. Still war es geworden, der besondere Augenblick fing die Edlen im Raume ein.

„Trete vor mich Amala von Hohenstaufen aus dem Geschlecht der Rosenburger. Knie nieder und spreche mir den Treueid nach. Ich, Amala von Hohenstaufen werde Dir meinem König und Gemahl treu dienen, in Not und Gefahr Leib und Leben für Dich und unser Heimatland Thule geben. Ich werde Dir unverbrüchlich anhangen und nie an Dir irre werden, Deine Befehle befolgen und Dir treulich raten. Das will ich mit all meinen Kräften und ersuche hierfür den Beistand des allmächtigen ewigen Gottes.“ Sie sprach alles nach, zwar mit fester und überzeugter Stimme, doch noch etwas benommen ob der ungewöhnlichen Situation. Dicht vor ihm kniete sie nieder. Ihr Gemahl legte ihr seine Königshand auf die linke Schulter und ließ sich die Krone der Königinnen reichen, die schon Rechis, die erste Königin von Thule getragen hatte. Sanft setzte er sie Amala auf den Kopf. Leise und liebevoll sagte er dabei zu ihr: „Gold zu Gold, mein Schatz.“ Und dann, wieder für alle zu hören, forderte er sie auf nun ihren künftigen Platz einzunehmen. Vier Paladine hatten den so lange verwaisten Thron der Königin hereingetragen. König Friedrich erhob sich und enthüllte den Sessel auf dem letztmals vor vielen Jahren seine Mutter Königin Agnes gesessen hatte. Galant half ihr der Königliche Gemahl dort Platz zu nehmen. Nun war Amala auch nach traditionellem Ritus die Königin und saß an des Herrschers Seite, wenngleich etwas tiefer. Sie musste sich erst einmal wieder fassen, ließ diese altehrwürdige Zeremonie in sich nachklingen.

Nach seiner Tochter war die Reihe an Wittich, der so viele Jahre darauf zu warten hatte. Auch er sprach den Treueid und erhielt aus der Hand seines Schwiegersohns die Herzogskrone. Friedrich setzte noch hinzu: „Lieber Vater, endlich ist die Gerechtigkeit wieder hergestellt und Dir die verdiente Würde zu Teil geworden.“ Ihm folgte die Krönung von Griseldis und Bodo, sie trugen danach goldene Regentenkronen auf den Häuptern. Doch für wen waren die beiden silbernen Markgrafenkronen bestimmt, rätselten viele der Anwesenden. Diese erhielten zwei würdige Getreue, Seegraf Hildebrecht und Kanzler Graf Rainald. Was keiner erwartet hatte, war dass der alte Heerführer und Seemann, dieser wettergegerbte und kampfgestählte Recke vor Glück und Rührung weinte. Friedrich – und diese Geste tat nicht nur dem alten Haudegen gut – nahm ihn in die Arme. „Längst habt Ihr es verdient, mein zutiefst Getreuer und Vertrauter.“ Selbst Graf Rainald musste mit der Rührung kämpfen. Zu überraschend kam auch für ihn die Erhöhung und Aufnahme in den Hochadel. Die beiden Vertrauten folgten Wittich und Bodo nach, die ja als Herzog und Herzoglicher Regent einen noch höheren Rang erhalten hatten. Stürmisch zustimmend waren die Glückwünsche für Hildebrecht und Rainald, wie zuvor bei Griseldis und Bodo. Wieder brach der König mit einer Üblichkeit: „Meine verehrten Markgrafen, ich werde Euch zwar eine Grafschaft übertragen, aber dort nicht residieren lassen. Ich kann und will auf Euch in Eurer jetzigen Position nicht verzichten. Ihr seid für mich schlicht unentbehrlich, daher habe ich eine andere Lösung gesucht. Die Grafen Werinher und Wilhelm werden die Grafschaften an Eurer Stelle und in Eurem Sinne verwalten.

Amala freute sich ungemein über der Freundin Gerlind beglücktes Strahlen, als der König ihrem Gemahl Bodo die Regentenkrone aufsetzte und ihn den Freund seit Kindertagen umarmte. Aus dem dritten Sohn des Ortsgrafen von

Falkenberg war damit ein den Herzögen hierarchisch gleichgestellter Regent geworden. Er verwaltete das Herzogtum Rhenia und stand nun vom Rang her seinem Königlichen Freund näher. Die kleine Agnes, die bei ihrer Mutter sitzend an der Zeremonie teilnehmen durfte, strahlte mit allen um die Wette. Ihr Papa mit einer Krone, das war für sie ein erfülltes Märchen. Ihre Anwesenheit war ein Novum. Bisher ließ dieser festliche Akt nur Prinzen und Prinzessinnen zu. Agnes verdankte es ihrem direkten Wunsch an den Königlichen Paten. Mit offenem Mund und geweiteten Augen hatte sie die Pracht und Würde ihres Oheims König erlebt. All die hohen Herrschaften mussten vor ihm hinknien und bekamen dann von ihm eine Krone aufgesetzt. Ihr Oheim war für sie so vornehm, wie nicht einmal einer der Könige in den ihr erzählten Sagen und Märchen. An der anschließenden Festtafel im Königlichen Garten brachte sie die Königin mit einer Frage in Verlegenheit. „Gell, Tante Amala, mein Oheim König kommt noch vor den Heiligen?“ Amalas Gemahl befreite sie aus ihrer Verlegenheit, denn sie hegte den Verdacht, dass ringsum viele die Ohren spitzten und neugierig lauschten. Wie würde die schöne Königin mit dieser verfänglichen Frage umgehen? Statt seiner Gemahlin antwortete Friedrich der Kleinen: „Agnesschatz, die Heiligen sind nicht von dieser Welt, sie tragen mehr als eine Krone. Schau mal hin, mein Patenkind, meine Krone muss fest auf meinem Kopf sitzen, sonst fällt sie herunter. Bei den Heiligen, da schwebt sie unverrückbar über ihnen.“ Er hatte sich zu dem Blondschopf hinabgebeugt und seinem Schützling eine Hand auf die schmale Schulter gelegt. Die beiden mochten sich, das war nicht zu übersehen. Agnes antwortete ihm darauf kindlich ernsthaft: „Was unser König sagt, das stimmt immer. So sagt es mein Papa, und der kennt Dich schon ganz lange.“ Zufrieden trollte sie sich dann wieder zu den anderen Kindern, die auf dem Spielplatz der Königskinder spielten.

Amala erlebte erstmals die Markgrafen Achiulf und Indulf mit deren Frauen. Diese hatte sie schon bei der Beisetzung von Herzog Eurich begrüßt, aber zu mehr hatte es damals nicht gereicht. Nun erfuhr sie, dass der ehemalige Paladin Indulf, jetzt Markgraf im Holmenland, treu zu seinem König gehalten hatte und notfalls auch mit einer kleinen Truppe den Aufständischen in den Rücken gefallen wäre. Markgraf Achiulf, ein kahlköpfiger Herr, hatte einst an der Seite Wittichs so manchen Kampf für ihre Könige ausgefochten. Dabei verlor er zwar seinen Schwertarm nicht jedoch seine gewinnende, fröhliche Art. An der langen Tafel hatten einige hohe Geistliche ihren Platz vorgefunden. Neben dem Primas Prinz Konrad auch der Nuntius und der Amala schon bekannte Bischof Adalbert. Alle anderen Bischöfe saßen an den Tafeln der Gaugrafen und der anderen aus dem Hochadel stammenden Grafen, desgleichen die Äbte und hohen Ministerialen. Angelika, ihres Cousins Alarich junge Gemahlin und die Mutter seiner vier Kinder, kannte Amala bisher noch nicht. Die stille und zurückhaltende Frau trug schon wieder ein Kind unter dem Herzen. Anfangs machte sie es durch ihre Scheu Amala schwer sie zu erreichen, mehr als einsilbige Antworten gab ihr die Herzogin nicht. Erst als sich ihre Cousine Gerlind zu ihnen gesellte, begann sich diese Verkrampfung zu lösen. Nicht nur der ungezwungene Umgang der Königin mit ihrer Cousine löste Angelikas Zunge, sondern auch das Gespräch über die Kinder. Immer mehr verlor sich ihre Schüchternheit und es zeigte sich, dass die junge Herzogin durchaus etwas zu sagen hatte.

Am späteren Nachmittag wurden im Thronsaal sechs neue Gaugrafen ernannt. Ihre Reihen hatten sich im Zuge des Aufstands stark gelichtet, und etliche wurden mit Verbannung bestraft. Zuvor war Gaugraf Hugo vom verkleideten König in einem erbitterten Kampf gerichtet worden. Der große Raum war bis auf den letzten Platz gefüllt, denn dieser Vorgang wurde mit großem Interesse verfolgt, denn auf Jahre hinaus wurde damit das Machtgefüge Thules neu festgelegt. Der Herrscher belohnte Getreue und übertrug Fähigen und Würdigen ein in Thule hoch angesehenes Amt. Drei Paladine wurden Gaugrafen, die anderen stammten aus altedlen Familien, die der König damit noch enger an sich band. Feierlich wurden statt der fünf ausscheidenden Paladine neue Mitglieder aus dem Kreis der Wachen in deren *Orden* aufgenommen. Die entstehenden Lücken würden durch die Besten der jungen Edlen aufgefüllt werden, die der König am nächsten Tag zum Ritter schlagen würde. Dennoch mussten noch viele ehrgeizige junge Herren auf diese gesuchte Aufgabe an des Herrschers Hof warten. Dies galt auch für die raren Plätze an den Höfen der Herzöge und Grafen.

Am Abend gab es im Herzogshof die Neuauflage des Königsreigens. Der Herrscher bestand auf den tradierten Regeln und dem gewohnten Ablauf. Damit wollte er den so unglücklich verlaufenen letzten Königsreigen vergessen machen. Nicht dabei war die ins Kloster verbannte Theodelinde von Rabenholm. Herzog Eurichs andere Enkelinnen Sunthala und Winthala schlugen die Einladung aus und zogen sich auf die Burg ihrer Eltern zurück. Sie wollten sich die Schmach nicht antun, ihre ungeliebte Cousine Amala als Königin erleben zu müssen. Selbst der König empfand dies als töricht und verhinderte Chance. Seine Worte: „Amala von Hohenstaufen, Königin von Thule und Besitzerin meines Herzens, darf ich Dich um die Ehre des ersten Tanzes bitten.“ Amala entgegnete: „Von Herzen gerne, mein König und geliebter Gemahl.“ Zu den Klängen des neuen Hochzeitstanzes schwebten sie alleine durch den Saal. Amala erlebte es als ein seliges Schreiten, Drehen und Wiegen, mal in seinen Armen, mal an seiner Seite, mal ihm gegenüber. Alles rund um sie war von ihnen abgefallen, so als gäbe es nur sie auf dieser Welt. Der Königliche Held und seine Amala, Mann und Frau im Tanze und in der Liebe vereint.

Am nächsten Morgen stiftete Friedrich auf dem Klosterberg ein neues Kloster. Der Versuch der Nachbarklöster, die Gründung zu hintertreiben, scheiterte an einem königlichen Machtwort. So kam das Karmeliterkloster mauerbündig zwischen den beiden anderen Klöstern zu liegen. Eigenhändig, um keinen Zweifel aufkommen zu lassen, ritzte der König mit einer Lanze die Grenze des Klosters in den Hügelgrund. Die Grundsteinlegung und Weihe erfolgte dort, wo sich später die Klosterkirche erheben sollte. Diese nahmen der Nuntius Donato, der Primas Prinz Konrad, der Stadtpatrizius Gerhardus und der Stifter König Friedrich Teja gemeinsam vor. Ein Modell des künftigen Klosters wurde unter einem Baldachin ausgestellt. Der König bewies damit erneut, dass eine neue Ära in Thule angebrochen war. Die beiden Äbte der Nachbarklöster waren in sich gegangen und nahmen die Einladung zur Weihe an. Sie wünschten Frater Virgilius, dem Gründungsabt, Gottes Segen und ein blühendes Kloster. Virgilius gehörte zum Gefolge des Nuntius. Der vornehme Pater hatte sich in kurzer Zeit die Thulanische Sprache angeeignet und dankte seinen neuen Kollegen in deren heimatlicher Sprache. Den König erfreute die Geste der beiden Äbte und gab den beiden Klöstern königlichen Grund auf dem Klosterberg zu Lehen. Damit hatte sich ihre Sorge erledigt, ihre Klöster nicht mehr erweitern zu können. Dem Nuntius und Schirmherrn der Karmelitermönche, Kardinal Donato, wurde so ein Herzenswunsch erfüllt. Mit diesem immensen Erfolg hätte er nun heimreisen können, aber mit der Inthronisierung des Prinzen Konrad zum Primas harrte noch eine wichtige Amtshandlung.

Wieder war der Dom zum Heiligen Kreuz zum Bersten voll. Dieses Mal nahmen die Geistlichen die vorderen Plätze ein, natürlich mit Ausnahme der Königlichen Familie, die im Chor Platz fand. Nuntius Donato hatte den König gebeten, gemeinsam mit ihm dem Primas die Mitra des Erzbischofs aufzusetzen. Dieser Wunsch hatte hohe Symbolkraft und zeigte allen, wie weit sich die weltliche und geistliche Gewalt aufeinander zu bewegt hatte. Das körperlich so ungleiche Paar harmonierte dabei unglaublich gut. Die gegenseitige Wertschätzung der beiden hohen Herren wurde freudig begrüßt und als Zeichen eines guten künftigen Miteinanders gedeutet.

Am Nachmittag gab es noch ein großes Ereignis. Vor Tausenden wurden zweiunddreißig Knappen zu Rittern geschlagen. Unter ihnen befand sich mit Rekkared, der jüngste Cousin der Königin, der bisher als Knappe Herzog Hildebrandt gedient hatte. Herzogin Amala, voller Stolz auf ihren jüngsten Sohn, freute sich auf dessen Heimkehr nach Totilaberg. Zu diesem Ereignis gehörten einige Übungen bei denen die Knappen beweisen konnten, dass sie würdig waren, zu einem Ritter zu werden. Bogenschießen, Speerwerfen, Wettschwimmen im Hechtsee sowie Pferderennen in der Arena umfasste diese

Herausforderung. Des Königs Knappe, der stumme Ibrahim, gewann sowohl das Bogenschießen als auch das Pferderennen, obwohl er nicht das beste Pferd ausgelost hatte. Als Lohn erwartete ihn ein kostbarer Sachs aus der königlichen Werkstatt und, ihm viel, viel wichtiger ein anerkennender Klaps seines Herrn. Dieser war für ihn, anders lässt es sich nicht beschreiben, der angebetete König und Lehrmeister. Obwohl Ibrahim eine der anderen Übungen, nämlich die freie Rede, aufgrund seiner Behinderung nicht leisten konnte, machte der König bei ihm eine begrüßte Ausnahme. Er wurde vom Herrscher zum Ritter geschlagen, und dies im Beisein seines vor Freude fast zerfließenden Vaters, Scheich Achmet. Ibrahim, diese treue Seele, hegte nur einen einzigen Wunsch: er wollte unbedingt bei seinem Herrn bleiben, und der wollte ihn, der ihm jeden Wunsch von den Augen ablas, nicht missen. So wurde aus dem Ritter Ibrahim einer der Leibwächter seines Königs. Er weinte vor Glück als ihm sein Herr dies mitteilte. Längst hatte der Junge bei der Königin einen großen Stein im Brett, denn er hatte bei ihrer Befreiung aus den Fängen des Berengar großen Anteil.

Natürlich gab es das Fest der Fässer und den Umzug der Zünfte und Studenten. Diesmal gingen die Gerber leer aus, die Bäcker gewannen das Wettrollen der vollen Weinfässer. Das große Pferderennen durfte auch nicht fehlen, um die Thulaner nicht nur mit Speis und Trank zu erfreuen. Neu war ein Wettrudern auf dem Hechtsee, das die geübten Seefischer für sich entschieden. Wie stets fielen die Preise großzügig aus, mit denen die Sieger belohnt wurden. Daneben gab es eine Reihe kleinere, die Beteiligten freuende Ereignisse. Die Königin stiftete eine Schule für arme, begabte Mädchen. Einem Brauch folgend, sprach der Herrscher Begnadigungen aus. Diese betrafen Verbannte, Inhaftierte und ins Kloster verbrachte „Sünder“. Auf der Liste standen fast hundert Personen, deren Begnadigung die Betreuer, Äbte und Äbtissinnen befürwortet hatten. Die Liste erstellten der Thronrat und die Königin. Amala hatte sich für Theodelinde von Rabenholm eingesetzt, die nach Rabenholm zu ihrer Mutter zurückkehren durfte. In zwei Fällen verweigerte der König die Zustimmung. Amala ging davon aus, dass ihr Gemahl dies aus gutem Grund getan hatte.

In kleinem Rahmen gab es für das Ehepaar noch andere Überraschungen. Die Sänger überreichten dem Königspaar eine schön gestaltete Festschrift, sie zeigten damit, wie wichtig ihnen die Aussöhnung mit dem König war. Osmin überreichte seinem Herrn eine Plastik, die des Königs Eltern darstellte. Osmin hatte das Bild im Arbeitszimmer des Königs in eine Gussform übertragen und in Bronze gießen lassen. Lange und in Gedanken verloren betrachtete sie König Friedrich, versank einen Augenblick in stiller Zwiesprache mit ihnen. Der Trennungsschmerz hatte ihn noch immer nicht völlig verlassen. Aus dieser Stimmung holten ihn Schwester und Schwager. Sie schenkten ihnen eine purpurfarbene Wiege, die Aufschrift Friedrich III. entlockte den werdenden Eltern ein fröhliches Lachen.

Noch etwas gilt es nachzutragen. Am zweiten Abend wollte sich Gräfin Beatrix, die erste Hofdame, nach den Wünschen der Königin erkundigen und traf dabei den König an. Der beriet gerade seine Frau bei der Auswahl des Schmucks, womit er Beatrix verwirrte. Friedrich, bester Laune, dankte der Gräfin dafür, dass sie die Feier im Schloss so trefflich organisiert hatte. Unvermittelt sprach er sie auf den ältesten Sohn Markgraf Thorismunds an. Richtig rot wurde die sonst so beherrschte Gräfin. „Majestät, Euch entgeht nie etwas, nicht einmal diese Randgeschichte." „Na ja, liebe Beatrix, für Euch ist das sicher keine Randgeschichte, oder irre ich mich?" Die Gräfin hatte sich wieder gefasst und bestätigte ihres Herrn Vermutung. „Ja, wir lieben uns und würden gerne heiraten." „Das finde ich gut, doch warum tretet ihr dann nicht vor den Traualtar?" „Majestät, Thorismund übt derzeit kein Amt aus, er möchte weder in Abhängigkeit seines Vaters, noch in meiner leben, er ist ein stolzer Mann." Dem König kam ein Gedanke. „Liebe Beatrix, das lässt sich ändern. Bis er Gaugraf in Hildebrandtsvik sein wird, gehen noch viele Jahre ins Land, so hoffe ich für seinen braven Vater. Aber ich sehe etwas vor meinem inneren Auge. Seit Tagen zerbreche ich mir den Kopf, wen ich zum Nachfolger des schwer zu ersetzenden Stilicho machen könnte, doch auf Graf Thorismund bin ich zu meiner Verwunderung nicht gekommen. Dabei wäre der eine ideale Lösung. Er hat die Universität als Jurist absolviert, ist ein redegewandter Herr und spricht neben Latein auch Italienisch. Das würde ihn für die Aufgabe prädestinieren. Was allerdings noch für ihn spricht, er ist mir angenehm und getreu. Oder irre ich mich mit meiner Einschätzung, Beatrix?" „Eigentlich irrt Ihr Euch nie, Majestät" bestätigte die Gräfin mit einem Lächeln. „Ich höre da ein „aber" heraus und vermute eine Klippe auf dem Weg zur Ehe?" „Majestät, Ihr habt dies erspürt. Weder Thorismund noch sein Vater kennen die Geschichte meiner Familie näher. Ich habe solche Angst diese aufzudecken, ich fürchte, es macht dem Markgrafen unmöglich mich als Schwiegertochter zu akzeptieren!" Der König lächelte beruhigend: „Liebe Gräfin Beatrix, da wäre ich mir nicht so sicher. Seid in einer Stunde bei mir im Arbeitszimmer, dann sehen wir weiter." Beatrix schöpfte zwar wieder Hoffnung, war aber längst nicht so überzeugt, wie der Herrscher.

Friedrich bat das Markgrafenpaar und ihren Sohn zu einer Unterredung. Sie beeilten sich der Bitte ihres Königs zu entsprechen, ohne zu wissen worum es sich handelte. Mit dem Herrscher erschien auch seine Gemahlin. Pünktlich stellte sich Gräfin Beatrix ein, die durch die Begegnung mit den Eltern ihres Thori verunsichert wurde. Der König ließ sie nicht zappeln: „Liebe Gräfin Beatrix, das edle Markgrafenpaar und ihr Sohn kennen Eure Geschichte, ich habe sie ihnen aufgedeckt." Beatrix erschrak und schaute ihren König ängstlich an, aber Friedrichs gelöste Miene ließ sie hoffen. „Beatrix, Ängstlichkeit ist nicht angebracht. Ich habe die richtigen Worte gefunden und bin auf keine Vorbehalte gestoßen. Lieber Oheim Thori, am besten sagt Ihr es der Gräfin selbst auch noch einmal." Der lächelte entwaffnend und wiederholte, was er zuvor dem Herrscher geantwortet hatte: „Auf wen mein König so großes Vertrauen setzt und eine solch ehrenvolle Aufgabe anvertraut, wie der klugen Beatrix, der ist in unserer Familie hochwillkommen. Außerdem mag ich nicht nur Euch, liebe Beatrix, ich schätze auch Eure Brüder. Übrigens teile ich diese Meinung mit meinem Freund Hildebrecht, der den Grafen Berthold gerne als Eidam willkommen hieß, obwohl er dessen Vorgeschichte kannte." Beatrix fielen Steine vom Herzen, sie stotterte vor Freude, was ihr Thorismund mit seinem Kuss beendete. Bevor sich das Königspaar wieder zurückzog, sagte der König er werde an der Hochzeit teilnehmen. Zuvor hatte er den Bräutigam gebeten, ihn und den Kanzler als Sekretär zu unterstützen. Graf Thorismund nahm diese Herausforderung mit Freude an.

Die Festtage beschloss der König mit seiner Dankesrede von der Rostra herab. Ein Novum war es, dass er seine Gemahlin mit hinein nahm in diesen den Thulaner heiligen Ort. Jubel begleitete seine Rede, Hochrufe auf das Königspaar schwangen sich in die laue Abendluft. Als Amala, vom Gemahl ermutigt, für die überwältigende Zuneigung dankte, da war es so als würde der Thingplatz bersten. Frenetischer Beifall und ausgelassener Jubel, der nun der Königin galt, machte sie verlegen. Wieder hob der König Amalas rechte Hand in die Höhe, die den Menschen mit der anderen zuwinkte und der König mit der Schwerthand. Alle streckten nun ihre Arme hoch und gaben damit ihrer Freude besonderen Ausdruck. In das von Primas Prinz Konrad angestimmte Gebet fielen sie wie mit einer Stimme ein, dankten nun ihrerseits Gott für die Vermählung ihres Königs und für seine großzügige Bewirtung.

Königlicher Alltag

Drei Tage lang war es Amala so, als würde sie mitgerissen von einem sich wild drehenden Strudel. Diesem von Freude und Fröhlichkeit gespeisten Taumel hatte sie sich gerne überlassen, dabei aber doch die ungestörte Zweisamkeit mit ihrem geliebten Mann vermisst. Sie hatte zwar die Gemächer der Königin inspiziert, aber die privaten Räume ihres Mannes bezogen. Dort hatte sie sich noch als Gast gefühlt. Zu unvertraut war ihr alles noch, obwohl doch ihr Mann ständig um sie war und ihr das Eingewöhnen erleichterte. Es hing auch damit zusammen, nun von aller Welt so respektvoll wie ungewohnt als Königliche Hoheit angesprochen zu werden. Dabei wollte Amala am liebsten nur eines sein, ihres Friedrichs Frau, was sie ja in den spärlichen Momenten ihres Alleinseins war. Wo immer sie sich in der Öffentlichkeit zeigte, da stand sie gemeinsam mit ihrem Mann im Mittelpunkt. Daran hatte sie sich in den letzten Tagen zwar gewöhnt und kam damit schon ganz gut zurecht. Hier konnte sie sich an ihrem Mann und König orientieren, der ihr dabei, unmerklich für andere, geholfen hatte. Außerdem blieb er fast immer in ihrer unmittelbaren Nähe und gab ihr das Gefühl, sich anlehnen zu können. Aber bald würde sie sich in weiteren Rollen bewegen müssen, bei denen ihr Mann nicht immer in der Nähe sein konnte.

Amala hatte auf der Rosenburg die Pflichten einer Burgherrin übernommen, allerdings in weit kleinerem Umfang und in überschaubarem Rahmen. Aber hier im riesigen Schloss des Königs von Thule, da war alles so viel größer, bedeutender und im Blick so vieler Menschen. Zuversichtlich ging Amala davon aus, so allmählich in die Rolle der Hausherrin des Schlosses hineinwachsen zu können. Sich mit der ersten Hofdame, der vertrauten Gräfin Beatrix abzustimmen und mit ihr die besonderen Ereignisse zu planen, das fiel ihr leicht. Adelheid hatte ihr zudem angeboten, sie in jene Aufgaben einzuführen, die sie selbst bisher anstelle ihrer Mutter übernommen hatte. Diese betrafen vorrangig Aufgaben im Bereich der Wohltätigkeit und der Repräsentation. Sie empfing in ihrem Audienzbereich Abordnungen von Frauen oder hochgestellte Damen, die mit einem Anliegen an die Prinzessin herantraten. Dafür hatte sie ein eigenes Budget und viel Freiheiten für dessen Verwendung. „Bei besonderen Wünschen, die zu Präzedenzfällen werden könnten, da habe ich stets Rückfrage mit Fried genommen, was ich Dir auch empfehle. Er ist immer großzügig, aber er erkennt auch die damit verbundenen Fallstricke oder Weiterungen.“ Dieser Empfehlung der Freundin wollte Amala gerne folgen. Sie wusste ja, dass ihr Mann immer das Ganze im Auge hatte und weit voraus dachte.

Wie anders begann nun der Tag. Bereits beim Aufwachen und als sie sich ankleiden ließ, vermisste sie ihren Mann. Doch der erwartete sie zum Frühmahl, an dem in der ersten Woche auch ihr Vater, Adelheid und Theodemir teilnahmen. Friedrich und Theodemir hatten dann bereits ihre Übungen im

Turniergarten absolviert, sich massieren lassen, während sie das „Murmeltier" noch sanft schlummerte. Das familiäre Mahl im Kreise der ihr so lieben Menschen „entschädigte" sie dann doch etwas. Ihr Mann, der Herrscher, würde von nun an nicht ständig um sie sein können. Und sie selbst war ja mit ihrer Ehe auch in die Rolle der Königin geschlüpft. Sie hoffte natürlich darauf, dass ihr Mann schon Mittel und Wege finden würde, um möglichst viel mit seiner Frau zusammen sein zu können. So als hätte er ihre Gedanken erraten, sagte er: „Ich habe in der nächsten Zeit nur wenige Audienzen angenommen und werde mir auch für andere, nicht so dringende Aufgaben etwas länger Zeit lassen. Vorrangig will ich meiner Amala helfen, sich im Schloss und in ihrer neuen Herausforderung einzufinden." Das klang schon mal sehr gut in den Ohren der Königin; ihr als überaus pflichtbewusst bekannter Friedrich nahm sich zuerst ihrer an, obwohl er doch viele Tage seinen vorrangigen Aufgaben nicht nachkommen konnte. Nicht nur er, sondern auch die anderen Vier, geleiteten Amala nun bei der „Inbesitznahme" des Schlosses.

Jetzt lernte sie auch jene Räume kennen, die sie bei dem Rundgang als staunender Gast der Prinzessin nicht zu Gesicht bekommen hatte. Und es gab so viel zu sehen und zu bewundern, Prachtvolles und Unerwartetes, aber auch Räume, die sie in einem Schloss nicht erwartet hätte. In einem Saal waren jene Geschenke ausgestellt, die den Herrschern im Laufe der Jahrhunderte von ihren Gästen verehrt wurden, darunter einige skurrile Gegenstände aus fernen Ländern. Überwiegend waren es jedoch prunkvolle Waffen, Preziosen und Glasgefäße, aber auch ausgestopfte Tiere gab es hier zu sehen. In einem Zimmer nebenan wurden jene Geschenke bereitgestellt, die der Herrscher seinen Gästen überreichte, oder die er auf seinen Reisen mitnahm. Amala fand diese Becher, Bilder, und Gehänge fast alle erlesener als das, was sie zuvor zu sehen bekommen hatte. Friedrich bemerkte dazu: „Für die Beschenkten ist zwar mein Gunstbeweis schon von hohem Gewicht, doch die ihnen von mir eingeräumten Rechte oder Privilegien, insbesondere jedoch die Dinge, die sie anderen gegenüber vorzeigen können, finden eine noch größere Resonanz. Dabei ist immer sorglich darauf zu achten, dass kein Neid entsteht und Leistungen belohnt werden, die in den Augen anderer keine sind." Theodemir lachte und frozzelte: „Fried, damit dürftest Du ja nicht die geringsten Probleme haben, um vor Deinen Augen bestehen zu können, da muss der Betreffende ja fast Übermenschliches leisten!" „Toti, untersteh Dich, Du kannst mich doch vor meiner Frau nicht so bloßstellen, das macht ein Blutsbruder nicht!" Ernst kam das nicht gerade daher, aber den beiden Fürsten war bewusst, dass an dieser Aussage sehr wohl einiges dran war. Amala erlebte bei dem Rundgang den lockeren Umgang der beiden Blutsbrüder, und der gefiel ihr. Zu diesem kleinen Kreis hatte die Majestät einfach keinen Zugang, da war ihr Friedrich nur Mensch, Ehemann, Bruder und Schwiegersohn.

Herzog Wittich, der das zuvor schon ein wenig miterlebt hatte, freute sich über diese Nähe, vor allem für sein Herzblatt, das nun zur Königin geworden war. Wie hatte sich seine Amala in diesen wenigen Tagen seit ihrer Hochzeit verändert, sie war reifer geworden und überaus glücklich. Aber er ging davon aus, dass es seine Tochter an der Seite dieses Titanen nicht immer leicht haben würde. Das ständige Lernprogramm in der nächsten Zeit würde zu einer harten Prüfung für seine Tochter werden. Eines hatte er jedoch mit großer Freude miterlebt, die Thulaner hatten seine Amala mit offenen Armen aufgenommen. Primas Prinz Konrad hatte sie sogar als Engel von Thule bezeichnet, was ihn als Vater sehr berührt hatte. Wie sie sich den Thulaner präsentiert hatte, diese Herzlichkeit, Fröhlichkeit und Offenheit, das hatte auch ihn zuversichtlich gestimmt. Seine Einzige würde es schon schaffen und dem Volk eine gute Königin sein. Dass sie eine gute Ehefrau werden würde, das stand für ihn außer Frage. Dennoch wollte er eines nicht verdrängen, auf Amala lasteten nun große Erwartungen, die zu erfüllen seiner Tochter einiges abverlangen würde. Dabei baute der besorgte Vater allerdings auf die behutsame und von Liebe getragene Führung durch seinen Schwiegersohn. Friedrich würde jetzt auch zum Lehrer Amalas werden. Und einen besseren als den königlichen Schwiegersohn konnte Herzog Wittich sich nicht vorstellen.

Amala bestand darauf, dass ihre Freundin und Schwägerin Adelheid ihre bisherigen Räume behielt, sowohl die privaten als auch die offiziellen. Das Schloss war doch die Heimat Adelheids, und auch ihr Mann Theodemir hatte hier seine meisten Lebensjahre zugebracht. Zwar residierte das Prinzenpaar offiziell in der Hildebrandtsburg oberhalb der Hafenstadt, denn der Prinz war ja der Herr der Flotte, aber die beiden zog es oft hin zur Heiligen Stadt. Laut Adelheid banden der Ausbau der Flotte und die Erweiterung des Arsenals ihren Mann viel zu sehr an Hildebrandtsvik. So war es jedes Mal eine große Freude wenn die beiden sich von dieser Bindung freimachen konnten und im Schloss eintrafen. Theodemir, der Intimus seines Schwagers, besprach sich dann mit Friedrich und Rainald dem vertrauten Kanzler. Währenddessen ging Adelheid entweder mit Amala deren Fragen durch oder die beiden Königlichen Hoheiten unternahmen zusammen eine kleine Flucht in die Heilige Stadt. Dieses *Laster* hatte die Prinzessin von ihrer Mutter geerbt und sie steckte auch Amala damit an. Alles was sie sich an Kleidern, Schmuck und Tand wünschte, nun konnte sie es sich erfüllen. Anfangs musste sich Königin Amala, die ja überaus behütet aufgewachsen war, noch daran gewöhnen überall bejubelt zu werden, aber es gefiel ihr schon. Weniger gefiel ihr, dass sie sich außerhalb des Inneren Schlosses nur noch in Begleitung ihrer Leibgarde bewegen durfte. War sie mit ihrem Gemahl unterwegs, dann fiel selbst der Jubel würdiger aus, denn ihr Friedrich wurde von seinen Thulanern wie ein Halbgott verehrt. Sein Gruß und sein Winken hatte besonderes Gewicht für die Seinen und ein erhaschter Blick von ihm galt gar als eine Gnade.

Mit kulturellen Aufgaben hatte Amala noch keine Erfahrungen und sie wusste die diesbezüglichen Anfragen und Bitten um Zuschüsse noch nicht einzuordnen. Doch hier half ihr die darin bewanderte Schwägerin, die sie auf die kleinen Tücken aufmerksam machte. Gab man einem Fest einen großen Zuschuss, dann hielt der nächste Veranstalter seine Hände noch weiter auf. Hier die richtige Balance zu finden, das war kein einfaches Unterfangen, aber das wollte Amala lernen. Besuche in den Heimen der Alten, Kranken und der Kinder, das lag ihrem Naturell weit eher, und da fühlte sie sich auch sicher. Sie wusste, dass ihr Mann darauf großen Wert legte und das gab Amala freie Hand. Dem König, den seine Feinde mit dem Mord an seinen Eltern um viele Jahre seiner Kindheit gebracht hatten, lagen vor allem die Kinder am Herzen. Diesen Elternlosen ein wenig Freude in ihr Dasein zu bringen, das wollte er, wie auch deren Einbeziehung in gute Schulen und danach eine profunde Ausbildung. Nicht umsonst nannten ihn die Kinder ihren „Oheim König".

So weit es ihm möglich war nahmen Friedrich und Amala die Mahlzeiten miteinander ein. Am Abend, da gehörte er ihr, waren sie nur Mann und Frau, hielten sich, wenn immer das Wetter es zuließ, im Terrassengarten auf. Die Königin konnte auch an jenen Audienzen teilnehmen, die sie interessierten und sich die Gesprächspartner dadurch nicht gehemmt fühlten. Dem König ging es dabei darum, dass seine Gemahlin für die Thulaner präsent war, über wesentliche Geschehen in Thule Bescheid wusste und die Anliegen der Thulaner kennen lernte. Darüber unterhielten sie sich dann des Abends und erörterten die damit verbundenen Entscheidungen. Dieses Lernprogramm erfreute Amala besonders, es wertete sie auf und zeigte ihr, wie sehr ihr Mann sie schätzte.

Am Wochenende ritten sie entweder hinaus zum Gestüt oder hinauf in die „Fünf Thäler". Deren familiäre Gegebenheiten gefielen der Königin besonders, hier umgaben sie zwar auch dienstbare Geister, aber bei Weitem nicht so viele wie im Königsschloss. Überall verneigten sich die Menschen vor ihr, sprachen sie als Königliche Hoheit an, woran sie sich nur langsam gewöhnte. Doch in diesen beiden Refugien und ganz besonders hoch droben in der Friedrichsruhe ging es weniger formell und würdig zu, was sicher auch daran lag, dass immer wieder dieselben Bediensteten da waren. Bei besonders günstigem Wetter zog es Friedrich magisch hinaus auf den See, zumeist nahm er dann sein kleines Segelboot und zeigte Amala immer neue Stellen am und auf dem Thulanischen Binnenmeer. Der König hatte zwar seiner Frau zu liebe sein Arbeitsprogramm etwas reduziert, dennoch blieb es nicht aus, dass sie sich manchmal alleine fühlte. Die Gespräche mit den Hofdamen und hochrangigen Damen konnten dieses Gefühl nicht ganz vertreiben, doch im Wissen um die großen oft schwierigen Aufgaben ihres Mannes, schickte sie sich darein.

Die Südlandreise

Bei ihrer Hochzeit hatte die Königin der Schwester ihres Vaters und ihrer gleichnamigen Patentante fest versprochen, sie bald aufzusuchen. Schon kurz danach legte der König mit Tante Amala den Termin fest. Seine Nenntante, und seit einigen Jahren auch Schwiegermutter seiner Schwester, hatte er ohnehin seit seinen Kleinkindertagen ins Herz geschlossen. Nun war es soweit, der Zug des Königlichen Paares reiste südwärts. Oben auf dem Albiapass wurden sie von Herzog Alarich und seinem großen Gefolge erwartet. Amalas Cousin Alarich hatte es sich nicht nehmen lassen, das Königspaar an der Grenze seines Herzogtums zu empfangen. Das war nicht üblich, denn der Empfang fand sonst am Herzoghof statt. Alles was in Indulfia Rang und Namen hatte, stand beim Herzog, angetan mit festlichstem Gewand. Eine im Winde flatternde Woge von Fahnen und Standarten umrahmte das Bild. Schon als sie des Herrschers ansichtig wurden, der mit seinem Gefolge den Pass hoch ritt, machte sich eine fröhliche Stimmung breit. Dies war deswegen erwähnenswert, weil sich bisher bei den Besuchen des Königs eine von großem Respekt geprägte „würdige" Haltung einstellte. Seit sie jedoch ihren verehrten Herrn bei seiner Vermählung so herzlich erlebt hatten, blieb zwar der große Respekt bestehen, aber der Kontext war ein anderer geworden. Ein gelöster, viele sagten erlöster König war ihnen dort begegnet, einer, dem sie nun ohne Anspannung und Vorsicht gegenüber treten konnten.

König Friedrich gefiel diese Geste seines Freundes und Schwagers seiner Schwester, und er nahm Alarich herzlich in die Arme. Dies stellte wiederum für den blonden Herzog eine große Auszeichnung dar, zumal sie ihm vor all seinen Edlen zuteil wurde. Amala, der ihr Gemahl höchstpersönlich bei Absitzen von ihrer Norma half, begrüßte der Herzog etwas gehemmter und förmlicher. Er sprach sie sogar mit Königliche Hoheit an, was seine Cousine mit einem leisen Lachen quittierte. „Ala, was ist denn mit Dir los? Für Dich bin und bleibe ich Amala!" Das war ihr so spontan wie fröhlich herausgerutscht, wie auch Alarichs kindlicher Kosename, der ihm im Familienkreis geblieben war. Der *Gerügte* stimmte in Amalas Lachen ein und so wurde aus der Verbeugung eine herzliche Umarmung. Die Wangenküsse unterstrichen noch ihre enge verwandtschaftliche Beziehung. Damit war der Bann gebrochen für die Begrüßung der anderen Edlen. In Indulfia hatte der König ohnehin noch nie Gegner gehabt, die hiesigen Edlen standen stets auf seiner Seite. Dazu kam noch, dass Friedrich Indulfia nach Kräften gefördert hatte. Der Königin kam der Empfang daher fast wie eine Verbrüderung vor. Ringsum blickte sie in zwar erstaunte, doch höchst erfreute Mienen. Welch eine Verwandlung hatte sich vollzogen, statt des einst eher unnahbaren, strengen Herrschers stand ihnen nun ein gelöster und herzlicher König gegenüber.

Alarich hatte die uralte mächtige Grenzburg mit Fahnen und Girlanden schmücken lassen. Die düstere und trutzige Feste verwandelte sich dadurch in eine farbenfrohe und einladende Burg. Die Albiapassburg zählte zu jenen gewaltig befestigten Grenzburgen, die Thules Herz, die Heilige Stadt Theodericia und Amelungia schützen sollten. Die bisher nie bedrängte Feste wurde dessen ungeachtet in Schuss gehalten. Amala hatte sich diesen bedeutendsten Pass von Thule wesentlich höher, steiler und beschwerlicher vorgestellt. So hatte sie ihn vor Jahren als Jugendliche erlebt und wunderte sich nun über ihre anders ausfallende Bewertung. Sie waren zuvor an der behäbig fließenden Albia entlang geritten, durchquerten dabei Bodos Heimat Falkenberg, zogen danach auf der breiten und viel befahrenen Reichstraße I. den Pass hinauf. Unterwegs gab es immer wieder kleine Aufenthalte, denn die Menschen an der Straße wollten ihr Königspaar sehen und bejubeln. Besonders ausgeprägt war dies in der kleinen Stadt Falkenberg. Bodos Vater, als der hiesige Stadtgraf, und der Rat der Stadt bereiteten ihnen dort einen herzlichen Empfang. Der König, sonst doch eher ungeduldig, ließ es sich gefallen und dankte herzlich, wie auch die Königin.

Trotz der vielen sie umringenden Edlen entging dem Hohen Paar die Schönheit der Umgebung nicht. Sie hatten das schroffe Gebirge hinter sich gelassen und blickten jetzt auf gefälliger wirkende, aber kaum niedrigere Berge. Beim Weiterritt hinab in das weite Tal der Aenia zeigte sich in der Ferne der Balthasee, Thules zweitgrößtes Binnengewässer, und am Horizont tauchten die Türme des Klosters St. Paul auf. Das Aeniatal war mit Dörfern dicht besiedelt, sie lagen teilweise hoch oben auf Terrassen über der Talsohle. Einzelne Weiler und Höfe bildeten Inseln mit hellgrünem Wiesenrahmen, in dem dunklen See des Kastanien- und Mahagoniwaldes der Berghänge und Terrassen. Der untere Teil der Hänge und die vor ihnen liegenden Hügel trugen Weingärten und auf ihren Kuppen wuchsen kerzengleich Zypressen, seltener Pinien. Der König sagte zu seiner Frau: „Mir ist es hier jedes Mal so, als würde ich wieder durch das schöne Tuszien reiten. Für mich ist dieser Süden Thules ein Abbild des schönen Italiens, ähnlich sonnenverwöhnt, aber leicht und duftig. Hier fühle ich mich immer wohl, vielleicht auch deswegen weil ich dann fern meiner Arbeit am Schreibtisch oder im Audienzraum sein darf.“ Amala pflichtete ihm bei: „Mir geht es genauso. Alles wirkt auf mich hier so heiter. Ich weilte als damals Zwölfjährige letztmals mit Vater in diesen Gefilden und hatte für die Landschaft allenfalls einen flüchtigen Blick übrig. Zu neugierig war ich auf Toti und Ala, meine so bewunderten Cousins. Toti hatte sich uns schon in Theodericia angeschlossen, um mit seinem Oheim Wittich außer der Reihe seine Eltern aufzusuchen. Mein Oheim Herzog Theodemir war ja seit längerem krank und litt an einer selbst den Ärzten unbekannten Krankheit. Jeder Besuch bei seinem Vater konnte daher für Toti der letzte sein.“

Der Ritt des Königspaares umgeben von den Edlen des Herzogtums glich einem Triumphzug. Überall wurden sie freudig empfangen und bejubelt. Das galt nicht nur für die Bewohner der Orte sondern auch für die Menschen, welche die Straße benützten. Den ersten längeren Halt gab es in St. Vitus, das sich malerisch um einen niederen Hügel schlang. Das über der Stadt aufragende Kloster hatte ihr einst den Namen und die Bedeutung gegeben. Zwei Brauereien und die vielen Weinkeller versorgten die Wallfahrer mit Nahrung und willkommenem Trank. Rund um die Vitussäule hatten die Stadtgründer ihren Hauptplatz angelegt, umstellten ihn mit stattlichen Häusern. Das schmucke Rathaus, das sich stolz über seinem Ratskeller erhob, konnte sich nur mühsam von den vielen Wirtshäusern abheben. St. Vitus war zudem auch noch eine wichtige Wegstation, denn auf dem Hauptplatz trafen zwei bedeutende Straßen aufeinander. Zum einen die einst als erste Reichsstraße erbaute Schlagader Thules, die von Indulfsvik nach der Heiligen Stadt Theodericia führte. Zum anderen jene sich endlos lang hinziehende Reichsstraße, die im Fjordländischen Seeburg ihren Ausgang nahm.

Auf dem Vitusplatz erwartete Graf Gero, der Vater des Kanzlers, seinen König und seinen mittleren Sohn. Der mächtige Alte war bester Laune, das kräftige Vitusbier hatte ihm und seinen Mannen sichtlich gut gemundet. In der zweiten Reihe des prächtigen Zuges ritt sein Rainald, vor ihm waren nur noch der Herrscher, die Königin und sein eigener Herzog, welch einen Aufstieg hatte sein kluger Junge genommen. Der Herrscher hatte ihn zu seinem Kanzler gemacht und ihn jüngst sogar zum Markgrafen erhoben. Nachdem er das Königspaar respektvoll und Herzog Alarich ein wenig lockerer begrüßt hatte, schloss er seinen Sohn in die Arme. Es stand fast zu befürchten, dass er in seinem Überschwang den zarten mittleren Sohn erdrücken würde. Rainald, der ein Kinderleben lang um die Anerkennung seines Vaters ringen musste, genoss den unverhohlenen Stolz seines Vaters. „Lieber Graf Gero, alter Eisenfresser und Getreuer, seid Ihr nun zufrieden mit Eurem Rainald?“ Des Alten dröhnendes und zufriedenes Lachen unterstrich der noch mit seiner Aussage: „Hohe Majestät, zufrieden ist das falsche Gefühl. Stolz bin ich auf ihn, maßlos stolz auf ihn und seinen klugen Kopf. Und noch mehr darüber, dass er bei Euch in so hoher Gunst steht!“ Friedrich flachste: „Manchmal, lieber Gero, freue ich mich, dass ich in Rainalds Gunst stehe!“ Mit dieser Aussage und seinem Lachen steckte der König die Umstehenden an. „Graf Gero, Euren Rainald hat mir Gott zugeführt, ohne ihn wäre ich so manches Mal ganz schön aufgeschmissen.“ Wie der alte Graf über diese launige Eloge auf seinen Sohn strahlte. Sein Rainald, des Königs Kanzler und Vertrauter. Er, von dem er einst in Sorge angenommen hatte, dass der oft kränkliche und schmächtige Knabe im Leben nie bestehen könnte, und nun dies. Nicht die Kraft seiner Arme und die Macht der Waffen hatten ihn so hoch steigen lassen, vielmehr war es die Kraft seiner Worte und die Macht seines Denkens. In Rainald manifestierte sich die neue, die Friederizianische Zeit. Eine Zeit in der Wissen und Tatkraft bei der Lösung von Aufgaben gefragt waren, und Kampfesmut und Waffengeschick nicht mehr das Allbestimmende waren. Das wurde hier auf diesem Platz noch einmal sehr deutlich, aber auch, dass künftig eine gute Ausbildung oder gar ein Studium unabdingbar wurde.

Das Königspaar und sein Gefolge wurden im Ratskeller bewirtet. Hier hatten sich schon Heerscharen von Wallfahrern eingefunden und auch die Durstigen der hiesigen Markttage aufgenommen. Friedrich und Amala gegenüber saßen die beiden jungen Grafen Athaulf, Amalas Cousin und Giselbrecht, der zweite Sohn Herzog Beowulfs. Die beiden Herzogsöhne waren vom König im Rahmen des Hochzeitsfestes zu Gaugrafen ernannt worden. Giselbrecht, wie der König sagte eine Zweitausgabe seines Vaters, war mit dem Salzgau belehnt worden. Sein Gau sei zwar unwirtlich aber reich an Naturschätzen, und er würde das Königspaar dorthin geleiten. Dort lag eines der Güter, die Amala mit ihrer Heirat als Witwenversorgung erhalten hatte. „Alles Öl, was wir verbrauchen, es stammt von dort.“ Diese Worte Friedrichs hatte sie noch im Ohr, natürlich meinte er das Öl, das am Königshof verwendet wurde, das Beste und Gesuchteste in ganz Thule. Graf Athaulf, kurz Ulf genannt, war zwar so blond wie seine Brüder Theodemir und Alarich, doch weniger aufgeschossen wie diese, die nach ihrer Mutter Amala geraten waren. Er war breiter gebaut, stämmiger, darin seinem verstorbenen Vater Herzog Theodemir gleichend. König Friedrich meinte zu seiner Frau gewendet: „Dein junger Cousin bekam den Sonnberggau übertragen, weil er bisher bei seinem Bruder Alarich sehr viel Erfahrung sammeln konnte und zudem ein kluger junger Herr ist. Giselbrecht sieht seinem Vater nicht nur zum Verwechseln ähnlich, er kommt auch von der Art her nach ihm. Daher hat er den Salzgau bekommen, wo die Feinde zumeist auf Thule stoßen, die Strömung des Meeres und die Winde sorgen dafür. Hier brauche ich einen aufmerksamen und tatkräftigen Wachhund. Das ist Giselbrecht auf den Leib geschnitten, außerdem ist er so wie alle Nachkommen des Helden Witold bedingungslos königstreu, auf seine Loyalität können wir Burgen bauen. Seinetwegen habe ich andere bewusst übergangen, die zwar auch zu uns stehen, denen ich jedoch den Salzgau nicht anvertrauen wollte. Denn dort gilt es nicht nur den Schutz der Küste zu sichern, sondern auch die Wasserprobleme zu lösen und die vielen Bodenschätze zu heben. Und das verspreche ich mir von dem zupackenden Giselbrecht.“

Der König hatte einen seiner Knappen beauftragt, vier Pelerinen aus dem Gepäck zu holen, zwei größere und zwei kleiner ausfallende. In Amala stieg Angst um ihren Mann auf, was hatte er vor? Warum wollte er sich wieder verkleiden und für wen waren denn die anderen Gewänder? Stets hatte sich ihr Mann verkleidet großer Gefahr ausgesetzt, denn damit konnte er sich unauffälliger an die Feinde heranbewegen. Amala schaute besorgt, doch ihres Gemahls aufmunterndes Lächeln sorgte für Entwarnung. Die Gewänder waren für die Königin, Herzog Alarich und Kanzler Rainald gedacht. Friedrich wollte in das hoch über dem Platz thronende Kloster hinauf, um dem Abt und einem Sonderling, so drückte er sich aus, seine Aufwartung zu machen. Er wolle kein Aufhebens machen und den Pater Georg nicht erschrecken. Beim Aufstieg über die steilen und von den vielen Pilgern ausgetretenen Stufen erklärte er, es sei besser als „normale" Pilger aufzutreten und nicht als hohe Herrschaften. Dieses Kloster sei kein Reichskloster und ziehe sich bewusst stärker von der Außenwelt zurück. Die fleißigen Mönche hielten sich konsequent an ihres Ordensgründers Gebot „Ora et labora", wobei das Letztere eindeutig dominiere. Der Abt sei unsicher gewesen, ob er den König unten im so belebten Ort oder in seinem stillen Reich empfangen sollte. Steil und endlos ging es hoch, der Kanzler körperlicher Arbeit entwöhnt musste heftig atmen. Sein Herr merkte dazu an: „Lieber Rainald, so sehr es Euch auch anstrengt, es tut Euch sicher gut. Diesen Pfad gehen die Pilger in Demut, sie sollen auf der Treppe himmelwärts steigend ihre weltlichen Gedanken hinter sich lassen und anhand der Kreuzwegstationen den Leidenweg Christi nachvollziehen können." Amala, der es unter ihrer Pelerine warm wurde, hatte es besser als der Kanzler, denn ihr Mann hielt sie an der Hand und zog sie unmerklich mit.

Ihr Weg endete vor einer schlichten Kirche, die sie allerdings nicht betraten, sondern an ihr vorbei dem Haus des Abtes zustrebten. Der alte Geistliche erwartete die Besucher schon vor der Türe, verbeugte sich tief und dankte für den hohen Besuch, den ihm der König schon vor einiger Zeit angekündigt hatte. Er wusste auch um das Anliegen des Herrschers, den Pater Georg für die neue Akademie der Wissenschaften zu gewinnen. „Hohe Majestät, unser Pater Georg ist schwierig und verschroben. Er wird Euch sicher nicht angemessen begrüßen. Ihr dürft ihm dies nicht verübeln, er ist zu allen Menschen schroff, denn alle stören ihn beim Denken und Experimentieren. Letzteres überfordert allmählich unsere Laienbrüder, und mit Verlaub, auch unsere Mittel. Ob er Eurer Aufforderung folgen wird, mit an den Sternensee zu ziehen, wage ich nicht zu bewerten, will es aber hoffen."

Der greise Abt führte seine Gäste in den von Pilgern nicht aufgesuchten Bereich des ausgedehnten Klosters. In dieser Ökonomie ging es zu einem windschiefen, altersgebeugten Haus, aus dem dumpfe Hammerschläge drangen. Diese wurden untermalt von einer hohen fordernden Stimme, die Anweisungen gab und sichtlich unzufrieden klang. Die vier *Pilger* hüllten sich eng in ihre Pelerinen, um ihre kostbaren Gewänder zu verbergen. Verhaltene Freude lösten sie bei den Handwerkern aus. Es waren Laienbrüder in verfleckten dunklen Kutten, was aber deren Antreiber nicht gefiel. Wirre graue Haare umflammten die Tonsur dieses alten Mönchs, der den Störenfrieden zurief: „Noli me tangere.“ Es folgte ein Wortschwall schnell gesprochenen Lateins, dem Amala nicht folgen konnte, ihr Latein reichte dazu nicht aus. Dass es eine Schimpftirade war, erschloss sich ihr dennoch. Jetzt war nicht nur sie gespannt, wie ihr Mann und König darauf reagieren würde. So etwas an Unverschämtheit war ihm sicher in seinem ganzen Leben noch nicht untergekommen. Kanzler Rainald, der so gut wie sein König Latein beherrschte, wollte dem groben Kerl wehren, doch sein Herrscher besänftigte ihn verschmitzt lächelnd. Dann legte er selbst los, gab alles zurück, dies in Latein und nicht weniger schnell als der freche Mönch. Der schaute auf, fing an zu grinsen und wirkte plötzlich zugänglich. „Mann sprichst Du gut Latein und bist nicht weniger deutlich als ich. Du gefällst mir junger Mann, was willst Du denn von mir?“

Alarich, sagte sichtlich aufgebracht zu seiner Cousine: „Amala, der wagt es unseren Herrscher zu duzen, dem stopfe ich gleich sein ungewaschenes Maul.“ Doch dazu kam es nicht, denn Friedrich antwortete dem Mönch: „Großvater mit dem ungehobelten Umgang, ich will tatsächlich etwas von Dir. Ich will, dass Du in der neuen Akademie der Wissenschaften mitmachst.“ „Schickt Dich unser großer König, dass Du es wagst so etwas von mir zu wollen?“ „Wenn Du es so siehst, leugne ich es nicht, der will dies von Dir!“ „Nur Gott und mein König dürfen etwas von mir fordern, nur den beiden vertraue ich. Was will unser König mit dieser Akademie?“ Friedrich skizzierte ihm seine Vorstellungen dazu, wobei ihn der grobe Pater nicht unterbrach. „Es steht mir nicht an meinen König zu kritisieren, junger Mann, aber hier denkt das Genie ausnahmsweise mal nicht tief genug. Die Idee als solche ist gut, aber zu weit gefasst. Das würde den Anfang behindern, denn alle Wissenschaft auf einem Haufen, das haut nicht hin. Was soll denn der Mediziner dem Techniker helfen, dazu ist es Jahre zu früh. Da gehen sich alle im Wege herum und vertun die kostbare Zeit mit fruchtlosem Streiten. Mindestens drei Akademien hätte er gründen sollen, unser Hoher Herr. Ich brauche stürzendes Wasser, Maschinen, Blasebälge und vor allem gute Handwerker. Wichtig ist auch viel Platz zum Erproben, viel mehr als ich hier habe. Da ist doch so ein Wasserschloss ein Mist, außerdem gibt es da oben im Nordwesten bestimmt keine guten Handwerker. Die gibt es ja nicht einmal hier so wie ich mir sie vorstelle, nicht einmal in Totilaberg. Nur in Theodericia, Indulfsvik und Hildebrandtsvik finden sich solche. Unser König soll sich diese unvollendete Idee wieder aus dem Kopf schlagen. So wird das nicht funktionieren, wie er sich das vorgestellt hat.“ „Nun, dann machen wir das eben so, wie Du Dir das vorstellst, Alter.“ „Knabe, Du willst über unseren König verfügen, niemand darf das wagen, niemand, hörst Du!“ Letzteres sagte er drohend, richtete sich dabei auf und schaute Friedrich zürnend an. „Ist schon gut, unterstellt wir gewinnen den König für Deine Vorstellung, machst Du dann mit, Pater?" „Wenn ich so viele Handwerker bekomme wie ich brauche, die auch was können und viel Platz dazu, wenn ich nicht um jedes Experiment feilschen muss, wie mit Dir Bruder Abt, dann ja!" „Das gefällt mir, schlagt ein Pater." „Gemach mein junger Herr, noch hast Du nicht mit unserem König gesprochen." „Dooch", so gedehnt kam die Antwort, „das habe ich gerade getan!" Dabei öffnete er seine Pelerine so, dass die Königstunika sichtbar wurde. Vor dem Erschreckten stand nun der König selbst.

Der Mönch sank wie vom Blitz getroffen in die Knie und stammelte: „Hohe Majestät, vergebt mir den Frevel und dass ich Euch zu duzen wagte. Ich war ungehalten über die Störung und deswegen so aufgebracht!" Der König nickte und sagte mäßig streng: „Pater Georg, ich verzeihe Euch und verknüpfe dies jedoch mit einer Bedingung." Sichtlich erleichtert beeilte sich der Mönch zu sagen: „Hohe Majestät, ich nehme jede an und weiß, dass Ihr nichts Unbilliges fordern werdet." „Dann schlagt ein und baut mir die Akademie für Technik auf!" Der Pater ergriff die gereichte Hand und küsste diese. „Ihre Hohe Majestät, habt untertänigsten Dank für Eure Großmütigkeit und in mir einen treuen Diener." Der Menschenfänger, so einer der Beinamen des Königs, hatte wieder zugeschlagen, seine Zufriedenheit spiegelte sich auf den lächelnden Lippen. „Pater Georg, listet auf was Ihr braucht an Ausstattung, Helfern und Mitteln." Er wies dann auf einen seiner Begleiter: „Markgraf Rainald, Thules Kanzler wird Euch fürderhin betreuen, aber auch ich bin nicht aus dem Spiel, denn die Akademie interessiert mich viel zu sehr!" Der Alte staunte: „So viele hohe Herren in dieser elenden Hütte!?" „Nicht nur Herren, Pater Georg, auch Eure Königin ist hier." Nun schlugen die anderen ihre Kapuzen zurück und öffneten den verhüllenden Umhang. „Der Engel von Thule inmitten dieses Durcheinanders. Oh, wie seid Ihr schön, verehrte Königliche Hoheit. Und mein hochedler Herzog ist auch dabei, Herzog Alarich der kühne Reiterfürst. Ich bitte auch die hohen Herrschaften ergeben um Verzeihung für mein ungebührliches Verhalten." Amala musste lachen und entgegnete dem Pater fröhlich: „Was ich so mitbekommen habe, ganz so gut ist mein Latein ja nicht, ist Euch mein Gemahl nichts schuldig geblieben, Pater Georg!" Wieder ertönte sein keckerndes Lachen: „Fürwahr nicht, Königliche Hoheit, unser aller Hoher Herrscher war grob, mit Verlaub sogar sehr grob, aber recht hatte er ja!" Jetzt stimmten alle in das Lachen ein, selbst der bis dahin betreten wirkende Abt konnte sich dem anschließen.

Danach verließen sie den wenig gastlichen Ort wieder und folgten dem Abt zu dessen Bau. Der König ging mit dem Leiter des Klosters voraus, während die drei anderen an einem Aussichtspunkt anhielten, um den weiten Blick hinunter auf sich wirken zu lassen. Hinter ihnen tönte es giftig: „An die Arbeit, Ihr

Faulpelze, das könnte Euch so passen, jetzt Feierabend zu machen, Ihr Halunken!" Deren erschreckte Hammerschläge tönten weit ins Kloster hinein. Alarich zu Amala gewendet: „Schönes Cousinchen, ein Grobian bleibt nun mal ein Grobian!" Und sich neugierig an den Kanzler richtend: „Rainald, was hat denn unser König zu dem Raubein gesagt? Du weißt doch, dass ich in Latein nicht gerade eine Leuchte war." „Und ob ich das weiß, Du hingst ja ständig bei den Pferden herum, Ala. Wortwörtlich gebe ich das nicht wieder, schon weil Ihr dabei seid, Königliche Hoheit, aber es war wirklich mehr als deutlich. Unser König hat ihn unter anderem einen Büffel genannt, der seinen Anstand in der Schlammsuhle gelassen hatte. Das war eine der harmlosen Entgegnungen, aber auf alle Fälle imponierte er damit dem Pater Grobian mächtig. Auf eine andere Weise hätte sich Majestät mit ihm wohl etwas schwerer getan. Mir hat es auch imponiert, und wie. Natürlich wusste ich, dass unser König ein vorzügliches Latein spricht, aber dass er auch jenes der Hafenarbeiter und Bauern beherrscht, hat mich dann schon erstaunt. Königliche Hoheit, Euer Gemahl hat so viele Facetten, da bin ich immer wieder aufs Neue verblüfft." „Nicht nur Ihr, lieber Markgraf, mir geht es auch nicht besser mit meinem Gemahl."

Von ihrem Standort aus konnten sie den nahen Balthasee fast wie auf einer Karte ausgebreitet vor sich liegen sehen. Er bot den Betrachtern seinen in vielen Blau- und Grüntönen schimmernden Spiegel dar und umspülte die Inseln mit sich sanft im Winde wiegenden Wellen. Der dunkle Waldmantel des Sonnbergs rahmte den See im Süden, und als sie den Blick gen Westen hin schweifen ließen, konnten sie das untere Balthatal einsehen und die Stelle, an der sie den See speiste. Das Reichskloster St. Paul lag fast zum Greifen nahe und wurde doch durch den See ferngehalten vor ihnen. Links tauchte ihr nächstes Ziel Totilaberg am Horizont auf, verschwommen waren die Herzogburg und die Türme einiger Kirchen zu erkennen. Zwischen dem Sonnbergmassiv und dem Apennin im Norden machte sich ganz in der Ferne eine weite Ebene breit, an deren Ende Thules zweitgrößte und älteste Stadt lag, das legendäre Indulfsvik. Doch diese würde die Königin erst in zwei Tagen kennen lernen, denn nun galt es noch bei Tageslicht die Herzogstadt zu erreichen. Sie verabschiedeten sich vom Abt, der auf einmal keine bekümmerte Miene mehr zur Schau trug, er wirkte nun so, als wäre ihm eine große Last abgenommen worden. Und so war es auch, wie der König seinen Gefährten beim raschen Hinabgehen mitteilte. Die Dürre dieses Jahres hatte dem Kloster zugesetzt und dessen spärliche Reserven aufgezehrt. Außerdem hatte eine Seuche den Viehbestand dezimiert und die Experimente von Pater Georg auch noch die letzten Denare aufgezehrt. Friedrichs Spende aus seinen privaten Mitteln, die er mit leisem Spott als Ablöse für den Erfinderpater bezeichnete, schien mehr zu sein, als sich der Abt erträumt hatte. Wie immer wenn er es direkt verfolgen konnte, verhielt sich der Herrscher großzügig und half den Betroffenen über die Not hinweg. Dieser erwartete allerdings von den Spendenempfängern einen sinnvollen Einsatz der gewährten Mittel.

Auf dem Vitusplatz harrte das Gefolge des Königs auf ihn, um rasch zum Zielort Totilaberg zu reiten. Hurtig erreichte der Zug die Aeniabrücke, die sich hoch über den Wildfluss schwang. Dieser so friedlich wirkende Fluss konnte im Frühjahr während der Schneeschmelze wild und alles niederwalzend dem See zu stürmen. Diese Brücke widerstand bisher allen Versuchen des Gebirgsflusses, die Menschen von einander zu trennen. In seinem weiten Bett zeigten sich derzeit mehr Kiesflächen als Wasserläufe, die sich mäandrierend zögerlich dem See näherten. Doch die zu beiden Seiten aufgeschütteten Dämme harmonierten nicht mit dieser trügerischen Idylle. Auch das sich auf der rechten Seite der Reichsstraße zeigende Binnendelta der Aenia ließ die zerstörerischen Spuren der letzten Flut noch immer erkennen.

Auf der anderen Seite der langen Brücke stockte der Zug. Ein blondhaariger, etwa fünfjähriger Junge gebot ihnen Einhalt. „Papa, ich bin ausgerissen und wollte zu Dir und den Oheim König als Erster begrüßen und die Tante Amala auch.“ „Theo, muss ich jetzt böse werden, Mama wird sich große Sorgen machen!“ „Nein Papa, Oheim Rekka wird es ihr sagen, der hat mich als Letzter hinter dem Michaelstor gesehen.“ Sein Vater Herzog Alarich war hin und hergerissen. Sollte er seinem Liebling, den kleinen Theodemir, nun schimpfen oder doch eher stolz auf den Racker sein. Wie zu erwarten, gewann der Stolz dann die Oberhand. „Na, dann komm her!“ Er griff sich seinen Stammhalter, hob den Schlingel hoch und setzte ihn vor sich aufs Pferd. Da saß er nun und strahlte das Königspaar an, begrüßte sie so wie er es gelernt hatte, artig mit Oheim und Tante. Er freute sich diebisch darüber, dass nun auch er mit an der Spitze des prächtigen Zuges reiten durfte. Sein Pferdchen übernahm einer von Alarichs Knappen. Kaum war dies geschehen, da hasteten auch schon zwei Reiter auf den Zug zu. Es waren die von der Herzogin ausgesendeten Wächter, die den Ausreißer einfangen sollten. Das verschmitzte, leicht freche Grinsen des Jungen, der sich über die düpierten Wächter lustig machte, war richtig ansteckend. Theodemir war seinem Vater wie aus dem Gesicht geschnitten, die gleiche Strähne fiel ihm in die Stirn, strahlende blaue Gotenaugen blickten fröhlich, selbst die väterliche Gestik legte er schon an den Tag. „Tante Amala, legst Du bei Mama ein gutes Wort für mich ein, bitte, bitte.“ Dabei strahlte er die Königin so flehentlich an, dass sie es ihm versprechen musste.

Zu seinem Oheim, dem König, den er staunend beäugte, traute er sich nicht so unbekümmert zu reden, er schien großen Respekt vor ihm zu haben. Doch nach einiger Zeit wurde aus dem verstohlenen Beäugen ein ihn ermutigendes Anschauen, und als er beim König ein ihm geltendes Lächeln entdeckte, da verlor er seine Hemmung. „Oheim König, Du hast ja ein noch größeres und schöneres Pferd wie mein Papa, ein ganz und gar Weißes. Wie heißt es denn?“ „Theo, das ist der Pegasus, der König aller Thulanischen Pferde. Magst Du mal auf ihm reiten?“ Sein glückliches Strahlen sprach Bände: „Ja, furchtbar gerne, Oheim König.“ Er ließ sich von Alarich dessen Söhnchen herüberreichen und Pegasus ließ es geschehen. Alles Kinderglück spiegelte sich auf des Knaben Gesicht, stolz und zufrieden war er. Das hatte es noch nicht gegeben, er der kleine Theo saß auf dem Pferd des großen Königs, von dem so viel die Rede war, den alle verehrten und an dessen Hochzeit er dabei sein durfte.

Der Zug näherte sich jetzt rasch der Herzogstadt, auf dem Weg dahin immer wieder von den Menschen an der Straße bejubelt. Und der kleine Theodemir befand sich nun auch im Mittelpunkt des Interesses. Er schaute dem Königspaar ab, wie dieses grüßte und winkte und machte es getreu nach, was allgemein erfreute. Wie ihm dies seine Geschwister neiden würden, darauf freute sich der kleine Schelm sicher den ganzen Weg über. Ihn erlebend dachte Amala über ihren kommenden Spross nach. Würde ihr noch Ungeborener Friedrich auch ein solch köstlicher Junge werden? Blonde Haare würde er ja aller Voraussicht nach nicht bekommen, davon musste sie ausgehen. Alle Könige aus dem Hause Hohenstaufen hatten sich mit blonden Gotinnen vermählt, aber ihre Nachkommen bekamen dunkle Haare. Dies war das Erbe Königin Helenas, der Griechischen Ahnin und schwarzhaarigen Gemahlin König Manfreds. Amalas Sohn sollte doch, so wünschte sie es sich insgeheim, seinem Vater gleichen, und dies möglichst in allem, denn er würde ja dereinst in seine Fußstapfen treten müssen. Nein, darüber wollte sie jetzt nicht tiefer nachdenken, denn die Nachfolger von Titanen treten ein gewaltiges, ja ein erdrückendes Erbe an. Friedrich war der allgewaltige Herrscher, aber es war noch mehr. Die Thulaner sahen in ihm die Inkarnation der Zukunft, der Sicherheit und des Glücks, er der ihnen so lange verheißene und endlich präsente große König. Gegen diese Verehrung und Überhöhung war selbst er, der so Mächtige machtlos, er muss es über sich ergehen lassen und versuchen, sich davon nicht mitreißen zu lassen. Dabei erlebte Amala ihren Mann so anders, so natürlich. Wie er zuvor mit dem barschen Mönch umgegangen war und dann dem kleinen Theo die Freude seines Kinderlebens machte. Wie er sich mit seinen Edlen unterhielt, ihnen interessiert zuhörte und launig antwortete, das war überhaupt nicht von oben herab. An ihm lag es nun wahrlich nicht, aber vielleicht verstärkte gerade diese Liebenswürdigkeit seinen Nimbus, sein Charisma ließ sich ohnehin nicht mehr steigern. Und ihre, Amalas, Liebe zu ihm, ihrem über alles geliebten Gemahl auch nicht. Trotz des Gefolges schenkte er ihr häufig ein liebevolles Lächeln, verrenkte sich im Sattel, um seiner Gemahlin die Wange zu streicheln. Alle sahen es und alle freuten sich daran, nahmen Anteil am Eheglück des Königlichen Paares.

Totilaberg lag nun gut sichtbar vor ihnen, versperrte den weiteren Weg und riegelte die Talauen zwischen den Ausläufern des Apennins und dem Balthasee ab. Die Herzogstadt krallte sich in die Hügel, als hätte sie eine göttliche Hand hier in die Ebene geschleudert. Die Thulaner krönten die Hügel mit Burg, Klöstern und Kirchen, verbanden diese mit ihren Häusern und stattlichen Türmen. Dennoch bot sich kein martialischer Anblick, Amala erlebte ihn eher heiter, so wie das Gestade des Sees, das vor ihren Augen immer näher rückte. Ein in die Engstelle zwischen Steilenfels und Michaelerberg hinein gebautes Tor war für Feinde eine nur schwer zu überwindende Barriere. Dieses Michaelstor war mit Fahnen verhüllt, die Torbogen mit Girlanden umkränzt. Mädchen in weißen Gewändern und Blumenschalen in den Händen standen vor der Brücke und begrüßten das Königspaar als Erste. Ihnen schloss sich Graf Rekkared an, des Herzogs jüngster Bruder. In der Stadt auf dem St. Ulfilasplatz hießen sie der Stadtpatrizius und der Rat willkommen. Dahinter drängten sich die erwartungsvollen Bürger. Dann kam das worauf sie gewartet hatten, die Ansprache ihres Herrschers, die sie begeistert aufnahmen. Die Menge erhielt seinen Segen und erfreute sich am Abschiedswinken des Hohen Paares, das hinauf ritt in die Obere Stadt, umjubelt von den Menschen. Der Weg führte zum Herzen und Stolz der Stadt, dem Indulfplatz. Die Totilaberger hatten den schönen Platz freigelassen und sich rings um ihn versammelt. So lag der mythische Platz offen vor den Blicken der Ankommenden.

Auch Amala konnte sich der Wirkung dieses Platzes nicht entziehen. In seiner Geschlossenheit, umrahmt von vierstöckigen aus rotem Stein erbauten Gebäuden war er ein Kleinod. Er lag in einer Mulde zwischen dem mächtigen Schlossberg und dem kleinen Kapellberg. In Terrassen stieg er sanft an, sein Belag war rot und grau gemustert, den geschickte Handwerker zum Kunstwerk gemacht hatten. Drei Brunnen aus hellem Marmor und eine durch Skulpturen herausgehobene Treppe gaben diesem Platz seinen besonderen Reiz. Dessen etwas unregelmäßiger Kreis wurde nur an zwei Stellen *gestört.* Abweisend schroff stand die Kapelle St. Georg über dem Platz, so als wolle sie all das sonst hier herrschende Treiben auf dessen christliches Verhalten hin überwachen. Sein Pendant auf der anderen Seite, die kleine Walpurgis-Kapelle, fiel nur deswegen auf, weil auch sie das Rund tangierte. Mitten in dem sonst durchgehend gepflasterten Platz stand eine hohe aber schüttere Eiche, deren äußere Äste mit Pfosten gestützt werden mussten. Amala wusste um die Besonderheit dieser Stelle. Unter diesem Baum rasteten einst König Indulf, der Gründer Thules und seine Gefährten. Sie wollten von der Willkommensbucht aus, wie Indulfsvik damals hieß, das neu entdeckte Land erkunden. Alles Land, das sie bis dahin mühsam durchdrungen hatten, war dicht bewaldet, und hier stießen sie auf eine Lichtung, die nur einen einzigen Baum duldete. In diesen hängte der König Schild und Schwert und legte sich mit seinen Gefährten zum Schlaf darunter, erschöpft vom Kampf mit der Unbill der Natur. Damals erschien ihm im Traum sein Cousin und Vorvorgänger auf dem Thron der Goten, König Totila. Der Heldenkönig riet ihm, an dieser Stelle eine Stadt zu gründen, was König Indulf dann bei seiner Rückkehr von der Expedition ins Innere Thules auch sofort veranlasste. Aus diesem Grund war diese tausendjährige Eiche das Symbol dieser Stadt. Unter ihr entsprang eine Quelle, diese wurde eingefasst und zum Standort ihrer Heldenkönige erkoren. In Erz gegossen standen sie nun im Halbkreis um das Quellbecken. Der Zaun um diese Stätte, erklärte Alarich seinen Gästen, umschließe einen Sperrbezirk, den selbst sie als ungestüme Kinder respektiert hätten. Dessen Pflege dürfe nur mit langen Geräten von außen vorgenommen werden. Nur die Könige, in deren Adern das Blut des Reichsgründers fließe, dürfen diesen Ort betreten. „Letztmals, Friedrich, mein König, hat Euer Ahn König Friedrich I. dort auf seiner ersten Reise in die Heilige Stadt innegehalten, und seitdem nie wieder ein Herrscher."

Wie dies Amalas Gemahl verlockte, ihn der ja symbolische Handlung ganz bewusst vornahm, darum wissend, was sein Volk beeindruckte. Alle stiegen nun von ihren Pferden. Ihr Gemahl half Königin Amala vom Pferd und flüsterte ihr sie wieder einmal foppen wollend zu: „Amalacara, Ihr beiden werdet ja ganz nett schwer!" „Du frecher Kerl, Du", raunte ihm seine Frau zu, um dann zu verstummen, denn es galt der Öffentlichkeit zu dienen. Die ein besonderes Ereignis erwartenden Menschen, drängten nun hinein in den Platz, jeder wollte Zeuge sein von dem, was nun geschah. Des Königs Gefolge hielt vor dem eisernen Zaun, der König öffnete selbst die niedere Türe, die vor Rost ächzend aufging. Kümmerliches Gras wuchs dort unter dem Baum, wo sich einst sein ferner Ahn, und zuletzt sein Urgroßvater, niedergelassen hatten. König Friedrich ließ sich eine Decke reichen, breitete sie unter der Eiche aus und blieb dann darauf langgestreckt liegen. Nach einer Weile erhob er sich, nahm seinen Sachs mitsamt dem golden plattierten Gürtel ab und warf beides hoch hinauf in den Baum, wo sie an einem Aststummel hängen blieben. Damit hatte sich der große König der Thulaner auf seine Weise hier verewigt, blinkendes Gold würde nun an ihn erinnern. Danach schritt er zur Quelle aus der seine Ahnen getrunken hatten und ließ sich von Ibrahim seinen goldenen Becher zuwerfen. Er tauchte den Becher in den Quell und leerte ihn bis zur Neige, um ihn dann erneut zu füllen. Mit dem Becher ging er zu seiner Gemahlin: „Trinke, meine Amalacara, damit auch Du und der in Dir wachsende Friedrich des heiligen Wassers Segen teilhaftig werde." Friedrich hatte es zwar leise gesagt, doch Alarich, der die Szene gebannt verfolgte, hatte die Worte mitbekommen. Das Wasser schmeckte etwas säuerlich, aber frisch und angenehm. Amala rührte diese liebevolle Geste so, dass sie mit den Tränen kämpfen musste, sie, die erste Frau, die je von diesem Quell trinken durfte.

Noch einmal zog es den König zur Quelle und holte jetzt auch noch für Alarich das Wasser. Dabei sagte er so laut, dass es auf dem ganzen Platz zu hören war: „Trinke vom Heiligen Quell, Herzog Alarich, erhalte so für Dich und die Deinen den Segen Gottes und den der Könige, die hieraus getrunken hatten!“ Längst war eine andachtsvolle Stille eingekehrt, die Totilaberger hatten etwas erlebt, was sie zu Recht als den Segen ihres Königs bewerten durften. Alarich, ohnehin etwas abergläubisch, war ganz ergriffen. Mit großen Augen schaute er seinen König an, fassungslos ob dessen, was soeben geschehen war. Dies war einer der Momente, in denen die Anwesenden das Sakrale des Thulanischen Königtums unmittelbar erlebten. Danach gab es keinen Jubel, lediglich leises Raunen und einem Gebet ähnliches Mitfühlen. Selbst die vier Heldenkönige, die den Heiligen Quell hüteten, schienen ihre erzenen Häupter zu neigen und an der Handlung ihres Nachfolgers im Amte Anteil zu nehmen. Theoderich der Große stand in ihrer Mitte, rechts neben ihm Totila und dann Indulf. Links flankierte ihn König Teja, neben dem ein Platz frei blieb. Amala schoss durch den Kopf: Würde hier einmal das Standbild ihres Gemahls postiert werden, er, der Einiger des Reiches?

Alarich wendete sich an seine Cousine: „Amala, ich habe Deinen Gedanken erahnen können, denn ich hegte ihn auch. Ich werde es bald veranlassen, aber Friedrich darf davon nichts ahnen, ihm würde es missfallen“. Dem Ablauf vorauseilend ist zu sagen: Ein Jahr darauf hatten die Totilaberger ein erzenes Abbild ihres Magiers, und der König hatte es geschehen lassen. So standen danach fünf Heldenkönige einträchtig mitten im Platze und schützten Quell und Stadt. Die Totilaberger griffen über den Zaun, konnten so jederzeit ihren verehrten König Friedrich berühren, der sie gesegnet hatte und von dem sie so viel erwarteten. Doch wieder zurück zum Geschehen.

Alarich hielt unter dem Eindruck des Erlebten noch immer den goldenen Becher in der Hand und wollte ihn dem König zurückgeben. Doch der wehrte ihm und sagte zu dem Schwager seiner Schwester: „Lieber Alarich, behalte den Becher, nimm ihn als Dank für Deine Freundschaft und Treue, bewahre ihn als Erinnerung an diesen Besuch!“ Alarich musste nun tatsächlich mit seiner Fassung kämpfen, er, der verwegene Reiterfürst, vermochte seine Rührung nicht zu verbergen. Durch solche Gesten belohnte Friedrich seine Getreuen und stützte deren Autorität vor ihren eigenen Gefolgsleuten.

Der große Zug zwängte sich anschließend durch eine schmale Gasse an der Walpurgiskapelle vorbei. Da auch hier viele Menschen den Weg einengten konnten die Herrschaften nur zu zweit nebeneinander reiten. Alarich fand, dass der König alleine voraus reiten solle, um so von allen uneingeschränkt gesehen zu werden. Seine Totilaberger wollten sich doch im Glanze ihres Königtums sonnen, ihn von Nahem erleben dürfen und nicht nur von ihm reden müssen. „Majestät, bitte tut ihnen den Gefallen!“ Und er tat es auch und gab so seiner Frau die seltene Gelegenheit, ihn auch einmal vor sich reiten zu sehen. Selbst aus dieser Perspektive war es ein beeindruckender Anblick. Der weite blaugoldene Seidenmantel mit dem darauf gestickten gekrönten Goldenen Löwen, verwandelte Friedrich in die Inkarnation von Thule, und so sah es nicht nur seine Frau. Ihr selbst gab Herzog Alarich das Ehrengeleit. Es war nur noch ein kurzes Wegstück, dann ritten sie in den ersten Burghof hinein. Umwallt von einem Meer aus Fahnen erwarteten ihn hier die Bediensteten des Herzoghofes, die Ehefrauen und das Gefolge der Herren, die ihrem König entgegen geritten waren. Mitten unter ihnen, allerdings durch den Respektsabstand getrennt, standen die beiden Herzoginnen Angelika und ihre Schwiegermutter Amala, der Königin Tante. Ihnen zur Seite standen Alarichs schöne Schwestern Amala und Agnes und die zwei kleinen Kinder des Herzogpaares. Theodemir der Ausreißer saß zum Erstaunen aller stolz und freudestrahlend vor dem König auf dem Staatsross Pegasus. Die Aufmerksamkeit aller und der Neid seiner Schwestern waren ihm dabei gewiss.

König Friedrich reichte Alarich seinen Sohn hinüber und stieg mit Hilfe seines Knappen Manfred ab. Bei der Königin durfte er es nicht, das sah der Herrscher als seine Aufgabe an, was seine Frau erfreute und ihr jetzt die Gelegenheit gab, ihn auf die Stirn zu küssen und zuzuflüstern, sie liebe ihn. Ungeniert gab er den Kuss zurück, eingerahmt von ihr und Alarich, ging es zu den Wartenden hin. Plötzlich störte etwas Unerwartetes dieses erhabene Bild und löste Raunen aus. Der kleine Theodemir an der Hand seines Vaters griff nun auch nach der des Königs, die dieser ihm wohlwollend lächelnd überließ, sich sogar kurz zu dem Jungen hinabbeugte. In Amalas Phantasie sah sie in ihm den kleinen Friedrich, an des Königlichen Vaters Hand.

Friedrich wie Amala nahm seine Nenntante Herzogin Amala herzlich in die Arme. Die darob erfreute Herzogin Angelika erfuhr die gleiche Ehrung durch das Königspaar. Förmlicher, aber dennoch nicht gezwungen verlief die Begrüßung der anderen Damen. Friedrich hinderte es nicht, herzlich zu sein und für viele ein gutes Wort zu finden. Wie mit Alarich ging er mit dessen Mutter familiär um, sie war ihm ja von Kind an vertraut und zugetan. Herzogin Angelika und Amalas Cousinen löste er durch seine lockere Art die Befangenheit. Wie sie ihn anschwärmten, die beiden sechzehn und fünfzehn Jahre alten Schönen, fast dazu angetan, die Königin eifersüchtig zu machen. Bei Alarichs kleinen Töchtern hatte der Oheim König ohnehin längst die Könige und Prinzen der Märchen verdrängt. Erst nach dieser Begrüßung vermochte sich Amala ein Bild von dieser eher einem Schloss gleichenden Burg machen. Mit zwölf Jahren war sie das letzte Mal hier gewesen und hatte alles so weitläufig und schön gefunden. Diese Erinnerung bestätigte sich beim Gang in die weiteren Höfe. Der schönste Brunnen schmückte den inneren Hof, dessen Pallas und Gästehaus aus rötlichem Granit erbaut waren. Viel überlagerten üppig blühende Rosen, sie harmonierten gut mit dem kräftigen Rosa der Thuleblume. Vom schönen Pflaster bekamen die Gäste nur Ausschnitte zu sehen, die reich gedeckten Tafeln des Herzoghofs verhinderten es. Daraus war abzulesen, wie wichtig die Herzogsfamilie diesen hohen Besuch nahm, den ersten den Amala als Königin unternahm. Von ihren großen Zimmern aus genossen sie einen weiten Blick über Stadt und See. Das im See liegende, mit Baugerüsten umstellte Schloss Theodemirstein, stand vor der Vollendung. Herzog Alarich hatte das von seinem Vater begonnene Bauwerk fortgesetzt. Er bedauerte dessen Bauzustand und sagte, dass bei einem späteren Termin dort die Bleibe des Königspaares gewesen wäre. Friedrich entgegnete ihm, die Insel würde ja nicht davonschwimmen. Laut Amala konnten diese Gefilde mit Amelungia mithalten, was ihr Mann bestätigte. Sie richteten sich wie immer nur in einem Schlafzimmer ein.

Das Fest zu Ehren des Königspaares ging über Mitternacht hinaus. Der König trank drei Glas Totilaberger, daraus ließ sich ableiten wie gut ihm die Geselligkeit zugesagt hatte. Am nächsten Morgen wurden sie durch die vom Seespiegel noch verstärkte Helligkeit geweckt, die Sonne stand schon einige Zeit am Himmel. Am Frühmahl nahm dieses Mal nur die Herzogliche Familie teil. Friedrich wurde von den Herren in Beschlag genommen, die Brüder Alarich, Athaulf, Rekkared und ihr Cousin Giselbrecht freuten sich auf das Gespräch mit ihrem König. Auch der kleine Theo setzte sich still neben seinen Oheim König. Amala widmete sich den Damen, ihre Cousinen fühlten sich jedoch hin- und hergerissen, wie stets hatte es ihnen der Königliche Bruder ihrer Schwägerin Adelheid angetan. Die Männer ritten danach hoch zum Gestüt, um die Herzoglichen Pferd zu begutachten. Theo „musste“ dabei sein, konnte so vor dem Oheim auf dem Wunderpferd Pegasus sitzen. Seine Mutter wollte es ihm wehren, fand aber bei ihrem Mann keine Unterstützung. Der kleine Racker hatte seine Eltern im Griff, seinen kindlichen Charme und Durchsetzungsvermögen fand die Königin faszinierend. Ob sich ihr eigener Sohn auch so keck und unwiderstehlich verhalten würde? Hatte ihn dann ihr Mann so gut im Griff wie den kleinen Theo, der alles tat, um ja dem Oheim zu gefallen? Ach, wäre er doch schon da, der kleine Friedrich, dabei war Amala erst am Anfang ihrer Schwangerschaft.

„Tante Amala, ist es schön die Königin zu sein?“ Mit dieser Frage riss die achtjährige Barbara ihre Tante aus ihren Gedanken. Bevor die darauf antworten konnte, übernahm ihre junge Cousine Agnes. „Das ist doch sonnenklar Bärbel, unser König ist doch ein so kluger und so schöner Mann…“, „und so majestätisch“ ergänzte ihre ein Jahr ältere Schwester Amala. Dabei verdrehten die beiden schönen Mädchen ihre Augen so, dass die Königin hell auflachen musste. Sie entgegnete: „Ich sehe Friedrich ja auch so. Ich bin die Königin geworden, aber zuerst dank ihm zu seiner glücklichen Frau.“ „Des wunderbarsten Mannes, den ich kenne“, schaltete sich ihre Tante ein. Lachend entgegnete Amala: „Tantchen, Du wiederholst Dich, das hast Du schon in Ermanaricia gesagt.“ „Na und, Goldköpfchen, hat sich daran was geändert, ist er es denn nicht?“ „Doch Tante, er ist unvergleichlich, wahrlich ein Mann zum Anlehnen!“ „Dann habe ich also recht, Amala meine glückliche Nichte! Friedrich war ein außergewöhnlich kluges Kind, zudem noch umwerfend fröhlich. Früh war zu erkennen, dass aus ihm etwas Besonderes werden würde. Wie war ich froh, dass Toti in seiner Nähe sein durfte, zuerst als Page König Manfreds und dann als Knappe Prinz Konrads. Von Anfang an gingen die beiden Jungen wie gute Brüder miteinander um. Sie weilten gemeinsam immer mal wieder bei uns, für mich, die Mutter, natürlich viel zu selten. Aber ich sah ja ein, die Beiden mussten eine harte Ausbildung durchlaufen, die Toti gewaltig schlauchte. Dabei hatte Friedrich ja noch einiges mehr zu lernen, besser ausgedrückt, er hat geradezu besessen gelernt. Mit der gleichen Besessenheit hat er mit den Waffen geübt. Mein so waffenerprobter Gemahl hatte ihn später ungesehen in einem wilden Übungskampf gegen drei starke Gegner erlebt. Diese waren gegen die Vehemenz, Schnelligkeit und Geschicklichkeit des jungen Königs chancenlos, so gut sie sich auch wehrten. Mein Mann war dem Kampf des damals Vierzehnjährigen fassungslos gefolgt. „Selbst ich hätte gegen diesen gewaltigen Kämpfer keine Chance gehabt. In ganz Thule wird sich keiner finden, der gegen ihn im Kampf Mann gegen Mann bestehen kann. Was für ein Herrscher wird aus Friedrich werden, einerseits so klug und wissend und andererseits im Kampf so unbezwingbar? Was hat Gott mit uns vor, dass er solch einen Titanen in Thule heranwachsen lässt?“ Leider hat mein Mann die Antwort nicht mehr erlebt, der Tod raffte hat ihn zuvor hinweg. Wir wissen es nun, mit ihm wurde uns der verheißene große König geschenkt.“

Danach zogen sich die Tante und Amala in deren Gemächer zurück, um der schwangeren Herzogin Gelegenheit zu verschaffen, sich hinzulegen. Nun erfuhr die Herzogin, dass auch ihre Nichte guter Hoffnung war und freute sich riesig darüber. Danach stellte sie ihrem Patenkind jene Frage, die sie zuvor in der größeren Runde bewusst zurückgehalten hatte. „Meine liebe Nichte, wirst Du denn nicht erdrückt von diesem Giganten, der, so die Auguren recht behalten, Wiedergeburt des genialen Kaisers Friedrich II.?“ „Ach Tantchen, diese Frage habe ich oft gehört und vor meiner Heirat vielfach in mir gewälzt. Dadurch wurde ich immer wieder verunsichert, war hin- und hergerissen zwischen den Zweifeln des Kopfes und der Sehnsucht meines Herzens. Aus dummer

Ablehnung des Königs, den ich zuvor nur durch die verzerrten Augen anderer sehen wollte, bin ich ihm gegenüber voller Vorurteile gewesen. Doch als ich ihn dann direkt erlebte, erlag ich zunehmend seiner Faszination als Mann und als Herrscher. Je mehr die Wirklichkeit das Truggebilde meiner Vorurteile verdrängte, desto größer wurde mein Staunen, das aber auch Angst bei mir auslöste. Die Frau an seiner Seite zu werden, das empfand ich immer mehr als Hybris. Trotzdem hat mein Herz gebrannt vor Liebe und ich habe mich nach ihm verzehrt. Dessen ungeachtet hatte ich mich meinem Verstand folgend, zum Verzicht durchgerungen, Friedrich einen Brief geschrieben und ihm darin mit blutendem Herzen entsagt." „Und, wie hat Friedrich darauf reagiert?" „Er hat nur das herausgelesen, was er dem Brief entnehmen wollte. Fried hat sich über meine Bedenken und Zweifel hinweggesetzt, zu meinem Glück. Und dieses Glück ist für mich der Himmel auf Erden. Friedrich ist so wenig erdrückend, lässt mir Luft zum Atmen und alle Freiheit, die ich will. Aber daran liegt mir wenig, ich will nur ihn und seine Nähe. Ich will ihn lieben, will mit ihm sprechen, ja auch albern; Du staunst, das kann er auch. Wenn wir beide allein sind, ist er nicht der König, nur der liebende Gemahl, der mich auf Händen trägt. Fried kämpft darum, dass wir viel ungestörte Zeit füreinander haben. Manchmal wähne ich mich immer noch in einem wunderschönen Traum gefangen, doch dann hält er mich in seinen Armen und alles ist wahr."

Ihre Tante konnte es nicht zu fassen. Was sie hier so erstaunt wie erfreut vernommen hatte, änderte auch ihr eigenes Bild des Königs. „Sie nennen ihn den Magier, und wir wissen nun, er ist jener große König, der uns so lange schon verheißene Titan. Es fällt selbst mir immer schwerer, ihn sich auch als Menschen vorzustellen und nicht nur als die erhabene Majestät. Und Du, meine Königliche Nichte, hast selbst den letzten Beweis für die Richtigkeit der uralten Weissagung geliefert. Du bist der Engel an seiner Seite. So nennt Dich das Volk, dessen Herzen Du im Nu gewonnen hast, und auch wir, der Adel von Thule. Wir konnten uns den Worten unseres Primas Prinz Konrad sofort anschließen. Diesen Ehrennamen hast Du Dir nicht wegen Deines Aussehens, und nicht aufgrund der Worte des Prinzen bei Deiner Trauung erworben. Es ist etwas Anderes und viel Gewichtigeres. Du hast uns den König erhalten, ihn den Fängen des Todes entrissen, ihm seine gewinnende Art und seine Menschlichkeit zurückgebracht. Liebe Amala, selten hat eine Königin einen Beinamen bekommen, und wenn, dann nicht so früh. Zumeist erhielten sie einen abwertenden, wie die Stolze oder die Hartherzige. Ich freue mich ja so mit Dir, denn Du warst mir stets so nahe wie ein eigenes Kind."

Ihr Gespräch wurde unterbrochen, die vierjährige Angelika wollte unbedingt zu ihrer Großmutter, um etwas zu klären. „Nonna, warum darf Theo auf dem schönen weißen Pferd mit Oheim König reiten und ich nicht?" Was würde die

Großmutter entgegnen? „Angi, Du weißt doch, der Theo will einmal, so wie Papa, der Herzog werden. Da muss er schon jetzt üben und das lernt er am Besten von unserem König. Vielleicht lässt Dich Tante Amala auf ihrem weißen Pferd reiten, das hat sogar ein schwarzes Herz auf der Stirn." Die Kleine schaute die Königin an, schien angestrengt nachzudenken und fand dann den Vorschlag ihrer Großmutter bedenkenswert. Mit unwiderstehlich bittenden Blick fragte sie: „Tante Amala, darf ich mit Dir auf Deinem Pferd reiten?" Kurz darauf ritten die Frauen den Männern entgegen, die gerade den verschlungenen Weg zum Bergtor herab kamen. Die Königin, vor sich die beglückte kleine Angelika, wurde begleitet von ihren Cousinen und den beiden größeren Töchtern des Herzogs auf ihren kleinen Bergpferdchen. So war der Kinderfrieden wieder hergestellt, obwohl der kecke Theo seinen Schwestern deutlich klar machte, dass Pegasus der König der Pferde sei. Das habe Oheim König gesagt, und der wisse alles, das würde doch auch Papa sagen!" Damit war alles klar, Theo hatte sich auf die höchste Autorität bezogen und war so eindeutig im Vorteil.

Ein unerwarteter Empfang

Das Königspaar, Herzog Alarich und seine Mutter Amala, ließen sich mit dem herzoglichen Schiff auf den Balthasee hinausrudern. König Friedrich wollte auf der Klosterinsel St. Paul jenen Maler aufsuchen, der einst seine Eltern mit ihren Kindern Friedrich und Adelheid gemalt hatte. Der König hatte herausgefunden, dass der Maler Theodosius als Mönch auf dieser Insel lebte. Dieses Kloster schirmte sich ab, gestattete keinem Boot das Anlegen, Besucher waren nicht willkommen. Entsprechend gestaltete sich der „Empfang“ durch den Abt. Der schwarzbärtige Geistliche mit dem stechenden Blick wagte es den Herzog abzuweisen, der als Einziger keine Pelerine trug. „Hochedler Herzog, wir wollen hier auf dieser Insel in völliger Abgeschiedenheit und Stille Gott dienen und mit der Außenwelt nichts zu tun haben. Ich muss Euch daher auch im Namen meiner Brüder ersuchen, dies zu respektieren. So leid es mir tut, den Herrn von Indulfia abweisen zu müssen, aber Gott will es so. Noch dazu sehe ich zwei Frauen in Eurem Gefolge, diese dürfen auf keinen Fall unseren geheiligten Boden entweihen. Ich ersuche Euch, in meiner Eigenschaft als Abt und Herr dieser Insel, wieder Euer Schiff zu besteigen und unseren geheiligten Frieden nicht länger zu stören!“

Friedrich, der sich durch die Kapuze seiner Pelerine unkenntlich gemacht hatte, hielt jetzt nichts mehr im Schiff. Mit einem gewaltigen Satz sprang er an Land und seine Leibwächter folgten ihm. Herzogin Amala sagte entsetzt: „Mein Gott, was ist unser König wütend, er hat das Teja-Antlitz aufgesetzt.“ Und wie recht sie hatte, denn Friedrich packte den Abt an seiner Soutane und schüttelte ihn. „Deo lo vult; damit habt ihr religiösen Fanatiker Zehntausende in den Tod geschickt, und sie menschenverachtend zu den mörderischen Kreuzzügen getrieben. Tausende von Euresgleichen schritten über Berge von Toten, immer das Kreuz in der Faust. Sie vernichteten den Frieden von Tausenden und zerstörten überlegene Kulturen, schlachteten Menschen dahin, die an denselben Gott glauben, ihn aber anders nennen. Ihr fordert scheinheilig Euren Frieden vom Herzog von Indulfia. Hier ist etwas faul, es stinkt bis zum Himmel. Vermutlich lag hier das Versteck der Königsmörder. Hier herrscht weder Gott noch waltet Frieden, hier scheint das Reich der Intoleranz und des Satans zu sein!“ Friedrich war immer lauter geworden, was viele Mönche eilig zur Anlegestelle trieb, etliche von ihnen hielten Waffen in der Hand. Sie bewerteten die Fremden als Eindringlinge, die es zu vertreiben galt. Der Abt schrie ihnen zu: „Tötet den Frevler, tötet dieses Geschöpf des Teufels!“ Sie wollten sich auf den üblen Fremden stürzen, doch der hatte sein Schwert gezogen, bereit es seine tödliche Bahn ziehen zu lassen. Friedrich war außer sich vor Zorn und hatte sich in den wilden Helden Teja verwandelt. Es hätte ein Blutbad gegeben, denn wie die Leibwächter zog auch Alarich das Schwert, um seinem König beizustehen. Selbst die Ruderknechte sprangen an Land und zückten ihre Waffen. Die

Mönche waren chancenlos, ratlos und entsetzt. Des Königs Pelerine war aufgegangen und ließ seine Königstunika sichtbar werden. „Der König, er selbst ist es, Gott steh uns bei, nun sind wir verloren!“ Dies rief einer der Mönche voller Entsetzen aus.

Amala, die dem sich anbahnenden Geschehen entsetzt gefolgt war, griff ein, nur sie konnte jetzt noch Schlimmes verhindern, sie spürte, dass der zürnende Herrscher ein Exempel bitterster Art statuieren wollte. Sie eilte zu ihrem Gemahl, fasste ihn am Arm: „Mein Geliebter, halt bitte ein, mir zu liebe.“ Der Zorn wich aus seinen Zügen, er wurde wieder der beherrschte König und hieß den rächenden Teja zurückzugehen in sein ewiges Reich. Die Männer, die sich um ihren Herrn geschart hatten, steckten ihre Schwerter ein, was auch der König tat. „Danke, Du rettender Engel, ich wollte Unrecht mit noch schlimmerem Unrecht sühnen, und hätte dadurch viele Getreue und nicht zuletzt die Kirche selbst vor den Kopf gestoßen.“ Auf sein Geheiß hin ergriffen seine beiden Leibwächter den Abt und fesselten ihn. Dann schritt der Herrscher geradewegs auf die Mönche zu, befahl ihnen die Waffen niederzulegen, was diese eiligst befolgten. Angstvoll starrten sie auf diesen königlichen Racheengel.

„Ihr ungehorsamen und anmaßenden Mönche: Der Herr dieser Insel bin ich, der König von Thule. Dies ist ein Reichskloster, das unter dem Schutz der Krone steht. Euer geistliches Oberhaupt ist mein Oheim Prinz Konrad, aber Euer weltlicher Herr bin ich. In Indulfia vertritt mich Herzog Alarich, dem der Zutritt nicht verwehrt werden darf. Dies ist der Frevel, nicht unser Besuch hier. Außerdem kann weder der Königin noch der Herzogin der Zutritt verweigert werden, das ist festgeschriebenes Recht in jedem Kloster Thules. Dieses Recht werden wir wahrnehmen, und wenn es sein muss mit Gewalt! Habt Ihr ungetreuen Geistlichen mich nun verstanden?!“ Scharf war des Herrschers Sprache, kalt jedoch beherrscht und wohl kalkuliert.

„Wer führt uns zum Maler Theodosius?“ Er erhielt keine Antwort, der König stieß auf eine Mauer des Schweigens. „Nun, dann werden wir ihn eben ohne Euch finden.“ Jetzt ergriff der Prior das Wort: „König von Thule, über Euch steht Gott, dessen Diener wir sind. Niemand wird Euch führen und keiner von uns Gottesknechten wird sich Eurem Diktat fügen. Den Maler Theodosius gibt es hier nicht, daher entbehrt Euer Besuch jeder Grundlage. Wir Mönche haben dieses Kloster und diese Insel in vielen Generationen harter Arbeit aufgebaut und eine Oase der Ruhe und Gottesfurcht geschaffen. Und Ihr brecht nun herein wie der Wolf in eine Schafherde, ward sogar bereit uns mit Eurem Schwert zu morden. Ich sah es Euch an, Euch lechzte nach Blut, Ihr wolltet Unschuldige erschlagen!“ Der König sah dem Prior an, dass er log und fuhr ihn mit kalter Stimme an: „Seid Ihr nun fertig oder wollt Ihr weiter das große Wort führen und

Euch hinter falschem Gottesverständnis verbergen? Wollt Ihr Euch um Kopf und Kragen bringen? Ihr habt nichts begriffen. Ihr gebt vor das Wort Gottes zu verkünden, doch was Ihr von Euch gebt, ist schlicht unverschämt und anmaßend." Sich an die Knechte wendend befahl er: „Sperrt die Mönche in einen Raum, ich traue ihnen nicht. Und lasst keinen entkommen. Achtet auf jene, die sich noch irgendwo versteckt halten und sich vielleicht hinterrücks anschleichen wollen."

Die Königin und ihre Tante blieben in der Obhut der Ruderknechte zurück, während König, Herzog und zwei Leibwächter ins Kloster eindrangen. Bange Minuten vergingen bis die vier Männer wieder zurückkamen. Sie hatten nichts gefunden, aber Friedrich sagte zu Amala, ihn habe sein Instinkt selten im Stich gelassen, hier stimme so einiges nicht. Er ließ sich einen der Mönche herbringen, einen von der ängstlichen Sorte. „Mönchlein, Ihr habt die Wahl. Entweder Ihr führt uns zu Theodosius oder Ihr dürft Eure Schwimmkünste vorführen!" Als der vor Angst zitternde Mönch dennoch zögerte, setzte der König nach: „Für einen Märtyrer seid Ihr zwar noch jung, aber wenn Ihr unbedingt einer werden wollt, dann schweigt weiter." Drohend war des Königs Miene und eisig seine Stimme. Das Mönchlein hielt dem Druck nicht stand, er nahm des Königs Drohung für bare Münze und erklärte sich stotternd bereit. „Gibt es außer den Eingesperrten noch weitere Mitbrüder? Sprecht Mönch!" „Ja, Hohe Majestät, wir sind noch einige mehr." „Wo sind diese?" „Dort, wo auch Theodosius zu finden ist."

Die beiden Frauen schlossen sich Mann und Sohn an, alle folgten dem von Angst gepeinigten Mönch. Es ging am Kloster vorbei, ein schmaler Pfad führte durch Wald und endete an einem großen Schuppen. Ein Mönch stand davor, als er die Fremden sah wollte er fliehen, doch einer der beiden Leibwächter fing ihn ein. Er brachte auch den Schlüssel, den der Fliehende wegwerfen wollte. Der Mönch blutete, der Leibwächter hatte ihn seine Erbitterung spüren lassen. Gemeinsam mit seinem Kollegen band er ihm die Hände und befestigte ihn an einen aus der Mauer ragenden Ring. Die beiden Damen schwiegen, obwohl sie das Vorgehen als zu hart empfanden. Aber sie kannten ja ihre Männer, allen voran den König selbst. Witterten sie Unrecht, verwandelten sie sich in unerbittliche Recken. Was würden sie hinter der Türe vorfinden, die der Herzog aufschloss? Die Königin fühlte sich nun wie einst als kleine Amala, wenn sie mit den Kindern der Rosenburg ein Abenteuer zu bestehen hatte. Doch dieses Mal war nicht Gerobrandt, des Vogtes Ältester, der Anführer, sondern König Friedrich, der große Held seines Volkes.

Im Inneren waren etwa zwölf Mönche mit handwerklicher Arbeit beschäftigt. Sie wirkten verschüchtert und betrachteten ängstlich die plötzlich auftauchenden

Fremden, deren Anführer sie ansprach. „Warum seid Ihr hier eingesperrt, Ihr Mönche?" Ein gebeugter, sehr alter Mönch antwortete ihm: „Fremder Herr, weil wir uns gegen die Vorschriften des Abtes auflehnten und nicht auf seiner Seite stehen. Doch wer seid Ihr?" Auf Friedrichs Zeichen hin öffneten sie ihre Pelerinen, lösten damit ungläubiges Staunen aus. Aus dem Hintergrund ertönte der Aufschrei eines alten Mönches: „König Manfred und Königin Agnes!" Er löste sich aus der Gruppe und sank vor dem König auf die Knie. „Nein, die sind gemordet worden, Ihr könnt nur unser großer König Friedrich sein, den ich einst als Zehnjährigen gemalt habe. Hohe Majestät, Ihr trefft mich unter elenden und unwürdigen Umständen an, verzeiht unseren schäbigen Zustand." Diesen Augenblick wollte der Mönch, der sie herführte, zur Flucht nützen, aber er hatte nicht mit Alarich gerechnet. Wenig zimperlich ergriff ihn der Herzog, ließ ihn durch die Leibwächter fesseln und sie fanden auch für ihn einen Ring. Friedrichs zustimmendes, grimmiges Lächeln gefiel seiner Frau nicht. Der König beruhigte den einstigen Maler: „Theodosius, für diese Umstände scheint Ihr nichts zu können, dafür müsst Ihr Euch nicht entschuldigen. Ich freue mich, dass ich Euch, trotz des Verleugnens des Priors gefunden habe." „Hohe Majestät, der ist der Schlimmste von allen, er hat offen gegen Euch gehetzt und nahm vor kurzem sogar zwei Mönche auf, die von uns verdächtigt werden, etwas mit den Giftmorden am Königshof zu tun zu haben. Unser Bruder Johannes hatte deren Gespräch mit dem Prior zufällig gehört und sich im Kapitel vehement gegen deren Aufnahme verwahrt. Dafür muss er nun hier harte Arbeit verrichten. Auch ich habe gegen die Abschaffung der Laienbrüder protestiert, seitdem muss ich als alter Mann schwere körperliche Arbeit leisten. Das Malen hat mir der Abt schon vor längerem untersagt, es sei Gott nicht gefällig. Dieser Heuchler und Frömmler will meine Bilder verkaufen lassen und hofft für sie viel Geld zu erlösen." „Wofür braucht er dieses Geld, ein Reichskloster kann fehlende Mittel bei der Krone beantragen?" Ein anderer Mönch meldete sich zu Wort: „Majestät, früher ging alles nebenbei Erwirtschaftete an Erzbischof Berengar und danach an Probst Gebhard in Theodericia!" „Woher wisst Ihr das, Bruder?" „Ich war früher mit der Verwaltung betraut und wollte die Mittel so wie es vorgeschrieben ist, nur für das Kloster verwendet wissen. Des Abtes Antwort lautete: Wir sammeln hier für einen wichtigen Auftrag Gottes! Was das für ein Auftrag war, erlauschte ich zufällig, als sich Abt und Prior offen über Königsmord und Anwerben von Aufständischen unterhielten. Sie beklagten sich über die vielen noch fehlenden Mittel und die ablehnende Haltung ihrer Mitbrüder in anderen Klöstern." „Warum müsst Ihr hier diese körperliche Fron leisten, Bruder?" „Bernhard, Majestät, Ihr suchtet nach meinem Namen. Weil ich mich gegen den Verkauf von Kelchen und Reliquien stellte. Jeder, der hier sein muss, hat das Interesse des Klosters und unseren Gehorsam als Reichskloster Euch gegenüber zu wahren versucht. Dafür werden wir gehalten wie Sklaven, bekommen wenig zu

Essen und wenig Schlaf. Auch von den anderen Brüdern halten es nicht alle mit Abt und Prior, aber sie haben Angst. Sie kennen die harte Arbeit hier und wissen, dass vier unserer Brüder ihren Widerstand mit dem Tode bezahlt haben. Majestät, seid vorsichtig, im Bereich des Klosters lauern zum Königsmord gedungene Verbrecher!“ Wie der Blitz lag Friedrichs Schwert in seiner Hand und kitzelte den Hals des Gefesselten. „Wir haben doch alle gefasst, oder etwa nicht, Mönchlein!?“ Vor Angst schlotternd überschlug sich dessen Stimme und er stieß panisch hervor: „Nein, drei fehlen noch, sie haben sich im Bootshaus versteckt, können aber wegen Eurer Knechte nicht fliehen.“ Um die wollten sich König und Herzog aber erst später kümmern. An die anderen Elenden gerichtet, bat der König noch um Geduld, bis er sich bei Pater Theodosius kundig gemacht habe.

Der Maler betrachtete während des Intermezzos unentwegt Amala, diese schöne Frau, die er gerne malen würde. Der Mönch war um die Siebzig, trug einen weißen Bart, gütige braune Augen blickten unter buschigen Brauen hervor. Er war allenfalls mittelgroß, hatte eine zarte Gestalt und feine Hände, die die ungewohnte, schwere Arbeit gezeichnet hatten. So also sah er aus, dieser Künstler aus dessen Hand einige der schönsten Bilder in den königlichen Schlössern stammten. Amala wusste von Friedrich, dass er Grieche war und den Katholischen Glauben angenommen hatte. Während ihr Mann den Gefesselten unter Druck setzte, sprach die Königin den Maler an. „Pater Theodosius, ich stehe oft vor Euren wunderschönen Bildern, die auch meine Schwiegereltern zeigen.“ „Dann seid Ihr unsere Königin?“ Friedrich hatte es mitbekommen und stellte seine Begleitung den Brüdern vor. „Liebe Brüder, diese schöne Frau ist Amala, die Königin von Thule. Daneben seht Ihr ihre und meine Tante, die Herzogin gleichen Namens und Alarich, der Herzog von Indulfia, ihren Sohn und meinen guten Freund.“ Tief verbeugten sich die Mönche, erfreut und bewegt darüber, dass diese erlauchten Herrschaften ihre Befreier waren.

Danach gingen alle zusammen zum Kernbereich des Klosters zurück. Bruder Bernhard führte sie, und die beiden gebundenen Gefangenen trieb einer der Leibwächter vor sich her. Im Kloster wurden sie mit einem eigenartigen Kontrast konfrontiert. Die allgemeinen Räume, mit Ausnahme der Kirche, wirkten bescheiden, nicht jedoch die des Abtes. Die Wände waren mit kostbaren Stoffen verhängt, Skulpturen zierten die Räume, überall hingen Bilder, die fast alle aus der Hand von Theodosius stammte. In einem Nebenraum hing ein Bild neben dem anderen, die Arbeit eines ganzen Künstlerlebens zeigte sich hier. In einem hinteren Zimmer fanden sie noch viele Bilder, gestapelt fast bis zur Decke. Dieses beeindruckende Werk war versteckt vor den Augen der Welt und gehortet von einem Abt. Theodosius weinte als er seine Bilder wieder sehen durfte, sie waren jahrelang seinen Blicken entzogen worden und seit einem Jahr durfte er keine weiteren malen. Der König fasste ihn mitfühlend an den Schultern, sagte tröstlich: „Theodosius, nun ist alles gut. Ihr seid frei und könnt bald wieder Eurer hohen Kunst nachgehen und die Menschen mit Euren Werken erfreuen. Doch nun entschuldigt uns, wir müssen noch etwas erledigen.“ Der König schien dem Frieden noch nicht ganz zu trauen und ließ daher die beiden Damen in der Obhut seiner Leibwächter zurück. Er befahl den Abt zu holen und konfrontierte ihn mit dem, was er zuvor erfahren hatte. Als der Abt dies als Lügen einiger zu Recht bestrafter ungehorsamer Mönche bezeichnete, da wurde Friedrich wütend und laut. Als der Abt ihn nun als das Geschöpf des Teufels und als ungläubigen Arianer bezeichnete, da schrie ihn der König an und riss ihm das Kreuz von der Brust. Amala hatte den Schrei im Nebenraum mitbekommen und kam gerade noch zu rechten Zeit, denn ihr Mann hätte vielleicht den Abt auf der Stelle getötet. Der bekam es nun mit der Angst zu tun, denn er fürchtete um sein Leben. Nun gab er zu, dass die Brüder den König nicht belogen hatten. Damit gab sich der Herrscher nicht zufrieden, er setzte ihm das Schwert auf die Brust. „Wo sind jene verbrecherischen Mönche, die mich töten sollten und hier Unterschlupf gefunden haben?“ Der verängstigte Abt verriet nun auch den Ort an dem die Gesuchten zu finden waren, nämlich im Bootshaus.

So fanden Amala und die Befreiten Zeit sich einige Bilder genauer anzusehen. Hätte Amala allerdings geahnt, dass ihrem Mann Unheil drohte, nichts hätte sie hier gehalten. Friedrich und Alarich gingen zum Bootshaus, wähnend, einfaches Spiel mit den Verbrechern zu haben. Darin hatten sich die beiden sonst so vorsichtigen Recken geirrt. Einer der Gesuchten sprang vom Zwischendach herunter auf Alarich, den Friedrich gerade noch wegschubsen konnte. Diesen Moment der Ablenkung wollte ein zweiter Mörder nützen, um dem König einen Dolch in den Rücken zu stoßen. Doch der war wie verwandelt, und auf alles gefasst, so vermochte er dem Todesstoß auszuweichen. Er tötete den Angreifer mit bloßer Faust. Der dritte Verbrecher wollte sich nicht ergeben, hatte einen rostigen Speer ergriffen, um sich der Beiden zu erwehren. Der König griff sich den Dolch, warf ihn in die Schulter des Attentäters. Der schrie auf vor Schmerz und Entsetzen: „Er ist voller Gift, mein Gott, nun muss ich sterben.“ Danach wurde er ohnmächtig.

Von Alarich erfuhren die beiden Frauen, was sich zugetragen hatte. Friedrich wollte das ganze als Lappalie abtun und bemerkte beiläufig: „Die Mördermönche haben sich etwas gewehrt, wenn auch vergeblich.“ Alarich widersprach ihm: „Nein, mein König und Freund, ohne Euch wäre ich jetzt nicht mehr unter den Lebenden, durchbohrt von einem der Meuchelmörder. Diese Mönche und ausgebildeten Mörder hatten uns eine gefährliche Falle gestellt!“

Vor Gericht sollte sich später herausstellen, dass der Herzog damit richtig lag. Hier waren sie auf die letzten aus Berengars Mörderbande gestoßen, denen der Abt Zuflucht gewährt hatte. In ihrer aussichtslosen Lage wollten sie wenigstens die unverhoffte Chance zur Rache nützen. Sie konnten ohnehin nicht mehr entkommen und dem Galgen entgehen, aber den Triumph mit in den Tod nehmen, den verhassten König getötet zu haben. Mit dem überlebenden Mörder kamen Abt Viktor und Prior Innozenz vor Gericht, wie auch jene Mönche, die am Komplott beteiligt waren. Sie alle würden zum Tode verurteilt werden. Diejenigen Mönche, deren Schuld weniger schwer wog, wurden anderen Klöstern an der Küste oder auf den Inseln zugeteilt, um dort als Laienbrüder ein hartes Dasein zu fristen. Bruder Bernhard wurde von den verbleibenden Brüdern zum Abt gewählt und von Primas Prinz Konrad in seinem Amt bestätigt.

Das Gespräch fand in den Räumen des Abtes statt. Der Maler Theodosius war zuvor sichtlich aufgelebt, als er den beiden Damen seine Bilder zeigen und erklären durfte. Seine Augen leuchteten, seine Stimme gewann an Kraft, er wurde wieder zum Maler und war nicht länger Sklave des Abtes. „Meine Bilder kommen hier nicht zur Wirkung, sie hängen zu eng, sie bekommen zu viel direktes Licht und der unruhige Untergrund lenkt vom Betrachten ab. Weiße, kahle Wände, gedämpftes Licht und weite große Räume, so müsste es sein. Nun ja, Königliche Hoheit und hochedle Herzogin, auch alte Männer haben noch Träume!“ Amala schoss eine Gedanke durch den Kopf und sie entgegnete: „Pater Theodosius, ich habe da so eine Vorstellung, doch darüber möchte ich zuerst mit meinem Gemahl reden! Tante Amala, ich rechne mit dir, wenn ich Friedrich diese Idee darlege. Vielleicht denkt er ja etwas anders als ich. Und uns zusammen vermag er sicher noch viel weniger abschlagen.“ „Meine liebe Nichte, ich habe den Eindruck, als könne er dir ohnehin nichts verwehren, aber ich will dich gerne unterstützen. Ich ahne, was du vorhast und ich finde das eine gute Idee.“

Alarich ließ fast alle der Ruderknechte zur Bewachung der gefangenen Mönche zurück. Sie würden mit dem Kriegsboot abgeholt und die Mönche in der Feste Steilenfels eingekerkert werden. Mit im herzoglichen Boot saß nun Theodosius, der sich seiner Freiheit erfreute, und schon bald mit einer Kutsche von Totilaberg zu seiner neuen Wirkungsstätte reisen würde. Vom König erbat er sich eine Gunst, die der ihm gerne erfüllte. Theodosius wollte unbedingt dessen Gemahlin malen. Sie sei für ihn die schönste Frau auf Erden, was Friedrich und Alarich bekräftigten. Amala wurde verlegen als sie dieses Kompliment vernahm, aber es gefiel ihr auch. Alarich ließ trotz Gegenwinds die Segel aufziehen und das Boot kreuzen, dadurch verweilten sie länger als geplant auf dem See. Die Königin hatte sich nahe zu ihrem Mann gesetzt und genoss seine Nähe. Wie auch immer die Rede darauf kam, der Maler wurde gebeten, von seiner Zeit am Königshof zu erzählen. Er sprach über König Manfred, den er bewunderte und über Königin Agnes, die er verehrte. Wie von selbst kam er dann auf den kleinen König Friedrich, dem das Stillhalten so schwer gefallen war. Viele am Hofe habe er geneckt, auch ihn, und erzählte die Geschichte des vertauschten Ockers, worüber er ansteckend lachen konnte. Fast jeden Tag hätte es einen neuen Streich des mit überschüssiger Energie und blühender Phantasie begabten jungen Königs gegeben. Und alle in Küche, Werkstätten und Wachen hätten sich darüber amüsiert. Einige der Geschichten kannte Amala schon, aber der Maler konnte sie so blumig und mitreißend erzählen, dass sie dennoch lachen musste. Friedrich, der so manchen Streich wieder vergessen hatte, lachte selbst fast am meisten darüber. Diese lockere Stimmung ihres Mannes galt es zu nutzen, Amala brachte jetzt ihre Idee ein, die sie ihm ursprünglich nur unter vier Augen darlegen wollte.

Etwas gewunden argumentierend schlug sie ihrem Mann vor, alle Bilder des Theodosius von der Insel St. Paul nach Theodericia bringen zu lassen und dort in würdigen Räumen auszustellen. „Cara, Du hast doch schon eine Vorstellung, wo sie am Besten hinpassen würden, oder irre ich mich." Sie nickte und gab es zu. „Wir und Oheim Konrad waren doch zusammen im Bischofspalais und stießen dort auf viele ungenützte Räume. Der ganze Gebäudeflügel an der Gadesstrasse steht leer, das ist doch schade!" Friedrich lächelte, wiegte seinen Kopf und entgegnete: „Das ist eine gute Idee, die ich gerne mit dem Oheim besprechen werde. Das wäre Euch doch auch recht, Theodosius?" Der brachte erst einmal vor Freude kein Wort heraus, doch dann: „Und ob, Hohe Majestät, davon habe ich mein ganzes Leben lang geträumt!" Als ihm der König eröffnete, dass er künftig im Schloss Concordia wirken dürfe, war sein Glück vollkommen. In dieser neuen Akademie würden die Künste ihr Zuhause finden. Frei materieller Sorgen, in einem kreativen Umfeld, entstünde ein Ort der Begegnung mit Künstlern und Interessierten.

So fand der von seinem Abt so geschundene Maler doch noch sein irdisches Paradies. Doch damit nicht genug, im einstigen Bischofspalais des Berengar wurde eine Galerie eingerichtet, in der neben seinen Bildern auch die von anderen Künstlern eine gemäße Heimat fanden. Dort befanden sich auch Werke der Bildhauer, herausgehoben die des Architekten Osmin. Ein Bild wurde noch besonders herausgestellt, obwohl es doch nur eine Kopie von Theodosius Hand war, denn es handelte sich dabei um das Lieblingsbild der Königin. Amala hatte das Original unter den vom Abt konfiszierten Bildern entdeckt. Der Maler bat den Herrscher dieses Bild an sich zu nehmen, denn der Königin hätte es auf Anhieb besser gefallen als alle anderen. Das ließ sich der ihm dankende König nicht zweimal sagen, zumal es auch ihm gut gefiel.

Was war denn an diesem Bild so besonders? Es zeigte einige Jungen, die auf den Stangen der Koppel saßen und gebannt einem Schauspiel zusahen. Ein etwa Zehnjähriger balancierte freihändig auf einem ungesattelten Rappen. In seinem verschmitzten Gesicht zeigte sich auch Zufriedenheit über das gelungene Kunststück. Es war leicht zu erraten, wer da auf dem Lieblingspferd seines Vaters turnte. Friedrich war zwar schon ein König, aber eben auch noch ein kindlicher Lausbub und hatte des Vaters Pferd aus der großen Koppel entführt, um mit ihm etwas auszuprobieren. Theodosius erläuterte der Königin das Bild: „Königliche Hoheit, ich hatte große Schwierigkeiten König Friedrich so abzubilden, wie ich mir dies vorstellte. Es sollte ja ein König aufscheinen und nicht der stets zu Streichen aufgelegte Birichino (Lausbub)." So wurde Friedrich als kleiner Junge liebevoll von seinem königlichen Großvater benannt. Am Hof wurde er dann je nach Situation entweder Prinz Sonnenschein oder des Königs Birichino bezeichnet.) „Durch einen reinen Zufall konnte ich die Szene am Marstall beobachten, hatte etwas Holzkohle und ein einziges Blatt Papier dabei. Die in das Schauspiel vertieften Jungen nahmen mich nicht wahr. König Manfreds edler Hengst trabte von seinem kleinen Freund angefeuert schnell über die abgeteilte Koppel. Zum Glück saß des jungen Königs Gesichtsausdruck sofort, diese Mischung aus Konzentration und Pfiffigkeit, so wollte ich es ausdrücken. Fieberhaft habe ich skizziert, auch die Jungen auf der Stange. Kein Bild liebe ich mehr als dieses und ich freue mich riesig, dass es auch Euch so gut gefällt."

Am Hafen von Totilaberg empfing sie Graf Rekkared, sein Neffe Theo stand neben ihm. Der kleine Junge hatte die ganze Zeit über mit den Knappen die Pferde gehütet und konnte es nicht erwarten, zu seinem Oheim auf dem Staatspferd gehoben zu werden, wo alle Augen auf ihn schauten. Die Herzogin berichtete beim Ritt zur Burg ihrem jüngsten Sohn von dem Anschlag auf den König und Herzog Alarich. „Rekka, Dein Bruder verdankt sein Leben unserem König!" Dies veranlasste den jungen Grafen zu einem spontanen Dank an den Herrscher. Der kleine Theo hatte es mitbekommen und gab voller Freude und Erleichterung dem Lebensretter seines Vaters, seinem jetzt noch mehr verehrten Oheim König einen Kuss. Doch dann konzentrierte er sich wieder darauf, dem König abzuschauen und nachzumachen, wie dieser den Menschen zuwinkte und grüßte. Am späten Nachmittag trafen sich der König und der Herzog mit dem Rat der Stadt. Beide Herren wollten ausloten, inwieweit sie den Bürgern noch mehr Selbstverwaltung überlassen konnten.

Das erinnerte Amala daran, dass der Besuch in Totilaberg nicht nur privat veranlasst war. Die Reisen durch sein Reich und die Gespräche mit den Würdenträgern, aber auch mit Bürgern, Handwerkern und Bauern gehörten dazu. Laut Friedrich ersparte er sich dadurch manche Stunde am Schreibtisch und im Audienzsaal. Viele Nachfragen erübrigten sich damit, außerdem kamen so auch die zum Zuge, die sich sonst zurückhielten. Ihm war es vor Ort möglich, mit gezielten Fragen – wofür er ja gefürchtet wurde – den erörterten Sachverhalt besser zu bewerten, als bei einer Eingabe an ihn. Ganz abgesehen davon konnte er so weit mehr Menschen direkt erreichen. „Mir geht es nicht um das herrscherliche Bad in der Menge, ich will für meine Thulaner optisch präsent sein. Sie erleben mich so als den, der sie anhört und handelt. Was ich sofort veranlassen kann, das geschieht umgehend, alles andere wird von den Schreibern festgehalten und später beschieden." So hatte er es seiner Frau mitgeteilt, die lebhaften Anteil am Tun ihres Mannes nahm, und die vor allem seine Gedanken und Überlegungen kennen lernen wollte.

So fanden sie und ihre Tante Zeit, um sich ungestört unterhalten zu können. „Heute hat Friedrich meinen Alarich vor Schlimmem bewahrt und ihm auch noch eine große Freude gemacht. Deines Gemahls Worte „und mein Freund" vor anderen, diese waren für Ala so wichtig, dass er seine Freude gleich mit Angelika teilen musste. Meine Söhne hängen ja so an Deinem Gemahl, sie sind dankbar für seine Gunst und die beiden Großen für seine Freundschaft. Aber auch meine drei Jüngeren erleben Friedrich als ihnen sehr gewogen. Der junge Athaulf ist zum Gaugrafen ernannt worden, noch dazu im Herzogtum seines Bruders. Das freut mich ungemein, denn er kommt gerne heim ins Elternhaus. Unser noch nicht so gefestigter Adalbero kann nun bei Wittich, Deinem Vater und meinem Bruder, noch viel lernen. Das hat sich Friedrich gut ausgedacht. Mit den beiden erfahrenen Ex-Paladinen, den Grafen Erarich und Werinher, dem Vertreter des Markgrafen Rainald, stoßen noch weitere Getreue hinzu. Das lässt mich Friedrichs Strategie deutlich erkennen. Mein Bruder wird es so etwas leichter haben mit diesem starken Rückhalt." „Liebe Tante, ich habe eines bald begriffen, Fried überlässt nichts dem Zufall. Dass er so außer sich gerät, wie auf der Insel, das kommt ganz selten vor, zum Glück!" Herzogin Amala, hakte ein: „Ich bin heftig erschrocken, denn ich hatte Deinen Gemahl noch nie in einer solchen Situation erlebt. Von ihm geht eine ungeheure Energie und Wildheit aus, die nicht nur seine Gegner erschreckt." „Liebe Tante, ich habe Fried schon zweimal im Kampf erlebt, einmal bei dem fürchterlichen vor der Michaelskapelle und dann bei meiner Befreiung aus den Fängen von Berengar. Beim ersten Kampf habe ich um ihn gebangt, beim zweiten um all die anderen. Da war er von einer furchterregenden Entschlossenheit, trug die Miene eines grimmen Löwen. Heute hatte ich Angst um die Mönche, die, falls sie es gewagt hätten ihn anzugreifen, ohne die geringste Chance gewesen wären. Tante, wie Fried und Toti kämpfen, ist so schreckend, ich möchte es nicht noch einmal miterleben müssen. Du hättest den Hof des Berengarschen Schlosses sehen sollen, alles war voller Blut, Stöhnenden, Sterbenden und Toten. Es sah für mich aus wie die Hölle, und die hier so gewütet hatten, das waren die beiden Blutsbrüder Friedrich und Theodemir. Die beiden verstehen sich blind, stehen einander bedingungslos bei. Dennoch, Tante Amala liebe ich Fried mit jeder Faser meines Herzens. Wenn mich seine Hand berührt, so liebevoll und zärtlich, dann vergesse ich, dass diese schon so unfassbar vielen den Tod gebracht hat." Ihre Tante nickte verstehend und ergänzte: „Amala, ich liebe meine Söhne abgöttisch. Sie sind so lieb zu mir und wollen mir jeden Wunsch erfüllen. Aber ich weiß auch, wie sie sich verändern, wenn es gilt Gefahren zu bestehen. Ich hoffe so sehr auf den von Friedrich proklamierten Frieden, auf das Ende all des Kämpfens und Bangens. Erst dann können sie sich ihren eigentlichen Aufgaben zuwenden, sind als Ehemänner und Väter noch mehr für ihre Lieben da. Einen ganz besonderen Wunsch vergesse ich darüber nicht. Adelheid und Toti, sie hoffen so sehr auf ein eigenes Kind und sind deswegen bekümmert. Nun kommt Ihr beide den Meinen zuvor, zum Segen von Thule und zur großen Freude von Euch beiden." „Mein Fried hat hier eine Meinung: Nachdem nun Adelheid nicht mehr die Rolle ihrer Mutter ausfüllen und auch nicht mehr ihren Bruder unterstützen müsse, könne sie vielleicht lockerer werden und eher ein Kind empfangen. Dieser Theorie kann ich mich anschließen und bin zuversichtlich für meine Freundin und Schwägerin."

Unter dem Balkon, auf dem die beiden Damen saßen, entspann sich ein Gespräch. Der Herzogin Töchter wähnten sich dort ungehört und sprachen so frei miteinander, wie bestimmt nicht vor Dritten. „Ama, Du schmachtest ja unseren König Friedrich an, als wäre er noch zu haben!" „Das musst gerade Du sagen, Agi, Du verdrehst die Augen ja schon, wenn Du ihn nur von Ferne siehst. Das kannst Du doch nicht bestreiten, oder?" „Nein, aber Du machst es noch viel mehr, Ama. Dabei hast Du doch auf der Hochzeit von Friedrich und Amala nur Augen für Markulf gehabt, und nun wirst Du ihm untreu." „So ein Quatsch, Agi. Er interessiert mich immer noch. Kleine Schwester, von platonischer Liebe hast Du wohl noch nie etwas gehört? Unseren König zu verehren und ihn dennoch unserer engelsschönen Cousine von Herzen zu gönnen, das passt doch zusammen. Einen solchen Mann gibt es leider nur einmal auf dieser Erde!" „Ama, wenn Du das so siehst, dann bin ich wieder mit Dir einig, dann ist Dir also Markus nach wie vor nicht gleichgültig?" „Agi, unterstehe Dich, wir haben vereinbart, dass ich mein Glück bei ihm versuche, sonst…" „Ist ja schon gut, Ama. Ich hab ja noch Zeit einen Mann zu finden. Wenn der dann wenigstens einigermaßen so gut aussehen würde, wie unser König!" „Ach, Agi, bleib doch auf dem Boden. Thules schönste Männer sind nun mal der König und unsere Brüder, das ist unser Geschick!" Ein gemeinsamer tiefer Seufzer drang herauf zu den beiden Lauschenden. Die Königin lachte glucksend, was sie nicht zu unterdrücken vermochte, während die Mutter der sich Bedauernden laut auflachte. „Mama, Du hast uns belauscht." Amala schloss sich ihr an: „Ich auch,

Ihr beiden Schönen, kommt doch mal zu uns herauf." Sie kamen, wirkten etwas unsicher, wussten nicht, wie sie sich jetzt verhalten sollten.

Amala, die Ältere und Forschere fragte: „Habt Ihr alles gehört, müssen wir uns jetzt schämen. Und bist Du uns böse, Amala?" „Wieso sollte ich Euch denn böse sein, es stimmt doch was Ihr gesagt habt. Für Friedrich zu schwärmen ist doch kein Vergehen. Das geschieht fast überall so und er kriegt es nicht einmal mit, das verbucht er unter: Das gilt dem König in seinem Amte. Er lässt diese Flut an Bewunderung, Schwärmerei und sogar Vergötzung an sich abgleiten und hält es fern von sich als Person. Nun werde ich mal etwas direkter, Ama. Im nächsten Jahr wird Graf Markus bei uns am Hofe sein und König und Kanzler zur Hand gehen. Da ihn mein Mann schätzt, gehe ich davon aus, er wird ab und an auch an unserer privaten Tafel sitzen. Da könntest Du mich ja mal besuchen, was meinst Du dazu?" „Ui, wie gerne auch noch!" So jubelte Amala, die Cousine. „Ob ich ihm denn gefalle?" „Davon darfst Du ausgehen; so wie Ihr für den König schwärmt, geht es Markus mit mir. Er scheint eine Schwäche für uns Blonde zu haben." Darf ich auch kommen, Amala, oder geht das nicht?" „Aber ja, vielleicht siehst Du dann unter den Herren am Hofe einen, den wir als Deinen Tischherrn hinzubitten können. Unter den Paladinen gibt es viele gut aussehende und besondere Männer."

Plötzlich stand der König im Zimmer und amüsierte sich über das Erschrecken der beiden jungen Damen. Launig lockerte er die Situation und sagte: „Meine schönen jungen Damen, es ließ sich leider nicht vermeiden, noch etwas von Eurer Unterhaltung mitzubekommen. Ihr braucht deswegen nicht verlegen zu werden, Ihr habt mir eine gute Anregung gegeben. Ich kann mir vorstellen, liebe Cousine Amala, dass Du dem Markus gefallen wirst. Aber Du bist doch noch so jung." Mutig geworden entgegnete sie ihm: „Majestät, ich werde doch in wenigen Wochen siebzehn. In dem Alter hatte sich Mama schon dem Papa versprochen." „Na, wenn das so ist, Amala, sollten wir das ins Auge fassen, denn mir liegt Graf Markus am Herzen. Er ist ein kluger und feiner Herr, er kommt ganz nach seiner verehrten Mutter Griseldis. Für ihn in Dir eine gemäße Gattin zu finden, das wäre ganz in meinem Sinn. Liebe Tante, die Rosenburger sterben zwar im Männerstamm aus, dafür werden ihre schönen Töchter zu Königinnen und Herzoginnen; mein Blutsbruder Toti ist ja auch ein halber Rosenburger. Doch noch ist es zu früh, Tatsachen anzunehmen." Agnes fasste er um die Schulter und bemerkte: „Agi, für Dich wird uns auch noch eine gute Idee einfallen, aber das hat ja noch Zeit." Über und über war sie rot geworden ob der brüderlichen Art Friedrichs, und merklich verwirrt dazu.

„Tante, zwar bin ich nicht deswegen direkt zu Euch gekommen, das hatte einen anderen Grund. Ich wollte Euch etwas beichten!" Die Herzogin schaute ihn erstaunt an: „Friedrich, so wie ich Euch nun seit vielen Jahren kenne und schätze, wird es nichts Unbilliges sein, was Ihr mir eröffnen wollt." „Das zwar nicht, aber es wird Euch vielleicht dennoch nicht so ganz recht sein. Ich habe mich länger mit Rekkared unterhalten und in ihm einen klugen jungen Mann entdeckt, was mich veranlasste, ihm einen Vorschlag zu machen. Graf Markulf, der Bodo so gut unterstützt hat, wird nach seinem Jahr in Tejaholm noch ein weiteres in meiner Obhut ableisten. Somit tut sich bei meinem Freund Bodo eine Lücke auf und die könnte Rekkared schließen. In Bodo hat er einen sehr guten Lehrmeister und könnte während dieser Zeit auch noch an der Universität in Tejaholm seine Kenntnisse erweitern. Außerdem sind Oheim Wittich und Bruder Adalbero nicht weit, was den Dreien sicher gut tut. Ich weiß, dass Rekka Euer Herzblatt ist und es Euch schmerzen wird ihn hier zu missen. Aber in meinem kleinen Freund Theo wächst ja sein Nachfolger schon heran. Wie steht Ihr dazu, liebe Tante Amala?" „Lieber Friedrich, ich finde Euren Plan gut, auch wenn es mir schwer fällt, nur noch drei meiner Kinder um mich zu wissen. Außerdem habt Ihr ja bisher alles so gut bedacht und uns Eure Gunst wieder in einem solchen Maße erwiesen, dass ich hierfür höchst dankbar bin." Weiter kam sie nicht mit ihrer Entgegnung, denn nun war sie als Großmutter gefordert, denn ihre Enkelkinder stürmten herein. Sogar der ganz kleine Friedrich stakste seinen Geschwistern nach. „Nonna, Nonna, Pegasus hat mich ganz alleine auf sich reiten lassen, wo der doch sonst alle weg beißt!" Atemlos hatte er es herausgestoßen, noch voller Kinderglück. „Na, Theo, jetzt bist Du aber mächtig stolz!" Der hatte sich sofort zum Oheim König verdrückt und sich an ihn angelehnt. „Ja, Nonna, Pegasus ist nämlich der König der Pferde, so wie der Oheim der König der Menschen ist."

Das abendliche Mahl schloss dieses Mal das Gefolge des Herrschers ein, das ihn auf der weiteren Reise geleiten würde. Dennoch, das gehörte irgendwie zum Herzoghof, lief alles recht familiär ab und machte trotz des großen Respekts vor ihm, auch vor dem König nicht völlig halt. Der nächste Tag würde das Königspaar nach Indulfsvik führen, es würde dann wieder ganz offiziell zugehen. Da war Amala wieder die Königliche Hoheit und nicht mehr die Nichte, Cousine und Tante. Und vor Friedrich, der Hohen Majestät, würden sich wieder alle tief verneigen und ihn wie einen Halbgott behandeln. Als das Königspaar spät am Abend ins Bett sank, da nannte Friedrich, der freche Gemahl, seine Amala die schönste und liebste Kupplerin von ganz Thule. Die folgende, laut Amala gerechte Strafe für seine Frechheit, sie soll hier verschwiegen werden.

Abb. 4 Die Herzogstadt Totilaberg

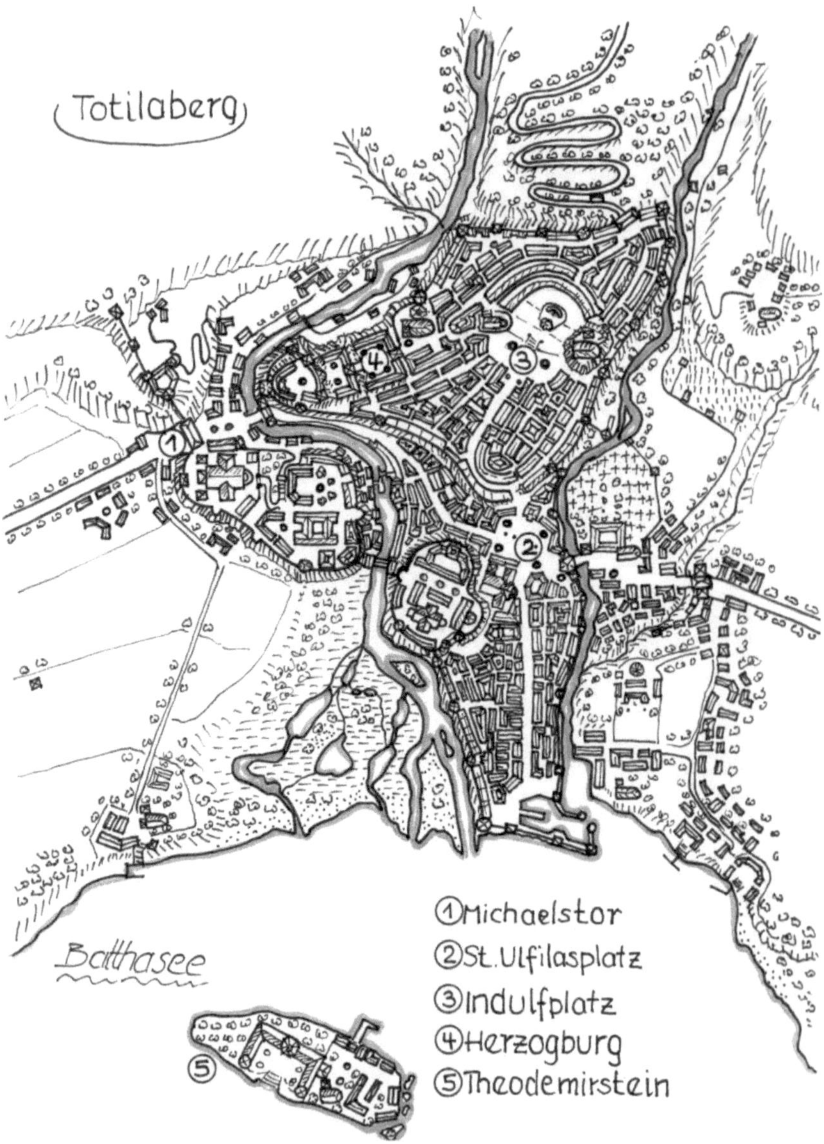

Indulfsvik

Das Gefolge des Königspaares hatte sich verkleinert, neben den Leibwächtern, Paladinen und Knappen zogen nur noch jene Edlen mit ihnen, die denselben Weg hatten. Allein Herzog Alarich wollte es sich nicht nehmen lassen, sie bis Indulfsvik, seiner großen Hafenstadt zu geleiten. Sie ritten durch die reiche Ebene der Baltha, die sich geweitet hatte. Wogende Kornfelder, geflutete Reisfelder am Fluss, aber auch Viehherden und Pferdekoppeln säumten die breite Reichstrasse. Die einst alles bedeckenden Waldflächen waren im Laufe der Jahrhunderte immer mehr geschrumpft, um Raum für Nutzflächen zu schaffen. Inzwischen genehmigte die Krone keine Rodungen mehr, die forderte sogar brach liegendes Gelände wieder aufzuforsten, um ein natürliches Gleichgewicht zu schaffen. Auf der Reichsstraße herrschte reger Verkehr, doch dem Königszug machten die Menschen ehrfurchtsvoll Platz. Erhaschten sie einen Blick auf das Königspaar, grüßten sie so freudig wie erstaunt, denn mit ihrem Herrscher hatten sie zu so früher Stunde nicht gerechnet. In den durchquerten Dörfern hasteten die Bewohner zur Straße, stellten alle Arbeit ein und hofften möglichst viel sehen zu können. Jubelnd hallte der Ruf durch die Dörfer: „Der König, der König kommt und die Königin!“ Riesige Freude, tiefe Verbeugungen, barhäuptig die Männer und knicksend die Frauen, so war es überall. Kinder wurden hochgehoben, damit sie einen besseren Blick hatten. Nie zuvor war der Herrscher mit solch prächtigem Gefolge erschienen, sonst huschte er hurtig reitend und von wenigen begleitet vorbei. Doch heute durften sie ihren Magier und seinen, nein, ihren Engel sehen und bejubeln.

Kurz vor Balthabrück, unmittelbar nach dem von Wasservögeln reich besiedelten Entensee, ließ der König den Zug anhalten. Ein alter Mann war auf der Strasse zusammengebrochen, er hatte sich vermutlich vor dem hier zügig voran kommenden Zug erschreckt. Der vorne reitende König stieg vom Pferde und beugte sich zu dem Alten nieder. Er sah, dass der blinde Mann einen Schwächeanfall erlitten hatte. Friedrich forderte einen Becher Wasser und danach belebenden Wein. Der König ging in die Hocke und flößte dem alten Mann die Getränke ein, was den sichtlich belebte. „Wer seid Ihr, Hoher Herr…? Ich habe viele Hufe gehört und wusste hier reitet ein Mächtiger. Habt vielen Dank für Eure Güte und Labsal.“ „Ich bin Friedrich Teja, Euer König.“ Der Alte erschrak sichtlich: „Hohe Majestät, Ihr selbst habt Euch meiner Wenigkeit angenommen, Ihr unser allgewaltiger Herrscher?“ „Ja warum denn nicht, auch ein König ist ein Mensch und hat Mitgefühl, verwundert Euch das denn so, alter Mann?“ Der Blinde schüttelte den weißhaarigen Kopf: „Ja und nein, alle sagen, dass Ihr gütig seid zu uns einfachen Leuten und mildtätig wie kein König vor Euch, Ihr unser Heldenkönig. Aber sich um einen alten Blinden zu kümmern, Hohe Majestät, das ist doch etwas anderes!“ „Wo wollt Ihr denn hin?“ „Nach Balthabrück, dort ist Markttag und da treffe ich mich mit meinem jüngsten

Sohn, der von Sonnberg herüber kommt." „Hat Euch denn dorthin niemand mitnehmen wollen?" „Das schon, meine Tochter, bei der ich wohne, wollte einen Nachbarn bitten mich mitzunehmen, aber der hat sich verspätet, vielleicht bin ich auch zu früh losgegangen." „Ich führe Euch jetzt ein paar Schritte weiter, da ist eine Bank, dort erwartet Ihr Euren Nachbarn." Als er saß sagte er: „Hohe Majestät, Gott schütze Euch, Ihr seid die Güte selbst!" Friedrich lachte leise: „Ach, lieber Mann, dazu fehlt mir leider noch viel, ich strebe danach ein guter König und ein guter Mensch zu sein. Lebt nun wohl und erfreut Euch an Eurem Sohn!" Nicht nur die Königin war berührt von dieser kleinen Geste.

Balthabrück lag behäbig am nun schon mächtigen Strom. Von weitem schon war die Balthabrücke zu sehen. Sie stützte sich auf viele mächtige Steinpfeiler, die sich in den Flussgrund stemmten. Darüber gesattelt waren die weiten Bögen der eigentlichen Brücke, in deren Mitte eine Heiligenstatue thronte. Es war Dionysius, der seinen Kopf noch auf den Schultern trug. Das Tor war, ungewöhnlich genug, nicht besetzt. In der Mitte der Stadt gab es kein Durchkommen, der große Markt verhinderte einen zügigen Weiterritt. So nahm der Zug einen Umweg und zog in einer Nebengasse der Stadtmauer entlang weiter. Damit wurde Balthabrück zum einzigen Ort zwischen Theodericia und Indulfsvik, dem der Durchzug des Königs entging. Dies trug dem Städtchen bösen Spott seiner Nachbarn ein und den Beinamen „Die Schlafmützen". Gaugraf Athaulf, Amalas Cousin, der sich hier von dem Zug trennte, hatte Mühe sich mit seinem Gefolge durch das Gewühle einen Weg zu bahnen. Ihr Fahnengruß von der Brücke herab zeigte dem Zug, dass der junge Graf und seine Mannen wieder unbehindert vorankamen.

Von dort war es eine kurze Wegstrecke zum Tagesziel, Thules bedeutendstem Hafen und seiner ältesten Stadt. Die Luft trug nun den Hauch des Ozeans, war frischer und kühler als vorher. Indulfsvik, das sich schon von weitem ankündigte, wuchs aus der endlosen Ebene empor und wirkte wie eine Oase in der nun überwiegend aus Weideland bestehenden Weite. Mächtige Doppelmauern umringten die große Stadt, deren rechte Seite wie eine überdimensionierte Burg erschien. Türme lockerten die Strenge der geraden Mauern auf. Dieses Mal konnten sie nicht unerkannt in die Stadt hineingelangen, denn deren Würdenträger standen erwartungsvoll vor dem monumentalen Arenentor. Der Weg war mit Blumen bestreut, Fahnen wehten von Tor und Therme, zierten auch den Löwenbrunnen. Kurz, aber dennoch voll der Freude über den Besuch des Königspaares war die Ansprache von Bischof Adalbert. Er sprach Friedrich als Heldenkönig und Magier an und seine Königin als den Engel von Thule. Immer wieder unterbrach Jubel die Ansprache, wie auch die Grußworte von Stadtpatrizius und Stadtvogt. Alle stellten heraus, dass das Königliche Paar eine Stadt betreten würde, die stets treu zu Herrscher und

Herzog gestanden habe. Graf Wilbert, der Stadtvogt, hob hervor, der Königsbesuch beschere ihnen dieses mal wegen der Vorfreude und Neugierde auf die schöne und gütige Königin eine ganz besondere Bereicherung.

Hinter dem von fünf Türmen geschützten Tor nahm die Neustadt den Zug auf. Die prächtige Königsstraße führte ihn hinauf zur Altstadt, die auf einem langgestreckten Hügel lag. Sie war mauerumgürtet, mit Türmen bewehrt und durch ein Tor behütet. Steil ging es auf enger Straße bergan. Wie am ganzen Weg, drängten sich die jubelnden Menschen. Der Besuch des Herrschers war der Festtag für die Menschen. Lange hatte sich der König hier nicht mehr gezeigt und nun wurde er gar von seiner schönen jungen Gemahlin begleitet. Den großen Platz, den sie nun erreichten, säumten der alte Dom, das neue Schloss, das monumentale Rathaus, das kleine Forum und ein Amtshaus, in dem der Stadtvogt residierte. Drei Straßen gingen von dem Platz aus, sie erschlossen die Bergstadt. Was Amala wusste, diese Bergstadt war die erste feste Ansiedlung Thules, hier siedelten die Thulaner, die der Gründerkönig Indulf aus Italien hierher geführt hatte. Doch ihr Besuch galt vorerst nicht diesem Bereich der Stadt sondern der Reichsburg, die hinter dem neuen Schloss auftauchte. Diese älteste Burg Thules hatte König Indulf, der Vater Thules erbauen lassen. Das Königspaar und der Herzog bezogen die eigentliche Burg, die steil aus Vik und dem Einlass in die Willkommensbucht aufragte. Die Gemächer des Königs waren mit erlesenem Mobiliar ausgestattet und trotz des gedämpften Lichts der kleinen Fenster auch heimelig.

Friedrich und Alarich stiegen mit Amala hinauf auf den trutzigen, dreieckigen Indulfturm. Dieser Bug des steinernen Burgschiffes krallte sich in einen mächtigen Felsblock, der schroff aus dem Meer empor ragte. Kein anderer Punkt der Stadt, die sie von hier aus fast vollständig überblicken konnten, erreichte diese Höhe und kein anderer bot einen derartig imposanten Ausblick wie dieser grauschwarze Riese. Wurden Schiffe erwartet, dann flammte des Nachts auf dem Turm ein Feuer, dessen Schein ein gewölbter Spiegel weit hinaus ins Vik warf und so den Schiffen die Einfahrt in die Bucht wies. Wo sollte Amala ihr Auge verweilen lassen? Draußen auf dem Vik, dessen blaues Wasser in der Ferne mit Himmel und Ozean verschmolz? Oder auf der von Schiffen und Booten belebten Bucht, in der einst König Indulf und die Seinen in Thule an Land gingen? Direkt gegenüber der Reichsburg lag die Feste Vogelberg, die über eine Torbrücke vom Ulfilasberg zu erreichen war. Dahinter zeigte sich das Kloster St. Ulfilas und danach folgte der Gebäudekomplex der zweitgrößten Universität Thules. Schweifte der Blick weiter, blieb er hängen am Markusberg, dem Wohnquartier der Studenten. Zu seinen Füßen lag das Viertel der Juden und einträchtig daneben jenes der Muslime. Werft und Handelshafen schoben sich zwischen sie und die Bucht. In beiden drängten sich die Schiffe, die gerade mit Kranen beladen oder entladen wurden. Fuhrwerke drängten sich an den Kais, viele Menschen fanden dort Arbeit. Die drei Beobachter wurden abgelenkt, denn am Horizont des Viks tauchten drei große Schiffe auf, die den Hafen von Indulfsvik ansteuerten. Vom anderen Ufer des Viks lösten sich zwei Boote, die noch vor den Schiffen den Hafen erreichen wollten. Ein weites sattgrünes Land, das ein Dorf einschloss, lenkte den Blick auf die Ebene vor dem fernen Sonnberg, Athaulfs Gau. Aber in dieser still in sich ruhenden Landschaft verweilte der Blick nur kurz, das Leben rund um die Willkommensbucht lenkte viel zu sehr ab.

Amala richtete ihren Blick wieder auf die Bucht und die sie umgebende Stadt. Auf dem kleinsten Hügel der Stadt stach der neue Dom mit der daneben liegenden Residenz Bischof Adalberts ins Auge. Dort würde der Bischof ihnen zu Ehren an diesem Abend einen Empfang geben. Direkt darunter lag der Königsplatz, das belebte Herz der Stadt. Zu ihm gehörte der Königshafen, der anstelle der alten Lände angelegt worden war. Hier wurde der aus apulischem Kerker befreite Urgroßvater des Königs von seinem Volk willkommen geheißen. Der letzte triumphale Empfang eines Königs lag nun schon über zehn Jahre zurück. In einer Woge der Begeisterung und erleichtert über König Friedrichs Rückkehr aus Italien, hatte ihn dort eine unübersehbare Menschenmenge begrüßt und gefeiert. An diesem für die Thulaner so wichtigen Platz lagen die Hafenmeisterei und die Hochschule für Nautik, die älteste Technische Universität Thules. Der König machte seine Frau auf eine direkt am Hafen liegende Kirche aufmerksam, die Hildebrandtskapelle. Sie stand an jener Stelle, an der einst der greise Held als Erster den Boden der neuen Heimat betreten durfte. Die von der Ticina und dem Indulfkanal gebildete Hafeninsel war das Wirtschaftszentrum Thules. Das Forum und der große Markt, die Königliche Bank, Handelshäuser, Niederlassungen der Handelspartner und Reedereien, aber auch Geschäfte aller Art zeugten davon. Vieles konnten die Augen erhaschen, doch all das Genannte auf Anhieb zu behalten, das vermochte Amala nicht. Sie würde ja während ihres Aufenthalts noch etliches zu sehen bekommen. Doch dieser erste Eindruck der ältesten und zweitgrößten Stadt Thules, der einzigen für Fremde offenen, war ohnehin schon überwältigend genug. So alt sie auch war, so prächtig war sie auch. Hohe Häuser, die fast alle schattige Innenhöfe hatten, schöne mit Brunnen bestandene Plätze und acht Kirchen gab es, und als Besonderheit die malerischen, schneeweißen und blitzsauberen Quartiere der Juden und Muslime. Ging der Blick über die Stadtgrenze hinaus, folgte jenseits der Ticina das Viertel der Fischer, dahinter lagen der Friedhof, das Kloster St. Michael und das Siechenhaus. Danach zeigten sich Weiden, Felder und Waldinseln, die sich weit ins Land hinein erstreckten. Am Horizont, aber noch zu erkennen, lag das weite endlose Meer, das sich grau und blau gefärbt verlief und über dem dicke wollige Wolken ostwärts schwebten. Am übernächsten Tag, so der König, würden sie das Meer aus der Nähe erleben, Salzluft atmen und das Donnern der gewaltigen Wellen hören. Aus der grünen Ebene davor stiegen immer wieder Hügel auf, so wie bei einem frisch gebackenen Pfannkuchen der Blasen aufwirft, dunkle Schöpfe aus Bäumen bedeckten sie.

Beim Königspaar verblieben nur zwei Leibwächter, die Knappen und Zofen, alle anderen logierten im Schloss, in dem auch des Vogts Räume lagen. Gegenüber im ältesten Rathaus Thules wurden sie vom Rat der Stadt bewirtet, im ältesten Rathaus Thules. Dieses, das Älteste, begegnete der Königin immer wieder, damit versuchten die Indulfsviker ihr Trauma zu bemänteln, nicht zur Hauptstadt geworden zu sein. Stets fühlten sie sich im Schatten der Heiligen Stadt. Dort residierte der Herrscher, befand sich das Herz des Reiches, lebten inzwischen doppelt so viele Menschen wie in ihren Mauern. Argwöhnisch verfolgten sie daher das schnelle Wachstum Hildebrandtsviks und fürchteten auch noch von dieser drittgrößten Stadt Thules überflügelt zu werden. Dabei hatte neben Theodericia nur Indulfsvik zwei Hochschulen, es gab den größten Hafen Thules, den Zugang zur großen Welt. Aus diesem Grund war der Besuch des Herrschers für die Ratsherren so wichtig, wobei sie insgeheim auf Bestätigungen oder besondere Vergünstigungen hofften. Friedrich wusste um diese Rivalität, die ihm jedoch nicht gefallen konnte. Dennoch, und das betonte er häufig, sei Indulfsvik eine durch und durch königstreue Stadt. Jedes Mal löste diese Aussage bei den Zuhörern Freude aus.

Nach dem Staatsbesuch im Rathaus ritten das Königspaar, der Herzog und der Kanzler hinunter zur Hafeninsel. Friedrich hatte als besondere Gunst den Stadtprinzipal gebeten sie zu führen. Dem Zug durften sich die Räte anschließen und sich stolz den Bürgern präsentieren konnten. Von des Herrschers Glanz sollte möglichst viel auf sie abstrahlen. Wie immer wurde der Herrscher durch Boten angekündigt, was alle eilig hin zu seinem Weg trieb. Der führte zuerst durch die Prachtstraße der Neustadt. Sie hieß Friedrichstrasse und ehrte damit den Urgroßvater des Königs. Sie querte eine weitere Straße, die nach des König Vater benannte Manfredstraße und die nach links zum Arenentor führte. Der Zug wendete sich jedoch nach rechts, passierte die Brücke über den Indulfkanal, ging vorbei an einem Platz, den sechs Denkmäler säumten und erreichte den Markt. Überall wurden sie frenetisch bejubelt. Die Indulfsviker, sonst als geschäftstüchtig und schaffig verschrien, feierten den Besuch und auch sich. Der Markt bestand aus festen Krambuden, in denen Händler, Handwerker, Bauern und Fischer ihre Produkte anboten. Amala konnte sich das tägliche Gewimmel gut vorstellen. Dort würde sich die ganze Stadt einfinden, übertönt vom lauten Gefeilsche und den Rufen der Marktschreier, wie die dem Kreischen der Möwen. Diese Vielfalt an Meeresgetier hatte Amala noch nirgendwo gesehen, und alles wurde gehandelt. Fremdartig aussehende Männer, Händler, Seeleute und andere mischten sich unter die Thulaner unterschiedlichen Herkommens. Beim Erscheinen des Königs erstarben die lauten Töne, löste Jubel den Marktlärm ab. Nicht nur die Fremden staunten über den Auftritt der hohen Herrschaften. Sie durften den legendären König bewundern und seine schöne Gemahlin, den Engel von Thule, sehen. Selbst den Herzog von Indulfia und den klugen Kanzler Rainald erlebten sie in ihren Mauern nur selten. Nicht einmal ihren Prinzipal und seine Ratsherren sahen sie jeden Tag und vor allem nicht in ihrem besten Gewande. Wie immer zogen die Männer die Hüte und verbeugten sich tief, Frauen und Kinder knicksten, aber alle jubelten und freuten sich am Winken der hohen Herrschaften. Über all dem lagerten vielfältige Gerüche, vorrangig der scharfe Duft der Fische und das intensive Aroma der Gewürze.

Dem Leiter des Hafens statteten sie einen kurzen Besuch ab, was den alten Herrn erfreute. Es war noch immer jener Herr, der vor Jahren den aus Italien heimkehrenden jungen König willkommen hieß, und von dem Amala aus der Erzählung des Leibarztes wusste. Der Kanzler hatte hier noch einiges zu klären, der König ritt mit seinem Gefolge hinüber zur Universität. Vorbei ging es an dem ständig erweiterten Handelshafen, an geschäftigen Werften, Speichern und Kranen. Die Quartiere der Juden und Muslime ließen sie links liegen, diese wollten sie erst später aufsuchen. Steil zog sich die Straße hoch zur Universität. In deren Aula würde der König zu den Professoren und Studenten sprechen, die diese Gunst bei der Begrüßung mit anhaltendem Beifall würdigten. In seiner Rede stellte er die Bedeutung der hiesigen Universität wie der Hochschule für Nautik für Thule heraus und umriss die von ihm gesehenen Perspektiven für die Studenten der angebotenen Fakultäten. Seine Forderungen an die Lehrenden wie an die Studierenden legte er unmissverständlich dar. Es war bekannt, dass der Herrscher selbst studiert hatte. Unter anderem machte er den Studenten klar, was er von langem Hinziehen des Studiums hielt. „Wem das Reich oder die Eltern das Studium finanziert, von dem darf mit Fug und Recht erwartet werden, dass er seine Kraft dem Studium widme, da er nicht arbeiten müsse. Wer stattdessen seine Zeit vertrödelt, sich in schlechte Gesellschaft begibt und dem Tranke übermäßig zuspricht, der versündige sich an seinen Eltern, die große Hoffnungen auf ihn setzen würden. Spaß darf sein, aber in Maßen! Denkt daran, damit Ihr studieren könnt, müssen sie sich einschränken, also müssen sie sich darauf verlassen können, dass ihr Spross das Studium ernst nimmt!“ Einige senkten schuldbewusst die Köpfe, fühlten sich vom König angesprochen.

Begeistert aufgenommen wurde hingegen seine Aussage. „Für den Frieden, den ich mit aller Macht in Thule anstrebe, braucht es künftig nicht nur fähige Krieger und kampfstarke Schiffe. Wir brauchen eine gute, allen gerecht werdende Justiz und Verwaltung, also bestens ausgebildete Juristen. Kranke und Alte müssen von guten Ärzten betreut werden. Wir brauchen auch Mathematiker, Nautiker und Theologen, die für die Anvertrauten den rechten Weg finden, gehen und erleuchten.“ Etwas später sagte er: „Frieden in Thule zu schaffen, das bedeutet für mich, Not und Elend zu lindern, Krankheiten und Seuchen zu bekämpfen. Das heißt aber auch, allen Menschen angemessenen Wohlstand, größtmögliche Sicherheit und langfristige Planbarkeit des Lebens zu ermöglichen. Kurzum, wir brauchen alle, die etwas können und die unserem Thule und seinen Menschen dienen wollen. Künftig werden die besonderen Positionen weniger vom Herkommen als vom Können her bestimmt. Wer sich keiner Ausbildung unterzieht, findet schwerlich jenen Rang, den er sich vorstellt. Das gilt noch in weit höherem Maße für besonders anspruchsvolle Positionen mit großer Verantwortung. Wer hierfür nicht studiert hat wird später deutlich weniger Chancen bekommen, das betrifft auch den bisher so privilegierten Adel. Ich selbst habe studiert, hier in Thule und fern in Italien. Das hat mir für mein nicht gerade einfaches Amt sehr geholfen. Dies erwarte ich daher mit Fug und Recht auch von jenen, die es zu etwas bringen wollen! Und noch etwas gebe ich Euch mit auf den Lebensweg. Mein Ahn und Gründer Thules König Indulf I., forderte von den Seinen Bescheidenheit und Friedfertigkeit. Mein Urgroßvater König Friedrich I. erweiterte diese Forderung um Treue und Dienst an Staat und Gesellschaft. Ich erwarte von Euch zudem noch: Respekt vor allen Menschen, unabhängig von deren Herkommen, Tätigkeit und Religion. Wer meint, dass ihn ein Studium über andere erhebt, hat einen inneren Irrweg eingeschlagen. Solch Hochmütigen vertrauen weder ich noch meine Mitstreiter eine Aufgabe an. Jene, die studiert und ihre Persönlichkeit entwickelt haben, sind willkommen, dürfen sich in der Praxis bewähren.“

Der Herrscher wendete sich in seiner Ansprache auch an die Professoren. Er empfahl ihnen, nicht stehen zu bleiben und neue, allerdings gut geprüfte Erkenntnisse in ihre Lehre aufzunehmen. „Gute Lehrende sorgen für gute Absolventen und wir die Krone für anspruchsvolle Tätigkeiten. Dieser Dreiklang sollte uns leiten und gemeinsam verpflichten. Dann wird unser Thule in wenigen Jahren noch besser dastehen als heute. Unser Motto soll lauten: Wir machen aus Gutem noch Besseres!“ Damit schloss der König. Ihre Begeisterung drückten sie durch heftiges Klopfen auf ihre Pulte aus, freuten sich an der Wertschätzung ihres Studiums durch die oberste Autorität des Reiches.

Die Königin saß in der ersten Reihe, umgeben von den beiden Rektoren der Universität und der Hochschule für Nautik, wie den Professoren der beiden Lehranstalten. Bei ihrem Erscheinen an der Seite ihres Gemahls durfte sie förmlich in bewundernden Blicken baden, was ihr durchaus gefiel. Doch nun bewunderte sie ihren Mann, der niemand nach dem Munde redete und sich auch vor unangenehmen Aussagen nicht scheute. Aber er wurde verstanden und konnte überzeugen. Amala konnte miterleben, wie ihr Gemahl immer wieder Zugang zu den jungen Menschen fand. Selbst unter den Professoren erkannte sie nachdenkliche Gesichter, da musste er wohl auch ins Schwarze getroffen haben.

Auf dem Rückweg ließen sie sich in den Quartieren der Juden und Muslime sehen. Ehrfürchtig begrüßt wurden sie von den Würdenträgern und Geistlichen, die sich von dem Königlichen Besuch geehrt fühlten. Sie ließen ihre Pferde in der Obhut der Knappen und Knechte, um den Menschen näher zu sein. Die oft aneinander gebauten Häuser strahlten in hellem Weiß, wetteiferten hierin mit der Sauberkeit der Wege. Brunnen, Blumen in Kästen und Kübeln kontrastierten mit der hellen Farbe. Die Vögel in Käfigen begleiteten mit ihrem Gesang die hohen Besucher und sorgten für weitere Farbtupfer. Eines fiel auf, viele der Häuser waren aufgestockt worden, was von Enge und Wachstum zeugte. Darauf wurde der König angesprochen, der einen Wachtturm bestieg, um sich selbst ein Bild zu verschaffen von der Lage der Quartiere. Ihn interessierte dabei auch, ob hier eine Erweiterung über die Stadtmauer hinaus möglich wäre. Von seinen Begleitern wollte er wissen, wem denn das Gelände jenseits der Mauern gehöre. Der Patrizius versprach, es im Grundbuch nachzusehen und dem Herrscher dann zu berichten.

Am Abend nahm das Königspaar am Gottesdienst teil, den der krebskranke Bischof Adalbert hielt. Bei seiner knappen Ansprache beteuerte er, bei der großen Ehre des Besuchs ihrer Majestät, der Königin und des Herzogs würde er sein Leiden weniger spüren. „Freude, meine lieben Brüder und Schwestern in Christo, ist die göttlichste und wirksamste Medizin, und deren werden wir heute alle teilhaftig." Der neue Dom St. Markus war ein vierschiffiges Gotteshaus mit vier Chören an der Nordostseite und zwei hohen Türmen mit fünf spitzen Hauben. An jedem Pfeiler hing eine Skulptur, die unteren Wände der hohen Schiffe waren mit Fresken bedeckt. Von der Decke herab hingen Schiffsmodelle, für deren Originale der Schutz Gottes vor den Gewalten des Meeres erfleht wurde. Anschließend lud der Bischof die Herrschaften zum Mahl in sein Palais. Ungeachtet seiner unheilbaren Krankheit war der Bischof in sprühender Laune, sein geschliffener Geist beeindruckte auch die Königin. Ihr Gemahl und der Kanzler führten ein angeregtes Gespräch mit ihm, während sie sich mit Alarich, dem Stadtvogt und dem Patrizius unterhielt. Dabei erfuhr sie einiges zur Geschichte der Stadt und zu deren Bauwerken. Die Gesellschaft wurde am Abend gestört, aber es war eine willkommene Unterbrechung.

Von der Balustrade aus beobachteten die Herrschaften ein besonderes Schauspiel. Im Königshafen lief ein großes Kriegsschiff ein, das zweite aus der neuen Serie, und der ganze Stolz von Prinz Theodemir. Das Schiff trug noch keinen Namen, denn beim künftigen Flaggschiff der Flotte blieb die Taufe dem König selbst vorbehalten. Um das anstehende Programm nicht zu verzögern sollte die Schiffstaufe am nächsten Morgen in aller Frühe stattfinden. Der Urenkel des zu Ehrenden würde es dann auf den Namen *Friedrich Theoderich* taufen. Der Seegraf Markgraf Hildebrecht, einer der engsten Vertrauten des Herrschers, und Kapitän Graf Gerold stießen nach dem Anlegen zur Gesellschaft. Graf Gerold, den jüngeren Bruder ihrer Hofdame Beatrix, kannte die Königin noch nicht. Daher verstrickte sie ihn in eine längere Diskussion. Er war nicht so ernst und schwerblütig wie sein älterer Bruder und ähnelte mehr seiner Schwester. Amala gewann einen guten Eindruck von dem gebildeten und angenehmen Grafen.

Zu dritt wurde die Schiffstaufe vorgenommen. König Friedrich als Hauptpate dankte den Erbauern für ihr Werk und den Seeleuten wünschte er eine stets gute Fahrt. Königin Amala, ganz unkonventionell, wünschte allen, die künftig auf dem Schiff Dienst tun würden, dass sie sich darauf allezeit wohlfühlen sollen. Dieser Wunsch gefiel der in Reih und Glied aufgereihten Mannschaft, die daraufhin die Königin hochleben ließen. Davon wurden auch die Zuschauer angesteckt, die sich zahlreich eingefunden hatten. Trotz des frühen Morgens war der Hafenbereich dicht bevölkert, sie wollten sich weder den König noch eines der neuen „Wunderschiffe“ entgehen lassen. Bischof Adalbert gab zuletzt dem Flaggschiff den Segen der Kirche. Die Taufpaten und ihr engeres Gefolge machten anschließend eine erste Fahrt hinaus aufs Vik und bis zum Übergang ins offene Meer. Nach zwei Stunden kehrten sie wieder in den Königshafen zurück, der nach wie vor voller Menschen war. Der König war vollauf begeistert, als passionierter Segler hatte er einige Manöver ausführen lassen, die alle zu seiner Zufriedenheit ausgefallen waren. Das ließ er auch den Seegrafen und die Besatzung wissen. „Lieber Hildebrecht, miteinander habt Ihr Großes geleistet. So hatte ich es mir erhofft und meine Erwartungen wurden sogar noch übertroffen. Unsere neuen Schiffe sind etwas Einmaliges geworden. Ich danke Euch allen von Herzen!“ Dabei fasste er den Markgrafen an beiden Schultern und zeichnete ihn so vor allen Menschen aus.

Beim Anlegen wurden sie Zeugen eines Zwischenfalls. Von einem ausnahmsweise im Nebenhafen liegenden genuesischen Segler war ein Seemann ins Hafenbecken gefallen. Zu seinem Glück bekam er ein zugeworfenes Tau zu fassen und musste nicht ertrinken. Als die hohen Herrschaften von Bord gingen, da lag der unglückliche Matrose leblos auf der Kaimauer. Der König gab den Hafenbediensteten die Anweisung, wie sie den Unglücklichen legen und wie sie das von ihm geschluckte Wasser wieder herauspressen sollten. Ungnädig fragte er, warum weder von jenen an Bord noch von den Umstehenden einer dem

Verunglückten zu Hilfe gekommen wäre. Erstaunt bekam der Herrscher zu hören, keiner von ihnen könne schwimmen. Dem hinzueilenden Hafenmeister gab er die Anweisung, dass die Hälfte seiner Leute das Schwimmen zu lernen hätte. Er setzte eine einjährige Frist und schnitt jede Diskussion ab. „Wer auch immer in den Hafen stürzt, soll gerettet werden. Stets muss ein des Schwimmens kundiger Hafenwärter um den Weg sein, so mein Gebot!“ Außer Hörweite der Hafenmitarbeiter wendete er sich an seinen Kanzler. „Markgraf Rainald, wir sollten in den Schulen, zumindest dort wo tiefe Gewässer in der Nähe sind, Schwimmen unterrichten. Was meint Ihr dazu?“ „Majestät, nur die wenigsten Thulaner können schwimmen; auch ich nicht. Da müssten wir zuerst einige der Lehrer dafür ausbilden, damit es diese wieder an ihre Zöglinge weitergeben können.“ Friedrich lachte, es klang fast schadenfroh: „Rainald, dass ich Euch dabei erwische etwas nicht zu beherrschen, das überrascht mich. Ihr seid einer jener, die ich wegen ihrer universalen Fähigkeiten so schätze. Nun kann mein Kanzler nicht schwimmen, aber die geistigen Künste. Mein stubengebannter Rainald, am liebsten würde ich Euch zum Schwimmen lernen vergattern!“ Der Markgraf nahm den Ball auf: „Wenn Ihr den Lehrer macht, Majestät, dann lasse ich es mir gerne gefallen.“ „Rainald, das gilt!“ So band er den Verblüfften an sein Wort. „Es wäre nicht gut wenn meine rechte Hand durch irgendwen unterrichtet würde, das ging gegen die Autorität, mein Kanzler.“ So geschah es dann, in der nächsten Zeit hatte der König damit noch einen zweiten Schüler. Denn seine Gemahlin, die bereits am Wildsee die ersten Versuche unternommen hatte, wollte schon zuvor den Unterricht fortgesetzt wissen. So lernten, allerdings an zwei getrennten Orten, sowohl die Königin als auch der Kanzler das Schwimmen. Markgraf Rainald wurde zu einem begeisterten Schwimmer und verschaffte sich so einen körperlichen Ausgleich.

Der Jahrestag der Schlacht

Als nächstes stand ein schwerer Gang an, das Gedenken an die schlimme Schlacht vor den Toren Indulfsviks. An der Schlachtkapelle, die bald darauf erbaut wurde, hatten sich zum zehnten Jahrestag einige der damaligen Krieger und viele Angehörige der dort Gefallenen eingefunden. Schweigend erwarteten sie den, der damals durch sein Feldherrngeschick und seinen heldenhaften Einsatz die drohende Niederlage noch abwenden konnte. Beim Ritt dorthin sagte der König zu seiner Frau: „Cara, hätten wir damals diese Schlacht verloren, dann wäre unsere militärische Lage bedenklich geworden. Wir standen dort einem erfahrenen Heerführer und einer anfänglichen Übermacht gegenüber. Es ging dabei nicht zuletzt um meine Autorität als Feldherr und Herrscher. Ich saß damals ja noch nicht einmal ein Jahr auf dem Thron." Vor dem Königspaar und Herzog Alarich ritten die Leibwächter und Paladine. Bischof Adalbert, der seine Schmerzen nicht verbergen konnte, hatten die beiden Markgrafen Hildebrecht und Rainald in die Mitte genommen. Tief und voller Ehrfurcht neigten die Wartenden die Köpfe und schauten dann auf zu ihrem bewunderten König. Er, der ihnen, den Hinterbliebenen ein würdiges Weiterleben ohne ihre Ernährer möglich gemacht hatte, durfte ihren Blicken ehrliche Dankbarkeit entnehmen.

Auf diesem kurzen Ritt hinaus vor die Tore der Stadt, erinnerte sich die Königin wieder an die Schilderung ihres Vaters. Amala wusste von ihm, der damals mitgekämpft hatte, dass die Schlacht von seinem Schwager, dem damaligen Heerführer, bereits verloren gegeben wurde. Herzog Theodemir wollte gerade den Befehl zum Durchbruch hinter die Mauern von Indulfsvik geben, als in letzter Minute das erlösende Signal kam. Der junge König und seine Mannen brachten bald die herbei geflehte Entlastung. Nun galt es die letzten Kräfte aufzubieten und die fremden Angreifer hinzuhalten. Friedrich war mit einer kleinen Truppe dem langsamer vorankommenden Heer vorausgeritten, er ahnte in welche Bedrängnis sein Nennonkel mit den Seinen geraten war. Herzog Theodemir hatte die Größe des feindlichen Heeres unterschätzt und war nicht davon ausgegangen, dass es sich durch ortskundige thulanische Verräter erheblich verstärkt hatte. Daher ordnete er sein kleines Heer und befahl den Angriff auf die fremden Eindringlinge. Diese hatten sich auf einem Feld unweit des Meertors aufgestellt und zudem mit ihren Schiffen Indulfsvik Hafen blockiert. Der thulanische Angriff ließ sich anfangs gut an, doch dann griff die Reserve der Fremden ein und brachte die Thulaner in große Not. Deren kleines Heer, bestehend aus der Wachmannschaft des Herzogs und den Hundertschaften von Indulfsvik und Totilaberg, hatte nicht genügend Langbogen- und Armbrustschützen dabei. Dazu kam noch eine üble Erkenntnis, dass das Naphta für die so wichtigen Handflammenwerfer durch Sabotage unbrauchbar gemacht worden war. Die Eindringlinge konnten sich zwischen das Meertor der Stadt und die sich einigelnden Thulaner schieben. Das raubte den Verteidigern beinahe den Mut, damit war ihre Lage fast hoffnungslos, es sei denn König Friedrich würde durch die Stadt reitend, einen Ausfall wagen. Doch dabei lief er Gefahr in eine Falle zu geraten.

Neuen Mut schöpften die sich tapfer wehrenden Krieger aus den Rauchsäulen, die über dem Vik aufstiegen. Hatten die Königlichen es vermocht, durch Brander einige feindliche Schiffe zu entflammen? So war es. Der König hatte sechs seiner jungen Paladine befohlen, sich mit Kähnen voll leichtbrennbarem Material an die Schiffe „heranzuschleichen“. Die Besatzungen der Reichsburg und des Vogelbergs sollten die Feinde ablenken, um die Kähne solange unentdeckt zu lassen, bis sie ihren Auftrag ausführen konnten. Das klappte bestens, die Paladine lenkten die Kähne so vor die Schiffe, dass sie dort auftreffen mussten. Sie entzündeten das Material in den Kähnen, das sofort aufflammte. Dann sprangen die kühnen Paladine in das Vik, tauchten unter der Sperrkette hindurch, hinein in die Willkommensbucht. Hinter ihnen taten die Brander ihr verderbliches Werk und versetzten die Seeleute in Panik.

Währendessen vermied der König die ihm gestellte Falle, indem er mit seiner Elitetruppe die Stadt umging. Er wollte die Feinde überraschen und ihnen in den Rücken fallen. Er spaltete seine Truppe in zwei ungleiche Einheiten, was angesichts der gerade mal 300 Kriegern geradezu verrückt anmutete. Eine Hundertschaft unter Führung von Graf Enzio erhielt den Auftrag, den Feind weiträumig zu umreiten und sich zwischen ihn und das Vik zu schieben. Dort befand sich ein breiter, in einem Sumpf verlaufenden Bach, den nur eine einzige Brücke überquerte. Sie sollten nach Hunnenart wie ein Mückenschwarm die Feinde mit ihren Langbogen attackieren, sich aber auf keinen Fall in direkte Kämpfe verwickeln lassen. So beschied sie ihr König, dem es darum ging, die Feinde zu verleiten, ihrerseits die *fliehenden* Schützen zu verfolgen und so ihre Kerntruppe zu schwächen. Bei Bedrängnis sollten sich die Seinen über die Brücke zurückziehen und auf die nachdrängenden Feinde ein Scheibenschießen veranstalten. Eine kleine Einheit würde dort ausreichen, um die Feinde fernzuhalten. Wenn dies so wie geplant abliefe, dann sollten die dort nicht unbedingt erforderlichen Kämpfer dem Heer der Thulaner zu Hilfe kommen.

Enzio und die Seinen vollzogen den Auftrag erfolgreich und erreichten, dass der Feind sie mit seiner kleinen Reiterei verfolgte. Damit hatte der König einen wichtigen strategischen Erfolg errungen, denn nun konnte er selbst mit seinen zweihundert Reitern den Feinden ungehindert in den Rücken fallen und so die Wirkung deren Überzahl auszuschalten. Dennoch hub ein mörderisches Ringen an. Nicht immer konnten sich die zuletzt mit Lanzen und Schwertern kämpfenden Reiter aus den entstehenden Knäueln lösen und wurden eingekreist.

Mit Fahnensignalen dirigierte der König auch den von Herzog Theodemir angeführten Igel und ließ beide Heeresteile zum Keil formieren. Diese Doppelkeile brachten letztlich die Wende.

Die feindliche Truppe wurde gezwungen, sich einzuigeln und um ihr Leben zu kämpfen. Auf einem flachen Hügel, verschanzt hinter einem Wall von Toten und Sterbenden, wehrten sie sich erbittert. Sie verhöhnten sogar die Aufforderung sich zu ergeben. Enzio traf mit fünfzig Mann ein, die sofort ihre letzten Pfeile verschossen. Dann griffen sie selbst mit ihren Schwertern in den Kampf ein. Angriffe zu Pferd machten jetzt keinen Sinn mehr. Lediglich eine Reiterschar wandte sich der zu Hilfe eilenden, schon stark dezimierten Reiterei der Feinde zu und konnte sie völlig vernichten. Der nun einsetzende Nahkampf Mann gegen Mann forderte auf beiden Seiten viele Todesopfer.

Die Fremden, immer noch in leichter Überzahl, wagten einen Ausfall und hatten den König zum Ziel erkoren. Doch er und seine Leibwache hielten stand und drängten nun ihrerseits die Angreifer zurück. Friedrich gelang es die drei Anführer zu isolieren, er übersah dabei jedoch, dass ihm niemand zu folgen vermochte. Zum Glück konnte er einen der drei Gegner sofort ausschalten, aber die beiden anderen, offensichtlich in vielen Kämpfen Erfahrenen, erkannten ihre einzige Chance, doch noch mit dem Leben davonzukommen. Sie mussten den König von Thule entweder fangen oder töten. Zwischen den drei ineinander verbissenen Recken hub ein erbittertes Ringen an. Die beiden feindlichen Anführer arbeiteten mit allen Tricks der Ablenkung, sie wirbelten Staub auf, agierten mit Zurufen und mimten kampfunfähig zu sein. Friedrich hatte aus den Augenwinkeln wahrgenommen, dass seine Kämpen dabei waren, die letzten verbliebenen Feinde zu überwältigen. Er selbst hatte sich, wie auch seine Gegner, inzwischen einige Verletzungen zugezogen, doch dann lachte ihm erst einmal das Kampfesglück. Einer seiner beiden Gegner strauchelte und Friedrich konnte den tödlichen Hieb anbringen. Erneut lehnte der feindliche Anführer die Aufgabe ab. Lieber wolle er auf dem Schlachtfeld den Tod finden, als in Gefangenschaft zu geraten. Jenen, die den Tod nicht mehr fürchten, wachsen Kräfte zu, die Friedrich jetzt zu spüren bekam. Nie zuvor stand ihm ein solch entschlossener und erfahrener Gegner gegenüber. Der junge König musste zwei brenzlige Situationen überstehen, doch dann bot sich ihm die Chance. Er konnte einem Hieb ausweichen und selbst den Gegner am Hals treffen. Im Nachsetzen gelang es ihm den schwer Verwundeten zu töten. Heftig atmend senkte der König von Thule Schild und Schwert, der Kampf war zu Ende, sie hatten gesiegt. Aber zu welchem Preis!? Was für einen Blutzoll mussten sie dafür entrichten! Ringsum lagen Tote, röchelten Sterbende und stöhnten Verwundete. Der Jubel über den Sieg blieb allen im Halse stecken. Friedrich und mit ihm die Seinen sanken auf die Knie und stimmten stattdessen das Vaterunser des Ulfilas an, als Dank an den Schöpfer. Stumm umarmten sich Herzog Theodemir und Friedrich, der ihn doch noch erretten konnte. So hatte es Amala von ihrem Vater gehört, der Friedrichs Eingreifen rühmte und dessen sicheren Instinkt hervorhob.

Zu sechst betraten sie die schlichte Kapelle, die rundum mit Szenen der Schlacht ausgemalt war. Hinter dem Altar der segnende Christus, daneben die trauernde Maria und auf der anderen Seite St. Michael, der das Haupt neigte und sein Schwert gesenkt hielt. Amala suchte den Spruch, von dem ihr der Vater erzählt hatte. In diesem Halbdunkel konnte sie ihn nicht entdecken. Erst als sie zurück ins Tageslicht traten, entdeckte Amala das umlaufende Spruchband an der überdachten Außenwand. In der typischen Schrift Friedrichs stand es geschrieben, schwarz auf hellem Grund, umschlossen von der blutroten Farbe der Außenwand. „Auch Siege schlagen tiefe Wunden und hinterlassen nichts als Trauer. Unsere teuren Toten sind für immer verstummt, sie fehlen auf dieser Erde. Nehmt unser aller tiefen Dank entgegen, ihr meine tapferen Getreuen. Gottes Gnade und Friede sei mit Euch in den anderen Welten. Friedrich II. Teja, Rex." In der roten Wand waren die Namen der Gefallenen eingeritzt. Name reihte sich an Name, kündete von achthundert Thulanern, die hier ihr junges Leben aushauchten. Wenige Schritte von der Kapelle entfernt lagen die Gräber der fremden Toten. Es waren weit mehr als Tausend, die hier in der fremden, dunklen Erde ruhten. Kein Name erinnerte an sie, nur die Kreuze auf den Hügeln der Massengräber zeugten von der Stätte ihres Endes. Deren Anführer waren ihnen im Tode gleich, ihre Namen blieben so unbekannt wie die jener, die sie in den Tod geführt hatten.

Die hohen Herrschaften standen neben der kleinen Treppe, von der herab ihr Herrscher zu der dichtgedrängten Menschenmenge sprechen würde. Sie blickten auf ihn ihren König, den Sieger dieser Schlacht und den Heros seines Volkes. „Meine Getreuen, dies ist ein Tag der Trauer nicht des Stolzes. An diesem Tag des Grauens hat vor zehn Jahren der Tod gewütet und eine schreckliche Ernte gefordert. Dort wo nun die Schlachtkapelle steht, blutrot zum ewigen Gedenken bemalt, ist der Boden blutgetränkt. Hier an dieser Stelle galt es zuletzt den Kampf um unsere Heilige Fahne zu bestehen. Am Ende fielen nach hartem Ringen die drei Anführer der sogenannten *Kreuzritter*. Genau an der Stelle auf der ich stehe hat deren tapferer Heerführer den Tod erlitten. Er und seine Mannen wurden aus Gier oder religiöser Verblendung von ihren Herren in den Tod getrieben. Sie brachten Leid über uns, aber auch über die Angehörigen der hier unbekannt gebliebenen Eindringlinge.

Ihr Hinterbliebenen seid an diesem Schreckenstag zu Opfern geworden. Hier habt Ihr Euren Mann, Vater, Sohn und Verwandten verloren. Wir, die Kämpfer haben sie vor uns mit von Tränen feuchten Augen liegen sehen, unsere Brüder, Freunde und Gefährten. Diese Wahlstatt war übersät mit Toten, Sterbenden und Verwundeten; Thulanern und Eindringlingen. Sie alle wollten leben, waren voll der Hoffnung und der Lebensfreude. Alles war zu Ende an diesem schrecklichen Tag, diesem Tag des Schauders und der Trauer. Nicht der Kampf stärkt uns und macht uns zu Männern. Das ist nichts als törichte und barbarische Anmaßung. Der Frieden ist es, der uns leben lässt, der Kinderlachen und Gattenliebe blühen lässt und die Freude am anderen. Nun sind sie, so wie ich es verewigen ließ, in anderen Welten. Sie sind als Geschöpfe Gottes zu ihm heimgekehrt und leben jetzt in seinem ewigen Frieden. Diesen Frieden meine Getreuen, den müssen wir uns schon auf Erden schaffen, damit sich in unserem Thule nie wieder Menschen auf einem solchen Felde gegenüber stehen müssen. Damit sie nicht bang hoffen müssen, am Ende der Schlacht überlebt und keine schweren Verwundungen davongetragen zu haben. Damit wir nicht wieder unsere Angst niederringen müssen – ja, auch ich bekenne mich zu ihr – und Gottes Beistand für friedliche Dinge erbitten können."

Tiefe Ergriffenheit hatte die Menschen erfasst, viele weinten still, manche schluchzten. Friedrich war immer in sich gekehrter geworden, er, der eigenhändig nicht nur den drei Anführern sondern auch noch vielen anderen den Tod gebracht hatte. Er litt sichtlich, vor seinem inneren Auge liefen die Szenen der Schlacht noch einmal ab. Nach langer stummer Pause trat Bischof Adalbert zum König und drückte ihm gerührt die Hand. Danach stimmte er das Vaterunser an, und zwar jenes, das der Herrscher hier umringt von Überlebenden und Toten vor zehn Jahren mit den Seinen gebetet hatte. Des Ulfilas Gebet, aus vielen Kehlen kommend, galt dem Herr des Himmels und den hier Gefallenen.

Mit etlichen der Angehörigen wechselte der Herrscher einige Worte, ihn erreichte der Dank für sein Mitgefühl und seine in all den dazwischen liegenden Jahren gewährte Mildtätigkeit. Der sehr alte Graf Munderich, der in der Schlacht beide Söhne verloren hatte, sprach den Umstehenden aus dem Herzen. Mit zitternder Stimme sagte er: „Majestät, welch eine Rede, getragen von Mitgefühl und Größe! Ihr, der Feldherr, kämpftet selbst an vorderster Position, brachtet Tod und Verderben über die Fremden, Ihr der große Held und glorreiche Sieger. Doch nicht das berühmtet Ihr, empfindet weder Genugtuung noch Stolz. Nein, Trauer war es und Mitleiden mit uns Opfern, den Leidenden und Verletzten. Das haben wir alle erfahren, mein hochverehrter Herrscher, und hat mir all die Jahre die Kraft gegeben zu überleben, ohne Söhne, ohne Zukunft für mich, doch voll der Zukunft für unser Thule. Das hat mir das Schwere etwas leichter gemacht, so bitter es für mich war und ist." Spontan umarmte König Friedrich den Greis, der seinen Tränen nicht länger Einhalt gebot. Friedrich schwieg, selbst tief berührt, wie auch die Königin, die bei ihrem Mann stand. Schweigend und sehr nachdenklich verließen die hohen Herrschaften die Wahlstatt, nach ihnen kamen die Angehörigen und alle anderen. Wieder hatte Friedrich seiner Frau einen tiefen Einblick in sein Wesen gewährt, und die tiefe Liebe zu ihm wie die Achtung vor ihm erneut genährt. Nachdenklich waren die Mienen der Paladine und Leibwächter, die sich großteils noch in keiner Schlacht beweisen mussten. Ob sie wohl, so wie die Königin, über die Vergänglichkeit von Ruhm und Siegesgefühl nachdachten und über die Unvergänglichkeit von Trauer und Tod?

Vor dem Rathaus erwarteten der Stadtpatrizius, Reeder Ildibad, und einige Ratsherren den Herrscher. Sie schienen es wichtig zu haben und wollten ihrem König das Ergebnis ihrer Nachforschungen präsentieren. „Hohe Majestät, wir haben im Grundbuch die Besitzer der angrenzenden Grundstücke ermittelt. Es sind nur drei, die Krone, wir, die Stadt, und ein Privatmann, der über den Großteil des Geländes verfügt. Wir kommen gerade von ihm und haben ein offenes Ohr für unser Anliegen gefunden. Er ist ein hoch betagter und schwer kranker Herr, der draußen auf seinem Landgut lebt. Als er erfuhr, dass Ihr, Hohe Majestät, in unseren Mauern weilt, da wurde er traurig. Er sagte, wie gerne hätte ich unseren König noch einmal gesehen, dem ich so viel verdanke. Wir konnten uns nicht erklären worauf sich das bezog.“ „Ich mir auch nicht, meine Herren, wie heißt denn der alte Herr?“ „Magnus, Hohe Majestät, Ritter Marius Magnus mit vollem Namen.“ Der König lächelte wissend und entgegnete: „Nun erinnere ich mich, ich konnte vor Jahren das falsche Urteil eines Gerichts zu seinen Gunsten kassieren. Ihn wähnte ich längst tot, er war doch damals schon sehr alt und hinfällig, so sagten es zumindest die Gerichtsakten aus. Meine Herren, der alte Herr interessiert mich, lasst uns zu ihm reiten!“

„Hohe Majestät, er lebt nicht in der Stadt, sondern draußen vor den Toren!“ „Das sagtet Ihr schon, Ildibad, Ihr wollt wohl verhindern, dass ich ihn aufsuche?“ Verlegen gab es der Patrizius zu: „Hohe Majestät, wir wollten Euch den Anblick des heruntergekommenen Anwesens ersparen und vor allem den des vom Tode Gezeichneten.“ Der König fand das zwar rücksichtsvoll, gab ihnen jedoch zu bedenken, dass er auch diese Seite des Lebens kenne. Diese hätte er in Italien erlebt und sie würde ihn nicht schrecken. Seiner Gemahlin wolle er es allerdings ersparen. Das war nicht im Sinne der Königin, die ihren Gemahl bat, sie mitzunehmen. Dem Königspaar und den Räten schlossen sich der Herzog und der Kanzler an. Unweit der Schlachtkapelle bog der Weg rechts ab, wurde bald darauf richtig schlecht. Doch auch der bildete kein Hindernis und die Casa Magnus kam in Sicht. Das Anwesen, ein einst schönes zweistöckiges Gebäude, war von morbidem Charme. Unter dem löchrigen Vordach, mühsam getragen von bemoosten Säulen, erwartete sie ein vom langen Leben gebeugter Diener. Er und das Gebäude hatten schon bessere Zeiten gesehen.

Drinnen war alles verhangen, Dämmerlicht umfing die Besucher als sie die Marmortreppen empor stiegen. In einem großen Bett liegend empfing Ritter Marius Magnus die unerwarteten Gäste und deren Grüße. Seine Wangen waren eingefallen, die Haut pergamenten und die Augen lagen tief in den Höhlen. Doch die glühten auf als er die Gäste sah, er begriff allerdings nicht sofort, was ihm geschah. Er blickte vom einen zum anderen und blieb gebannt am Antlitz des Königs hängen. Versonnen, mit brüchiger Stimme sagte er: „Friedrich Teja, Thules größter Sohn, unser Herrscher in meinem Haus. Oh welch eine Gnade wird mir durch Euch zu Teil, Hohe Majestät." Friedrich reichte ihm seine Hand, die der alte Herr küsste, dabei wirkte er einen Augenblick lang wie verjüngt. „Es ist keine Gnade, Ritter Magnus, es ist Neugierde auf jenen, der einst für mich als Namen auf einer Akte auftauchte. Vielleicht bin ich an Eurem wohlklingenden Namen hängen geblieben." „Ihr, Hohe Majestät, hattet als Einziger das Unrecht erkannt, das mir angetan wurde. Ihr habt alles aufrollen und mir Gerechtigkeit widerfahren lassen. Das war für mich so wichtig, aus tiefer Verzweiflung wurde ich wieder in den alten Stand gehoben, und durfte so doch noch Gerechtigkeit erleben. Ihr selbst, Hohe Majestät, hattet Euch für den Fehler des Richters entschuldigt. Diesen Brief habe ich in Ehren aufgehoben." „Ritter Magnus, mich empörte, wie statt Fakten und Recht Gerüchte und purer Aberglaube Triumphe feierten. Ja, und betrübt von diesem Niveau, auf dem sich einer unserer hohen Richter bewegt hatte. Er vertrat Thule übel, und dafür musste ich mich als Oberster Richter entschuldigen. Es war mir ein persönliches Anliegen." „Das zeigt Eure Menschlichkeit und Eure Größe, Hohe Majestät. Viel erlebte ich in meinem langen Leben, doch nie ist mir ein Hoher Herr so begegnet. Ich hatte Euch zuvor gesehen auf dem Schlachtfeld, als ihr die Toten abschrittet und Euch der Tränen nicht schämtet. Wie Ihr den Verwundeten Trost brachtet, das waren keine leeren Worte. Ich war in der Nähe als Ihr Eure Rüstung abgelegt und den Helm abgenommen hattet, sah Eure Wunden, es waren nicht wenige, andere hätten damit nicht weiterkämpfen können. Doch Ihr nahmt Euch stattdessen der Anderen an. Und solch einen Herrscher schmähte Berengar als Antichrist. Mehr an Nächstenliebe habe ich in meinem langen Leben nie erlebt. Und nun steht Ihr sogar in Person vor mir, verschönt mir die letzten Stunden meines irdischen Daseins. Dies wird mir die Reise ins Jenseits leicht machen. Hohe Majestät, Gott segne und schütze Euch!"

Amala hatte den Greis unentwegt betrachtet und angehört. Sie hatte längst vergessen, wie es rings um aussah. Der alte Herr leuchtete von Innen, Friedrich hatte ihm mit seinem Kommen Freude und einen letzten Strahl des Glücks gebracht. Ihres Mannes Stimme unterbrach ihr Nachdenken. „Warum ward Ihr damals in meiner Nähe, Ritter Magnus? Es waren doch nur Kämpfer um mich?" „Erinnert Ihr Euch an jene Männer in grauen Kutten, welche die Sterbenden trösteten und den Verwundeten halfen?" „Aber ja, sie waren der einzige Lichtblick an diesem Tag des Mordens, diese barmherzigen Brüder!" „Majestät, ich war einer von ihnen, einer aus der Ritterschaft von St. Markus."

Nach diesem Dialog stellte der König seine Gemahlin vor. „Ich habe von Euch gehört, Königliche Hoheit, sie nennen Euch den Engel von Thule, welch eine zutreffende Bezeichnung. Wenn die Schönheit der Jugend verblasst sein wird, dann bleibt Euch dieser Ehrentitel und wird Euch schmücken. Ihr habt unseren Herrscher für Euch gewonnen, und die Herzen des ganzen Volkes. Ich danke Euch, Königliche Hoheit, dass Ihr Eurem Gemahl, unserem König gefolgt seid." Für alle fand er ein gutes Wort und gab ihnen Segenswünsche. Der außergewöhnliche alte Herr weilte zwar noch in dieser Welt, war aber längst bereit in die Ewigkeit einzugehen.

Zum Patrizius sagte er: „Ildibad, ich war Dir immer gewogen. Du hast damals fest zu mir gestanden, aber nun muss ich Dich enttäuschen. Ich hatte Dir angedeutet, dass ich bereit sei, mein Land der Stadt zu übertragen. Doch nun bin ich anderen Sinnes geworden und will dies nicht mehr." Der verdatterte Patrizius wollte ihm entgegnen, aber der alte Herr fuhr fort: „Ich will es zurückgeben, an den, der mir die größte Freude meines Lebens gemacht hat, an Euch, Hohe Majestät. Mein einziger Erbe, der Neffe meiner Frau war es, der mich in falschen Verdacht brachte. Ihm will ich nichts hinterlassen. Das Einzige, worum ich bitten möchte, ist, meinen drei dienstbaren Geistern, die mein Leben begleiteten, ein würdiges Weiterleben zu ermöglichen. Ildibad, lieber junger Freund, nimm mir diese Wendung nicht übel, sorge jetzt für jemand der meinen letzten Willen festhalten kann."

„Ritter Magnus, der ist im Raum. Ist für Euch unser Kanzler ein gemäßer Schreiber?" Der Greis schmunzelte: „Aber ja, mehr als das, von seiner Klugheit und Treue zu Euch habe ich schon viel gehört, Hohe Majestät. Nun fehlt es allerdings an Papier und Tinte. Ich hätte das Vermächtnis gerne in Eurer Anwesenheit unterzeichnet, denn ich habe nicht mehr lange zu leben. Selbst eine so riesige Freude wie Euer Besuch kostet Kraft." Am Papier scheiterte es nicht, das hatte der Kanzler dabei, wie auch Schreibfeder und Tinte. Er notierte alles, was ihm der alte Ritter diktierte und der König ergänzte es noch um den Passus „der Königliche Vogt kümmert sich um ein würdiges Weiterleben der Bediensteten des Schenkenden." Er fragte ihn noch, ob er etwas dagegen hätte, wenn er das Gelände der Stadt überlassen würde? Der freute sich darüber. So wurde es festgehalten, auch die Bezeichnung des entstehenden Stadtquartiers als Magnus-Viertel. Darüber freute sich der Schenkende besonders, dem durch diese Ehre ein ewiges Gedenken beschert wurde. Hätte er geahnt, dass ihm sogar ein Denkmal gesetzt wurde, hätte ihn vielleicht die Freude übermannt. Der König segnete ihn zum Abschied, legte ihm die rechte Hand auf den Kopf, dankte ihm als Beschenkter und für die Stadt Indulfsvik. Der alte Herr verschied mit dem Leben im Reinen am nächsten Tag.

Dieser besondere Tag klang in einem Gespräch auf der Reichsburg aus. Herzog Alarich fand: „Friedrich, ich durfte wieder einmal von Euch lernen. Ihr habt den Schlüssel zu den Herzen, müsst Euch dabei nie verstellen. Ihr gebt sogar zu, dass selbst Ihr, der Heros Thules, vor dem Kampf Angst empfindet, und danach nichts als Trauer über die verlorenen Gefährten. Ihr versetzt Euch hinein in die Hinterbliebenen und fühlt mit ihnen. Wie Ihr dann am späten Nachmittag mit dem alten Ritter gesprochen habt, hat mich erneut beeindruckt. Ihr seid ein mitfühlender Mensch und bleibt dennoch immer unser bewunderter König. Selten war ich so nachdenklich gestimmt wie heute. Nie wieder werde ich einen Sieg bejubeln, der mit dem Leben so vieler Krieger bezahlt werden musste!" „Lieber Ala, wir müssen ein Leben lang lernen unsere Unzulänglichkeiten zu vermindern und dennoch stets wir selbst zu bleiben. Ihr seid ein guter Herzog, ein fähiger Heerführer und mir ein treuer Freund. Das wiegt schwer, darf jedoch nicht selbstzufrieden machen, es muss vielmehr Ansporn sein. Ich selbst werde ein Leben lang mit meiner dunklen Seite zu ringen haben, und das leider nicht immer mit Erfolg. Doch daraus leite ich meinen Auftrag ab, dagegen anzukämpfen, um meinen eigenen inneren Frieden zu finden. Wir, die eine so große Verantwortung zu tragen haben, müssen öfters in uns hineinhorchen, uns vor Schmeichlern hüten und die so gefährlichen Ohrenbläser meiden.

Abb. 5 Der Ostteil von Indulfsvik

Thules karger Osten

Früh galt es aus den Federn zu kriechen, dabei fand Amala es an diesem Morgen gerade so schön. Angekuschelt an den geliebten Mann konnte sie seinen ruhigen Herzschlag spüren und seine kosende Hand genießen. Doch das ging leider nicht an, heute wartete ein langer und beschwerlicher Weg auf sie, einer, den Graf Giselbrecht als Pfad durch unwirtliches Gelände bezeichnet hatte. Außerdem drohte ihnen dabei ein ungewohnt heißes und trockenes Klima. Herzog Alarich, der ihnen bisher das Ehrengeleit gegeben hatte, befand sich schon auf dem Rückweg. Dadurch wurde das Gefolge des Königspaares zwar kleiner, war aber immer noch beeindruckend. Nach der Stadt ging es gen Norden mit ständigem Blick auf den Apennin, der sich hier in die Ebene hinein schob. Je näher sie dem Gebirge kamen, desto mehr stieg es wie eine dunkle Mauer vor ihnen auf. Die Luft des nahen Meeres umspielte sie, kühl und salzgesättigt. Von einer Anhöhe erblickten sie in der Ferne den Ozean, der mit dem Himmel verschmolz. Noch führte der Weg durch grünes Land und wurde gesäumt von hohen Hecken, die den Wind abhielten. Kreischende Seevögel kündeten von der Nähe des Meeres. Der Fingerberg, ein Ausläufer des Apennins, schien den Weiterritt zu verhindern, denn er endete direkt am Ozean. Die Straße stieg an, folgte der Flanke des Berges und schwang sich zu einem Pass hinauf. Dort oben bot sich ihnen freie Sicht auf den Ozean. Mächtige Wellen donnerten unter ihnen gegen die Felswand, sie trugen weiße Schaumkronen, welche kurz die Klippen überzogen und dann an ihnen zerschellten.

Am Horizont zeigte sich die Klosterinsel St. Jakobus. Diese Insel, so der König zu seiner Frau, sei wie ein Hufeisen ausgebildet und hielte mit seinen beiden Ästen eine kleinere Insel fest. Vor vielen Jahren habe er dem oben liegenden, grellweiß gekalkten Kloster einen Besuch abgestattet. Als er damals auf die kärglich bewachsene Insel hinabblickte, habe sich ihm ein Bild aufgedrängt: Die Insel sei ein geborstener Vulkan, der seine Bergspitze zu den Wolken geschleudert hatte und dann teilweise im Meer versunken war. Trotz der freundlichen Mönche habe er sich dort unbehaglich gefühlt. Er empfand eine unheimliche Bedrohung, gegen die weder Klugheit noch Kraft etwas bewirken könne, und ihm seine Winzigkeit und Ohnmacht vor Augen geführt habe. Dagegen nütze weder Purpur noch Krone, dort herrsche einzig und allein der Herr der Natur. Er sei froh gewesen sich wieder dem Bannkreis des schlafenden Vulkans entziehen zu können. Der Zug hatte unterhalb des Passes an einer Ausbuchtung angehalten, um den Anblick des Meeres auf sich wirken zu lassen. Eine niedere Mauer trennte sie beim weiteren Aufstieg vor dem Abgrund. Die Straße wurde noch enger und zwang den Zug in die Länge. Friedrich sagte zu seiner Frau: „Hier auf diesem Pass, der so gut zu verteidigen ist, stelle ich mir jedes Mal vor, ich stünde am Engpass von Thermopylae.“ „Du stellst mich vor ein Rätsel, was hat es mit diesem Ort auf sich?“ „Verzeih, ich wälze ständig meine Gedanken und lasse mich von Gegend und Wetter zu Assoziationen verleiten. In Hellas konnte der Spartanerkönig Leonidas auf dem Engpass von Thermopylae mit wenigen Getreuen das riesige Heer der Perser aufhalten. Durch Verrat, damals wie heute der Helden Feind, wurde er nach heldenmütigem Kampf überwunden. Der Opfertod der tapferen Spartaner gab den Hellenen die nötige Zeit, um die Verteidigung vorbereiten zu können. Dadurch konnten sie das übermächtige Perserheer zum Rückzug zwingen. Dort unten in der weitgeschwungenen Bucht sind schon einige Male Invasoren an Land gegangen, um in Thule einzufallen. Lass uns die trüben Erinnerungen nun verscheuchen und hinunter reiten in den Salzgau.“

Während des Abstiegs erfuhr Amala von ihrem Mann, dass eine kalte Meeresströmung längs der Küste verlief, die viele Fische nähre und den Regen zurückhalten würde. Er bereitete sie darauf vor, dass je weiter sie nach Norden gelangen würden, das Land desto karger würde und allmählich in eine Küstenwüste überginge. Dafür schenke die Natur den Menschen in den Drachenbergen Gold und edle Steine. Die Ölbäume an den vor ihnen liegenden Hügelketten bescherten ihnen flüssiges Gold und die Salinen am Saum des Meeres ein besonderes Salz. Und noch etwas gelte es heraus zu stellen – vor einigen Jahren wurden zufällig weiche, schwarze, brennbare Steine gefunden, die das Eisenerz viel heißer schmelzen ließ als Holzkohle. „Dies ist ein karges und reiches Land, zugleich ein wildes und schönes Land. Du wirst es nun erleben.“ Das Land wirkte zunehmend abweisend, was der nach Westen zurückweichende schroff abfallende Fingerberg noch verstärkte. Sie ritten auf einer Straße, die immer wieder von Flugsand bedeckt war, querten auf einer Furt ein schütteres Flüsschen, kamen durch ein befestigtes Dorf, überquerten einen Fluss und zogen nun an den Drachenbergen entlang. Dank besseren Wegs kam der Hauptort des Salzgaus gegen Spätnachmittag in Sicht. Nach einem kleinen Anstieg standen sie vor dem Südtor Schwarzbergs, der Hauptstadt Giselbrechts. Wie immer wurden sie von der ganzen Bevölkerung begrüßt und bejubelt. Der Besuch des Königs war ein so außergewöhnliches Ereignis, dass die Menschen seit Tagen mit Vorbereitungen beschäftigt waren. Der Rat der Stadt und der Abt des Klosters mit allen Bürgern seien hochbeglückt vom Besuch des Herrschers. Selten habe ein König den Weg hierher gefunden und nie zuvor eine Königin, sagte der geschichtskundige Abt. Die kleine Stadt entstand im Laufe der Jahrhunderte im Schatten des Reichsklosters St. Markus, dessen mächtige Türme den Ort zu ducken schienen. Doch das Städtchen lebte nicht nur vom Kloster. Hier befanden sich das Zentrum der Ölgewinnung, der Sammelpunkt der Salzzüge und der Stützpunkt der Bergleute. Nirgendwo in Thule fanden die Olivenbäume so gute Bedingungen vor wie im Salzgau.

Die Mahlzeit nahmen sie, so hatte es der König vorbereiten lassen, als Gäste der Königin ein. Unter der ausladenden Pergola im Hof des Königinnenguts Steintal tafelten sie mit den Honoratioren der Stadt, bestaunt von den Bediensteten des Gutes. Für Amala war es ein eigenartiges Gefühl als die Herrin des Gutes begrüßt zu werden; entsprechend neugierig wurde sie daher beäugt. Doch es schien zur allgemeinen Zufriedenheit ausgefallen zu sein, wozu die Königin mit ihrer Ansprache an die Mägde und Knechte beitrug. Allen wurde ein frisches Olivenbrot gereicht und ein kräftiger roter Wein, der hier wuchs. Im Gut roch es überall nach Öl, zwar nicht unangenehm, aber alles einnehmend. Viele Ölpressen warteten auf den Segen der Bäume, zahlreiche Amphoren und Fässer leisteten ihnen dabei Gesellschaft. Neben Pressengebäude und Öllager gab es Stallungen für die Pferde und Maultiere, die das Öl zumeist nach Indulfsvik brachten. Amala erfuhr, dass die besten Amphoren aus einer Werkstatt stammten, die dem Markgrafen Bodo gehörte. Im Salzgau gäbe es weder brauchbaren Ton noch gutes Holz für die Fässer. Anschließend ritten sie hinaus in die Haine der Ölbäume. Unter dem silbern schimmernden Blätterwerk erfreute blühender Mohn das Auge. Nachdem die Gäste gegangen waren, stand die Visite der Bücher auf dem Plan. Der Gutsvogt der Königin, ein jung gebliebener Graukopf, hatte sie stolz durch das Gut geführt und zeigte nun die Bücher vor. Die Anerkennung für seine mustergültige Verwaltung und Arbeit von seiner Herrin und sogar vom Herrscher selbst, ließ ihn erglühen wie ein junges Mädchen. Das Lob gab er sogleich weiter an das Gesinde.

„Hast Du Lust, mit mir in die Wüste zu reiten, Cara?“ Dem Königspaar, wie immer treulich gehütet durch ihre Leibwächter, schlossen sich der Kanzler, Giselbrecht und Roderich, der Anführer der Paladine an. Die Pferde stoben durch den Sand und wirbelten eine Staubschleppe hinter sich auf. Der Sand sah von ferne aus wie Goldkörnchen, aus der Nähe wirkte er rosa und am Abend auf dem Rückweg herrschte ein rötlicher Ton vor. Zum Meer hin wurden die Sanddünen höher und zwangen die Reiter zu Umwegen. Fast unvermittelt erreichten sie das Ufer des Meeres. Neben ihnen wanderten die Dünen in die See, sie wurden laut Giselbrecht durch die Strömung wieder weiter im Norden angelagert und schoben die Küstenlinie ins flache Meer hinaus. Dabei entstünden Lagunen, die zur Salzgewinnung geradezu aufforderten. In Schwarzberg fließe das grüne Gold und an den Lagunen würde das weiße Gold zu Kegeln geformt, um sie besser transportieren zu können. Mitten in der Dünenlandschaft war es unwirklich still, kein Laut störte die Ruhe, kein Halm oder Strauch brachte eine andere Farbe ein. Gewaltige Wellen brandeten gegen den Strand, überschlugen sich und raubten sich selbst ihre Kraft. Friedrich, der mit der Natur so vertraute, schaute auf einmal kritisch zum Himmel und prüfte den Wind. „Das Wetter schlägt um. Ostwind kommt auf, was für morgen entweder Gluthitze oder gar Sturm verspricht, wie es aussieht wird es kein

Honigschlecken werden. Wir haben jedoch keine Eile, erst in einigen Stunden werden wir damit zu tun bekommen."

Seine Amala wollte wissen woraus er dies ableiten würde. Mit ihrer Frage rührte sie ein Geheimnis des Königs, das er bisher für sich behalten hatte. Auf einer *Flucht* nach Afrika sei er in seinen jungen Königsjahren mit einer Karawane auf einem Dromedar in die Wüste geritten. Als die Karawane überfallen wurde, konnten sie dank der drei kampferprobten Thulaner die Angreifer entweder töten oder in die Flucht schlagen. Zum Dank seien sie als Brüder der Männer angenommen worden und hätten so in wenigen Tagen mehr erfahren als sonst in einem Jahr. Die Sandwüste sei bald in eine unwirtliche, mit scharfkantigen Steinen bedeckte Wüste übergegangen. Dort fand sich kein Wasser und keinerlei Schutz vor Sonne und Wind. Der kluge Karawanenführer, der die Sahara schon längs durchritten hatte, erzählte Interessantes über das unendliche Wüstenmeer. Er sprach von hohen Gebirgen mit Quellen, Bäumen und Teichen, großen Inseln in der riesigen Wüste. Nur der Kundige könnte die seltenen Quellen und Brunnen finden, oft geschützt durch Klippen vor dem immerwährenden Ansturm von Sonne und Wind. Dazu gehörte auch die Nachtkälte, die Steine mit lautem Knall zerspringen ließe. „Meine Augen suchten ringsum den Boden ab, ich hoffte Grüße des Himmels zu finden, einen Meteoriten. Stattdessen fand ich gelegentlich Tonscherben und steinerne Werkzeuge, aber auch Waffen wie Beile und Pfeilspitzen. Ali, unser Führer, hatte tief im Innern der Wüste an geschützten Felswänden farbige Zeichnungen gesehen. Sie zeigten Menschen auf der Jagd nach Großtieren und mit großen Rinderherden. Daraus schloss der weise Alte, dass die Wüste lange vor uns ein Paradies war und Tausende von Menschen gut leben ließ. Gerne wäre ich mit ihm dorthin geritten, aber mein Auftrag, in Thule zu herrschen, ließ das nicht zu. Eigentlich durfte ich mir selbst diesen *Ausflug* nicht leisten. Diese unglaubliche Freiheit und Endlosigkeit verband sich mit dem wohligen Gefühl zeitlos zu sein. Die Sahara ist ein großes Wunder, für den Unkundigen jedoch die Hölle."

Staunend hatten sie ihrem König zugehört, diesem so rätselhaften nach Erkenntnis strebenden Herrn, der alles hinterfragte und über vieles nachdachte. Während Friedrich mit Giselbrecht etwas besprach, wandte sich der Kanzler an die Königin. „Königliche Hoheit, da meine ich fast alles über meinen Herrn zu wissen, doch dann taucht wieder eine neue Facette auf und verwirrt mich. Mir ist längst so, als habe uns Gott in Ihrem Gemahl eine Neufassung des Menschen vor Augen geführt. Verzeiht, manchmal wirkt er auf mich als käme er aus einer anderen Zeit. Vielleicht ist er, der Widergänger seines Kaiserlichen Ahns, zu früh oder schon mehrmals auf dieser Welt geboren worden. Er handelt oft so, als wäre ihm alles schon lange vertraut und als denke er anders als wir. Wie müssen wir ihn mit unserem Glauben an magische Kräfte nerven, ganz zu schweigen vom allgegenwärtigen Aberglauben." Lachend entgegnete ihm die Königin: „Lieber Markgraf Rainald, dennoch bin ich glücklich, dass es ihn zu uns verschlagen hat. Zum Glück ist er nicht nur der Denker und derjenige, der alles hinterfragen muss. Er ist auch ein Mensch und nicht einmal frei von liebenswerten Schwächen!" Der Kanzler stimmte in ihr Lachen ein: „Gott sei Dank ist dies so, denn sonst würde er mit Gott verwechselt werden, wozu nicht wenige Thulaner längst neigen. Welch ein Segen, dass es ihn gibt und er bei aller Hoheit Mensch geblieben ist und nicht der Erzengel Michael." Amala zuckte zusammen, nicht nur sie hatte, als Friedrich in ihr Leben trat, diese Assoziation. Der Kanzler ergänzte noch: „Das Bild des kämpferischen Michael wird bei mir zunehmend verdrängt vom Bild des Friedensfürsten."

Früh am nächsten Morgen zogen sie weiter gen Norden. Sie hatten nicht die an der Wüste entlang führende Straße genommen, sondern den direkten Weg zum Kloster St. Martin eingeschlagen, der durch das Steintal führte. Nach wenigen Meilen lahmte Norma, schaute ihre Herrin so an als wolle sie sich dafür entschuldigen. Friedrich, der Pferdekenner, sah sich den Huf an und schnitt behutsam einen langen Dorn heraus, den sich die Stute beim Wüstenritt zugezogen hatte. Norma solle sich schonen, meinte er. „Ich nehme den Sultan, der ist ohnehin eifersüchtig auf seinen Bruder und Dich trägt der Pegasus." „Das geht doch nicht, Dein Pegasus ist das offizielle Pferd des Königs. Das darfst Du den Thulaner nicht antun." „Du machst Dir unnötige Gedanken. Die Thulaner auf die wir heute treffen, lassen sich an einer Hand abzählen. Außerdem bist Du allemal die Königin." Wie immer *beugte* sie sich ihrem Gemahl, sicher nicht ganz uneigennützig. Pegasus und Sultan schnaubten sich kurz unfreundlich an, doch ein scharfer Befehl ihres Herrn brachte die beiden Brüder zur Raison. Norma trottete ohne Leine und Last hinter ihren Brüdern her, als müsste es so sein. Friedrich schaute immer wieder besorgt zum Himmel und drängte zur Eile. In flottem Trab ging es nordwärts. Es schien den anderen so, als hätte sich ihr Herr getäuscht, denn der starke Wind hatte nachgelassen und damit war doch alles in bester Ordnung. Lediglich der Himmel hatte sich verändert, im Osten zog eine dunkle Wolkenwand auf, die einen schwefelgelben Rand hatte. Der König hob den Arm, deutete auf die Berge hin, ergriff die Zügel von Pegasus und der Zug ritt im Galopp direkt auf das nahe Gebirge zu. An dessen Fuß zeigten sich einige Bäume und Büsche, hinter denen sie Schutz suchen wollten. Zu aller Überraschung öffnete sich dahinter eine schmale Schlucht, in die sie hinein ritten, der König voraus. Er erwartete Gefahr und hatte sein Schwert gezogen, winkte Giselbrecht an seine Seite, während Roderich die Königin in seine Obhut nahm. Vorsichtig bewegten sie sich solange vorwärts bis sich die Schlucht zu einem kleinen Kessel geweitet hatte. Ein Überhang bot ihnen hier Schutz.

Alle Pferde wurden mit der Nase zum Fels gestellt, der König ging vom einen zum anderen, sprach sie beruhigend an, und die Tiere schienen instinktiv zu begreifen, was ihr *Leittier* von ihnen forderte. Die Menschen zogen sich trotz der Hitze eine Pelerine über. Eng aneinander gekauert setzten sie sich an die Felswand. Willig wurden die Anweisungen des Königs befolgt, sie verließen sich darauf, dass er alles gut bedacht hatte. Kurz darauf ging es los, die Welt schien unterzugehen. Auf einen Schlag wurde es dunkel, folgte die Stunde des Windes, oder wie die Abergläubigen dachten, die des Teufels. Der Sturm peitschte in die Schlucht hinein, verstärkte seine Gewalt durch Sand und tobte sich mit einem an und abschwellenden Geheul aus. Amala lehnte an Friedrichs Brust, sein weiter Mantel umschloss sie. Neben ihnen saß die angstgeschüttelte Zofe Agnes, die ihr Bruder Manfred nicht zu beruhigen vermochte. Erst die Anrede des Königs beruhigte sie und die anderen, die im Wirken der Natur ein Werk des Teufels sahen. Erneut trat eine Stille ein, die alle aufatmen ließ, nicht aber den König. „Das ist die Ruhe vor dem Sandsturm, dem Samum“, wie er sagte. „Spart Eure Kräfte, beruhigt die Pferde und beugt die Köpfe. Was jetzt kommt wird noch heftiger als zuvor, geht aber schneller vorüber. Die Sahara schickt uns ihre wilden Grüße.“ Das gab seinem Gefolge die innere Ruhe, und die war wahrlich nötig, denn jetzt brach es über sie herein. Überall peitschender Sand, schneidender Wind, entsetzliches Heulen und Pfeifen in fast völliger Dunkelheit. Amala, die sich vor Gewittern so ängstigte, empfand keine Angst. Ihres Mannes Ruhe und Gelassenheit übertrug sich auf sie. Sie genoss seine Nähe, sein Gesicht beugte er über sie und schlang seine Arme schützend um seine Frau. So schnell wie es aufgezogen war, so rasch verschwand das Unwetter. Nur der rötliche Staub, der alles bedeckte und in jede Ritze der Gewänder eingedrungen war, erinnerte an den Spuk.

Das kleine Rinnsal, das an einigen Stellen den Talkessel genetzt hatte, war völlig zugedeckt, die spärlichen Büsche trugen eine gelbliche Tarnkappe. Friedrich stocherte im Bachbett und hob etwas auf, was er in seiner Tunika verschwinden ließ. Noch immer gab er kein Zeichen zum Aufbruch. Er rief Giselbrecht und Roderich an seine Seite und erteilte den Paladinen eine Anweisung. Die Krieger rüsteten sich, ließen sich von den Knappen die Brünne überwerfen und zuziehen, ergriffen ihre Schilde. Dann ritten die drei Männe los. Friedrich rief seiner Frau zu: „Cara, wir sind bald zurück.“ Das bald dauerte der besorgten Amala viel zu lange, endlich ertönte ein Hornstoß und die Paladine fegten in die bergan führende Schlucht hinein. Was ging hier vor? Auch der Kanzler wusste es nicht, er vermutete, dass es hier Bären gab. Doch es waren keine Bären, auf die sie gestoßen waren, sondern eine Bande Vogelfreier, die von hier aus ihre Raubzüge unternahmen. Diese hatten die beiden Fremden plötzlich unweit ihres Dorfes mit Pfeilschüssen angegriffen, was die beiden Kämpen mit ihren Schilden abwehrten und selbst zum Angriff über gingen. Im

Nahkampf hatten diese erbärmlichen Gestalten nicht die geringste Chance und zahlten für ihre Kühnheit mit dem Leben. Das erfuhren die Zurückbleibenden von Roderich, der sie bat, ihm zu folgen. Der Kampf sei schnell vorüber gewesen. Der König und Graf Giselbrecht hätten viele der Räuber erschlagen, sie selbst hätten gar nicht mehr in den Kampf eingreifen müssen.

War ihr Mann verletzt, was war mit dem Geliebten, der sie in solche Sorge versetzt hatte. Bang schlug Amalas Herz auf dem Weg, der sie immer tiefer in die Berge hineinführte. Hier unter den hohen, senkrecht aufsteigenden und in vielen Farben spielenden Wänden herrschte Dämmerlicht. Der Weg, nicht mehr als ein Bachbett, wand sich in vielen Krümmungen, weitete sich gelegentlich zu kleinen Töpfen oder Kesseln. In einer dieser Ausbuchtungen, allerdings der weitesten dieser Kessel, endete der Ritt durch die Schlucht. Auf einer kleinen Erhebung standen der König und Giselbrecht. Zu Amalas Erleichterung schienen beide unverletzt zu sein, kamen ihnen entgegen, um sie zu führen.

Hinter dem Hügel lag versteckt ein armseliges Dorf. Aus Steinbrocken geschichtete Hütten waren mit groben Brettern bedeckt. Alles war wohl nur provisorisch errichtet worden, die Räuber rechneten wohl damit jederzeit entdeckt zu werden, um dann an einen anderen Platz fliehen zu müssen. Hinter den Hütten lagen schmale Felder und Koppeln. Einige abgemagerte Pferde, Kühe und Kälber zupften an spärlichen Grasbüscheln. Alles machte einen erbärmlichen Eindruck, eben so wie es einem Räubernest zustand. Auf dem Dorfplatz kauerte apathisch eine zerlumpte Schar verhärmter Frauen, Kinder und Alter. Sie hatten große Angst vor den Paladinen und ganz besonders vor dem König, dessen schreckender Ruf auch sie erreicht hatte. Unter einer löcherigen Decke lagen elf Tote, Blut sickerte heraus. Sie hatten sich nicht ergeben, griffen zu den Waffen, was sie besser nicht getan hätten. In dem ungleichen Kampf gegen so erfahrene Krieger blieben sie chancenlos, die vier Überlebenden saßen lethargisch, mit gebundenen Händen in der größten Hütte. Die Paladine hatten die Hütten nach Diebesgut durchsucht, aber nichts gefunden. Erst als sie einen Gefangenen unsanft behandelten, gab er das Gesuchte preis. In einem Seitenkessel lagen zwei Hütten. In der kleineren fand sich das Diebesgut; Preziosen, Münzen, Gerätschaften aus Kirchen, darunter das so gesuchte Goldkreuz des Klosters Heiligensee südlich des großen Veens. Die große Hütte stellte die eigentliche Überraschung dar. In ihr saßen vier angekettete Menschen, die sie befreiten. Damit die Armen das Tageslicht ertragen konnten, wurden ihre Augen mit einer Binde bedeckt. Den Bedauernswerten hingen ihre einst vornehmen Kleider in Fetzen vom Leibe, ihre Arme und Beine waren von den Fesseln wundgescheuert. Es handelte sich um den vermissten Patrizius und drei Räte der Stadt Isterbrücke im oberen Istertal. Sie hatten mit dem Leben abgeschlossen, konnten nur schwer fassen, auf einmal frei zu sein. Aus deren Befragung wie der Vernehmung der Räuber hielten sich der König und sein Kanzler heraus. Der Herrscher hatte seinen Paladinen nur zwei Vorgaben auferlegt. „Vernehmt die Vogelfreien einzeln und bringt mir dabei den mutmaßlichen Zugang zum Salviatal heraus!“ Giselbrecht wollte sich dies nicht entgehen lassen und gesellte sich zu den befragenden Paladinen.

Der König nahm Gemahlin und Kanzler zur Seite, um ihnen etwas zu zeigen, worüber er zu schweigen bat. Stellenweise hatte der Flugsand das kümmerliche Rinnsal nicht völlig bedeckt. Dort zeigte Friedrich auf einen gläsernen kleinen Kristallbrocken. Sie folgten ihm einige Schritte, der König bückte sich nach einem größeren Kristall und gab ihn seiner Frau in die Hand. Der scharfkantige Stein war glatt und durchsichtig und fühlte sich schwerer an als es seiner Größe nach sein konnte. „Ich vermute, dies ist kein Bergkristall sondern ein Edelstein, vielleicht sogar ein Diamant, denn er ähnelt jenen Rohdiamanten, die im Schatzturm liegen.“ Er nahm einen kleinen Ast, tauchte ihn in eine Pfütze und berührte damit den Stein. Dort verlief der Tropfen nicht, sondern wölbte sich auf. Das sei ein erster Test, zu einem weiteren brauche er eine Glasscheibe. Könnte diese mit dem Kristall tief und mühelos geritzt werden, hätten sie den kostbaren Edelstein vor sich. Vorsichtshalber nahm der König dieses Labyrinth der Schluchten und das sie umgebende Gebirge in den Besitz der Krone. Es sei eine Schutzmaßnahme, um ungehemmte Gier und Morde zu unterbinden. „Rainald, sollte meine Vermutung zutreffen, dann müssen wir zuerst das Bachbett und die Nebenschluchten absuchen lassen. Finden sich die Steine nur in diesem Rinnsal, müssen wir als nächstes feststellen, wo diese massiert auftreten und vor allem von wo an. Vermutlich wäscht der Bach bei Hochwasser die Steine aus dem Fels. Die Marken des Hochwassers sind an den Wänden der Schlucht nicht zu übersehen. Am Fundort werden wir eine Mine gründen und die edlen Steine aus dem Muttergestein lösen. Wohlgemerkt, dies ist bisher nur ein Verdacht, diesen offenzulegen würde genügen, um selbst bei besonnenen Menschen Unruhe auszulösen. Ist das Bachbett untersucht und die Fundstelle gesichert, gilt es dort weiter zu suchen, wo das Bächlein ins Steintal tritt. Es könnte sein, dass in den Jahrtausenden weitere Steine durch kräftige Fluten angespült wurden. Danach bauen wir durch diese Schlucht eine Fahrstraße, um den Salzgau mit Isteria zu verbinden. Ich erhoffe mir einen dritten und bequemeren Übergang durch die Drachenberge. Den würde ich auch aus militärischen Gründen begrüßen, so könnten wir ein Heer bei Überfällen schneller an die Ostküste verlegen. Der Dalapass ist zu beschwerlich und zeitraubend. Außerdem verspreche ich mir eine Entwicklung des oberen Salviatales und Impulse für den Salzgau.“ Rainald empfahl auch jene Bereiche des Salviatals und des Steinbachs unter den Schutz der Krone zu stellen, in denen später die neuen Straßen geführt werden sollen.

Friedrich begnügte sich wieder einmal weder mit dem Walten Gottes noch den Erklärungen der Kirche, er strebte stattdessen verbissen nach Erkenntnissen. Hatte dies nicht auch seinen Ahn Kaiser Friedrich II. umgetrieben? Wie gerne hätte er selbst alles erkundet. So musste er sich begnügen, dass nach seinen Anweisungen vorgegangen wurde. Amala lernte durch ihn besser zu beobachten. Sie sah jetzt die spärlichen Grasbüschel und andere Spuren des Wassers an den Schluchtwänden. Amala erkannte, dass diese dort nicht wuchsen, sondern hinaufgespült wurden und an den kümmerlichen Büschen in den Felsspalten hängen geblieben waren. Ihr Fried glaubte nicht an Geister, Elfen, Trolle und Teufelswerk, er suchte für alles eine nachprüfbare Deutung. Häufig setzte er dazu, er könne es nicht beweisen, aber vermuten. So müsse er es erst einmal als Annahme stehen lassen, bis ihm jemand eine Erklärung gäbe, die ihm einleuchten würde. Diese sei hochwillkommen, weil sie ihn weiterbringe. Amalas Sinnen unterbrach ihr Mann: „Wir müssen beim Bau der Straße das Hochwasser berücksichtigen, sonst ertrinken uns hier Menschen und Tiere. Dieses namenlose Tal ist dann gegen Eindringlinge leicht zu schützen."

Der König wandte er sich dem nächsten Thema zu. „Lieber Rainald, wem übergeben wir die Gefangenen und deren Anhang? Soll sie Graf Giselbrecht übernehmen, oder bringen wir sie nach Veendamm?" „Majestät, ich habe den Grafen Giselbrecht erst jetzt kennen und schätzen gelernt. Er wird, davon bin ich überzeugt, gerecht richten und für Frauen, Kinder und Alten eine Lösung finden!" Damit bestätigte der Kanzler seinen König, der dann so entschied. „Majestät, woher wusstet Ihr, dass in dieser verlassenen Welt Menschen lebten?" „Ich habe zuerst hinter der Bauminsel am Fuße der Berge einige Fußspuren entdeckt und deren Abdrücke danach im Bachbett. Daher galt es auf der zu Hut sein, der aufziehende Sandsturm schützte uns allerdings vorerst. Das nutzten wir aus, das Ergebnis dieser leichten Übung habt Ihr mitbekommen. Entführung, Diebstahl und Raub haben die Räuber auf dem Kerbholz, wahrscheinlich auch Mord. Vermutlich sind nicht alle der verhärmten Frauen freiwillig hier; doch das werden Giselbrecht und der Richter in Schwarzberg herausfinden."

Eilig ritten sie danach aus der Schlucht ins Steintal hinaus, dort trennten sie sich von Graf Giselbrecht. Die vier Verschleppten ritten in Reserve-Kleidern der Königlichen Knechte mit dem Königszug. Das Tal wurde enger und der Weg führte bald an der Flanke der Hügelkette hinauf, die schroff aus dem Tal aufsteigenden Drachenberge versperrten jede andere Passage. Obwohl sie sich sputen mussten, um noch vor der Dunkelheit das Kloster St. Martin vor der Wüste zu erreichen, ging es nur langsam voran. Den ohnehin beschwerlichen Weg hatte der Flugsand noch unwegsamer gemacht und zwang zu vorsichtigem

Ritt. Das letzte Stück mussten sie im flackernden Licht der Fackeln reiten. Der herzliche Empfang im Kloster St. Martin entschädigte sie jedoch für die Mühen; wobei Amala, dank des sanft schreitenden Pegasus, noch am besten weggekommen war. Das Kloster lag wie eine trutzige Burg auf einem Ausläufer der Drachenberge und versprach für den nächsten Tag eine weite Sicht.

Der Blick am nächsten Morgen bestätigte die Vermutung. Das Meer war übersät mit silbern funkelnden Sternchen, davor lag der schmale golden in der Morgensonne leuchtende Wüstenstreifen. Über allem strahlte ein tiefblauer Himmel, der den gestrigen Sturm vergessen machte. Die kleine Wüste stieß hier auf eine weite Bucht, die vom Elefantenrüssel und kleinen Düneninseln gebildet wurde. Dahinter begann der unendliche Ozean, der bis an die fernen Küsten Europas und Afrikas reichte. Viel näher lagen die bohnenförmigen Lagunen, in denen Salz gewonnen wurde. Direkt unterhalb des Klosters zeigte sich eine Oase. Ein aus den Bergen kommender Bach bewässerte Gärten und Felder, er versickerte bald darauf in der Wüste. Selten war es ihm vergönnt, sich in die Haibucht zu ergießen. Selbst zu Hochwasserzeiten, musste er sich verlustreich durch den Sand kämpfen.

Die Bewirtung durch das wohlhabende Kloster fiel aus dem gewohnten Rahmen, was an den besonderen Früchten ihrer Gärten und Felder lag. Die Obstweine, von denen die im vierten Monat schwangere Königin nur nippen durfte, fanden großen Zuspruch. Aus der kargen Landschaft war unter den kundigen und fleißigen Händen der Mönche ein kleines Paradies entstanden. Aber dieses Paradies war nicht frei von Bedrohung. Die Meeresströmung und die Winde ließen hier, wenn auch selten, Invasoren an dieser Küste anlanden. Daher schützte sich das Kloster durch Mauern wie auch das anschließende Dorf. Im Zeughaus kündeten die Waffen von der Wehrhaftigkeit der Mönche. Ansonsten verbarg sich hinter diesen festen Mauern eine friedliche Welt, in der das Leben seinen immer gleichen Gang nahm. Aber an Feiertagen war alles anders und dieser Tag ein ganz besonderer. So hatte es der Abt Pirmin gesagt. Der Besuch des Königspaares sei ein Novum und eine große Auszeichnung für das Kloster. Der König hatte ihm bei der Synode seinen Besuch angekündigt und er habe damit fest gerechnet. „Wir in Thule bauen auf Gott und unseren König, beide lassen uns nicht im Stich. In unserer Einöde, die wir zwar freiwillig auf uns genommen haben, ist solch ein hoher Besuch eine große Ermutigung. Meine Mitbrüder und ich sind stolz darauf, er bringt Abwechslung in unser Dasein und das Gefühl wertgeschätzt zu werden.“ Der Abt erinnerte Amala an Bischof Adalbert, er war jedoch jünger und sichtlich bei bester Gesundheit. An Mutterwitz und Bildung stand er ihm nur wenig nach, das Gespräch mit ihm erfrischte und belebte.

Ihre neue Kirche hatten sie kühn in eine Nische der schroffen Wand über dem Kloster gebaut. Nur auf einer Seite konnte das Licht durch die schönen bunten Glasfenster einfallen, schuf eine ungewohnte, jedoch feierliche Stimmung. So wie es Zisterziensern entsprach, war alles andere schlicht gehalten, hielt an zu innerer Einkehr und zum Gebet. Steile Treppen führten hinauf, Kreuzwegstationen verschafften den Betenden kleine Verschnaufpausen. Für die Mönche, die diesen Gang mehrmals am Tag gingen, bildete dies einen Teil ihrer körperlichen Ertüchtigung, der andere lag in der unermüdlichen Arbeit in dieser Oase. Doch nicht nur hier waren sie zu Gange. Aus den Lagunen gewannen sie Salz und in den ausgedehnten Olivenhainen das Öl. Den Wohlstand des Klosters mehrten der Fischfang in der Delphinbucht und die Brauerei. „Ora et labora" war im ganzen Kloster spürbar.

Beim Abschied sprach der Abt die Königin an: „Königliche Hoheit, unser gütiger Gott hat uns Ihren Gemahl geschenkt, er will uns über den König eine Tiefe des Denkens erleben lassen, bei der nur noch das Staunen bleibt. Diese Stunden mit ihm haben mich angestrengt, aber auch bereichert, davon werde ich lange zehren können. Möge unser König durch die Gnade Gottes von weiterem Unbill verschont bleiben und uns Thulaner lange regieren, geleiten und beflügeln. Königliche Hoheit, Ihre große Liebe soll der wunderbare Quell bleiben, der ihn nährt und gibt, was ihm alle Thulaner so sehr wünschen: Glück und Freude." Mit diesen Worten machte der Abt Königin Amala ein besonderes Abschiedsgeschenk.

Danach ging es zwischen den schwarzen, gezackten Drachenbergen und den rosagelben Sandbergen der breiter werdenden Küstenwüste nach Norden. Dem am Wege liegenden Nonnenkloster St. Agatha statteten sie einen kurzen Höflichkeitsbesuch ab, denn die alte ehrwürdige Äbtissin Sophia war weitläufig mit dem König verwandt. Nie zuvor hatte das Kloster so viele ahnsehnliche Männer zu Gast. Der Königin waren die sehnsüchtigen Blicke einiger Nonnen und Novizinnen nicht entgangen. Trotz der stattlichen Paladine galten viele der verstohlenen Blicken ihrem Gemahl, der direkt neben der Äbtissin saß. Er war für die meisten Thulanerinnen eben der Mann, Held und Herrscher. So manche von ihnen hatte vermutlich aus Liebeskummer, oder sonst einer spontanen Eingebung folgend, den Schleier genommen. Mit der Zeit hatte die eine oder andere der Schwestern diesen Entschluss sicher hinterfragt und vielleicht bedauert. Amala, die vor noch nicht langer Zeit selbst mit der Überlegung gespielt hatte in ein Kloster einzutreten, konnte sich dies als glückliche Ehefrau so gar nicht mehr vorstellen. Doch als sie die Runde der Nonnen näher auf sich wirken ließ, musste sie zugeben, dass darunter etliche waren, die der Anblick von Männern nicht anfechten konnte. Sie hatten hier in dieser Abgeschiedenheit ihre Erfüllung im Dienst Gottes und der Klostergemeinschaft gefunden. Dazu zählte sicher die vom Alter gebeugte auf einen Stock gestützte Äbtissin. Sie, die Cousine der Großmutter Friedrichs mütterlicherseits, freute sich nicht nur als Äbtissin über den hohen Besuch.

Längst befanden sie sich im Herzogtum Isteria, in dessen östlichstem Gau. Dort, wo die Drachenberge sich gen Westen zurückzogen, tauchte das heutige Ziel Konfluh auf. Die Wüste trat hier zurück und machte einer Grassteppe Platz. Ein großes Dorf, das um eine Brücke herum entstanden sein musste, feierte die Reitenden. Kurz durften sich die Dörfler am Anblick des Herscherpaares erfreuen, der Aufenthalt konnte nur ein flüchtiger sein. Am Fuße von Konfluh hatte sich schon die ganze Bevölkerung versammelt und bereitete dem Königszug einen begeisterten Empfang. Der Gastgeber, Gaugraf Ermanarich, ein Vertrauter Oheim Hildebrandts, ließ das Königspaar bewirten und gestaltete den Abend. Die Stadt lag auf einer nach Westen zu geneigten Felsplatte, thronte hoch über dem Zusammenfluss zweier Flüsse. Deren höchste Erhebung nahm die Grafenburg ein, die einen überwältigenden Blick auf die Wüste und den Vogelsund bot. Ihn konnten sie an diesem Abend auf dem Söller unter beschattenden Sonnensegeln auf sich wirken lassen. Burg und Stadt waren, so wie alle Orte und Klöster an der Ostküste durch massive Mauern geschützt. In ihrer langen Geschichte mussten sie zwei schweren Überfällen trotzen. Ringsum gab es Olivenhaine, aber auch Orangenbäume, die in den Gärten des Talgrunds wuchsen. Ihnen behagte das trockene Klima, so auch den Dattelpalmen, einer Besonderheit der Gegend. Früh schon hatten sie die Seefahrer aus Mauretanien mitgebracht. Den hohen Gästen wurden die Datteln, gefüllt mit Marzipan und eingedicktem Honig zum Nachtisch gereicht. Der Gaugraf bemerkte dazu: „Majestät, wir sind ja hier im Afrika Thules. Vor unserer Haustüre liegt die große Wüste, in der unsere Alava allmählich versickert. Zuvor hat sie noch die Fische genährt, die wir gegessen haben. Diese gibt es nur hier, und das in großer Zahl.“ Er ließ den Gästen durch einen Diener einen Fisch zeigen. Der etwa eine Elle lange Fisch hatte einen fast dreieckigen Kopf und, wie der Graf bedeutete, ein festes Rückgrat und keine Gräten. Die Gäste würdigten den in Limonentunke angerichteten wohlschmeckenden Fisch gebührend.

Der Zug erreichte den Scheitelpunkt des Dalapasses und der König ordnete eine Verschnaufpause an, die sich Reiter und Pferde verdient hatten. Ein kleiner See lud ein sich an seinem Ufer niederzulassen, das Essen auszupacken und den Durst zu stillen. Steil war es bergauf gegangen; das war kein guter Weg für Kutschen und Karren, eher einer für Maultiere und Pferde. Doch wen zog es denn schon hinüber in die Wüstenregion, fast immer wurden nur Waren bewegt. Außerdem ging der Hauptstrom – falls bei dem kärglichen Verkehr überhaupt davon zu sprechen war – gen Süden zum Hafen Indulfsvik. Das galt für Olivenöl, Salz und Erze, neuerdings edle Steine und Kohle. Der König, an den sich seine Frau angelehnt hatte, sagte: „Wenn der Weg durch die Räuberschlucht ausgebaut ist, kommen selbst Fuhrwerke und Kutschen gut durch. Die Straße ist dann viel bequemer und schneller. Würde sie gar, was sich Oheim sicher nicht wünscht, direkt von Hildebrandtsvik südlich des großen Veens geführt werden, dann ginge es noch schneller. Dennoch ist es sicher besser die neue Straße an der Salvia entlang nach Veendam zu führen, aber das werde ich mit Oheim besprechen. Der Dalapass ist zwar beeindruckend, wie Du ja bestätigt hast, aber zu hoch und zu steil. Selbst ein guter Straßenbauer wird hier nicht viel herausholen können. Mit der neuen Straße hätten wir eines der beiden Probleme gelöst, die mich auf diesem Gebiet beschäftigen.“ Nach der Rast ging es bergab, Serpentine an Serpentine reihte sich beim Abstieg ins weite Tal der Ister, dann war es endlich geschafft. Der Weg wurde flach und bequem, grüne Weiden und fruchtbare Felder erfreuten das Auge. Wohlhabende Dörfer boten Abwechslung wie der bejubelte Zug den Dörflern. Bald kam Veendamm am Horizont in Sicht. Amala freute sich auf die Herzogstadt, in der Friedrichs Zieheltern Adelheid und Hildebrandt residierten. Friedrich war hier als Kind oft zu Gast und mit Burg, Stadt und Umland wohl vertraut, auch ihn belebte der Anblick der Stadt. Sie wuchs aus der Ebene heraus, fand Platz auf einem kirchturmhohen Ausläufer der Drachenberge, der sich weit hin zum blauschwarzen Gebirge erstreckte. Über der Silhouette der Stadt erhob sich der Löwenberg, die Herzogsburg war ihr eigentliches Ziel.

Am Untertor erwartete sie eine Abordnung, die das Königspaar zum Großen Platz geleitete. Tausende bereiteten ihnen einen überwältigenden Empfang. Hörner ertönten, Trommeln wurden gerührt und Pfeifen geblasen. Girlanden und Fahnen unterstrichen die Feststimmung der Veendammer. Vor dem Dom wurden sie herzlich umarmt von Oheim und Tante. „Willkommen unsere geliebten Kinder in unserer Stadt. Dich wollen sie sehen, Amala. Sie sind voller Neugierde auf ihres Friedrichs Gemahlin. Sie kennen ihn doch von Kind an, erlebten seine kleinen Streiche und sind stolz auf den großen Sohn ihrer schönen Agnes, die den Älteren noch gut präsent ist.“ Wie fast immer nahm die Tante ihrem Mann das Reden ab, doch auch der Oheim strahlte voller Freude über seine Kinder. Die beiden Bischöfe und der Rat der Stadt schlossen sich der Begrüßung an. Der Patrizius hieß sie herzlich willkommen in der allzeit königstreuen Stadt. Friedrich dankte für den Empfang und hielt eine kurze Ansprache. Eine Aussage gefiel allgemein, nicht nur der Königin. „Meine Getreuen, ist Eure Neugierde nun gestillt? Habe ich nicht die schönste und liebste Gemahlin unter dem Sternenzelt heimgeführt?“ Dabei hob er Amalas rechte Hand in die Höhe und winkte, so wie sie, in die Menge. Tausendfach rollte das ja über den Platz, machte die Gepriesene fast verlegen, Friedrich quittierte es mit erneutem Winken. Er bereitete damit allen eine Freude, derart heiter und ungezwungen hatten sie ihren Herrscher noch nie erlebt. Amala kam nicht dazu sich ein richtiges Bild des Platzes zu machen, zu sehr bannte sie das Familienfest. Aber dies würden sie am folgenden Tag nachholen und nach dem Empfang erst einmal zu Gast bei den Zieheltern Friedrichs sein.

Am Bischofspalast vorbei ritten sie die abschüssige Straße hinunter zur einzigen Brücke über die Isteria, welche die Kernstadt mit der Herzogstadt verband. Dort ballte sich sonst der Verkehr, an diesem Festtag geleiteten sie jedoch nur heimziehende und zu Fuß gehende Menschen. Nicht minder steil ging es hinauf in die Herzogstadt, die repräsentative Gebäude prägten. Darunter das Kloster St. Martin und die Gebäude der Hochschule für Landbau, dem Stolz der Stadt. Die vielen Gasthäuser wie die Landhäuser der Edlen zeigten, sie befanden sich im angesagten Bereich Veendamms. Aus diesem Hügelrücken erwuchs eine weitere Erhebung, der in seinem vorderen Teil die gewaltige Michaelskirche und die Wirtschafts- und Verwaltungsgebäude der Herzogsburg trug. Dahinter ragte die Löwenburg auf, die aus drei umbauten Höfen bestand. In hellem Weiß erstrahlten die Gebäude und Mauern, teilweise mit Passionsblumen und Rosen berankt. Den Herzogshof beschatteten Platanen, ein schöner Brunnen gab ihm eine heitere Note.

Das war die Heimat von Friedrichs Mutter, in diesem Hof hatte sie den ersten Teil ihres Lebens zugebracht und als fröhliches blondes Mädchen auf der prunkvollen Treppe gespielt. Alles war festlich geschmückt, um, wie die Herzogin einräumte, die Kinder gebührend willkommen zu heißen. Amala betrat erstmals diese trotz ihres Alters behaglichen, hohen und großzügigen Räume. Der repräsentative Palas lehnte sich als Winkelbau an den *Dicken* an. Dieser Turm, das war der mächtige Bergfried, gewährte ihnen später einen grandiosen Blick über Stadt und Umland. Im Norden verlor sich der Blick in der weiten Ebene des mittleren Isteriatals, schweifte über die beiden Isteriaseen hinweg und wandte sich zur Kette der Drachenberge. Im Süden, unmittelbar unterhalb der Löwenburg begann das Große Veen, eine riesige von Wasserläufen durchzogene Sumpflandschaft. Dunkle Seen und Weiher wirkten darin wie Flecken in einer Wiese, die ab und an durch flache mit Bäumen bestandene Hügel aufgelockert wurde. Der Oheim sah im Veen einen in Jahrhunderten verlandeten See. Das Moor sauge alles Wasser auf, das Isteria, Salvia und Grancia manchmal im Übermaß heranführen und sorge dafür, dass größere Überschwemmungen ausbleiben.

Danach wurde der König von den Herren am Hofe und von den Edlen des Herzogtums begrüßt Beschlag genommen. Graf Bernwardt, der ehemalige Gaugraf von Hohenufer, wich ihm jedoch ängstlich aus. Friedrich zitierte ihn zu sich und sprach ihn an: „Graf, Ihr scheut meine Nähe und versucht Euch unsichtbar zu machen, was Euch nicht immer gelingt. Ich bin Euch nicht mehr gram, Ihr habt bitter gesühnt und dient meinem Oheim treu. Wie er mir berichtet hat, seid Ihr für ihn zu einem unentbehrlichen Helfer geworden. Damit macht Ihr auch mir eine Freude, das sollt Ihr wissen, Graf, und Eurer Angst Einhalt gebieten, sie führt Euch in die Irre.“ Der König schien ihm eine große Last von den Schultern genommen zu haben, denn von da an war der Graf präsent.

Der Große Platz, auf dem sie Tags zuvor gefeiert wurden, war unregelmäßig und eigentlich ein Doppelplatz. Dem Dom gegenüber lagen das Palais des Rates, die Zunfthäuser mit ihren prächtigen Fassaden und die Adelspaläste. Den Schmuck des Platzes bildeten drei Brunnen, einer befand sich vor dem Rathaus. Ihn umstanden die Standbilder der vier Heldenkönige. Amala bemerkte zur Herzogin: „Tante Adelheid, hier findet ein fünftes Denkmal keinen Platz.“ Die Tante lächelte und entgegnete: „Meine Tochter, da irrst Du Dich. Das fünfte Standbild ist fast fertig und wird vor dem mittleren Brunnenbecken aufgerichtet. Der Rat und die Bürger wollten es mit Macht, für sie ist Friedrich einer der ihren. Sie wollen den Theodericianern nicht nachstehen, weder in der Verehrung des Königs, noch bei der Ausstattung unserer Stadt. Wir haben uns nicht dagegen verwahrt, Du kennst ja unsere Liebe zu unserem Neffen. Dies Denkmal hat er mehr als andere verdient, so sehen es Hildebrandt und ich. Unseren Fried werden wir damit überraschen, er muss wohl oder übel, wie schon in der Heiligen Stadt, gute Miene zu dem ihm unerwünschten Spiel machen. Du wirst Deinen Gemahl bald vielerorts in Erz oder Stein auf den Hauptplätzen vieler Städte vorfinden. Er ist der Abgott der Thulaner, **ihr** großer König. Wenn er schon nicht überall auftreten kann, wollen sie wenigstens sein Abbild vor Augen haben. Ihm tut das nicht weh und sein Volk erfreut er mit seinem Abbild, damit ist er bald fast überall in Thule so präsent.“ Seitlich des Domchors gab es einen dritten Brunnen, dessen dreieckige Gestalt auffiel. Ihn zierten Heiligenfiguren und umrahmten Markstände, in denen die Erzeugnisse des Umlandes feilgeboten wurden. Von allen Seiten mündeten Straßen und Gassen in den Platz ein, auf allen ging es gemächlich zu.

Der König wollte das bei den Räubern gefundene Kreuz dem Kloster Heiligensee zurückzubringen und verband es mit einer Fahrt durch das Veen. Seiner Amala wollte er diese in Thule einmalige Gegend zeigen und eigene Kindheitserinnerungen auffrischen. Kundige Führer und gewandte Ruderer lenkten die drei Boote durch diese Wasserwelt. Vor den allgegenwärtigen Stechmücken waren die beiden hohen Paare durch feine Netze aus Gaze geschützt. Ein Meer aus Gras, Blumen und Gehölzen bedeckte das moorige Land, sie wuchsen auch aus dem dunklen Wasser. Nur die Laute der vielen Vögel, das Quaken der Frösche und das Schmatzen der Ruder unterbrachen die Stille. Fische, von denen es hier viele gab, waren nur zu erahnen, selten schoss einer aus dem Wasser. Der Herzog erzählte von großen Welsen, die nur im jüngeren Stadium schmackhaft seien. „Auf den Markt kommen vor allem Aale und Hechte, aber auch andere Speisefische.“ Die Boote scheuchten Reiher und ungiftige Wasserschlangen auf. Der Herzog fuhr fort: „Kormorane, Störche, Gänse und Enten finden hier ein Paradies, in dem sie ungestört bleiben. Auf einigen Inseln leben Bauern, die ihr Gemüse in Veendamm feilbieten. Wer Schutz, Natur und Einsamkeit sucht, der findet hier seine Wunschwelt vor.“ Der Herzog und sein Neffe widmeten sich nicht nur den Damen und der Natur, sie erörterten auch Sachverhalte, die geklärt werden mussten. Dabei ging es auch um die geplante Straße vom Salzgau nach Isteria. Beide Herren kamen zum Schluss, die neue Straße entlang der Salvia und durch Veendamm zu führen. Friedrichs Bedenken wegen der Überlastung der Löwenbrücke führte zur Planung einer zweiten Brücke, die zwischen den beiden Vorstädten St. Markus und St. Paul gebaut werden solle. Mit ihr könne der Verkehr, der von der linken Isteriaebene ausginge, umgelenkt werden und die Löwenbrücke entlasten. Mit der Planung und Leitung des Vorhabens im Herzogtum Isteria solle Graf Bernwardt beauftragt werden, um so den letzten Makel von ihm zu nehmen.

Die Boote fuhren bis zum Ende des Veens, bogen in ein träge fließendes Flüsschen ein und machten bald an einem Steg fest. Ein Weg führte eine Böschung hinauf und schlängelte sich durch den Auwald. Als sie ihn durchquert hatten lag das Kloster vor ihnen, schwamm inmitten des kleinen Sees, der ihm den Namen gegeben hatte. Ein langer Steg verband es mit dem Ufer. Längst waren sie entdeckt worden, die Standarten Thules und Isterias, wie der Königsadler zeigten den Mönchen den unerwarteten Besuch an. Eilig hasteten die Brüder aus den Gebäuden, um die hohen Gäste willkommen zu heißen. Als letzter kam der Abt, der sich rasch ein Prunkgewand übergezogen hatte. Freude und Überraschung, aber auch Neugierde, zeichnete die Gesichter, denn der Besuch brach wie ein Blitz aus heiterem Himmel über sie herein. Als der König die fast unterwürfige Begrüßung durch den jungen Abt ungezwungen beantwortete, war das Eis gebrochen. Er ließ sich von einem Paladin einen verhüllten Gegenstand reichen und bat Amala das Tuch abzunehmen. Das heilige Kreuz leuchtete in der Abendsonne, fing die Strahlen des Himmels ein und sandte das Licht zurück in das Kloster. „Euch das geraubte Kreuz wieder zu bringen sind wir gekommen, die Frevler hat Gott zur Rechenschaft gezogen.“ Der Abt und einige Mitbrüder weinten, sie hatten die Hoffnung aufgegeben, das Wertvollste, was das Kloster besaß, je wieder zu bekommen. Und nun brachte es ihnen ihr König zurück. „Ein Wunder ist geschehen, danken wir Gott, der es gefügt hat und unserem Herrscher, der es möglich gemacht hat.“ Diesem Ausspruch des Abtes folgte ein Dankgebet, in das der Besuch einstimmte. Der König nahm später Abt und Prior zur Seite und gab ihnen eine Empfehlung zum Sichern des Klosters. Er vermutete, die Diebe kamen des Nachts mit dem Boot, schleppten es zum Heiligensee und unternahmen dann ihren schändlichen Raub.

Vom Steg aus sei es zu einfach ins Kloster zu gelangen, kein Zaun und kein Hindernis beschränke den Zugang, hier galt es anzusetzen. Nach einem erfrischenden Trunk fuhren die Besucher zurück nach Veendamm.

Tante Adelheid bemutterte, allerdings nicht bemächtigend, den Neffen und die neue Nichte Amala. Die schnelle Einlösung des Versprechens, sie bald aufzusuchen, freute das Herzogspaar. Oheim Hildebrandt gab seiner Zuneigung auf seine Art Ausdruck. Amala schenkte er ein herrliches Seidentuch und Friedrich bekam ein seltenes Buch. Ihre Freude brachte den gütigen alten Herzog zum Strahlen. Friedrich war ihr Sohn, dem Amala Seelenfrieden und Lebensglück zurückgebracht hatte. Die Herzogin gab Amala eine Empfehlung mit auf den Heimweg: „Liebe Amala, Du bist auch unser Engel und nicht nur jener der Thulaner. Deine so ansteckende Herzlichkeit weitet alle Herzen und bereichert die Thulaner. So sehen sie Dich und so erlebe auch ich Dich.“ „Aber liebe Tante, das finde ich übertrieben, es entspricht nicht dem Bild, das ich von mir selbst habe.“ „Das zählt nicht, liebe Tochter, so wie sie Dich sehen, sehen wollen, so bist Du für sie, und das schenkt den Menschen Wärme und Träume. Damit musst Du leben, so wie unser Fried mit seinem Ruf als Held und Magier. Da es schöne und auch zutreffende Bilder sind, solltet ihr beiden es so annehmen, zumal es kaum mehr zu ändern ist. Bis sie Fried als Friedensfürsten und Weisen annehmen, bedarf es noch einiger Jahre und Taten. Du hast es da einfacher. Du wirst bald Mutter und der Engel bekommt noch eine mütterliche, ja schützende Ausstrahlung hinzu.“

Zwei Tage später lag Amala wieder in ihrem Bett, das eigentlich Friedrichs war, müde von der langen Reise, aber wieder daheim. Den schönen Tagen in Veendamm schloss sich ein schöner bei Schwester und Bruder auf der Hildebrandtsburg an. Am Abend an der großen Tafel trafen sie dort auf bekannte Gesichter, das Markgrafenpaar Thorismund und Ragnhild, den Seegrafen mit Tochter und Schwiegersohn, und Vistulis mit Mann. Die herzliche Frau freute sich über das Glück des Königspaares und das brachte sie so zum Ausdruck. Sie habe es geahnt, als sie die Gräfin Amala erstmals im Waisenhaus begrüßt hatte, diese schöne junge Frau würde die Königin werden. Sie kannte ja das Sehnen Friedrichs und sein Bild von der künftigen Gemahlin. Dem üppigen Essen sprach sogar Friedrich zu, der zu aller Überraschung drei Glas Wein trank. Sein Blutsbruder Toti machte Amala dafür verantwortlich und drückte das in einem frechen Trinkspruch aus. „Rache macht hart, aber Liebe macht locker, Wasser löscht den Durst, aber der Wein löst die Strenge. Salut, liebe Schwägerin, Schwester und Cousine, Du bist auch eine Magierin!“ Friedrich lachte und bemerkte: „Du hast recht, Herr der Meere. An Bord ist Wein der Tröster in der trostlosen Weite, nur die Träume verschönen die harte Pflicht. Liebe wandelt sich in Sehnsucht, Hoffnung wird zum Leitstern und das

Wiedersehen zur Erlösung. Salut lieber Toti!“ Des Trostes war Amala wahrlich nicht bedürftig, denn sie schwamm in einem Meer der Seligkeit. Sie, die einen solch unvergleichlichen Gemahl hatte und die auf der Reise sein Denken noch besser kennen lernen durfte. Wer durfte schon so direkt erleben, wie der Titan dachte und handelte. Sie verstand jetzt, dass gerade diese Reisen so wichtig waren, um den Herrscher mit seinem Volk zu verbinden.

Abb. 6 Thules Wüstenregion

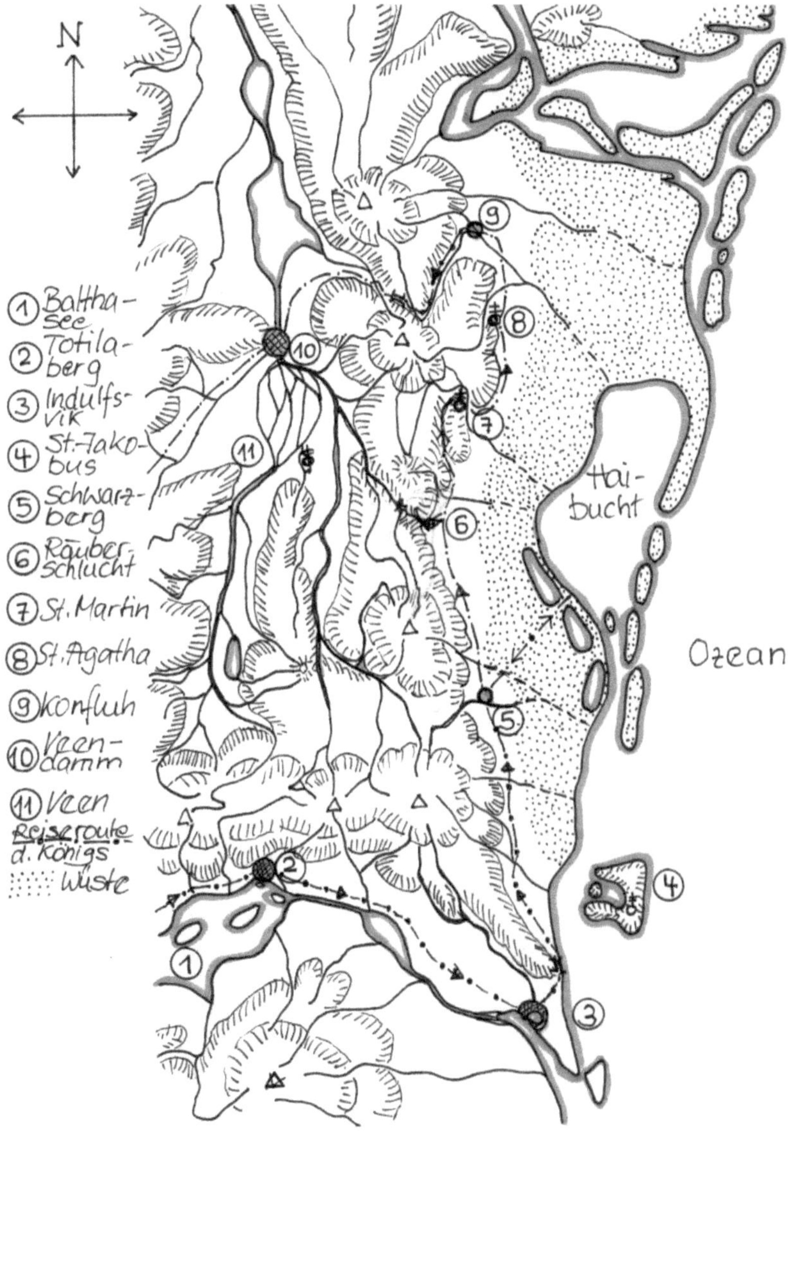

Das große Thing

Dieses Mal fand das große Thing wie immer Mitte September statt, aber bei ungewohnter Hitze. Der Thulanische Adel weilte so wie längst üblich geworden mit großem Anhang seit Tagen in der Heiligen Stadt, um dort zu flanieren, einzukaufen und sich zwanglos mit den Standesgenossen zu treffen. Und nun saßen diese zweitausend Edlen unter schützenden Sonnensegeln dichtgedrängt zu Füßen der Rostra, um sich mit dem Herrscher auszutauschen. Seit vier Stunden hörte sich König Friedrich geduldig deren Fragen an und nahm zu ihren Anregungen Stellung. In keinem einzigen Fall wich er aus, blieb klar und deutlich, trat jedem Versuch das Recht aufzulösen entschieden entgegen. Auf der zweituntersten Treppenstufe saß der Herrscher, der keine Krone trug, sondern nur seinen Reif. Er sprach nicht von der erhabenen Rostra herab, was ein Novum darstellte. Friedrich wollte sich nicht zu sehr von seinen Edlen abheben und so ein Zeichen setzen gegen seine zunehmende Vergötzung.

Urplötzlich änderte sich aller Eindruck, der König ärgerte sich, seine sonst so verbindliche Stimme war schneidend geworden. „Streit unter Nachbarn gehört nicht vor das große Thing. Lasst es Euren Gaugrafen schlichten oder tragt es vor das Herzogliche Gericht. Walamir, ein drittes Mal bringt Ihr das nicht mehr ein, sonst ist meine Geduld am Ende. Habt Ihr mich ein für allemal verstanden!?" Ringsum gab es zustimmendes Grienen und schlecht unterdrücktes Lachen. Der alte Querkopf, so die Meinung der meisten, war endlich zur Ordnung gerufen worden. Walamir, Ritter von Burgberg, hatte es nicht begriffen und rief empört: „Jeder Thulanische Edle hat beim Thing das Recht seine Meinung zu äußern, das hat selbst unser König zu beachten!" „So ist es, jeder hat dieses Recht. Aber ein Jeder kann seinen Beitrag nur einmal vorbringen. Wiederholt er diesen, und das gar mehrmals, dann unterstellt er mir, dass ich zu dumm bin zu begreifen. Das empfinde ich, mit Verlaub, als Frechheit!" Das kam wie ein Peitschenhieb. „Ihr habt nun Redeverbot, das ist ein Befehl!" Jetzt ertönte lautstarke Zustimmung, der ewige Querulant und Nörgler Walamir ging allen auf den *Geist*. Als der dennoch wieder sprechen wollte, packte ihn sein hünenhafter Nachbar mit hartem Griff und hielt ihm den Mund zu. „Hörst Du Tölpel denn nicht was unser König sagt? Begreifst Du nicht, dass wir ihn nicht reizen sollen? Willst Du Dummkopf den Teja in ihm wecken, den Erbarmungslosen?" Walamir konnte nicht antworten, denn Vutulf hielt ihn in eisernem Griff. Er wollte auch keine Antwort, blickte ängstlich zu seinem König hin, ob der ihm sein Handeln verargen würde. Der tat es nicht und konnte sich sogar ein zustimmendes Lachen nicht verkneifen. Das Gelächter das danach über den großen Platz rollte wirkte befreiend.

Neben dem Herrscher saßen die höchsten Herrschaften Thules, als einzige Frau Herzogin Griseldis. Außer dem König waren alle waffenlos, der Frieden des Things gebot dies. Neu war auch, dass erstmals die Frauen der Edlen beim Thing zuhören und oberhalb des Königs auf der Königstreppe sitzen durften. Sie hatte es besser als die Männer, sie saßen auf Polstern, auch ihnen gaben Sonnensegel den erwünschten Schatten. Königin Amala rahmten ihre Freundinnen Adelheid und Gerlind ein, hinter ihnen saßen einträchtig die vier Freundinnen Amala, Adelheid, Elsa und Winthala, zu denen sich Herzogin Angelika gesellt hatte. Wie ihnen der König später bestätigte hätten sie wie eine herrliche Frühlingswiese gewirkt. Amala musste zuvor viele Hände schütteln, viele freundliche Worte hören und gute Wünsche entgegennehmen.

Begonnen hatte das große Thing mit einem Dank des Königs für das fast vollzählige Erscheinen. „Ich freue mich besonders über die Anwesenheit so vieler edler Frauen als Gäste des Things. Ihr alle kennt den Sinn des Things. Es ist ein Forum für Fragen und Anregungen, welche die Gemeinschaft und das Reich Thule betreffen. All das, was nur einige wenige angeht, ist Sache anderer Gremien und nicht des Thing. Ob ich mich zu allen Fragen fundiert äußern kann, das lasse ich offen, hoffe es jedoch. Ich bitte Euch sprecht auch kritische Themen an, der Schutz, den das Thing von alters her gewährt, fordert doch dazu auf.“ Viele Fragen bezogen sich auf die Forderung des Herrschers, der Adel solle sich stärker wirtschaftlich betätigen und weitere Arbeitsplätze schaffen. Warum er mit dem seit Generationen eingespielten Zustand unzufrieden sei? Darum ging es vielen in der Runde. Des Königs Antwort verfolgten die Damen gespannt, denn dies war ein den Adel sehr bewegendes Thema. „Ich kann Euch gut verstehen wenn Ihr Bedenken anmeldet, lasst mich daher etwas ausholen. Adel von Thule, ich darf an Eure Rolle erinnern, die uns nicht nur seit unseren Wanderjahren obliegt. Wir waren einst diejenigen, die von denen, die pflügten, säten und ernteten, die Vieh züchteten und Fische fingen, damit beauftragt wurden, sie vor Feinden zu schützen. Dafür beteiligten sie uns am Ertrag ihrer Arbeit. Sie vertrauten auf unsere Wachsamkeit und unser Waffengeschick. Daraus erwuchs allmählich eine gewisse Besonderheit. Auf Feindfahrten und Heerzügen machten wir Beute, wurden reicher und mächtiger als die anderen. Wir konnten uns mehr leisten, gewannen hohes Ansehen und mehr Macht. Dafür legten wir Leben und Gesundheit in die Waagschale des Schicksals, hatten jedoch sonst das bessere Leben. Wir mehrten unseren Wohlstand durch Unfreie und Sklaven. So mussten wir nicht arbeiten, durften jagen, feiern, unsere reiterlichen Fähigkeiten und das Waffengeschick vervollkommnen. So entstand, auch aufgrund der Zugehörigkeit zu den alten Familien, ein besonderer Stand, der Adel. Damit wir in Kriegen und Wanderungen, wo alle Mannen unter Waffen standen, organisiert und erfolgreich sein konnten, musste es Anführer geben, die das Sagen hatten. Daraus entstand die Adelshierarchie, an deren Spitze der König. Infolgedessen wurde die Kriegsbeute unterschiedlich verteilt. Wer oben stand, bekam mehr davon und wurde immer mächtiger. Beute war ja nicht nur Vieh und Getreide wie am Anfang, sondern vermehrt auch Gold, Silber und Preziosen, wie kostbare Waffen. Gefangene wurden zu Sklaven gemacht, vermehrten so die Unfreien. Ihre Arbeit machte die Mächtigen reicher und entrückter." Was würde er daraus ableiten, fragten sich viele der Zuhörenden.

„In Italien waren wir reich geworden, ließen andere arbeiten. Dafür gewährten wir Schutz und Rechtssicherheit, wahrten den Frieden. Das war unsere Sicht aber die Römer, die Beschützten, sahen es anders. Wir waren in ihrem ständigem Hader weder die Friedensbringer, noch schützten wir sie gegen äußere Bedrohung. Wir waren blonde hochgewachsene Barbaren, Fremde, die sie überfallen und um ihre Freiheit gebracht hatten. Gegen die es galt, sich mit allen Mitteln zu wehren, sich sogar mit dem Teufel zu verbünden. In diesen achtzehn Jahren des Krieges sind wir zugrunde gegangen, wir, die vergessen hatten, dass wir einst Bauern und Hirten auf kargem und rauem Land waren. Wir waren tapfer und mutig, glanzvoll im Streite, Helden und grimmige Kämpen, die jedem die Stirn boten. Ja, wir waren zuletzt am Vesuv sogar bereit, noch Tausende der Feinde in unseren Untergang hineinzuziehen. Doch dazu kam es nicht, eine kleine Heerschar blieb übrig. Aber dann, was geschah danach?

Mein Ahn Indulf durfte mit dem Rest des Gotenheeres vom Sarnus abziehen, Teja den toten Helden mit sich führen. Stolz erhobenen Hauptes verließen sie das feindlich gesinnte Land. Mit ihnen zogen jene, die von ihren Familien und Sippen noch lebten. Ihnen schlossen sich versprengte Gepiden, Rugier, Vandalen und getreue Italier an. Durch Gottes Fügung und mit Hilfe des Grafen Stilicho fanden sie unser Thule. Sie betraten die Insel als Freie, wie auch unsere ehemaligen Leibeigenen. Unsere Ahnen beschworen, das solle so bleiben und gaben ihren Königen den Auftrag, darüber zu wachen." Friedrich hatte sich zu voller Größe aufgerichtet und sprach betont weiter. „Das ist mein ureigenster Auftrag, ihn haben mir meine Vorgänger und Ahnen auf die Schultern gebürdet, dafür stehe ich ein. Thulaner zu sein heißt frei und keines anderen Leibeigener zu sein. Hierin unterscheiden wir uns von den meisten Ländern, wir sind ein letzter Hort der Freiheit und so soll es bleiben. Alle Thulaner sind vor dem Gesetz gleich, ob arm ob reich, ob adelig oder nicht!"

Erneut legte er eine Pause ein, um die Seinen das Gesagte verdauen zu lassen. „Was bedeutet es für uns, den Adel von Thule, wenn wir Ruhe an den Küsten haben und kaum mehr mit Überfällen rechnen müssen? Was bedeutet es, wenn Frieden im Inneren herrscht, wenn Gerechtigkeit und Recht waltet?" Ringsum nachdenkliche, teilweise staunende Gesichter. „Dann, Adel von Thule, braucht es uns so wie bisher nicht mehr. Viele von uns können Schwert und

Schild an die Wand hängen, die Streitrösser im Stall lassen und die Brünnen dem Rost überlassen. Welchen Nutzen stiften wir unserem Volk dann noch? Warum sollten sie uns etwas abgeben, wenn sie uns Krieger nicht mehr brauchen? Wollen wir es uns mit Waffengewalt holen? Sicher ginge das, doch dies wäre das Ende aller Freiheit, schüfe latenten Widerstand und Lähmung, gepaart mit dem Hass auf die da *Oben*. Deshalb mache ich da nicht mit, Ihr müsstet gegen mich kämpfen und gegen alle, die mir treu bleiben. Ihr stündet einem Volksheer gegenüber, das ich anführen würde. Dies wäre fürwahr kein edler Weg. Wohin er führen würde zeigen uns die Zustände in Deutschland, wo sich heruntergekommene Raubritter und Strauchdiebe mit wohlklingenden Namen verbergen, gejagt wie Tiere, ausgeräuchert in ärmlichen Burgen wie die Hornissen?“

Betroffenes Schweigen hatte alle erfasst, auch die Frauen. Friedrich Tejas Worte waren klar und deutlich, aber nicht drohend. Königlich und überzeugend hatte er gesprochen. Alle hingen gebannt an den Lippen ihres Herrschers, der seine Gedanken so offen dargelegt hatte. Welchen Ausweg würde er dem Adel aus diesem Dilemma aufzeigen? Es war still geworden in der Versammlung. Friedrich, der Herrscher, erhob wieder seine wohlklingende, dunkel gefärbte Stimme. „Das ist keine Zukunft, meine Getreuen, es wäre das Ende Thules, jeglicher Freiheit und eine weit unehrenhaftere Niederlage als die am Sarnus. Daher will ich Euch einen anderen Weg weisen, einen, den etliche unter Euch längst mit Erfolg gegangen sind. Frieden schafft Wohlstand bei den Bürgern und bei den Bauern, so die Ernte gut ausfällt. Wer wohlhabend ist, Denare und Solidi übrig hat, der will sich etwas Besonderes gönnen. Will anderen Käse probieren, neue Gewürze kennen lernen, Obst aus anderen Gegenden Thules kosten. Feine Tuche und Schuhe, Geschmeide und Spezereien werden erschwinglich, selbst Prunkwaffen, edle Pferde und Kutschen sind in Reichweite. Die Reihe der Luxusgüter könnte ich nun beliebig fortsetzen. Ich rede ja nicht wie der Blinde von der Farbe. Ihr habt dem neuen Getränk Kaffee kräftig zugesprochen. Ihn holt die königliche Reederei aus Ägypten, so wie die schönen Seidengewänder und Tücher Eurer edlen Frauen. Herzog Beowulfs Weine finden reißenden Absatz, Markgraf Thorismund beliefert Flotte und Werften mit Tauen, Segeln und Rudern. Sättel und Zaumzeug meines Schwiegervaters sind vielbegehrt, Markgraf Bodo lässt die besten Amphoren herstellen und kommt der Nachfrage nicht nach. Nehmt dies als Beispiele unter anderen. Wenn wir dafür sorgen, das zu produzieren, was die Thulaner künftig vermehrt haben wollen, setzen wir eine Spirale des Wohlstands in Gang, dann meine Edlen braucht es uns. Die wohlhabend werdenden Thulaner, darunter Eure Standesgenossen, kaufen bei Euch, vermehren Euren Wohlstand und lassen Euch selbst zu anspruchsvollen Käufern werden. Es muss ja nicht jeder das Gleiche herstellen, sonst gibt es von einigem zu viel und von anderem zu wenig. Es gibt genügend Ideen und Möglichkeiten, womit wir in Thule und in anderen Ländern Nutzen stiften. Das gibt vielen Thulanern Arbeit und macht unser Dasein als Arbeitgeber für andere wichtig. Mehr ist es nicht und weniger auch nicht, und vor allem kein Geheimnis. Platz dafür habt Ihr, Helfer auch, oft sogar die Rohstoffe, meist die Mittel dazu. Wenn nicht, dann gibt Euch die Königliche Bank Zuschüsse oder ein reicher Kollege Kredite. Also fangt an, nützt Euren Vorteil und helft damit Euch und den Anderen."

Das waren deutliche Worte des Herrschers. Im Kreis der Frauen erkannte die Königin fragende, sogar einige betretene Gesichter. Ihr König, dieser Kriegsheld, erklärte ihnen in einfachen Sätzen die Zukunft und den Preis für den Frieden, für den sie täglich beteten. Die Damen gaben ihm Recht, in ihnen hatte er Verbündete gefunden, die ihre Männer verstärkt vom Müßiggang abhalten konnten. Herzogin Elsa drückte es aus: „Nur unser mächtiger Herrscher konnte dies unseren Männern sagen. Viele werden mit den Zähnen knirschen, aber unsere Majestät hat jetzt dem Letzten klar gemacht, was Sache ist. Nie hatte ich über die Rolle des Adels und seine Entstehung nachgedacht, er war halt da, so wie immer. König Friedrich hat mir die Augen geöffnet und nachdenklich gestimmt." Zustimmendes Gemurmel unterstrich ihre Aussage. Friedrich hatte zumindest bei ihnen einen Sieg erfochten, nur mit Worten, und Amala machte es stolz. Ob er jedoch alle Männer erricht hatte? Vermutlich nicht, doch sie würden sich beugen müssen, ob sie es nun wollten oder nicht.

Ein zweites Fragenbündel zielte ab auf die wachsende Macht des Königs und die Gefahr, die darin für den Adel liege. Friedrich wiegelte weder ab noch bestritt er es; ja er bestätigte seinen Machtzuwachs vor allen. Seine Antwort: „Eines vorab, der König und seine Verwandten gehören zum Adel. Ob ich will oder nicht, wir sitzen alle im gleichen Boot. Das Wohlergehen und die Geltung des Adels ist mir ein großes Anliegen. Es stimmt, meine Macht ist gestiegen. Ihr, Graf Manfred, habt es mutig ausgesprochen. Nie in der Geschichte Thules hatte je ein König so viel Macht wie Friedrich Teja. Dem stimme ich zu, ich brauche diese Macht, brauche Vertrauen und Ansehen, um den Frieden zu sichern und Eintracht im Inneren zu erreichen. Ich brauche sie auch, um Recht und Gerechtigkeit zu sichern und die Ansprüche an das Reich Thule zu befriedigen. Beispiele dafür sind: Bauen von Strassen, Brücken, Kanälen und Dämmen, Errichten und Unterhalten von Schulen, Universitäten, Heimen für Kranke, Alte und Waisen. Ich brauche diese Macht jedoch nicht, um wie ein zweiter Augustus gottgleich durch Thule zu wandeln, die Menschen zu ducken und Thule mit dem Gifthauch der Angst zu überziehen. Ich brauche sie auch nicht, um mir selbst zu beweisen wie großartig und bedeutend ich bin, und wie unvergleichlich.

Ihr habt es miterlebt, viele standen vor Rabenholm unter Waffen. Wäre es mir dort nur um Macht gegangen, wie mir unterstellt wurde, hätte ich die Heere aufeinanderprallen lassen. Wäre über Leichen gegangen, um mich am Ende des blutigen Tages als glorreichen Sieger feiern zu lassen. Wer mich näher kennt, der weiß wie ich denke und fühle, weiß, wie mich die Krone Thules drückt und die unmenschliche Verantwortung beugt. Gott der Allmächtige, hat mir diese Macht gegeben, er kann sie mir auch wieder nehmen und mich vor seinen Richterstuhl zitieren. Dann wird er fragen: Friedrich, Du Menschenwurm, warum hast Du Deine Macht missbraucht? Weil Du eitel und voller Hoffahrt warst, weil Du Dich aufgespielt hast als wärst Du selbst Gott! Zweimal, meine Edlen, stand ich einen winzigen Schritt entfernt von seinem lichten Thron. Angst hatte ich vor seiner Frage und vor seinem Urteil. Vor ihn will ich treten und sagen können: „Ich habe es versucht, habe den Versuchungen der Macht widerstehen können. Ich bin bescheiden und Dir treu geblieben, Du Allerbarmer, und habe nie vergessen, dass ich vor Dir nur ein Staubkorn bin. Meine Getreuen, lasst es nicht zum Machtmissbrauch kommen, weist mich rechtzeitig in Schranken, der Weg zu mir ist offen. Sagt es Eurer Königin, unserem Kanzler, Euren Herzögen, Regenten und Gaugrafen, falls Ihr Scheu vor mir habt. Die Genannten sagen es mir schon, sie sorgen dafür, dass der König Friedrich Teja, der Mensch Friedrich bleibt." Er hatte allen aus dem Herzen gesprochen, sie jubelten ihm zu, wobei sich die Damen überboten. Das war Friedrich ihr Herrscher, so verehrten sie ihn und vertrauten ihm zutiefst. Der Jubelsturm, den er ausgelöst hatte, brandete noch einmal auf, als er den Vorschlag annahm, das Große Thing jedes Jahr stattfinden zu lassen, und nicht wie bisher im Turnus von zwei Jahren.

Obwohl der König zuvor die Gefahr feindlicher Bedrohungen als gering eingestuft hatte, wurden doch einige Fragen zu diesem Thema gestellt. „Darüber denke ich oft nach, berate mich mit Prinz Theodemir, Markgraf Rainald und unseren Heerführern. Da ich kein Hellseher bin, kann ich dazu lediglich eine Prognose abgeben. Bedrohungen aus den Christlichen Ländern haben dank der Einheit des Glaubens in Thule stark abgenommen. Ich rechne in absehbarer Zeit mit keinem Angriff von dieser Seite. Allerdings beobachten wir mit wachen Augen das Erstarken der Iberischen Staaten. Es kann sein, dass sie irgendwann eine Flotte bauen werden, deren Schiffe dann auf Thule stoßen könnten. Ob das dann friedlich oder feindlich sein wird, lässt sich nicht absehen. Die Kraft des islamischen Vorstoßes in Europa scheint gebrochen zu sein. Trotz ihrer hohen Kultur und verfeinerten Lebensart, ist ihre Herrschaft in Iberien in wenigen Jahrzehnten am Ende. Die Kräfte des Maghreb, die für Nachschub gesorgt haben, sind vermutlich erschöpft. Bleiben werden die Piraten an den berberisch-maurischen Küsten, und ihre Neigung, sich als Flotte auf Zeit zu vereinen, um fremde Küsten heimzusuchen. Diese Angreifer gilt es mit unseren überlegenen

Schiffen auf hoher See anzugreifen, abzuschrecken oder zu vernichten. Daher baut mein Schwager Prinz Theodemir so viele neue und schnelle Schiffe. Diese verschlingen viel Steuergeld, das jedoch gut angelegt ist. Die Aktivitäten der Nordmänner haben fast Null erreicht. Es waren bisher ohnehin von Nostalgie geprägte Raubzüge von Nachzüglern und Träumern. Bedrohliche Fahrten von Tausenden sind das längst nicht mehr. Dennoch, wen es bei den Raubzügen trifft, der ist übel dran. Auch hier gilt: Unsere neuen Schiffe sind wendiger und kampfstärker. Wir verlassen uns jedoch nicht allein auf unsere tüchtige Flotte, wir schützen uns noch anderweitig. Wir pflegen die Küstenburgen und Wachttürme, die uns mit Signalen warnen. Unsere Hundertschaften, in denen Eure Söhne Dienst tun, üben hart und unverdrossen, denn sie sollen im Kampf die Oberhand behalten können. Sie spielen alle möglichen Situationen im Übungskampf durch, um gegen Überraschungen gefeit zu sein. Alle Varianten des Angriffs und der Verteidigung werden geübt, Stoßkeile, wie sie unsere Ahnen anwendeten sind Geschichte. Mein Fazit: Unsere Wachsamkeit darf nicht erlahmen. Die Waffentechnik muss ständig weiterentwickelt werden, auf dem Meere wie auf dem Lande. Unser Geschick im Umgang mit den Waffen wie der Taktik im Kampf muss in ständiger Übung perfektioniert werden. Wir setzen künftig keine Heere ein, sondern kleine, schnell einsatzbereite Einheiten, die miteinander agieren. Das sind Nur-Krieger, die wir alle unterhalten müssen." Der Kanzler gab seinem Herrn ein Stichwort. „Markgraf Rainald, Thules Kanzler, erinnert an einen wichtigen Punkt. Wir haben in vielen Ländern *Freunde*, die wir bei Laune halten und die uns mit Informationen versorgen." Graf Helfried machte einen Zwischenruf: „Majestät, heißt dies, dass wir in Italien Spione halten und bezahlen?" „So ist es, edler Helfried, das erspart uns vieles, ist günstiger als ein weiteres Heer. Es verschafft uns jene Vorlaufzeit, die wir brauchen, um uns auf Bedrohungen einzustellen. Ich wollte es ein wenig vornehmer formulieren." Des Königs Schmunzeln und des Grafen Lachen nahm das Auditorium auf.

Es folgten Fragen zu Schulen und Hochschulen. Peter von Winberg sprach vielen aus der Seele als er anführte: „Nun müssen unsere Kinder nicht nur in die Schule, sie sollen danach auch noch auf die Universität. Aus mir ist doch auch etwas geworden, oder nicht, Majestät?" Friedrich lachte fröhlich: „Ihr wollt mich wohl in eine Falle locken, lieber Peter? Natürlich ist aus Euch etwas Rechtes geworden, Ihr seid im Kampf ein wackerer Recke und verwaltet Eure Güter vorzüglich. Euer Wein ist großartig und Eure Pasteten könnten im Himmel serviert werden, so köstlich sind sie. Ihr seid ein kluger Herr mit guten Umgangsformen, dessen Rat gerne gesucht wird. So sind es nicht wenige in der Runde, alles prächtige Menschen, auch wenn sie die Schule nur von außen kennen. Doch kaum bekommt ihr ein Schriftstück gehen die Probleme los, reitet ihr ins nächste Kloster, um es Euch vorlesen zu lassen. Dann seid ihr einige

Denare los, nicht jedoch das Misstrauen, ob der Mönch das auch richtig vorgelesen hat. Unter Umständen müsst ihr antworten, wisst aber nicht mehr so genau, was im Schreiben stand. Also wieder zum Kloster, um dem Mönch zu diktieren. Und das macht ihr doch nicht gerne? Könntet ihr Schreiben und Lesen, gäbe es dieses Problem nicht, vom Rechnen will ich schon gar nicht reden.“

Er wandte sich an den Kanzler: „Rainald, wie viele Briefe, Schriftstücke und dergleichen bekommt unser Vogt in Seebrücke in der Woche?“ Er hatte laut gefragt, damit es viele mitbekamen. „Beziehe ich alle Bittschriften, Gesuche, Rechtsgeschäfte, die zu begutachten sind, Rechnungsbücher und was es sonst noch gibt, ein, dann sind es jeden Tag mindestens zehn Schreiben. Ab und an kommt was von der Kirche dazu und die schreiben oft in Latein. Dann ist der Vogt mit seinen Kenntnissen am Ende, das Schreiben geht an uns, wird übersetzt und meist gleich abgehandelt.“ „Meine Edlen, nun habt Ihr es aus kompetenten Munde vernommen. Die neuen Zeiten fordern dieses Mehr an Können und Wissen. Wer klug ist, lernt schnell, kann künftig auch als nachgeborener Sohn in der Verwaltung etwas werden. Da wir immer weniger Krieger brauchen, ist dies ein guter Weg um Karriere zu machen. Nehmt mich selbst als Beispiel. Ich habe den klügsten und geduldigsten Kanzler unter dem Himmel, aber wenn er mir alles vortragen und übersetzen müsste, würden wir allenfalls ein Viertel dessen schaffen, was wir müssen.

Darum bauen wir Schulen, lassen Lehrer ausbilden, Bücher anfertigen, unsere Kinder Lesen, Schreiben und Rechnen lernen. Danach glauben diese Gebildeten nicht mehr blindlings, sie haben gelernt zu denken, zu beobachten und auch nachzufragen. Vor uns gab es schon viele kluge Köpfe, die ihr Wissen niedergeschrieben haben. Aus deren Büchern lassen sich Anregungen gewinnen und Hilfen. So ich Zeit finde, lese ich, um noch wissender und klüger zu werden.“ Ein launiger Zwischenruf unterbrach des Herrschers Aussage. „Das ist dann ja überhaupt nicht mehr auszuhalten!“ Herzog Beowulf löste damit schallendes und befreiendes Gelächter aus, in das Friedrich lauthals einstimmte, und lachend fortfuhr: „Ich glaube diesen Weisen nicht alles, prüfe es nach, so mir dies möglich ist und finde darüber zu einer eigenen Sicht. Ohne Studium wäre mir das in diesem Maße nicht möglich. Ich bin nicht stolz darauf, aber dankbar. Das Gelernte ist notwendiges Rüstzeug für den, der für andere da zu sein hat, so wie ich und Ihr bei Eurem Auftrag. Peter, habe ich Euch ein wenig zu überzeugen vermocht?“ „Nicht nur ein wenig, Majestät, ich sehe es ja ein, bin aber froh, dass dieser Kelch dank meines Alters an mir vorübergeht. Aber meinen Söhnen erzähle ich es, nicht so sanft wie Ihr, schon etwas deutlicher!“ Womit er die Lacher auf seiner Seite und einige zu seiner Sicht bekehrt hatte.

Das Beispiel des Ritts zum schreibkundigen Mönch, den viele unternehmen mussten, öffnete die Bastionen der Abwehr.

Ärgerlich war es für den König, als die Aufwendungen für Kultur infrage gestellt wurden. Die Aussagen klangen vorwurfsvoll, einige lehnten sie gar als unnötig ab. Sie gipfelten in der Aussage: Das viele Geld hierfür wäre besser anderweitig angelegt. Amala und Adelheid hielten erschreckt die Luft an, das war ein Reizthema für ihren Fried. Wie befürchtet kam es, seine Stimme wurde scharf und bitter. „Damit eines ganz klar ist, die Krone übernimmt die Hälfte der Kosten und die Herzöge und Regenten, wie die Städte beteiligen sich daran. Damals als die Sänger an Euren Kaminen Lieder vortrugen, gegen mich hetzten, da war dies einigen von Euch Geld wert. Aber jetzt wo diese Reuigen sich im Sinne der Wahrheit und für die Allgemeinheit einsetzen, ist es plötzlich nicht mehr sinnvoll!“ Der König war merklich aufgebracht, was Unruhe und Besorgnis auslöste. Wen die königliche Ungnade erreichte, der machte sich kleiner. „Lesen und Schreiben lernen wollt Ihr nicht, das ist Mönchskram. Gedichte und Heldengesänge stören beim Saufen und Völlern. Und Musik ist etwas für Weichlinge und Weiber. Keiner muss zu einer Veranstaltung der Sänger oder ins Theater gehen, und dafür etwas geben. Aber dann sollen diese Banausen gefälligst das Maul halten. Sollen nicht daran herum meckern, was ich mit den Mitteln mache, die die Krone selbst erwirtschaftet.“ Seine harschen Worte waren wie ein Gewitter über die Runde niedergegangen. Die gute Stimmung, die bisher herrschte, die Gelöstheit, die vom König ausging, war wie weggefegt. Auf einmal saß ihnen wieder der Ritter des roten Löwen gegenüber. Grimmig war seine Miene, so als wollte er sich auf die Banausen stürzen. Bedrückende Stille griff Platz, die alle entsetzlich fanden, auch die Damen waren bestürzt. An einem solchen Nebenthema war der Graben wieder aufgebrochen, das Thing weiter fortzuführen schien nicht mehr möglich zu sein.

Ungefragt wandte sich Herzogin Griseldis an den König. „Majestät, Euch wie mir ist Kultur ein besonderes Anliegen. Wir durften uns von klein auf an Musik und Büchern erfreuen, sind umgeben von Kunstwerken aufgewachsen. Wir beide wissen, wie dies einen Menschen bewegen kann und was ihm das gibt. Wer dies nie erlebt, nie ein Theaterstück gesehen hat, kann den Wert von Kunst und Kultur nicht ermessen. Er hält beides für entbehrlich, religiöse Eiferer sogar für abträglich. Ich empfand die Fragen und Einwände, die vorgebracht wurden, auch für unangebracht. Ich gehe jedoch davon aus, das entsprach nicht der Meinung der Mehrheit. Von daher würde ich diese nicht so hoch hängen.“ Zustimmendes Gemurmel bestätigte die edle Frau. „Euch, Majestät, ist es ein Herzensanliegen, was mich erfreut, daher seid Ihr nun ärgerlich, was ich gut verstehen kann. Um Euch wieder zu besänftigen, bringe ich einen Vorschlag ein: Diejenigen, die Kunst und Kultur als verzichtbar ansehen, sollten sich bis zum nächsten Thing ein Theaterstück ansehen und einem Konzert zuhören. Dann wissen sie wovon sie reden. Wir stehen in der Nachfolge der Römer, die wir für ihre kulturellen Leistungen bewundern, obwohl sie unsere Feinde waren. Dies zählt zum wertvollen Erbe unserer Ahnen, das es zu hüten und zu pflegen gilt. Zuletzt darf ich daran erinnern, unsere Heldenkönige Totila und Teja, ja auch dieser, schlugen die Leier und zogen daraus Kraft." Gut vernehmlich hatte die Herzogin gesprochen, mutig hatte sie sich an den Herrscher gewendet und den Banausen die Stirn geboten. Sie stieß damit bei fast allen auf Zustimmung. Aber was war mit dem König, wie würde er reagieren? Konnte die Herzogin Griseldis ihn erreichen und ihm seine Gelöstheit zurückbringen? Sie konnte; Friedrich schien aus einem Traum zu erwachen. Die harten Züge entspannten sich, die drohenden Stirnfalten verschwanden. „Ich Danke Euch, liebe Herzogin, Euren Vorschlag kann ich wärmstens empfehlen, er macht es möglich, beim nächsten Thing auf Augenhöhe zu reden." Zur Erleichterung aller hatte sich die Missstimmung wie ein Morgennebel aufgelöst und das Thing konnte fortgeführt werden.

Einunddreißig Fragen hatte es gegeben, etwas weniger an Einwänden und Meinungen waren dazugekommen. Alle hatten die Schreiber notiert, der Kanzler hatte sie gebündelt und seinem König überreicht. Außer den schon genannten Fragen blieben Amala zwei Fragen in Erinnerung. Eine betraf die Steuererhöhungen des letzten Monats und die andere die Nachfolge im Amt des Grafen. Graf Andreas fragte, warum die Steuererhöhung derart heftig ausgefallen sei. Anstelle des Königs antwortete der Kanzler, der den Grafen gut kannte. „Andreas, da irrst Du Dich, es hat keine Steuererhöhungen gegeben." „Das habe ich doch schriftlich bekommen vom Schatzamt." „Hast Du das selbst gelesen, mein Freund?" „Nein"…und gab dann verschämt zu, „ich kann nicht lesen, aber mein Vogt hat es mir vorgelesen." „So, dann bringt der die Steuern wohl auch ins Schatzamt, Andreas?" „Ja, das tut er stets pünktlich." „Andreas, komm doch morgen früh in meine Kanzlei, ich hege einen Verdacht." „Rainald, kannst Du Dir denn alles merken, Du hast doch schon so vielen etwas zugesagt!" „Merken muss ich mir das alles nicht, nur notieren. So wird nichts vergessen. Du siehst, mein lieber Freund, Schreiben ist etwas Nützliches." Befreiendes Lachen ertönte aus der Runde.

Die andere Frage kam von Graf Otto aus Stormland. „Majestät, ich habe leider keine Söhne, aber eine Tochter. Meine Magdalena kann Schreiben und Lesen, ist auch sonst ein kluges Mädchen. Warum darf denn meine Tochter nicht meine Nachfolge antreten?" „Graf Otto, ich kann Euch Hoffnung machen. Unsere Ahnen haben dazu in den ersten Inseljahren folgendes erlassen. Stirbt der König ohne männliche Nachfolger, kann ihm weder seine Gemahlin nachfolgen, noch seine Tochter. Das gilt jedoch nur noch für die Nachfolge der

Herzöge und Gaugrafen. Eure Tochter kann Euch im Grafenamt also beerben. Zufrieden, Graf Otto?" „Oh ja, Majestät, das ist ein riesiges Geschenk für mich und meine Tochter." Der König nützte diese Frage zu einer Ergänzung: „Übrigens, meine Edlen, wir haben all diese Gesetze, Erlasse und Verordnungen zusammengefasst, zum Teil bereinigt und in einem Buch festgehalten. Die ersten Exemplare bekommen Eure Herzöge und Regenten anschließend überreicht. Bald erhält auch jeder Gaugraf sein Exemplar. Alle sonst noch daran Interessierten können es dann in einigen Wochen erwerben. Da es auch vielen Amtsstuben zugeht, kommen die Mönche des Kronklosters mit dem Drucken nicht so schnell nach. Die Reichsdruckerei ist leider durch anderes ausgelastet."

Nach einem gemeinsamen Dankgebet, das Prinz Konrad anstimmte, endete der offizielle Teil des Things. Danach ging es in geselliger Runde weiter und nahtlos in den Festschmaus über. Das Königspaar setzte sich kurz an jede der langen Tafeln. Das war dem König wichtig, damit auch jene Edlen, welche die Königin noch nicht kannten, sich einen Eindruck von ihr machen konnten. Das Königspaar zog sich relativ früh zurück, der König wirkte erschöpft, eine Spätfolge des tückischen Gifts. Alle wussten darum und waren dankbar, dass der Herrscher dennoch so lange bei ihnen weilte.

Wie das Leben so spielt

Im Rahmen der Vermählung des Königspaares wurden Begnadigungen ausgesprochen. Darunter auch für die Tochter des abgesetzten Herzogs Markulf. Die einst so stolze Theodelinde war zu ihrer Mutter zurückgekehrt und suchte nach einiger Zeit um eine Audienz bei König Friedrich nach. Herzogin Griseldis, ihre leidgeprüfte Mutter, verwendete sich für sie und sprach den Herrscher im Rahmen des Things an. „Majestät, ich bitte Euch von ganzem Mutterherzen darum, Theodelinde eine Unterredung zu gewähren. Ich weiß, es steht ihr nicht mehr zu, aber ich bin in großer innerer Bedrängnis, für Theodelinde hängt von diesem Gespräch immens viel ab. Weinend hat sie mich angefleht, ihr dies zu ermöglichen." Der König stieg nicht sofort darauf ein. „Liebe Tante Griseldis, Freundin meiner Mutter, Ihr kennt die Haltung der Könige von Thule denen gegenüber, die gefehlt haben! Sie dürfen nachdem sie gesühnt haben, ihr weiteres Leben unbehelligt führen. Mit ihrer Schuld müssen sie jedoch selbst klar kommen und das Beste daraus machen. Meine Nähe ist ihnen für immer verschlossen, nicht jedoch die Gerechtigkeit. Ich hoffe, deren Umfeld misst sie dann an ihrem jetzigen Verhalten und nicht an dem, was nun gesühnt ist. Dies soll und muss Eure Tochter zuvor wissen; ihre Begnadigung verdankte sie neben meinem Mitgefühl für Euch auch noch jemanden anderes. Doch nun zu Eurer Bitte. Euch zu Liebe, wie auch Eurem Sohn Markus, der mir so treulich dient, will ich Theodelinde diese Audienz gewähren." Ein tiefer Seufzer entfuhr der Herzogin: „Habt meinen tiefen Dank, Majestät, erneut habt Ihr mich beschämt, denn ich wähnte mein Ansinnen aussichtslos. Ich kenne die Gebote und Gepflogenheiten am Königshof gut, sie sind gerecht und durchdacht. Wie ich vernahm hat sich jemand für Theodelinde verwendet. Ist es unsere gütige Königin, Majestät?" „Ihr schließt richtig, ihr verdankt Theodelinde die Beendigung des Noviziats im Kloster St. Adelgund. Meine Gemahlin will daher nach der Audienz noch mit Eurer Tochter sprechen."

Drei Wochen später traf Theodelinde zur Audienz beim König ein. Sie war zu früh gekommen und musste noch im kleinen Kabinett warten, das sonst besonderen Gästen vorbehalten war. Der König führte ein Gespräch mit Irnfried, einem der Anführer der Paladine. Der Einfachheit halber beauftragte er ihn, Theodelinde zu bitten, sich noch zu gedulden und ihr bis dahin Gesellschaft zu leisten. Friedrich musste aufgrund der Unterredung mit Irnfried eine wichtige Notiz diktieren und diese dem Kanzler zuleiten. Theodelinde und Irnfried kannten sich vom Strafgericht in Rabenholm her. Irnfried brachte damals den abgesetzten Herzog und seine aufsässige Tochter gebunden ins Kloster St. Peter vor den Toren, wie auch weitere zur Verbannung Verurteilte. Der Paladin sorgte dafür, dass Theodelinde die Fesseln abgenommen wurde und das vom König angeordnete Scheren der Haare sanft ausfiel. Trotz ihres aufgelösten Zustands konnte sie damals diese Milde würdigen. Daher waren die beiden überrascht, sich nun unter anderen Bedingungen wieder zu begegnen. Theodelinde trug ihre pechschwarzen Haare nicht mehr wie züngelnde, lockende Flammen, sondern in einem dichten Kranz um den Kopf. Aller Hochmut und stolze Anmaßung war aus ihren Zügen wie ihrer Haltung gewichen. Noch immer war sie eine beeindruckend schöne Frau, doch das Leid, das sie zu tragen hatte, bildete sich jetzt in ihrem Gesicht ab. „Ritter Irnfried, wie ist denn unsere Majestät heute gestimmt?“ „Gräfin, so wie immer, heiter und gelassen.“ Durch diese Aussage verblüfft, wollte sie wissen, woran dies liege? Der Paladin darauf: „Gräfin, dank der Königin ist er wieder so fröhlich wie einst vor dem Mord an seinen Eltern. Das habe ich von Prinz Theodemir und Markgraf Bodo, die Majestät schon als Kind kannten. Ich bin fast der einzige Überbleibende der Kinderarmee, ich selbst hatte ihn nur ernst und streng erlebt. Doch jetzt, Gräfin freue ich mich jedes Mal über ein Gespräch mit unserem hohen Herrn. Ein Rat: Seid ohne Furcht, aber ehrlich und offen, das schätzt unsere Majestät.“ „Ritter Irnfried, habt Dank für den guten Rat. Nun kann ich Euch endlich dafür danken, mir damals meine Würde belassen zu haben. Mir war es als Frau doch so wichtig, dass meine Haare nicht dicht an der Kopfhaut geschert wurden.“ „Gräfin, das hatte mir eine Nachfrage des Königs eingetragen, aber auch seine nachträgliche Zustimmung. Ich stehe hoch in seiner Gunst und will alles dazu tun, um mir diese zu erhalten.“ Einer der Leibwächter trat ein und bat Theodelinde ihm zu folgen. Ritter Irnfried richtete er aus, er solle nach der Audienz der Gräfin, in etwa einer Stunde, nochmals zum König kommen.

Die einstige Herzogstochter wurde in den kleinen Audienzsaal geleitet und stand dem einst so geliebten und dann gehassten Herrscher gegenüber. Der König löste sich aus seinem Sessel, kam ihr einige Schritte entgegen. Tief verbeugte sie sich vor dem Herrscher und wollte ihm demütig die Hand küssen, was ihr verwehrt wurde. Seine Begrüßung war freundlich und prüfend der Blick in ihr Gesicht. Was er darin erblickte schien ihm zu gefallen. Friedrich Teja las in Gesichtern, versuchte zu ergründen, was sich dahinter verbarg. Theodelinde, so bang ihr zu Mute war, sie hielt diesen Königsblick aus, vor dem sich so viele fürchteten. Seine großen grüngrauen Augen blickten nicht abweisend, eher neugierig und mitfühlend. Daraus schöpfte sie Mut, doch ihn anzusprechen das wagte sie nicht, denn dies stand alleine dem Herrscher zu.

„Gräfin Theodelinde, Eure von mir sehr geschätzte Mutter hat mich darum gebeten, Euch anzuhören. Was tragt Ihr auf dem Herzen, Gräfin?“ „Majestät, habt tiefen Dank für Eure unverdiente Milde und noch viel mehr für die Gnade, mich wieder zu meiner Mutter zurückkehren zu lassen. Ich bereue meine damalige Anmaßung und Unverschämtheit zutiefst und entschuldige mich voller Scham dafür. Die ganze Zeit im Kloster versuchte ich mein borniertes Verhalten zu ergründen. Ich war verblendet, besetzt von hochfahrenden Plänen und

Vorstellungen. Vor dem Tor von Rabenholm sind diese so zermalmt worden wie die Kraft unseres Heeres. Was dort vor meinen Augen geschah, das konnte ich nicht begreifen, wertete es als bösen Albtraum und Blendwerk der Hölle. Ich vermochte nicht einzusehen, dass mit einem Male alles vorüber sein sollte; Glanz und Träume, Luxus und Geltung. Alles, was mir so bedeutsam war, zerbrach auf dem Domplatz. Dann wurde ich vor Euch geführt, dem Sieger des Tages und dem Obersten Richter Thules. In meiner Verblendung sah ich jedoch in Euch nicht den milden Richter und gnädigen König, sondern nur den, der alles verschuldet hatte. Ich war weder in der Lage klare Gedanken zu fassen noch meine große Schuld zu ermessen. Erst Eure Verachtung, Eure Eiseskälte brachte mich zur Besinnung, doch da war es für mich auch schon vorbei. Von diesem so schmerzenden Augenblick an, lernte ich nachzudenken. Dazu musste ich mein Selbstmitleid zähmen und Zusammenhänge erkennen. Die kluge, ehrwürdige Äbtissin Gertrudis hat mich in vielen Gesprächen gelehrt, mich auf das Wesentliche des Lebens zu besinnen. Erst als ich die erlösende Botschaft empfing, das Kloster wieder verlassen zu dürfen, teilte sie mir etwas Wichtiges mit. Ich kann es nur sinngemäß wiedergeben: Als unsere Majestät bestimmt hatte, dass Du Theodelinde in unser Kloster eintreten musst, gab er für mich ein Schreiben mit. Darin bat er, mich Deiner besonders anzunehmen. Wegen mir, der Äbtissin, habe er dieses Kloster bestimmt. Dies, meine Tochter, war bei all dem Leid, das Dich leider zu Recht ereilte, ein Strahl der Hoffnung. Unser König hatte sich dabei etwas gedacht und heute bin ich froh über seine Einschätzung. Majestät, diese Zuwendung verdanke ich Euch und Gott dem Herrn, zu dem ich im Kloster wieder zurückgefunden habe. Ich bitte Euch auf Knien mir meine Schuld zu vergeben und mich als geläutert anzusehen."

Theodelinde hatte immer stockender und gequälter gesprochen. Jedes Wort schien ihr schwer zu fallen, sie war stark aufgewühlt und kämpfte mit ihrer Fassung. Tränenüberströmt und schluchzend sank sie auf die Knie und harrte demütig der Worte des Herrschers. „Ist Euch dies denn so wichtig, Gräfin? Plagt Euch dies so sehr? Ihr habt doch im Kloster gesühnt!" „Es lässt mir keine Ruhe mehr und hat sich in mir eingebrannt. Ich habe den geschmäht, der in übermenschlicher Selbstüberwindung unverdiente Milde walten ließ. Jenem getrotzt, der grausames Morden verhinderte, der die Gnade über seinen Kriegs- und Nachruhm stellte, nie Dagewesenes ermöglichte, um zu versöhnen. Dabei drohte Euch der Sensenmann mit dem Tode. Dennoch setztet Ihr Euer nur noch flackerndes Leben ein, um den Frieden zu gewinnen. Wie sehr hatte ich Euch verkannt, wie blind und besetzt von meinen eigenen eitlen und törichten Gedanken war ich..." Theodelinde wurde von einem Weinkrampf geschüttelt, die Tränenflut hatte die Dämme der Selbstachtung überstiegen, sie war am Ende. Alle Kraft, aller Trotz, der letzte Rest ihrer Vergangenheit hatte sie verlassen. Sie war nur noch ein armer Mensch, der um Gnade und Vergebung flehte. Für sie schien alles von diesem Gespräch abzuhängen. Friedrich hegte den Verdacht, dass die Unglückliche ihrem Leben vielleicht ein Ende setzen könnte, falls er ihr die Reue nicht abnehmen würde. Seinem Eindruck nach hatte sich deren Hybris in Selbstvorwürfe verwandelt, und mündete fast schon in eine Zwangsvorstellung ein.

Friedrich, seinen Leibwächtern wehrend, bat sie sich zu erheben und half ihr sogar dabei. Er nahm sie tröstend in die Arme, so wie ein Kind, das sie in diesem Moment wohl auch war. Jetzt fand sie Ruhe, der Weinkrampf löste sich, doch die Tränen versiegten nicht. Der König führte sie zu einem Sessel und nahm ihr gegenüber Platz, selbst berührt durch die Reue der einst so Stolzen. „Liebe Gräfin, ich nehme Euch Eure Reue ab und verzeihe Euch. Vergeben kann nur der Allmächtige und der hat dies längst getan. Auch ich war lange besessen. Hass und Rachsucht hatten meine Seele verfinstert, mein Herz vergiftet und mich beinahe das Leben gekostet. Davon hat mich meine Amala selbstlos befreit und in mein Leben Glück und Licht getragen. Auch für Euch hat sie sich verwendet und es mir leichter gemacht, Euch als rehabilitiert anzusehen. Möge sich auch Euer ein solcher Engel annehmen, Gräfin Theodelinde, es muss ja nicht unbedingt ein *Vogt* sein.“ Ein gütiges Lächeln unterstrich seine Worte.

Theodelinde, deren Tränen allmählich verhaltenem Staunen gewichen waren, schaute den König an, als wäre er der Heilige Michael, der Schutzpatron Thules. Nun gewann sie auch ihre Sprache wieder: „Majestät, habt unendlichen und ewigen Dank, Ihr habt mich erlöst, mir Ehre und Achtung zurückgegeben. Eure mitfühlenden Worte haben den Albtraum, der mich nicht verlassen wollte, mit starker und gütiger Hand beendet. Noch etwas, ich bin nur noch Theodelinde Rabenholm und keine Gräfin mehr. Diese Ansprache steht mir nicht zu, und war auch nicht das, was mich bekümmerte. Einen Vogt zu ehelichen steht mir daher durchaus an. Er muss nur ein rechtschaffener Mann sein, der mich achtet und liebt, mehr braucht es nicht!“ Der König blickte sie überrascht an, daher äußerte sie sich dazu. „Majestät, dieses halbe Jahr in klösterlicher Stille und Einfachheit haben mir die Augen geöffnet. Vorher war ich durch Eitelkeit und Schein bestimmt, wusste nicht, wer ich war, der Mensch Theodelinde. Ich war nur eine durch Zufall in eine herzogliche Wiege Hineingeborene. Nie konnte ich die Bescheidenheit und Würde meiner Mutter annehmen, schämte mich ihrer gar. Meiner Großmutter herrisches Auftreten und deren Prachtentfaltung hatten mich eingefangen. Dem Blendwerk war ich erlegen, den Adel des Herzens, den meine Mutter vorlebt, habe ich belächelt. Ja, Majestät, ich war eitel, dumm und stolz auf meine Schönheit. Als wenn ich dafür etwas gekonnt hätte. Nichts hatte ich bisher für mich getan, lernte weder Schreiben noch Lesen, kümmerte mich nur um Tand und mein Äußeres. Eure unbarmherzigen, leider so zutreffenden Worte am Tag des Gerichts, trafen mich wie nie etwas zuvor. Sie zerschlugen die harte Schale der Selbstgenügsamkeit und Borniertheit. Dafür hasste ich Euch in diesem Moment, Euch den Hohen, Klugen, Unerreichbaren und zuvor so Vergötterten. Eure ungespielte Verachtung, so mitleidlos sie war, löste in mir etwas aus. Die edle Äbtissin Gertrudis tat dann das ihre dazu, lehrte mich zu beobachten, nachzudenken und abzuwägen. Majestät, die gewandelte Theodelinde gleicht nun mehr ihrer Mutter, zu der ich endlich in zweifacher Hinsicht gefunden habe. Doch um meine Mutter zu erreichen muss ich noch viel an mir arbeiten. Immerhin habe ich im Kloster Lesen und Schreiben gelernt, beides geht mir immer besser von der Hand!" Der berechtigte Stolz über diesen Wandel zeigte sich auf ihrem Gesicht. „Theodelinde, ich freue mich für Euch und für Eure von mir geschätzte Mutter, die sich so um Euch sorgte. Eure ehrliche und offene Darlegung zeigt mir, Ihr seid durch Nachdenken und Einsicht auf einen guten und lohnenden Weg eingebogen. Das imponiert mir und sollte Euch weiter ermutigen. Ich sage Euch jetzt bewusst nicht Lebewohl sondern auf Wiedersehen. Meine Gemahlin erwartet Euch zu einer Unterredung. Von mir hört Ihr anschließend noch einmal, denn es gilt etwas zu klären."

Der König ließ sich die Gerichtsakte Theodelindes bringen und bat den Kanzler zu sich. Am Fall der Gräfin erörterte er mit seinem Vertrauten ein Problem. „Mein Kanzler, wie kommt es, dass der Herzogstochter Theodelinde der Titel einer Gräfin aberkannt wurde?" „Majestät, ich ging davon aus, Ihr hättet dies angeordnet. Deshalb habe ich davon Abstand genommen, mich bei Euch nach dessen Richtigkeit zu erkundigen. Der Passus in ihrer Verurteilung lautete: Durch des Königs Gnade verlor sie nicht das Leben aber alle Rechte. Auf ihren Vergehen: Auffordern zum Hochverrat, Schmähen Ihrer Majestät und Beleidigen ihrer Mutter, der Herzogin Griseldis, steht nach den Gesetzen Thules der Tod durch den Strang, wovon der Herrscher jedoch absah. Das Aberkennen aller Rechte umfasste somit auch die Adelswürde und den Einzug allen persönlichen Besitzes. So ist es bei allen Verurteilten geschehen. Das ist zwar zugegeben hart, jedoch von alters her rechtens." König Friedrich schüttelte den Kopf: „Lieber Rainald, das bedeutet, Begnadigte erlangen zwar ihre körperliche Freiheit wieder, nicht jedoch ihre Geburtsrechte?" Der Kanzler nickte: „Mir gefällt es auch nicht, aber es gilt so seit Jahrhunderten!" Mit dieser Auskunft gab sich der König nicht zufrieden, fand es ungerecht, denn das schaffe Verbitterung und Unfrieden. Sühne müsse sein, aber nach deren Verbüßung dürfe keine lebenslange Bestrafung folgen. „Bereiten wir dieser Ungerechtigkeit ein Ende. Lasst Graf Thorismund und seine Leute einen Gesetzentwurf ausarbeiten. Ich will mir die Familien nicht zu Feinden machen, die die Begnadigten auffangen müssen. Für mich entspringt Unfrieden oft genug solchen Zuständen. Thorismund soll auch eruieren, ob es in unseren Gesetzen und im tradierten Recht noch ähnlich ungerechte Sachverhalte gibt. Das ist mir ein Anliegen!“ Er spezifizierte sein Wollen am Beispiel eines abgesetzten und begnadigten Gaugrafen. Er solle den Grafentitel wieder führen dürfen, wirtschaftlich so abgesichert sein, um sich ein angemessenes Leben zu ermöglichen. Ein Teil des vom Gericht konfiszierten Besitzes müsse daher herausgegeben werden. Wie das zu regeln sei, solle Graf Thorismund in einem Vorschlag ausarbeiten und eventuell dem Thronrat zur Beratung zugehen lassen. Der König regelte allerdings eines vorab. Mit Königlichem Dekret durfte Theodelinde ihren Gräfinnentitel wieder führen. Außerdem erhielt sie die von ihrer Großmutter geerbten Güter zurück. Damit gehörte sie wieder dem Hochadel an.

Der König selbst hatte Theodelinde eine große Ehre gewährt und sie in das kleine Kabinett geleitet. Dort wartete der Paladin Irnfried und die Königin schritt im selben Augenblick die Treppe herunter. Sie nahm sich dann der Theodelinde an. „Gräfin Theodelinde, ich würde mich gerne noch ein wenig mit Euch unterhalten.“ „Königliche Hoheit, ich danke Euch herzlich für diese Gunst. Vor allem jedoch dafür, dass Ihr Euch bei Eurem Gemahl, unserem König, für mich verwendet habt.“ Königin Amala bat Theodelinde, ihr in den Garten zu folgen. Ritter Irnfried, der noch warten musste, durfte die Damen geleiten, was, wie er sagte, für ihn eine besondere Ehre und ein Vergnügen zugleich sei. Amala gewann bald den Eindruck, weniger ihre Gegenwart als jene von Theodelinde bewegte ihn zu der Aussage. Auf dem Weg zum Auslug fand sie dafür weitere Bestätigung. Der schmucke Paladin widmete der schönen Gräfin nicht nur wohlgesetzte Worte, sondern auch interessierte Blicke. Die Königin, die den Getreuen ihres Gemahls schätzte, wollte seine Chancen bei der Schönen noch erhöhen und bat ihn, ihnen noch einige Minuten Gesellschaft zu leisten. Und wie nahm Theodelinde die Avancen des Paladins wahr? Sie stand noch unter dem Eindruck des soeben Erlebten. Dazu kam das Staunen über die herrliche Umgebung, so wie bei jedem, der erstmals den Königlichen Privatgarten betreten durfte. Dennoch übersah sie die Avancen des Paladins nicht, und nahm sie verschämt entgegen. In Irnfrieds Gegenwart beherrschte das Thema Garten und der einmalige Blick über den Amelungensee das Gespräch. Sie kamen auch auf Graf Markulf zu sprechen und dessen Zufriedenheit mit der Aufgabe in Tejaholm. Die herzliche Aufnahme in der Familie des Regenten Markgraf Bodo stellte Theodelinde besonders heraus. Als Irnfried zu seinem König abgerufen wurde, wendeten die beiden Damen sich anderen Themen zu.

Die Königin sprach Theodelinde auf ihre tränengeröteten Augen an. „Ihr habt geweint, daraus schließe ich, der Verlauf des Gesprächs hat Euch nicht zufrieden gestellt. Hat es mein Gemahl Euch schwer gemacht?“ „Hierin irrt Ihr Euch, Königliche Hoheit, das Gegenteil trifft zu. Euer hoher Gemahl war überaus gütig und gnädig.“ „Darüber freue ich mich, denn ich konnte mich in

Euch hineinversetzen und mitfühlen. Ich hatte mich, wenn auch aus anderen Motiven, gegen den König gestellt. Einerseits wollte ich nicht schuld sein an seinem Tode. Da ich seine Doppelrolle als König und Ritter des roten Löwen kannte, wäre ich gemäß der Prophezeiung zu der Zehnten geworden, zu seinem Todesboten. Andererseits hatte ich damals, es ist ja nicht lange her, ein völlig verzerrtes Bild des Königs. Noch fehlte mir die Kraft das Lügengespinst zu zerreißen, das Sänger und missgünstige Adelige um ihn gewoben hatten; und verwehrte mich der Wirklichkeit. Wären mir nicht zwei Wunder zu Hilfe gekommen, würde ich nicht hier sitzen, sondern als unglückliche, gemiedene Königsverräterin ein zerstörtes Leben führen müssen. Schmal ist der Grat zwischen Glück und Leid, Unbescholtenheit und Schuld. Von daher wären wir beide beinahe zu Schicksalsgenossinnen geworden, Gräfin." „Majestät hat es mir sehr leicht gemacht, er war so anders als ich es mir vorgestellt hatte. Mich beeindruckte schon seine Freundlichkeit, doch seine Güte überwältigte mich. Der König verhielt sich zu mir wie ein wohlwollender Vater. Doch wenn ich ihn ansah, war er nach wie vor der junge schöne Mann. Ihr seid fürwahr zu beneiden, Königliche Hoheit. Doch Ihr habt ihn auch verdient. Eure Liebe, frei von eigener Eitelkeit und Berechnung, hat ihn Euch gewonnen, so weiß ich es nicht nur von meiner Mutter. Zu dieser Liebe war ich nie fähig, habe beansprucht und mit meiner Schönheit geblinkt" – wie bitter sie das sagte – „ich Törin. Kloster St. Adelgund war keine verlorene Zeit, dort fand ich Muße und Gelegenheit über mich nachzudenken, gewann an Einsicht und fand zu mir selbst. Doch alles hatte ich mir zuvor verdorben,...alles." Leise kam das Letzte über ihre Lippen.

„Euch ist das Leben nicht mehr verschlossen, und auch nicht die Liebe. Schön seid Ihr noch immer, wirkt fraulich, edel und anziehend. Daran gehen die Männer nicht achtlos vorbei, nicht einmal ein solcher Hagestolz wie Ritter Irnfried." Theodelinde wurde verlegen, zarte Röte färbte ihr Gesicht. „Königliche Hoheit, Ihr meint, ich bin ihm nicht gleichgültig?" „Mit Sicherheit nicht, das dürft Ihr mir abnehmen, seine Blicke auf Euch sind mir nicht entgangen, sie überraschten und erfreuten mich." Auf ihren Zügen erglomm ein Hoffnungsschimmer, gleich einem verirrten Sonnenstrahl. „Bei meiner Verhaftung zeigte er sich als wahrer Edelmann. Sein Mitgefühl war tröstlich in meiner Hoffnungslosigkeit, die mir erst auf dem schweren, demütigenden Weg durch die schweigende Menge bewusst wurde. Hoch angerechnet habe ich ihm, wie dehnbar er des Königs Befehl „schert ihr die Haare" auslegte. Er ordnete an, mir die Haare ein Fingerglied lang zu belassen, ließ mir die Fesseln abnehmen und eine komfortable Zelle zuweisen. Dafür war ich so dankbar und erlebte einen der gefürchteten Paladine als mitfühlenden Menschen. Seitdem, das verhehle ich nicht, hat er seinen Platz in meinem Herzen, obwohl ich nicht mehr hoffen durfte, mich je mit einem Mann zu verbinden. Mir ist zwar meine Schuld vergeben worden, doch nun nehme ich einen anderen Stand ein. Ritter Irnfried ist als Sprecher der Paladine ein mächtiger Mann geworden und steht in hoher Gunst des Königs. Das weiß ich von meinem Bruder, der sich mit ihm angefreundet hat. Für mich, die nicht mehr dem Adel angehört, ist er damit unerreichbar, das Gericht hat es getreu dem Recht so verfügt. Der Titel Gräfin steht mir nicht mehr zu, ich bin nur noch Theodelinde Rabenholm, eine armselige Partie." Sie begann zu weinen, nach Amalas Gefühl nicht aus Selbstmitleid, sondern aus Einsicht und Reue.

Die Königin nahm die unglückliche junge Frau tröstend in die Arme, deren Tränen versiegten langsam, ihre Stimme wurde wieder fester. „Ihr seid wirklich ein gütiger Engel, so wie es in ganz Thule heißt. Dabei habe ich Euch damals so hochmütig behandelt. Euer hoher Rang hat Euch nicht verblendet, sondern wie meine Mutter sagt, zur Seele Thules gemacht." „Ihr beschämt mich, Theodelinde. Mich hat die Liebe zu einer glücklichen Frau gemacht, die andere an ihrem Glück teilhaben lassen will. Mich der Armen, Kranken und Schwachen anzunehmen und deren Dank zu erleben, hatte ich in kleinem Rahmen schon auf der Rosenburg getan." Theodelinde entdeckte der Königin beginnendes Bäuchlein. „Königin, Ihr seid in freudiger Erwartung, welch ein Segen für Euch und Euren Gemahl." „Ja, so sehen wir dies auch, mein Gemahl ist fast noch glücklicher als ich, die ihm dieses Kind schenken darf."

Ein Ruf erschallte von der Terrasse herab: „Schwesterlein, wo finde ich Dich?" Die überraschend eingetroffene Prinzessin Adelheid schritt nach dem erfreuten „Adli, im Auslug" dorthin. Sie stutzte als sie Theodelinde bei ihrer Schwägerin antraf, umarmte zuerst liebevoll ihre Freundin. Danach wandte sie sich unbefangen der Gräfin zu, die auf einmal unsicher wirkte. „Störe ich, soll ich zuerst noch zu Fried gehen?" Das Nein kam wie aus einem Munde und löste bei den Damen fröhliches Lachen aus. „Dann setze ich mich dazu, aber nur wenn ich was zu trinken bekomme!" Das war Adli wie sie leibte und lebte. Kaum hatte sie diesen Wunsch geäußert, standen auch schon die Mägde bei ihnen, servierten Tee, Kaffee und Gebäck. Amala berichtete der Prinzessin, warum Theodelinde bei ihr war und wie es ihr bei Fried ergangen war. Sie freute sich für Theodelinde und wie könnte es anders sein, über das Verhalten ihres Bruders. Allmählich taute die Gräfin auf, die Ähnlichkeit mit ihrer Mutter Griseldis kam nun durch. Amala fragte die Gräfin nach ihrem Quartier, das diese allerdings erst noch suchen müsse, da ihr der Herzogshof verschlossen sei. Das lässt sich ändern, meinte Amala, und wollte der ersten Hofdame dazu eine Weisung geben. Sich im Bett ihrer Mutter zur Ruhe legen zu können, erfreute die Gräfin. Auf die Frage der Prinzessin, wie lange sie in der Heiligen Stadt bleiben wolle, wusste sie noch keine Antwort. Sie wolle sich morgen mit ihrem

Bruder treffen, der allerdings am Abend zu einem kleinen Fest am Hofe geladen sei.

„Daran würdet Ihr doch gerne teilnehmen, Theodelinde?“ Wie aus dem Nichts tauchte Friedrich vor ihnen auf. Die Antwort ging erst einmal im Jubel von Adelheid unter, die ihren Bruder umarmte und küsste. Die ungezwungene Liebe der Geschwister erfreute Amala jedes Mal. Von wegen Majestät und Königliche Hoheit, das waren nur Fried und Adli, die es nie kümmerte wer noch zugegen war, zumal im Königlichen Privatgarten. Die Prinzessin setzte sich zur Gräfin, die von Friedrich zum Bleiben eingeladen wurde, und das gerne annahm. Friedrich rückte zu seiner Frau, war nun der geliebte Ehemann und Bruder und der Mittelpunkt der kleinen Runde. „Von drei so schönen Damen umgeben zu sein, das ist ja wie im Paradies der Muslime, das hätte ich gerne des Öfteren.“ Dabei lachte er ansteckend. Unaufgefordert brachte ihm sein Leibdiener einen Becher verdünnten Kirschsaft. „Bevor wir uns diesem schönen Spätnachmittag überlassen, muss ich noch eine Amtshandlung vornehmen.“

Seine Frau fragte ihn, ob er denn nicht bleiben könne? Der König hatte wie er sagte, keineswegs die Absicht sich um die angenehme Gesellschaft zu bringen. Der König forderte Theodelinde auf, sich herüberzubeugen und legte ihr seine Hände auf die Schultern: „Theodelinde, der edlen Herzogin Griseldis Tochter, hiermit erhebe ich Euch wieder zur hochedlen Gräfin. Auch Eure einstigen Güter gehören Euch damit wieder.“ Er ließ sie Treue schwören, sie küsste seine Hand, die sie überglücklich mit Freudentränen netzte. In ihrer Rührung konnte sie ihren Dank nur noch stammeln. Von ihren schmalen Schultern waren Zentnerlasten abgefallen. Sie war frei und ihrer materiellen Sorgen ledig, und was ihr das Wichtigste war, keine Geschmähte mehr. „Ich habe mich über uralte und noch geltende Gesetze hinweggesetzt, aber dennoch ein gutes Gefühl dabei. Kanzler Rainald wird diesen unhaltbaren Zustand in einem Gesetz beseitigen. Es macht keinen Sinn jemand zu begnadigen und danach materieller Not und sozialer Ächtung auszusetzen. Daher habe ich nicht allzu sehr gewildert. Sonst wäre ich ja tatsächlich jener Autokrat, als der ich öfters bezeichnet werde.“ Es wurde ein schöner Nachmittag, den sich der in seiner Arbeit aufgehende König abgerungen hatte. Gegen alle Üblichkeit hatte er heute sogar seinen getreuen Irnfried zweimal warten lassen und wollte ihm dafür etwas Gutes tun. Seine Gemahlin hatte dazu eine Idee, nämlich den Kreis der morgen Geladenen um ihn zu erweitern. Diesen Vorschlag hieß der König gut, gab jedoch zu bedenken, er finde keine Tischpartnerin vor. Er blickte seine Frau an, sah deren verschmitztes Lächeln und ihren Blick auf Theodelinde. Nun war das Schmunzeln an ihm: „Wie Du das wieder einfädelst, Du bist hinreißend als…“ Den Rest verschluckte er, um seine Amala nicht bloßzustellen. „Gräfin Theodelinde, wir würden uns über Ihre Gesellschaft am morgigen Abend freuen und sicher auch Ihr Bruder. Wäre Euch Ritter Irnfried als Tischherr angenehm, der damals die unangenehme Aufgabe hatte Euch ins Kloster zu bringen?“ „Ja, Majestät, er wäre mir sehr genehm.“ Dabei wurde sie über und über rot, was dem König nicht entging. Sein launiger Einwurf befreite Theodelinde aus ihrer Verlegenheit.

Der König winkte seinem vertrauten Leibwächter Winfried, der ihn schon als Kind geschützt hatte. Er solle Ritter Irnfried des Königs Einladung überbringen, am nächsten Abend sein Gast zu sein. Winfried bat er die Antwort umgehend zu erfragen. Bald kam der Getreue zurück: „Majestät, Ritter Irnfried dankt untertänig für diesen erneuten Gunstbeweis. Es sei ihm eine große Ehre und eine besondere Freude daran teilnehmen zu dürfen! Majestät, so gestelzt redet Irnfried sonst nicht, wenn ich mir diese Anmerkung gestatten darf.“ „Ihr dürft es, mein treuer Winfried, aber...“ – Friedrich drohte ihm lächelnd mit dem Zeigefinger – „das müsst Ihr ihm direkt sagen. Hintenherum mag ich nicht, capito!“ „Si si, Re mio!“ Grinsend ging er weg, so als freue er sich dies dem Sprecher der Paladine aufs Brot zu schmieren. Dazu ist anzumerken, dass des Königs Leibwächter großes Ansehen genossen. Ihre Bewährung in den Kämpfen an der Seite des Königs, ihre ständige Nähe zu diesem, umgab sie mit einer Aura des Besonderen. Dem konnten sich auch die Elitekrieger nicht entziehen. Die Leibwächter hörten und sahen viel, waren stets dabei wenn der König Audienzen gab, doch nichts kam über ihre Lippen, nicht einmal im Kreise ihrer Familien. Im Gegensatz zu den Paladinen waren die meisten Leibwächter verheiratet. Diese *Stummen* hätten sich für ihren Herrscher in Stücke hauen lassen, ihn nie im Stich gelassen oder Geheimes ausgeplaudert. Sie erfuhren allerlei Vergünstigungen und erhielten manch gutes Wort von ihrem Herrn.

Es trat ein, was sich andeutete, oder besser ausgedrückt, sich die Königin gewünscht hatte. Damit lagen gleich zwei *Nüsse* auf dem Tisch des Königs. Eine Ehe zwischen Hochadeligen und Personen tieferen Standes, musste vom König genehmigt werden. Das setzte ein schriftlich gefasstes Gesuch voraus, das an den jeweiligen Herzog oder Regenten zu richten war. Dessen Stellungnahme ging dann an den Herrscher, der darüber befand. Lange vor Friedrichs Herrschaft hatte es sich so eingebürgert. In dem vorliegenden Fall ergab sich ein weiteres Problem. Ein Paladin, der sich zu verehelichen gedachte, musste seinen Dienst aufgeben, denn die Paladine hatten ledig zu sein. Den „Orden des Königs“ zu verlassen – wie Lästerer die Elitekrieger bezeichneten – war ein herber Schritt und gut zu überlegen. Beides kannten Irnfried und Theodelinde und suchten um Hilfe an. Diese erbaten sie von Graf Markulf und hofften auf die Königin, von der Friedrich im Spaß gesagt hatte sie sei die schwache Stelle bei ihm. Am Morgen nach dem Fest baten sie über Gräfin

Beatrix bei der Königin um eine Unterredung. Als diese das Anliegen ihrer Herrin vortrug, war klar dass der flinke Irnfried hier nicht minder schnell gehandelt hatte. Unumwunden gestanden Theodelinde und Irnfried ihre gegenseitige Zuneigung ein und ihre Absicht zu heiraten. „Königliche Hoheit, vorgestern als ich nicht mehr dem Adel angehörte, gab es die Hürde, dass Irnfried adelig und noch dazu der Sprecher der Paladine ist. Nun bin ich wieder eine hochedle Gräfin, und nun steht eine neue Hürde im Wege. Was sollen wir denn nur tun, wir können Ihre Majestät nicht erneut mit einer Nichtigkeit behelligen?“

Was das verunsicherte Paar nicht wissen konnte, das Königspaar und die Prinzessin hatten vor der kleinen Feier das drohende „Problem“ erörtert. Die beiden Damen baten Friedrich, eine gemäße Lösung zu finden, falls es so ablaufen würde wie sie es sich in ihrem Mitgefühl wünschten. „Fried, Dir fällt doch immer eine Lösung ein, Du hast mir, Deiner kleinen Schwester immer weiterhelfen können. Irnfried hat es verdient, er war uns immer ein selbstloser Getreuer.“ „Adli, damit triffst Du ja gerade den Nerv. Irnfried ist nicht zu ersetzen und das verschafft mir Kopfzerbrechen. Auch mit der Lösung im anderen Fall ist es nicht so einfach. Irnfried stammt aus einem gebildeten, aber nicht begüterten Zweig der von Großvater geadelten Familie. Er ist ein stolzer und eigenständiger Mensch. Ich konnte ihm stets die schwierigsten Aufgaben übertragen und er hat mich nie enttäuscht. Daher wurde er zu einem der drei Anführer der Paladine und zuletzt noch zu deren Sprecher. Sein kluger, uneigennütziger Rat und seine bedingungslose Loyalität werden mir fehlen, ganz abgesehen davon weist kein anderer Paladin solch unbestrittene Autorität auf. Die Lücke, die sich hier auftut, ist nicht zu schließen und durchkreuzt einen meiner wichtigsten Pläne, die Umgestaltung des Heereswesens. Beim anderen Punkt gibt es zwar eine Lösung, aber die hat einen Pferdefuß. Irnfried als das fünfte Rad am Wagen der Rabenholmer, das wird er nicht wollen, außerdem ist Theodelinde nicht so begütert, um zusammen ein gemäßes Leben führen zu können. Mir den vitalen und blitzgescheiten Irnfried als Gutsherrn vorzustellen, ist für mich eine unmögliche Vorstellung. Seine Talente würden völlig verkümmern. Darüber werde ich mit Rainald reden und mit ihm nach einer gangbaren Lösung suchen!“

Die Königin konnte das Paar daher aufmuntern: „Ich bin zuversichtlich. Aber wir brauchen einen Termin beim König. So viel ich weiß hat mein Gemahl derzeit keine Audienztermine, vielleicht haben wir Glück.“ So war es denn; Beatrix, die darum ansuchen sollte, kam zufrieden lächelnd mit der Antwort des Königs zurück: „Bitten meiner Gemahlin vermag ich nicht abzuschlagen, ich bin doch Wachs in ihren Händen!“ Amalas glucksendes Lachen steckte die anderen an. Beatrix bemerkte: „Hoheit, dieses Wachs muss erst noch erfunden werden, oder sehe ich das falsch?“ „Liebe Gräfin, da liegt ihr richtig, er gibt mir zwar in manchem nach, aber nur wenn er selbst davon überzeugt ist, mein lieber und unbeirrbarer Gemahl.“

Friedrich empfing Irnfried und Theodelinde in bester Laune, Amala hatte sogar den Eindruck auf der Hut sein zu müssen, der Schalk saß ihm im Nacken. „Meine Lieben, Euch so vereint zu sehen und meine Gemahlin als Verstärkung aufbietend, lässt mich die Euch bewegenden Wünsche erahnen. Damit bereitet Ihr mir allerdings Kopfzerbrechen, aber ich will mich Eurem Anliegen nicht verschließen.“ Vor Erleichterung und Freude fasste sich das Paar an den Händen. Der König wollte fortfahren, da signalisierte ihm einer der Wächter eine Unterbrechung. Friedrich nickte, ahnend um was es ging und ließ diese zu. „Graf Markulf…“ „Soll eintreten!“ Ein verdutzter Graf trat ein und wurde vom König sofort angesprochen. „Graf Markulf, kommt Ihr um zu intervenieren und mich aus einem Dilemma zu befreien, in das die Beiden mich hineinmanövriert haben?“ Amala, ihren Mann kennend, entnahm seinem Tonfall, dass er necken wollte. Markulf nun noch verblüffter, nahm den Einwand nicht auf, er begrüßte zuerst das Königspaar gebührend. Er schaute dabei der Königin bittend in die Augen bevor er antwortete. „Majestät, so gerne ich Euch sonst zu Diensten bin und stets beistehen würde, dieses mal bin ich parteiisch. Ich kenne inzwischen Ritter Irnfried näher und habe mich mit ihm angefreundet. Er ist für meine Schwester der ideale Gemahl, und darum bitte ich für die Beiden.“ „Und Du, lässt auch Du mich im Stich?“ Amala sagte so schelmisch wie er: „In diesem Fall schon, mein Gebieter.“ „Lieber Markulf, was soll ich nach Eurer Vorstellung denn tun?“ „Majestät, ich halte mich an ein neues Sprichwort: In Thule fällt kein Blatt vom Baum, wenn unser König es nicht will!“ „Markulf, das höre ich zum ersten Mal, und es beunruhigt mich. Ich bin nicht der Allmächtige, sondern wie alle ein sterbliches Geschöpf des Ewigen. Aber ich habe das Bild schon verstanden, ich soll meine Königliche Macht einsetzen. Graf, würde ich das stets und ungehemmt tun, dann wären alle Gesetze und Gebote, die meine Vorgänger erlassen haben, Staub im Wind. Dann würde ich mich über alles hinwegsetzen, wäre der absolute Autokrat, den nichts und niemand kümmert. Das könnt Ihr doch nicht wollen? Vor allem dann nicht, wenn Ihr an das hohe Amt denkt, auf das Ihr Euch vorbereitet. Eines vorweg, meine Lieben, ich will mich im Rahmen unserer Gesetze und Bräuche bewegen und Präzedenzfälle so möglich vermeiden.“ Das klang nun gar nicht mehr so schelmisch. „Daher habe ich mich mit Königin, Prinzessin und Kanzler beraten, die ein gutes Wort eingelegt haben.“

„Theodelinde, wem habt Ihr außer Markulf und Irnfried noch von Eurer Wiedereinsetzung in den alten Stand berichtet?“ „Majestät, darüber habe ich mit niemand sonst gesprochen.“ „Das ist gut, denn so hält meine Lösung. Wir warten noch mit der Bekanntmachung, damit umgehen wir das Procedere wegen Eures Hochadelsprivilegs. Anträge für Heiraten zwischen Nichtadeligen und Angehörigen der Ritterschaft genehmigen oder verwerfen die Gaugrafen, in deren Bereich der Antragstellende lebt. Bei Einsprüchen wird jedoch die übergeordnete Instanz angesprochen, der Herzog oder der Regent. Hier in Amelungia vertritt mich Kanzler Reinald, der sein Einverständnis gegeben hat." Friedrich nahm ein Papier vom Tisch und deutete auf zwei Unterschriften, die seine und die des Kanzlers. „Rainald hat schon mal vorgearbeitet, zu deutlich war gestern auch ihm Euer Einvernehmen. Ich musste nur noch meine Unterschrift dazusetzen, die mein Einverständnis und den Verzicht auf einen möglichen Einspruch erklärt." Der König ließ sich von den beiden vor Glück Strahlenden die rechte Hand reichen, legte diese ineinander und umschloss sie mit beiden Händen. Nun waren Irnfried und Theodelinde verlobt, zusammengegeben durch Thules höchste Instanz. Dies bezeugten die Königin und Graf Markulf. Damit war die erste Hürde weggeräumt, jedoch nicht das in den Augen des Königs schwierigere Thema.

„Irnfried, dass Ihr mir Euren klugen Rat, Euren treuen und stets zu meiner Zufriedenheit ausgeführten Dienste entziehen wollt, das finde ich mit Verlaub gesagt, fast verletzend." Nicht nur die Königin schaute jetzt betroffen, Irnfried gar entsetzt, aber er fasste sich sogleich wieder und antwortete seinem Herrn. „Majestät, was auch immer ich jetzt tun werde, an meiner Treue dürft Ihr nicht zweifeln. Wenn Ihr mich braucht, dann werde ich da sein." Standhaft und ruhig hatte er seinen Herrscher angeblickt, was auch die Königin tat und erleichtert feststellte, Prinz Sonnenschein, konnte das Necken nicht lassen. Ihren sanften Knuff quittierte er mit einem so fröhlichen Grienen, dass es auch den anderen nicht entging, er hatte es nicht ernst gemeint. „Lieber Irnfried, ich habe mich in neunzehn Jahren so an Euch gewöhnt, da lasse ich Euch doch nicht in den Ruhestand gehen. Nein, mein enger Vertrauter, Ihr bleibt auch künftig in meiner Nähe, so egoistisch bin ich schon. Glücklicherweise habe ich die Lösung, die ich gleich darlegen werde, vorab schon mit Prinz Theodemir, meinem alter Ego durchdrungen. Meinen Blutsbruder hätte ich auf keinen Fall übergehen wollen. Daher habe ich Euer Problem in das neue Konzept des Heereswesens einbezogen. Manchmal braucht es einen Anstoß, um den gordischen Knoten der Tradition zu durchschlagen und aus Ideen Taten werden zu lassen; und die sehen so aus: Wir erweitern den Kreis der Paladine um 22 geeignete und treue Kämpen. Es ist mir ohnehin immer schwerer gefallen die vielen Geeigneten und Getreuen abzuweisen, die Paladin werden wollten. Herausforderungen gibt es mehr als genug für sie. Seit sich Holmenland und Stormland wieder in Thule „eingeordnet" haben, kommen von dort viele Anfragen hier als Wachen dienen zu dürfen. 22 neue Paladine dünnen unsere Wachmannschaften aus, und machen Plätze frei. Außerdem können wir so dem Wunsch vieler Väter entsprechen, die ihre Söhne gerne als Pagen und Knappen am Königshof sehen würden. Irnfried, ich kenne Euch und Euren klugen Kopf, in ihm sind jetzt Fragen aufgetaucht.

Diese Erweiterung erfordert zwei weitere Anführer, die wir innerhalb der Paladine finden werden. Damit hätten wir fünf Hauptleute, die ihrerseits der Führung bedürfen. Ich bin der Ansicht, dass dessen Dienstzeit unbegrenzt sein soll. Von diesem Leiter ein Leben lang ein zölibatäres Verhalten zu verlangen, das wäre ein Unding und Handeln wider die Natur des Menschen. Es steht also nichts dagegen, dass Ihr als künftiger Leiter der Paladine, im heiligen Stand der Ehe lebt.“ Die Erleichterung des Brautpaares war ihnen anzusehen, nun waren sie einer großen Sorge ledig, die alle Liebe überlagert hätte. Der Herrscher goss noch etwas Wasser in den Wein der Freude. „Mir liegen Akademie und Schlossschule am Herzen, die bisher zu meinen Aufgaben gehörte. Diese müssen nun auf Euch übergehen. Beide werden wir in diesem Zuge ausbauen. Ich will noch mehr Mädchen die Chance einräumen, über die Schlossschule an die Universität zu gehen. Wir brauchen Ärztinnen und Lehrerinnen zuhauf. Alle nicht kriegerischen Berufe sollen ihnen offenstehen. Ich weiß, dies stellt einen gewaltigen Umbruch dar und bricht mit der Tradition. Dennoch, wer sich dagegen stellt, wird auf einen ungnädigen König stoßen und es direkt mit mir zu tun bekommen. Ich verspreche mir dadurch eine dauerhafte Entlastung und Gutes für unser Thule. Über Eure angemessene Honorierung und Bleibe unterhalten wir uns in einigen Tagen. Markgraf Rainald hat sich der Sache angenommen und wird sicher Geeignetes finden. Übergangsweise kann ja Eure derzeitige Behausung dienen, die Ihr, Theodelinde, ja schon kennt.“ Glücklich und zufrieden schieden Theodelinde, Markulf und Irnfried. Amala war hochzufrieden mit dem Vorgehen ihres Mannes und Königs und ging hinauf in ihre Gemächer.

In den Königlichen Räumen wartete die Prinzessin ungeduldig auf das Ergebnis der Audienz. Was waren die beiden Freundinnen stolz auf ihren Bruder und Gemahl. Wie es unter Frauen so ist, auch hochrangigen, blieben sie etwas länger bei der Vereinigung von Theodelinde und Irnfried. Die schwesterliche Vertrautheit ließ Amala Sachverhalte ansprechen, die sie mit ihrem Mann nicht besprechen wollte. Als sie nach dem Gespräch das Mahl mit Friedrich einnahmen, bestürmten sie ihn mit Fragen. Sie wollten wissen woraus er geschlossen habe, dass Theodelinde und Irnfried nach dem Fest die Nacht miteinander verbracht hatten. Schmunzelnd meinte er: „Dass Ihr mich danach fragen würdet, hatte ich erwartet. Amala als Du noch sanft geschlummert hast, bin ich auf dem Weg zum Elterngrab stutzig geworden. Um diese Zeit waren bei Irnfried die Fensterläden noch nie zu. Daraus folgerte ich, er war nicht alleine. Außerdem hatten die beiden Gesternabend weder Aug noch Ohr für andere. Die beiden hatten sich gefunden. Ich vermute, Theodelindes bisheriger innerer

Zwang Selbstmord zu begehen, wenn sie mich nicht von ihrer Reue überzeugen kann, ist nach meiner sie erlösenden Aussage in eine spontane Lebens- und Liebesgier umgeschlagen. Gönnen wir es den beiden, denn Irnfried war allzu lange nur Paladin, und schien auf dem Weg zu sein, am Leben vorbeizugehen. Die menschliche Natur und das pulsierende Leben haben ihr Recht gefordert. Mir war ohnehin so, als wäre diese Liebe nicht erst gestern entstanden.“ Seine Vermutung bestätigte Amala, die es von Theodelinde wusste. Adli merkte an: „Fried, genau gewusst hast Du es nicht mit dem Beilager. Du hast sie überrumpelt und so erwischt.“ Friedrichs zustimmendes Lachen bestätigte sie. Der König lockte einige Zeit danach aus Irnfried heraus, er habe es bedauert, als diese schöne junge Frau zu einem Dasein im Kloster verurteilt wurde. Er hatte deren Entsetzen und ihre einsetzende Reue miterlebt und Mitgefühl mit der Unglücklichen empfunden. Seither sei sie ihm nicht mehr aus den Gedanken entschwunden. Als er von ihrer Begnadigung erfuhr, habe er sich mitgefreut, und als sie ihm so plötzlich gegenüberstand, da brach sich die Zuneigung ihre Bahn. Dem Herrscher passte es in seine Strategie. Ihm war an einer engen Bindung zu den Rabenholmer gelegen, um Einheit und innere Zusammengehörigkeit Thules zu vertiefen. Außerdem war er der Herzogin Griseldis, seiner Mutter beste Freundin, sehr zugetan.

Zwei Hochzeiten

Der Regenmonat November wurde in diesem Jahr zum Monat der Hochzeiten. Als erste traten Gräfin Beatrix, die erste Hofdame, und Graf Thorismund, die rechte Hand des Kanzlers in Hildebrandtsvik vor den Altar. Der König hatte angeboten als *Hausvater* der Gräfin die Hochzeit auszurichten. Dies war nicht im Sinne des Markgrafen Thorismund, der aus der Hochzeit seines Ältesten und designierten Nachfolgers ein großes Ereignis für seine Stadt machen wollte. Er, der so begeistert war von der neuen Aufgabe seines Sohnes wollte eben dies gebührend herausstellen. Dem König war es recht, aber er bereitete insgeheim eine Überraschung für das Brautpaar vor.

Der König und sein Kanzler hatten die Verdienste des jungen Grafen Thorismund, die er sich in kurzer Zeit erworben hatte, mit einer Ernennung gewürdigt. Der Graf war genauso ein Arbeitstier wie seine beiden Herren. Der Herrscher erlebte Thorismund als einen klugen Kopf und vorzüglichen Juristen, er war so bedingungslos loyal wie Markgraf Thorismund sein Vater. Dabei wirkte er stets heiter und gelassen, hatte für jeden Zeit und ein offenes Ohr. Als Glücksgriff, der maßgeblich von Beatrix ausgelöst wurde, bezeichnete der König diese Verbindung. Auch Markgraf Rainald wurde durch Thorismund entlastet und ergänzt. Die beiden hatten sich befreundet, so wie auch ihre Partnerinnen Winthala und Beatrix. Der Kanzler schlug seinem Herrn vor, Thorismund zu seinem Stellvertreter zu ernennen und dies mit einem Titel zu manifestieren. Der König hielt das für eine gute Idee und stimmte zu. Nach einigen verworfenen Titeln einigten sie sich auf Vizekanzler, was zwar auch nicht sonderlich überzeugte, aber dem Aufgabenbereich und der Bedeutung des Amtes gerecht wurde. Thorismund und Beatrix freuten sich ungemein über diese Ernennung und den hohen Rang des Grafen.

Als das Königspaar nach Hildebrandtsvik aufbrechen wollte, regnete es in Strömen. Der König nahm daher, auch mit Rücksicht auf seine Frau, die Kutsche. Amala war das sehr recht, denn so hatte sie ihren Mann nahe bei sich. Es wurde ein prächtiger Zug, denn sowohl der Kanzler mit Gemahlin als auch weitere Hochzeitsgäste fuhren mit ihren Kutschen. Selbst die Knappen und Zofen des Königspaares durften eine Kutsche nehmen. Die Leibwächter und Paladine mussten sich hingegen auf ihren Pferden dem Regen aussetzen. An des Königs Kutsche angeleint trabte der gesattelte, durch eine Decke geschützte Sultan mit, denn der Herrscher wollte bei Bedarf auf ein Pferd umsteigen können. Sowohl sein Kettenhemd als auch Kampfschild und Schwert waren mit dabei, doch es beunruhigte die Königin nicht mehr. Es hatte sich blitzschnell herumgesprochen, dass der prächtige Zug kommen würde, der Weg war daher gesäumt von Menschen, die trotz des Regens ausharrten, um das Königspaar zu bejubeln.

Markgraf Thorismund, einer der Heerführer Thules, erwartete den Königszug am Theodericiator von Hadubrandtstadt. Das Tor hatte er bekränzen lassen, wie auch die Straßen durch die der Herrscher fahren würde. Herzlich war sein Willkommensgruß, ihm konnte der Regen nichts anhaben und verwässerte ihm seine Vaterfreude nicht. Der König bat ihn in seine Kutsche, eine große Ehre, die den Freund seines Vaters sehr erfreute. Es ging durch ein dichtes Spalier jubelnder Menschen, die auch weit aus dem Umland angereist sein mussten, um Anteil an dem Ereignis zu haben. Sie standen nicht nur entlang des Weges bis hinauf zur Reichsburg, sie standen noch weit hinein in die einmündenden Gassen. Selbst die Mauer des Friedhofs war bekränzt, natürlich auch das Waisenhaus und all die kleinen Häuser des Burgdorfes hatten ihr Festkleid angelegt. Alle Gasthäuser und Herbergen seien voll und in der Grafenburg der letzte Winkel belegt, berichtete der Markgraf. „Alle wollen dabei sein, wenn mein Thori die kluge Beatrix heiratet. Selbst Beo hat den langen Weg von Seeburg nicht gescheut, auch Herzogin Griseldis kommt aus Rabenholm. Meine Frau ist außer sich vor Freude, solch ein Ereignis hat unsere Stadt lange nicht mehr erlebt. Königliche Hoheit, Euer Vater ist schon gestern angekommen, er nahm den kürzeren Weg über die Sundauen, bewusst wollte er diesen Teil seines Herzogtums queren. Das Herzogspaar aus Veendamm wird erst gegen Abend eintreffen."

Herzog Wittich war ihnen bis zum Stadttor der Hildebrandtsburg entgegen gekommen. Wittich setzte sich zu ihnen in die Kutsche, um dem Regen auszukommen, obgleich der schwächer geworden war. Auf der überdachten Treppe erwarteten sie die schon Angekommenen. Die Königin hatte längst ihre Scheu vor den hohen Herrschaften abgelegt, denn alle waren ihr gewogen. Entsprechend herzlich verlief die Begrüßung, bei ihrem Gemahl ein wenig förmlicher, er war ja Herrscher aller. Als Theodelinde einer der Kutschen entstieg und sich von Indulf zur Treppe geleiten ließ, staunten einige auf der Treppe. Ihnen folgten Schlossgraf Burghardt und Leibarzt Nikolaus mit ihren Frauen. Niko, der allseits Beliebte, wurde mit großem Hallo begrüßt. Kurz vor dem Festmahl trafen die noch erwarteten Gäste ein, zuletzt Arnulf mit Hildegard, des Grafen künftiger Gemahlin. Als einzige war die Gräfin vielen Anwesenden nicht bekannt. Amala war von ihr auf Anhieb angetan, die dunkelhaarige Frau glich ihrer Mutter, die Amala auf dem Ritt nach Ermanaricia kennen gelernt hatte. Warme grünbraune Augen beherrschten das schmale Gesicht und zogen die Aufmerksamkeit auf sich. Als sich ihre Befangenheit angesichts der hohen Herrschaften gelöst hatte, bestätigte sie den Eindruck ihrer Augen durch ihre gewinnende und warmherzige Art. Auch sie war der Königin spontan zugetan, während sich ihre Scheu vor dem König, den sie respektvoll beäugte, nur wenig legte. Dabei war Friedrich an diesem Abend in der *großen*

Familie heiter und zugewendet. Amala sprach sie darauf an und bekam eine eindeutige Antwort. „Meine Eltern, Herzog Beowulf und mein Arnulf, wie die Familien, verehren ihn zutiefst. Für sie kommt Majestät gleich nach Gott. Außerdem ist er noch ein sehr gut aussehender Mann. Dabei sagen doch alle, dies hätte es nicht auch noch gebraucht, der König wurde doch vom Schicksal mit Gaben und Talenten im Übermaß bedacht. Und dann steht das Urbild eines Mannes vor einem, das ist schwer auszuhalten. Dabei neckt er gerade meinen gestrengen Schwiegervater und der bleibt ihm nichts schuldig. Königliche Hoheit, Euer Gemahl muss erst einmal verdaut sein. Selbst für den mächtigen Bodo, meinen künftigen Schwager, der ja unseren Herrn seit Kindertagen kennt, ist er ein Halbgott. Dabei hinterfragt der gebildete und kluge Bodo doch sonst alles, aber Majestät ist für ihn sakrosankt."

Amalas so ansteckendes Lachen lockte ihren Mann an. Friedrich, der zuvor mit den Herzögen Beowulf und Wittich sowie den Markgrafen Indulf und Rainald eine launige Diskussion führte, stieß zu Ihnen. „Du hast ein anregendes Gegenüber gefunden, daran möchte ich teilnehmen." „Fried, wir haben uns nur über Dich unterhalten und Deine schlechten Seiten herausgestellt." Er stieg auf ihr Scherzen ein: „Königliche Hoheit, ich darf Euch daran erinnern, Ihr habt Euch zur bedingungslosen Loyalität verpflichtet! Das fordert großzügiges Umgehen mit meinen Schwächen." Er feixte dabei so lausbubenhaft, dass Amala ihm den Mund zuhalten musste. „Ach Caro, keiner kann Dich schmähen, aber meine Liebe macht mich immer blinder, also müssen andere Dich zeichnen. Du machst Dich zu gern über Dich lustig und ich muss immer wieder den Hausaltar wegräumen, den ich Dir errichten will." Amala sagte es nicht nur im Spaß dahin, es war mehr dran, als sie sich eingestehen wollte.

Hildegard wusste nicht wie sie sich verhalten sollte, dieser private Dialog war für sie eigentlich unvorstellbar. Als dann Gerlind zu ihnen trat und locker mit dem König umging, wie fast alle anderen, ging ihr auf, dass Friedrich in diesem Rahmen den König hintanstellte, Mensch und Freund sein wollte. Sie schaffte es ihm gegenüber etwas lockerer zu werden und konnte ihn so beeindrucken. Er beglückwünschte Arnulf danach zu seiner Wahl, machte ihm damit eine große Freude. So ermutigt fragte er, ob er das Königliche Paar zu seiner Hochzeit mit Hildegard einladen dürfe? „Lieber Arnulf, Ihr und Euer Vater steht hoch in meiner Gunst, steht fest zu mir und das danke ich Euch von Herzen. Gerne werden wir" – Amala nickte zustimmend – „an Eurer Hochzeit teilnehmen und freuen uns darauf." Beim folgenden Mahl steigerte sich die gelöste Stimmung, zu der besonders Prinz Theodemir, die Herzöge Beowulf und Wittich, aber auch Friedrichs Schwester und Tante beitrugen. Herzogin Adelheid und ihr Königlicher Neffe, neckten sich zur Erheiterung aller immer wieder, aber ihre Zuneigung war unverkennbar. Das galt auch für Friedrichs stillen Oheim Hildebrandt, der sich an der Neckerei sichtlich erfreute.

Beatrix trug eine wunderschöne Robe, im Haar steckte ein Diadem, das ihr die Königin geschenkt hatte. Eine besondere Geste des Königs löste allgemeines Staunen aus. Wie ein Brautvater seine Tochter, so führte er Beatrix zum Altar. Diese große Ehre in Anwesenheit ihrer Mutter und Schwester, den Äbtissinnen und ihrer Brüder Berthold und Gerold löschte so den letzten Makel. Als „Mitgift“ erhielt die Gräfin statt des kleinen, in Isteria liegenden Gutes Friedensthal das nahegelegene große Gut Landstein. Markgraf Thorismund glaubte zu träumen und gab seiner Freude nachher im Gespräch mit seinem Freund Wittich und dessen Tochter, der Königin Ausdruck. „Unsere Majestät ist von einer Großzügigkeit, die uns alle beschämt. Zuerst erhöht er meinen Thori, dann gibt er Beatrix Ehre und Glanz, macht sie dann sogar noch zu einer reichen Braut!“ Als die dankbare Beatrix ihrem König die Hand küssen wollte, wehrte er ihr und nahm sie in die Arme. „Liebe Beatrix, Ihr gehört doch zur Familie, und wir wollen Euch etwas zurückgeben. Ihr habt Euch damals, als meine Amala in tiefer Not war, ihrer so verständnisvoll angenommen, das habe ich Euch, wie auch Eure Treue und stete Umsicht, sehr hoch angerechnet.“ Des Königs Verhalten sorgte für viel Gesprächsstoff beim Hochzeitsmahl, doch es gab auch so noch vieles worüber ausführlich und launig geredet wurde. Selbst das Wetter hatte ein Einsehen gehabt und den Regen zurückgehalten. So wurde es ein prächtiger und ungetrübter Zug, der das Brautpaar zum Dom geleitete, bestaunt und bejubelt von den festlich herausgeputzten Zaungästen. Beide Züge trafen an der Friedrichsbrücke zusammen und vermischten sich dann. Als Trauzeugen fungierten Markgraf Rainald, Thules Kanzler, und Thoris Freund Arnulf. Die beiden entfernten Cousins hatten Seite an Seite Schlossschule und Universität absolviert. Die Trauung vollzog anstelle des erkrankten Primas Prinz Konrad der neue Abt des Klosters St. Martinus. Dieser noch junge Herr hielt eine glänzende Predigt, die sich um Glück und Unglück wie um Gattenliebe und Ehre rankte. Damit hatte er viele beeindruckt, sogar den hierin kritischen König.

Sich seiner Gemahlin zuwendend merkte er an: „Amala, um den jungen Abt werde ich mich kümmern, er hat das Zeug zu Höherem.“ Hier lernte Amala eine Eigenheit ihres Mannes kennen, die ihm den Beinamen „Menschenfänger“ eingetragen hatte. Stets suchte er nach besonderen Leuten und hatte – je nach dem welche Erkenntnisse er aus den Gesprächen gewann – mögliche Positionen im Kopf. Daher verwunderte es nicht, dass er sich während der Hochzeit etlicher Gäste besonders annahm. Er *entdeckte* den sechzehnjährigen Friedhelm, Graf Roderichs Sohn und Hildegards Bruder. Der Junge fiel ihm auf, als an einem Nebentisch engagiert und leidenschaftlich diskutiert wurde. Es ging um ein in diesem Rahmen eher unübliches Thema, das Verstärken der Stadtmauern im Binnenland. Der junge Mann war der Ansicht, diese Mittel ließen sich besser anlegen. Die Flotte müsse verstärkt und dezentralisiert werden. Die gefährdeten Städte an der Küste besser zu schützen mache Sinn, auch das Verdichten der Kette von Wachtürmen. Die Pässe zu sichern und Bollwerke an den Zugängen der großen Täler zu errichten stifte auch größeren Nutzen. Wenige teilten seine Ansicht und argumentierten mit internen Streitigkeiten der Thulaner. Als er darauf entgegnete, sie hätten ihn nicht überzeugt, wurde es unsachlich. Um das beurteilen zu können, sei er zu jung. Als einer dann Friedhelms Behinderung aufgriff – der Junge hatte ein verkürztes Bein und humpelte – erhob sich der König, darauf reagierte er allergisch. Da es sich um den Tisch junger Herrschaften handelte und er unterstellte, die jungen Herren wollten sich vor den jungen Damen in Szene setzen, verhielt er sich moderat. Außerdem war es ihm ein Anliegen, die jungen Adeligen frühzeitig in die Gestaltung Thules einzubinden. Er ließ sich daher einen Stuhl zum Tisch stellen, setzte sich zum Nachwuchs, der sich in betretenes Schweigen hüllte. Ihr bewunderter König gesellte sich zu ihnen, was ihr Fassungsvermögen überstieg.

„Ihr jungen Herren, ich habe Euren Disput teilweise mitbekommen und mich darüber gefreut. Ihr habt ein Thema aufgegriffen, das mich beschäftigt. Weniger positiv fand ich einige unsachliche Argumente und den Versuch einzelner, den Vortragenden persönlich zu treffen. Ihr mit den gesunden Gliedern seid froh darüber, denn das kann sich ganz schnell ändern. Beim Reiten, Jagen, bei Waffenübungen, ganz zu schweigen vom Kampf in der Schlacht, ist keiner vor dauerhaften Schäden gefeit, auch ich nicht. Da solltet Ihr noch dazulernen. Ich lege Euch meine Ansicht zum Thema dar, dann habt Ihr noch eine weitere Sicht, die aber nicht unbedingt richtig sein muss. Für mich sind kriegerische Auseinandersetzungen innerhalb Thules seit Rabenholm nicht mehr vorstellbar, aber wir müssen die Quellen von Unzufriedenheit und Zwietracht austrocknen, Not, Armut, Krankheit und Seuchen bekämpfen, um den inneren Frieden nicht zu gefährden. Und da rechne ich fest mit Eurem Mitwirken. Doch die Bedrohungen von Außen müssen wir nach wie vor ernst nehmen. Daher werden wir in den nächsten Jahren neuartige, schnelle und wendige Schiffe bauen, die jedem Angreifer überlegen sind. Draußen auf dem Meer beobachten wir die Feinde und greifen sie dort konzentriert an. Noch besser für uns ist es, in den Ländern potentieller Feinde Menschen anzuwerben, die uns rechtzeitig warnen. Dadurch verhindern wir Überraschungen und brauchen keine allzu große Flotte. Sollte diese präventive Strategie nicht aufgehen, muss unser Heer am Ort des Landens bereit stehen. Das bedeutet – und hier hat Euer kluger Freund Friedhelm recht – eine weitgehende Dezentralisierung, was wir schon eingeleitet haben. Thules Städte zu Festungen auszubauen ist nicht sinnvoll. Krieg ist immer Verderben, zeitigt Not, Elend und Tod. Das kann ein König nicht wollen und nicht zulassen. Wir bleiben daher wachsam und wehrhaft. Ich baue aber auf friedliche Zeiten, die uns von Ängsten befreien, unseren Wohlstand mehren und die Künste blühen lassen. Für Euch gibt es künftig dennoch mehr als genug Herausforderungen. Thule ist ungleich besiedelt und entwickelt, es fehlen Straßen und Brücken, Schulen jeder Art und Heime für Menschen, die nicht auf der Sonnenseite stehen. Das sind nur einige Beispiele." Danach verließ der König den Tisch, um sich anderen Gästen zuzuwenden. Am Abend ließ er Friedhelm ausrichten, er solle sich auf der Heimreise beim Kanzler melden. Der fand Gefallen an dem klugen Jungen und gab ihm einen Freiplatz an der Schlossschule.

Als Friedrich später mit Abt Leonhardt ins Gespräch kam, erzählte ihm dieser von seinem jüngeren Bruder, der gerade die Universität von Theodericia abgeschlossen hatte, und ein kleines Amt suche. Der junge Jurist und Philosoph sei ein stiller, aber kluger und fleißiger Junge, der vier Sprachen spreche. Dieser junge Mann interessierte den König, er bat seinen Kanzler hinzu und der machte mit dem Abt einen Termin aus, an dem ihn sein Bruder Konrad von Waldstätten aufsuchen dürfe. Friedrich witterte einen klugen Kopf und bemerkte zu Amala: „Wenn der junge Mann ähnlich klug ist wie sein Bruder, dann können wir ihn am Hof brauchen." Einige Tage später durfte der schüchterne junge Mann beim Kanzler sein Anliegen vortragen. Der Markgraf fand alsbald seines Königs Vermutung bestätigt, ließ Konrad von Waldstätten warten und eilte hinüber zum Herrscher. „Majestät, den jungen Konrad würde ich Euch gerne vorstellen, der ist ein ungewöhnlich kluger Kerl. Er spricht fließend Latein, Italienisch und Arabisch, was ich nicht abprüfen konnte, dazu noch etwas Deutsch, womit ich selbst nicht dienen kann." Der König stieg sofort darauf ein, bat Königin Amala, die ihren Mann gerade aufsuchte, dazubleiben. Die Scheu des jungen Mannes vor dem Herrscher lähmte ihn anfangs, dank dessen Freundlichkeit legte er seine Befangenheit allmählich ab. Den Fragen des Königs hielt er stand, obwohl ihn Friedrich forderte und examinierte wie die Richter einen Angeklagten. Er wechselte ständig zwischen Thulanisch, Italienisch und Latein hin und her, brachte gar einige holprige Brocken Deutsch ein. Der König verlangte von ihm zuletzt eine Schriftprobe, ließ ihn dazu ein Diktat aufnehmen und anhand von Stichworten einen Text ausformulieren; aber er beherrschte alles.

Das gab den drei hohen Herrschaften Zeit, des Jungen Äußeres auf sich wirken zu lassen. Er war schlank und mittelgroß, schien körperliche Arbeit geleistet zu haben. Zwar hatte er in keiner Hundertschaft gedient, aber wie der Kanzler von ihm erfahren hatte, war er den Umgang mit Waffen gewöhnt. Seine Erscheinung war angenehm, unter dem braunen Lockenkopf blickten wache blaugraue Augen. Sowohl die Königin als auch den Kanzler beeindruckte der junge Mann, doch wie verhielt es sich mit dem König? Es schien so als wollte der unbedingt etwas herausfinden, das entsprach nun mal seiner Art. In wieweit ihn das enttäuschte, vermochte Amala, die diese Seite an ihrem Mann noch nicht kannte, nicht abzuschätzen. Der Bewerber musste in einem Nebenzimmer auf den Bescheid warten. „Rainald, was meint Ihr zu dem jungen Mann?" „Majestät, er hat mich unglaublich beeindruckt, den hätte ich gerne unter meiner Obhut. Aus ihm lässt sich was machen, er ist zudem noch bescheiden und unerschrocken." „Woher nehmt Ihr das, mein Kanzler?" Rainald lachte leise: „Mit Verlaub, Euch standhalten zu können, erfordert profundes Wissen und Mut." „Amala, was hältst Du von ihm? Traust Du ihm, passt er aufs Schloss?" „Ja, Fried, ganz sicher, ich habe ein gutes Gefühl und gehe davon aus, dass er nicht nur klug ist, sondern auch fleißig, treu und verschwiegen. Er wirkt viel erwachsener als er es dem Lebensalter nach sein dürfte. Ihn sollten wir hier behalten." Friedrichs Lächeln erlöste Königin und Kanzler. „Nun, so sei es, er wird einer meiner Schreiber und darf sich allmählich noch in andere Aufgaben einarbeiten. Er muss zwar noch einiges lernen, aber er hat das Zeug dazu."

Miriam von Kamen und Osmin bin Saladin wurden in einer jüdischen Hochzeitszeremonie vermählt, worauf Amala neugierig war. Das Ritual der Hochzeit begann mit einer Ansprache des Rabbiners: „Gesegnet seid Ihr, die Ihr im Namen des Ewigen kommt. Möge er in seiner erhabenen Macht und seinem Ruhme diesen Bräutigam und diese Braut segnen." Dies waren jene wichtigen Sätze, die Amala sich merkte. Die Synagoge war bis zum letzten Platz gefüllt, denn neben der hiesigen Gemeinde waren viele Juden aus Indulfsvik anwesend. Alle trugen eine kleine Kappe, die Königin deutete es als Demut vor Gott oder als Symbol der Zugehörigkeit, wollte jedoch nicht nachfragen. Sie selbst trug ein Diadem und einen angedeuteten Schleier, ihres Mannes dunkles Haar zierte hingegen ein schlichter Goldreif. Darauf durfte er nicht verzichten, denn seine Teilnahme an dieser Hochzeit war ein Novum. Diese hohe Ehre für die Familie Kamen wie für die Juden Thules warf bei vielen Thulanern Fragen auf. Der König, der dies wusste, sagte zu besorgten Vertrauten: „Daran müssen sich meine Thulaner gewöhnen, ich bin der König aller auf diesen Inseln und nicht nur jener der Goten!" Der Rabbiner war zuerst ziemlich verlegen, sagte, seit ihrem Exodus aus dem Heiligen Land habe ihnen noch kein König solch eine große Ehre gewährt. Daher würde mit dieser Zeremonie eine neue Norm geschaffen." Er würdigte Friedrich gar als zweiten König Salomo. „Unser Hoher Herrscher ist mildtätig, gibt uns verantwortliche Aufgaben und Arbeit. Viele Spenden kommen von ihm, so konnte unsere Gemeinde ihre Synagoge und ihr Festhaus bauen. Ihr, hochverehrte Majestät, seid ein Gerechter vor dem Herrn, Ihr habt uns Würde gegeben und haltet Eure schützende Hand über uns. Die so wohlausgewogenen Gesetze Thules stammen großteils aus Eurer Herrschaft, an die Ihr Euch selbst vorbildlich haltet. Euch, unserem großen Herrscher, gebührt unser aller tiefer Respekt und große Dankbarkeit. Hohe Majestät, hochverehrte Königliche Hoheit und verehrte Hohe Herrschaften Ihre

Anwesenheit ist für uns alle eine riesige Ehre.“ Neben dem Königspaar nahmen Kanzler Rainald und Frau Winthala teil. Markgraf Bodo, der Freund des Brautvaters, war mit seiner Gerlind aus Tejaholm angereist.

Der Ringübergabe durch Osmin an die verschleierte Miriam begründete die Ehe. Zwei Cousins der Braut bezeugten diese, und nach der Ringübergabe gab es Namens der Gemeinde viele Segenssprüche, welche die Neuvermählten strahlend entgegennahmen. Dem allen gingen Gebete voraus, sie stellten eine rituelle Verpflichtung dar, zuletzt zertrat der Bräutigam ein Glas, das in ein Tuch eingewickelt war. Dies erinnerte die Anwesenden an die Zerstörung des Tempels zu Jerusalem. Diese würdige Feier war von inbrünstiger Frömmigkeit geprägt, das anschließende Fest hingegen von einer mitreißenden Fröhlichkeit, die alle ansteckte, auch das Königspaar tanzte mit. Dann kehrte staunende Stille ein, denn der König führte die höchst verlegen wirkende Brautmutter zum Tanze, was Nikolaus ermutigte, die Königin um den Tanz zu bitten. Friedrich zeigte damit, dass er nicht als König teilnahm sondern als der Gönner Osmins, den er einst aus der Sklaverei befreit hatte. Daher saß er zwischen der Braut und seiner Gemahlin, war von Schönheit eingerahmt, wie er launig bemerkte.

Die Musik, die während der Tafel gespielt wurde, beeindruckte sogar den König, der sie harmonisch und gefühlsbezogen fand. „Lieber Niko, diese Musik würde ich gerne häufiger hören, könntet Ihr mit dieser auch im Festhaus des Herzogshofes aufwarten?“ Der Hausherr gab die Frage an die Musiker weiter, die sich hocherfreut über diese Anerkennung tief vor dem König verneigten. So ermutigt spielten sie ein ganz besonderes Stück, es war einerseits sehr getragen und andererseits einschmeichelnd schön. Der davon begeisterte König spendete spontanen Beifall und fragte nach dem Titel des schönen Musikstücks. „Eure Hohe Majestät, es heißt „Dank an unseren König“, wir haben es am Vorabend eingeübt und scheuten uns es schon zu spielen, denn wir waren noch unsicher.“ Der Meister der Kapelle hatte Friedrich geantwortet und war vor lauter Freude ins Stottern verfallen. Am nächsten Tag dankte der König den Musikern, die aus Indulfsvik gekommen waren, auch in klingender Münze. Beigelegt war ein Zettel auf dem er sie aufforderte, so weiter zu machen und andere Musiker zu inspirieren. Bei dieser Hochzeit bekam der König den Impuls für eine Musikakademie, die drei Jahre später im Magnusviertel von Indulfsvik gegründet wurde und regen Zulauf fand.

Amala setzte sich später im Freien auf einer Bank zu den Großeltern der Braut. Die alte Dame erinnerte sie an das kurze Gespräch bei ihrem damaligen Besuch. „Königliche Hoheit, ich spürte wie Ihr Euch gegen einen scheinbar unbekannten König wehrtet, aber ich erahnte damals schon die Zusammenhänge. Niko hatte uns über die Pflege eines hohen Kranken auf der

Rosenburg berichtet. Dabei erzählte er auch von Euch, die sich des Kranken so liebevoll angenommen hatte. Als ich Euch dann zu Gesicht bekam, gewann ich den Eindruck, dass Ihr unsere künftige Königin werdet. Nichts hatte Niko verraten und doch war mir gewiss, was dort geschehen war und was sich daraus ergeben würde. Der Prinzessin schwesterliche Vertrautheit mit Euch war dazu nur ein weiterer Fingerzeig. Nun liebt Ihr unseren Herrscher von Herzen, was mir die Seele wärmt. Königliche Hoheit, unser Ewiger wollte es so, er hat es gefügt, damit es uns allen Freude bereitet. Sie nennen Euch den Engel von Thule. Das seid Ihr wirklich und das Glück unseres großen Herrschers.“ Diese Worte der fast durchgeistigt wirkenden alten Dame berührten Amala. Erst jetzt schaltete sich Benjamin Kamen ein, in dem Friedrich einen Weisen sah. „Königliche Hoheit, meine Frau Esther hat alles gesagt, aber eines ist noch anzufügen. Nur Eure Liebe hat uns König Friedrich, unseren Wohltäter erhalten. Dafür bin ich Euch zutiefst dankbar. Ich habe unseren König hier öfters erlebt und in sein Innerstes blicken dürfen. Er ist ein besonderer Mensch und auch ein großer und weiser König. Ihr, seine Gemahlin, kennt ihn noch weit besser, wisst noch mehr über ihn, den wir so verehren. Seine und Eure Anwesenheit als unsere Ehrengäste ist der schönste Augenblick meines Lebens. Nie hätte ich mir träumen lassen, dass der mächtige König meinem Enkelkind den Bräutigam zuführt und sich so mit uns verbindet. Gott gebe ihm und Euch seinen Segen und schenke Euch ein langes Leben.“

In diesem Augenblick zeigte sich König Friedrich, der zu ihnen trat. „Cara, hier finde ich Dich, in würdiger und mir so lieber Gesellschaft.“ Die beiden Alten wollten aufstehen, was ihnen der König verwehrte. „Bleibt doch bitte sitzen, hier bin ich Mensch und nebenbei der König.“ Benjamin von Kamen ließ diese Aussage nicht gelten. „Majestät, Ihr seid stets der König, seid es durch Geburt und durch Eure Ausstrahlung. Der Respekt der Euch überall entgegengebracht wird, gilt zwar auch dem Amt und der Macht, die diesem innewohnt, viel mehr jedoch Eurer Persönlichkeit. Und das ist gut für uns alle, gibt uns Geborgenheit und das Gefühl angenommen zu sein, uns die sonst oft Geschmähten. Obwohl Ihr noch ein junger Herr seid, sehen wir in Euch unseren kraftvollen und gütigen Vater. Ihr seid der Fels in der Brandung, der für uns Schutz und Wehr ist. Ihr seid der Staufische Adler, der die gefährlichen Schlangen des Neides, der Zwietracht und der Destruktion in Schach hält. Daher, mein hochverehrter König, seid Ihr außerhalb Eurer ganz privaten Welt stets der Herrscher. Selbst für Eure Söhne, von denen ich Euch und Eurer Gemahlin viele wünsche, werdet Ihr immer Vater und König sein, das lässt sich nie trennen und ist Euer Geschick. Aber Euch ist etwas Seltenes gelungen, der Respekt wird nicht von Furcht getragen, sondern von Verehrung und Zuneigung. Dazu hat in letzter Zeit auch Eure warmherzige Gemahlin beigetragen. Majestät, seid nicht enttäuscht, dies ist unendlich viel, es war in der

Geschichte wenigen Herrschern beschieden." Damit endete Benjamin von Kamen, der alte Arzt und Philosoph. Den König betrübte diese Aussage, er trug wieder schwer an der Last seines hohen Amtes, die schon seinen Vater so bedrückt hatte. Amala legte schweigend einen Arm um ihn und lehnte ihren Kopf an seine Schulter. Er verstand und lächelte wieder.

Die stormländische Herausforderung

Nach der Hochzeit von Beatrix und Thorismund schloss sich Amalas Vater dem Königspaar an und stieg zu ihm in die Kutsche. Dies war für den Herzog eine ungewohnte Situation. Sein Wotan musste von Sultan fern gehalten werden, denn das Prachtpferd des Königs duldete keinen anderen Hengst in seiner Nähe. Dadurch ergab sich für den Herzog die willkommene Gelegenheit seinen Kindern ungestört nahe zu sein, außerdem konnte er so seinem Schwiegersohn die aktuelle Lage Stormlands darlegen. Sein Bericht zeitigte mehrmals unwilliges Stirnrunzeln bei Friedrich, doch der unterbrach ihn nicht. Was trieb den Herzog so um? Beim Ritt nach Hildebrandtsvik hatte er einen unüblichen Weg genommen, um sich vom Sundbereich seines Herzogtums ein Bild zu machen. Dabei erlebte er den schlechten Zustand der Straße, die über den ohnehin nicht einfachen Siljapass führte. Der Pass konnte von Fuhrwerken nur mit großer Mühe und hohem Zeitverlust bewältigt werden. Was dort geschimpft und geflucht würde, sei für ihn nur schwer zu ertragen gewesen. Wer nicht über diesen Pass müsse, tue gut daran ihn zu vermeiden, so wurde ihm von mehreren Reisenden bedeutet.

Jenseits des Passes fand der Herzog eine andere Welt vor, es kam ihm so vor, als hätte der Siljagau mit Stormland nichts zu tun. Die am Siljasee liegende Straße befand sich bis zur Stadt Silja in bestem Zustand. Auf dem Weg dahin suchte er die auf einer Halbinsel im See gelegene Burg des Gaugrafen Walafrid auf. Dort stattete er seiner Cousine Ortrudis einen kurzen Besuch ab. Sie freute sich über den Besuch, nicht jedoch Gaugraf Walafrids Leute. Sie begegneten ihm feindlich, wofür sich seine Cousine entschuldigte. Ihr Gemahl Walafrid war angeblich verhindert, was Herzog Wittich zu Recht als einen Affront bewertete. Ortrudis habe mit ihrem Gemahl so wenig Glück gehabt wie ihre Schwester Griseldis mit Markulf. Einmal mehr sei ihm aufgefallen, wie sehr sich die beiden Schwestern von der Art her ähneln würden.

Auch den Empfang in Silja fand er eigenartig. Sowohl der Patrizius als auch der Rat und die Edlen der Stadt wirkten auf ihn unerklärlich ängstlich und geduckt. Er werde den Verdacht nicht los, dass Walafrid hinter seinem Rücken gegen ihn wühle, und versuche, den Siljagau so autonom zu machen wie irgend möglich. „Friedrich, wie beurteilst Du die Lage?“ Friedrich richtete sich nach vorne: „Vater, Du siehst es richtig. Die geschickte Schlange Walafrid unternimmt vieles, um sich von Dir abzugrenzen. Er hat sogar versucht Gaugraf Ardarich in sein Boot zu ziehen, in der irrigen Annahme, der Gepide wäre weder Dir noch mir sonderlich gewogen. Damit hat er erstmals einen nachweisbaren Fehler gemacht. Ardarich ist, trotz seiner nörgeligen Art eines nicht, ein Verräter. Er hat mich darüber informiert, dass Walafrid sogar über ein Mordkomplott philosophiert hat. Der zum Glück abgewehrte Überfall auf Dich nahe dem Längsee geht vermutlich auf Walafrids Konto. Leider können wir ihm weder dies beweisen, noch seine Verstrickung in den Aufstand seines Schwagers Herzog Markulf. Er lässt lieber andere für sich arbeiten, so wie seinen Schwager Volkmar, der am Aufstand aktiv teilnahm. Ernten will er dann allein und speist andere mit Brosamen und wohlfeilen Versprechungen ab. Aber das werde ich ihm gründlich vergällen. Seit gestern liegt mir eine anonyme Botschaft aus dem Umfeld von Walamir vor. Darin wird der Ablauf des Überfalls aufgedeckt und die verriet den Gaugrafen als Anstifter. In den nächsten Tagen hätte ich Dich aufgesucht, um dies mit Dir zu besprechen. Außerdem weiß ich, dass der üble Zustand der Siljapassstrasse gewollt ist. Den Beweis hat Irnfried vor kurzem erbracht. Einer seiner Paladine hatte auf dem Pass mitbekommen wie des Nachts Bauleute anrückten, die Schlaglöcher vertieften und Brückengeländer entfernten. Wem nützt dies? Dir nicht, aber dem Mann Deiner Cousine. Wenn er schon nicht Herzog werden durfte, will er wenigstens in seinem Gau wie ein Herzog auftreten. Den Zahn werde ich ihm ziehen, wenn dabei der ganze Kopf mitgeht, soll es mir recht sein. Irnfried konnte einen treuen Mann in Walafrids Umgebung platzieren, der uns weitere Beweise liefern wird. Die Schlinge zieht sich bald zu, und dann hast Du ein Problem weniger!“

Mit Erleichterung nahm Herzog Wittich die Ankündigung zur Kenntnis. „Friedrich, ich danke Dir für diesen Dienst. Damit nimmst Du mir ein unangenehmes Problem ab, zumal meine erweiterte Familie hineinverstrickt ist. Gesetzt den Fall, Walafrid macht einen ihm nachzuweisenden Fehler, was tun wir dann? Ich denke dabei auch an Ortrudis und ihre Kinder, die doch für Walafrids Verhalten nichts können.“ Der König war hier anderer Ansicht. Bei Gräfin Ortrudis stimmte er ihm zu, bei ihren Töchtern jedoch nicht. „Ich habe immer noch deren hämische und triumphierende Mienen vor Augen als Amala mich *abblitzen* ließ, um damals meine Doppelrolle nicht aufdecken zu müssen. Bei ihnen loderte eine Flamme des Hasses auf, was mich sicher machte, dass dahinter mehr stecken muss. Adelheid bestätigte meine Beobachtung und war bestürzt über den mitleidlosen Triumph der Schwestern. Von Amala weiß ich, dass sich Walafrid-Sohn zu ihr besonders giftig und niederträchtig verhielt. Für Ortrudis finden wir eine Lösung, für die Kinder auch, allen soll das zukommen, was sie verdienen. Lass uns Walafrid auf dem Siljapass eine Falle stellen, dann geht das Ganze schneller über die Bühne.“ „Mein Sohn, wie willst Du das denn anstellen?“ Friedrich lächelte, kalt und gefährlich, so wie es Amala nicht gerne sah. Sein Plan fand spontan des Schwiegervaters Zustimmung.

So wie von Friedrich ausgedacht und mit Herzog Wittich abgestimmt, lief es dann an. Der Herzog ließ einen Bautrupp anrücken und ein wichtiges Straßenstück ausbessern. Des Königs Annahme bestätigte sich, kurz nach

Einbruch der Nacht rückten Walamirs Bauleute an und machten das Werk wieder rückgängig. Die dort versteckten Krieger ertappten sie auf frischer Tat und nahmen die überraschten Zerstörer in Gewahrsam. Gezielt ließen sie zwei der *Bauleute* entkommen, denn diese sollten ihrem Auftraggeber Walafrid umgehend vom Fehlschlag berichten. Der am Hof des Gaugrafen eingeschleuste Getreue Irnfrieds bekam Walafrids erzürnte Aussage mit, und erfuhr, was der Gaugraf nun zu tun gedachte. In dessen wütender Erregung blieb seine sonstige Vorsicht auf der Strecke, darauf hatten König und Herzog zu Recht gebaut. Nebenbei, aber keineswegs unabsichtlich, erfuhren die *Köder*, dass die wenigen Krieger des Herzogs auf der Passhöhe zu nächtigen gedachten. Eines war ihnen dabei entgangen, einige Paladine und Elitekrieger des Königs blieben während dieses Vorgeplänkels im Hinterhalt. Als sich noch in der Nacht des Walafrids Horde anschlich, um die herzoglichen Krieger zu töten oder zu fangen, bekam ihnen das schlecht. Gaugraf Walafrid führte seine Krieger selbst an, denn keiner der Herzoglichen durfte entkommen. Er ging besorgt davon aus, dass einer der gefangenen Bauleute bereits unter Druck gesetzt wurde und etwas ausgeplaudert hatte. Also durfte bei dem Überfall auf die Herzoglichen nichts schiefgehen. Außerdem sollte danach nicht der geringste Verdacht auf ihn selbst fallen. Darüber wie er dies anstellen wollte, würde er sich erst nach Überwältigung der Krieger des Herzogs Gedanken machen. Die geschickte Schlange war erstmals aus ihrer Höhle herausgeglitten, und so konnte der königliche Adler sie ergreifen. Es entwickelte sich ein einseitiger Kampf, denn die die Königlichen waren dank ihres Hinterhalts und der besseren Bewaffnung eindeutig im Vorteil. Außerdem arbeiteten sie mit Fangnetzen, die viele Getreue des Gaugrafen bewegungsunfähig machten. Walafrid selbst wehrte sich erbittert, denn er wusste, dass er diesen Anschlag vermutlich mit Gefängnis, wenn nicht gar mit dem Tod bezahlen musste. Doch gegen gleich zwei Paladine war er machtlos und wurde von ihnen überwältigt.

In den Verhören bestätigte sich des Königs Vermutung, Walafrid hatte zum fehlgeschlagenen Mord an Wittich angestiftet. Es schälten sich sogar noch weitere ihn belastende Details heraus. Weder Herzog Wittich noch der König begnadigten den überführten Verbrecher. Friedrich machte eines deutlich, Walafrid hätte nach dem Rabenholmer Gericht gewarnt sein müssen. Er hatte nicht begriffen, dass Milde bei uneinsichtigem Verhalten und bei einer Wiederholungstat nicht gewährt werden darf! Seine Familie durfte der Vollstreckung des Urteils auf dem Markplatz von Silja fern bleiben. So bekam sie seine jämmerliche Angst nicht mit und sein Winseln um Verschonung. Den Tod am Galgen musste er zwar nicht erleiden, stattdessen trennte das Richtschwert des Henkers seinen eitlen Kopf ab. Da weitere drei Adelige in den Mordanschlag verwickelt waren, verloren auch sie vor der gaffenden Menge ihr Leben. Der Richter von Silja hatte im Auftrag des Herrschers laut zu verkünden:

Sollte der Widerstand gegen den Herzog nicht enden, dann würden weitere Köpfe rollen! Die betroffenen Familien mussten den Siljagau verlassen und in einem anderen Herzogtum eine neue Bleibe finden.

Das war einer der Momente, in denen der König eisenhart und unbeirrbar vorging. Herzog Wittich war nachgiebiger und wollte barmherzig sein, was zu einer Belehrung durch seinen Schwiegersohn führte. „Vater, wenn Du jetzt nachgibst ermutigst Du diese üblen Gesellen nur zu einem neuen Versuch. Sie werden dabei vorsichtiger und raffinierter zu Werke gehen. Womöglich bezahlst Du es mit Deinem Leben. Wenn nicht, wird es auf unserer Seite weit mehr Opfer fordern, als wenn wir ihrem Tun sofort ein Ende setzen. Davor möchte ich Dich bewahren. Lasse sie das Grausame und Unnachgiebige mit mir verbinden, ich kann damit gut leben. Geh davon aus, Gräfin Ortrudis wird von uns angemessen entschädigt und bei ihrer Schwester Griseldis Zuflucht suchen. Ihre Töchter werden in eine größere Stadt ziehen, aber Theodericia meiden. Erleben zu müssen, welche Zuneigung ihrer Cousine entgegengebracht wird, wäre für sie unerträglich. Außerdem fürchten sie mich und werden einen Ort suchen, an dem ich mich selten aufhalte. Die jungen und vom Vater so verwöhnten Herrschaften werden vermutlich nach Indulfsvik ziehen. Ihr Anteil an der Entschädigung ist auskömmlich, aber er hält bei aufwendigem Lebensstil nicht ewig. Sie werden ihre Mutter um weitere Solidi angehen, obwohl sie nicht auf ihrer Seite standen, es zog sie eher zum großspurigen Vater hin. Bevor die drei beginnen, den Rosenburgern Schande zu machen, lasse ich die Damen in ein Kloster stecken und Walamir-Sohn auf ein Kriegsschiff.“ Amala wusste nicht worauf ihr Mann hinaus wollte: „Fried, woran hast Du denn da gedacht?“ „Das Beste was den beiden Mädchen widerfahren könnte, wäre sich zu verheiraten. Ansonsten besteht die Gefahr, dass sie sich gegen Solidi verkaufen werden. Indulfsvik ist hierfür ein gefährlicher Ort. Dorthin kommen reiche, von der Seereise aufgeheizte Kaufherrn und Kapitäne. Mehr möchte ich dazu nicht sagen, aber mancher Weg ist fast schon vorgezeichnet, auch das Schicksal von Lernunwilligen.“ Haarklein traf die Vorhersage des Königs ein, ihr Mann wirkte auf Amala einmal mehr wie ein Hellseher. Dagegen verwahrte er sich: „Amala, ich beobachte, sammle Eindrücke, verschaffe mir Fakten, wäge alles ab und ziehe dann meine Schlüsse. Nicht immer liege ich damit richtig, habe daraus jedoch wieder etwas gelernt.“

Das Exempel gegen die widerborstige Stadt Ermanaricia ließ der König den Herzog selbst statuieren. Er hatte von seinem Schwiegervater erfahren, dass der Rat der Stadt die geplante Universität zwar nicht offen ablehnen würde, sie insgeheim aber zu verhindern trachtete. Das begann mit Einwänden gegen den ins Auge gefassten Standort und gipfelte darin, den Besitzern infrage kommender Gebäude oder Grundstücke vom Verkauf abzuraten. Ihm bliebe nichts anderes übrig, als ein geeignetes Grundstück zu enteignen. Damit würde er allerdings jene Bürger verärgern, die bisher zu ihm stünden. Die Ablehnung in der Bürgerschaft wüchse so noch an und der passive Widerstand nehme zu. „Vater, auch das ziehe ich auf mich." „Wie willst Du das denn schaffen, Friedrich?"

Amala hatte Friedrichs anschwellenden Ärger bemerkt, entnahm seinem Lächeln, jetzt kommt es knüppeldick. „Die Krämer und Teerkocher wollen also weder freimütige junge Leute in ihrer Stadt, noch kluge Professoren. Sonst wird ja die eigene Leere im Kopf plötzlich spürbar, bisher lebt es sich besser im Kreise ebenfalls aufgeplusterter Hähne. Nun denn, dann lassen wir den Fuchs hinein, die Federn stieben und eitles Krähen zum Angstschrei werden." Faunische Freude flammte in Friedrichs Miene auf, jetzt drohte Tejas Kampfhammer. „Vater, so Du willst, gebe ich Dir ein Schreiben mit, beschwert mit drei Siegeln. Wenn sie dieses öffnen, mundet ihnen an diesem Tage kein Essen mehr. Es könnte in etwa so lauten: Bietet der Rat ihrem Herzog nicht binnen dreier Tage einen von ihm akzeptierten Standort – bestätigt mit Brief und Siegel – greift die Krone ein. Dann fällt Ermanaricia aus der Königlichen Gnade. Das bedeutet: Die Krone zieht die Lehen der Grundstücke ein, auf denen Rathaus, Zeughaus und Zunfthäuser stehen. Eine Entschädigung wird nicht gewährt. Weigert sich der Rat, verliert Ermanaricia den Status einer Herzogstadt und alle Stadtrechte sowie das Stapelrecht im Hafen. Künftig verwalten Königliche und Herzogliche Vögte die Stadt und drei weitere Hundertschaften werden hier stationiert. Alle daraus entstehenden Aufwendungen hat die Stadt zu tragen!"

Herzog Wittich atmete tief durch, dieser Vorschlag war harte Kost für ihn, den Sohn der Stadt, in der er seine ersten Lebensjahre zugebracht hatte. „Friedrich, damit könnte ich nicht leben! Das ist ja so, als wenn ein fürchterlicher Hagel, die ganze Ernte vernichtet, die Bäume entlaubt und die Weinstöcke zerstört. Sie werden Dich hassen und noch mehr fürchten. Alle, die bisher auf Deiner Seite standen, wird es von Dir wegtreiben!" „Damit könnte ich zwar leben, Du aber wohl nicht. Es wird nicht so weit kommen. Nichts treibt Kaufleute und Handwerker so um wie drohende Verluste. Sie werden Dich anflehen, ihnen gegen diese Grausamkeit beizustehen und Dir ganz schnell etwas anbieten. Ich gehe davon aus, der Rat steht nicht für die Mehrheit der Bürger. Mache den Gutwilligen noch einmal klar: Studenten bringen keine Unruhe in die Stadt, sie kaufen Essen, Schuhe, Gewänder und gehen in die Wirtshäuser. Das macht Kaufleute und Handwerker reicher. Der Umbau des erwählten Gebäudes setzt doch etliche Bauleute ins Brot. Du hast sicher schon in dieser Richtung argumentiert, solche jahrelang im Dunkeln gehaltenen Menschen sträuben sich gegen jede Veränderung. Bisher hat ihnen ihr verknöcherter Herzog gesagt, was für sie gut ist und sie ließen sich das gerne gefallen. Es ist ein Trugschluss zu glauben, wenn wir hier Geld reinstecken, ändere sich dies; wie auch ein vorsichtiger Umgang mit diesen Bremsern. Auch ein sanfter Löwe besitzt Krallen, manchmal sollte er sie zeigen, reicht das nicht, dann müssen es eben mal gefletschte Zähne sein. Mehr will ich hier in Stormland noch nicht einsetzen, aber es muss allen bewusst werden, der Goldene Thulanische Löwe kann, wenn es denn sein muss, zuschlagen und zubeißen! Vater, mein Brief wird ausreichen und unserem Wollen Nachdruck verleihen."

Herzog Wittich konnte sich wieder fassen, dennoch erschien ihm des Königs Plan ungeheuerlich. Friedrichs verschmitztes Lächeln zeigte ihm jedoch, dass sein Schwiegersohn noch etwas in petto zu haben schien. Und so war es. „Lieber Vater, ich erahnte Dein Unbehagen mit dieser Keule und habe daher etwas anderes eingefädelt. Vor drei Tagen suchte der Erzabt der Kartäuser unseren Kanzler auf und bat ihn um einen größeren Zuschuss. Rainald, der sein Ansinnen wohlwollend anhörte, bat mich um einen Termin, denn es ging um Euch, lieber Vater, und wollte daher mir die Entscheidung überlassen. Die Karthäuser Ermanaricias wollen außerhalb der Stadt ein neues Kloster bauen, das ihnen mehr Ruhe verspricht. Ihr altes Kloster wollten sie sich aber als örtlichen Stützpunkt erhalten, was mich auf eine Idee brachte. Ich stellte daraufhin dem alten Herrn einen hohen Zuschuss in Aussicht, und verknüpfte ihn mit einer Bedingung. Die Karthäuser verkaufen der Krone ihr Kloster St. Ambrosius. Für die wenigen Patres, die sich hier der Kranken annehmen wollten, fände sich ein gemäßes Domizil. Ich würde in der Klosterinsel den idealen Standort für die neue Universität sehen. Mit der von mir gewährten Summe könnten sich die Mönche ihr neues Kloster bauen. Davon überrascht, jedoch hocherfreut, nahm der Erzabt das Angebot gerne an." Herzog Wittich erlebte ein Wechselbad der Gefühle, statt des angedrohten Gewitters zeichnete sich plötzlich ein sonniger Tag ab.

„Mein Sohn, ich durfte zwar davon ausgehen, von Dir mit der Bürde Stormland nicht allein gelassen zu werden, aber so wie Du die Dinge vorantreibst, ist es nun doch überraschend aber auch beglückend." Tief bewegt umarmte er den Schwiegersohn und fuhr dann fort: „Während ich mir noch den Kopf zerbreche, räumst Du schon die Felsen fort und bereitest mir den Weg. Mein Sohn, manchmal drängt sich mir der Verdacht auf, dass Du aus einer anderen Welt stammst und derart viele Schachzüge auf einmal machen kannst. Faszinierend ist es für mich, Du bleibst dabei auf dem Boden des Rechts und der Gerechtigkeit. Ich bin froh, Dir stets ein naher Freund sein zu dürfen und nun gar noch Dein Vater."

Nach diesem Dialog wurde Amala die Angst, die insgeheim viele vor dem König hatten, um einiges deutlicher. Wie hätte sie noch vor Monaten dieser Einblick in seine Maschinerie der Macht geängstigt, aber jetzt vermittelte er ihr eine beruhigende Sicherheit. Sie begriff nun, ihres Mannes Macht beruhte nicht allein auf kriegerischen Fähigkeiten und königlicher Autorität, sie stützte sich noch auf eine andere Säule. Friedrich dachte weit voraus und setzte dann, wenn er es für erforderlich hielt, gezielt alle legalen, gelegentlich sogar gnadenlosen Instrumente seiner Macht ein. Ihr Gespräch mit Toti im Rahmen der Hochzeit von Beatrix kam ihr wieder in den Sinn. So hatte sich ihr Schwager über Friedrich ausgelassen: „Unser Fried denkt manchmal in Dimensionen und Zusammenhängen, denen kaum jemand zu folgen vermag. Mit einem Bein steht er zwar in unserer kleinen Thulanischen Welt, aber mit dem anderen in einer für uns nicht greifbaren, weit entfernten Welt. Seinen schwer fasslichen Ahn bezeichneten die Zeitgenossen als Stupor mundi, unseren König nennen die Seinen zu Recht mehr und mehr den großen Magier. Amala, vielleicht ist Fried der Künder einer anderen Zeit. Stellt er vielleicht die Vollendung unserer Entwicklung dar, als Gottes Experiment in Thule? Bitte verschweig ihm diese Gedanken, er liebt sie nicht, denn sie schließen ihn aus und erhöhen ihn. Damit kann er nicht gut leben, zu unserem Glück. Er braucht Deine Liebe als Ehefrau, die von Adli als seiner vertrauten Schwester und meine als Bruder und Freund. Seien wir froh und dankbar für dieses Geschenk des Himmels und seine Nähe. Darum, liebe Amala, müssen wir alles tun, wirklich alles uns mögliche, um ihn uns zu erhalten. Fried ist nicht gesund, vor meinem Auge, das ihn seit frühen Kindertagen kennt, vermag er dies nicht verbergen. Sobald er sich unbeobachtet wähnt, steht in seinen Augen oft eine tiefe Müdigkeit. Fried übernimmt sich in einem beunruhigenden Maße. Er ist Thule, ist unersetzlich und das nicht nur für uns. Wir müssen noch viel mehr tun, um ihn zu entlasten und ihm unbeschwerte Erholung zu verschaffen. Fried ist derzeit wie eine Kerze, die an beiden Seiten brennt. Es ist zwar eine mächtige Kerze, doch auch ihr Lodern ist endlich.“ Toti konnte dann nicht mehr weiterreden, denn Friedrich trat zu ihnen, legte um die beiden seine Arme und gab so deren Gespräch eine andere Richtung. Seitdem bohrte die Aussage „er ist nicht gesund“ in Amala. Zwar war davon in der Kutsche nichts zu bemerken, doch innerlich gab sie dem vertrauten Schwager recht, er bestätigte leider ihre eigene Beobachtung und verstärkte ihre Angst um den geliebten Mann. Zu Friedrichs Entlastung musste sie beitragen und dazu wollte sie sich mit ihrem Vater beraten, denn auf ihn hörte Friedrich ja auch.

Sorglosigkeit oder Leichtsinn?

Traut wie einst auf der Rosenburg saß Königin Amala mit ihrem Vater Herzog Wittich in der windgeschützten Ecke des Königlichen Gartens beisammen. Friedrich war überraschend zum Kronkloster gereist, er hatte erfahren, dass es seinem Oheim Prinz Konrad nicht gut ging. Dabei war das Wetter nicht dazu angetan eine Seereise zu unternehmen. Ein heftiger Westwind vertrieb sie schon bald vom Auslug. Amala beruhigte der Gedanke, dass dem Königsschiff weder Wind noch Wellen viel anhaben konnten. Sonst nahm Friedrich zwar lieber ein kleines schnelles Segelboot, das auch Amala genoss. Was gab es nicht alles zu erzählen – sie hatte ihre Heimat, deren Mittelpunkt für sie ihr Vater war, länger nicht mehr gesehen. So erfuhr sie, dass ihr Vater häufig auf die Rosenburg floh, um der engen Kinderheimat Ermanaricia zu entkommen. Nur seine Schwester Winthala hatte sich dort wieder gut eingelebt, sie ging nicht so gerne mit auf die Stammburg ihres Geschlechts. Ihr lag das Leben in der Stadt, traf dort die Freundinnen aus Kindertagen, denn sie lebte ja lange Jahre mit ihrem Gemahl im Fjordländischen Lierbrücke. Die Schwierigkeiten mit den Stormländern streiften sie nur kurz, den Vater interessierte weit mehr, wie es seiner Einzigen in ihrer neuen Heimat erging.

„Meine Tochter, Du weißt, dass ich Friedrich achte und liebe, zu seinen Getreuen zähle und darüber sehr glücklich bin. Doch erlebe ich ihn derzeit so gewaltig und irgendwie auch weise, dass ich mich manchmal frage, ob Du in seinem Schatten überhaupt ein eigenes Leben führen kannst, oder ob Du nur noch auf Friedrich eingestellt bist? Dass Ihr beiden Euch von Herzen liebt, könnt und wollt Ihr nicht verbergen, das ist es nicht was ich meine.“ „Lieber Vater, ich verstehe schon, was Du zu ergründen suchst, darüber habe ich vor und während meiner Ehe oft und lange nachgedacht. Auch ich erlebe meinen Friedrich als Titan und mächtigen Herrscher, wie als klugen Herrscher Thules. Ich bekomme es ja hautnah mit, und ich bewundere dies und ihn. Vieles bespricht er mit mir, denkt über meine Fragen nach, widerlegt oder bestätigt meine Einwände. Vater, wäre ich auch auf diesem Gebiet eitel, könnte ich mich eines großen Einflusses rühmen. Doch nicht dies ist es, was mir dabei wichtig ist, sondern mein eigenes Reifen und Wachsen. Ich lerne unvorstellbar viel von ihm, erlebe ein Denken, das mir bisher fremd war, aber mich unglaublich fasziniert. Nie hat er eine Frage als töricht bewertet. Stattdessen half er mir diese präzise zu fassen, mit Beobachtungen zu verbinden und eigene Schlüsse zu ziehen. Selbst wenn ich ihn nicht lieben würde, bildete dies allein das Fundament einer guten Ehe. Mein Problem ist ein anderes, Friedrich ist mein ein und alles geworden. Wenn er weg ist so wie jetzt, erfasst mich Unruhe, bisweilen auch Angst, stets jedoch eine riesige Sehnsucht nach ihm. Ich habe es mir nie träumen lassen wie Liebe sein kann. Sie ist verzehrend und nährend zugleich, ist reines Glück, tiefste Vertrautheit und so vieles mehr, was ich nicht in Worte fassen kann. Ich muss aufpassen, dass ich mich nicht selbst vergesse und nur noch für ihn und das gemeinsame Leben da sein will. Diese Selbstaufgabe aus Liebe würde uns beiden nicht gut tun, Fried schätzt eigenständige und starke Persönlichkeiten, was mir sehr wohl bewusst ist. Daran arbeite ich, suche als Königin nach Aufgaben, die ihn entlasten und mir liegen. Dafür erhalte ich seine Anerkennung, das macht ihn stolz auf mich, und er sagt es mir auch.

Jetzt kann ich auch darüber sprechen, weil ich nun gelernt habe, es positiv zu sehen. Du, lieber Vater, warst für mich als heranwachsendes Mädchen eine unangreifbare Persönlichkeit, die einen großen Schatten warf. Dagegen konnte und wollte ich nicht angehen, dazu hatte ich dich auch zu lieb. Daher habe ich mir einen Ersatz gesucht gegen den ich meine Opposition mit aller Leidenschaft austragen konnte. Er war für mich stets präsent, aber eben nicht körperlich anwesend, so wurde es mir möglich. Die aus meiner jetzigen Sicht eher ungebildete und engstirnige Äbtissin Mechtildis lieferte mir dann Argumente, die ich für unangreifbar hielt. Sie befand sich für mich im Besitz der Wahrheit als die fromme und wissende Dienerin Gottes, und war für lange Zeit mein Dialogpartner. Der von mir angegriffene, gehasste König war es, der über allem lastete und bessere weil gottgefälligere Zeiten verhinderte. Dich wie Bodo wähnte ich als unkritisch und hörig, sah es als Deine einzige Schwäche an, die mir, der unreifen Heranwachsenden jene Bresche bot, gegen den allgewaltigen Gottesersatz Friedrich anzugehen. Je mehr Du Dich dagegen verwahrt und fest zum König gehalten hast, desto eifriger wurde ich in meiner Feindschaft dem Gewaltigen gegenüber. Nie wäre ich, töricht und verblendet wie ich war, auf normalem Weg zu einem anderen Bild von Friedrich gelangt. Ich war derart verbohrt, dass ich ihn, selbst wenn ich Tage in seiner Nähe gewesen wäre, immer nur voller Vorurteile wahrgenommen hätte. Nie wäre es zu dieser Verbindung gekommen, so sehr Du und Adelheid sie auch gewünscht hattet. Gottes Fügung, Friedrich als geschwächten, auf den Tod verwundeten Löwenritter zu erleben, nicht ahnend ausgerechnet den König selbst vor mir zu haben, machte es dann möglich. So kann ich es heute sehen, bin unendlich dankbar dafür und so glücklich. Aller seiner Stärken war er damals beraubt, konnte weder sprechen, noch seine gewaltige Persönlichkeit wirken lassen. Schaudernd und bewundernd zugleich erlebte ich ihn beim Kampf an der Michaelskapelle als gewaltigen Recken. Da hatte mich der erste Funke der Liebe erreicht. Wie er dann auf seinem Krankenlager danieder gestreckt lag und um sein Leben rang, da sah ich welch edler und schöner Mann er war. Es ging etwas Unerklärliches von ihm aus, das mich mehr und mehr ergriff und mit ihm verband.

Eines war mir schon zuvor gewiss, keiner der Männer, die ich erlebt hatte, konnte sich mit Dir, meinem Vater, messen, oder zeigte wenigstens die Anlagen, um zu einem solchen Mann heranzuwachsen. Stets sollte mein Mann Dir gleichen, doch es gab keinen und so hast Du mich indirekt davor bewahrt mich auf einen Unwürdigen einzulassen. Mit nicht geringer Verwunderung erkannte ich dann – Du siehst es mir nach – einen noch Gewaltigeren. Wie Du Dich mit ihm unterhalten hast, mit großer Achtung und auch Vertrautheit habe ich sehr wohl mitbekommen. Der Respekt wie die Zuneigung den die hohen Herren Prinz Konrad, Markgraf Bodo und Leibarzt Nikolaus dem Löwenritter entgegenbrachten, macht mich gewiss, es gibt jenen von mir gesuchten Mann, der meinem Vater ebenbürtig ist, obwohl er doch so viel jünger war. Ab dann hatte ich nur noch das vermessene Bestreben, diesen Einmaligen zu gewinnen. Alles andere kennst Du längst. Meine Enttäuschung als aus dem Löwenritter der König wurde, mein dummer und selbstverletzender Widerstand gegen ihn, und die Umstände, die mich doch noch kurierten. Was ich Dir verschwieg, war, dass mir, erneut verliebt in diesen Einmaligen, meine Kühnheit, ja Hybris bewusst wurde, und ich geplagt von Selbstzweifeln blutenden Herzens der wieder aufgelebten Liebe entsagen wollte. Aber hier hat mein Friedrich einfach über mich verfügt, mich von seiner Liebe überzeugt und ins Glück geführt. Lieber Vater, wie Du siehst brauchst Du Dir keine Sorgen zu machen. Ich bin zwar die Gemahlin – wie es Tante Amala ausdrückte – des herrlichsten Mannes, werde von ihm nicht erdrückt, sondern verwöhnt und auch erhöht. Nun zitiere ich ihn selbst: Wir beide haben das gefunden, wovon wir träumten, und nach dem wir gesucht hatten, Fried länger und ich kürzer.“

„Meine so selbständig gewordene Tochter, so hast Du mit mir noch nie geredet, ich meinte Friedrich zu hören und vernahm dann doch Dich. Allein aus dem wie Du meine Bedenken entkräftet hast, entnehme ich welch einen Weg Du an Friedrichs Seite gegangen bist und wie selbständig Du durch ihn geworden bist. Damit machst Du mich glücklich und stolz auf Euch beide, Ihr meine Kinder. Dein Widerstand gegen den Dir unbekannten König war nicht einfach für mich, auch deine Eifersucht auf Friedrich konnte ich mir zwar erklären, aber nicht ändern. Ich sah es als meine Freundespflicht meinem Cousin König Manfred gegenüber an, seinen Sohn zu schützen und zu lehren. Es entsprach auch meinem Verständnis als Getreuer der Krone und des Reiches Thule. Es hat mir weh getan, mich so unverstanden zu fühlen, aber nun, meine geliebte Tochter, ist alles so besonders geworden, dass es selbst meine kühnsten Träume übertrifft. Nun ist meine erwachsene Tochter unsere Königin und unser einmaliger König mein Schwiegersohn.“

Der Wind wurde nun so heftig, dass selbst an diesem geschützten Ort kein Bleiben mehr war und sie sich in die privaten Räume zurückzogen. Amala wurde unruhig, denn ein solcher Wind stellte selbst für das seefeste Königsschiff eine Herausforderung dar. Ihre Sorge trieb sie hinaus auf den Laubengang, obgleich sie der Sturm daran zu hindern versuchte. So hatte sie den Amelungensee noch nie gesehen, er war von einer Gischtwolke bedeckt und wirkte wie ein aufgewühlter Kessel. Die gewaltigen Wellen donnerten so wild gegen die Hafenbefestigung, als tobte zu ihren Füßen ein aufgepeitschter Ozean. Amala richtete ihren Blick auf den Königshafen, hoffend, dass ihr Gemahl dort schon angekommen und im Hafen noch aufgehalten sei. Es schien auch so zu sein, denn das große Schiff lag fest vertäut am Kai. Beruhigt wollte sie sich abwenden, da ergriff sie ein Schrecken. Das neue kleine Segelboot ihres Mannes, das er eigentlich längst erproben wollte, lag nicht an seinem Platz. Sie klammerte sich an die Hoffnung, dass es noch einmal in die Bootshalle gebracht wurde, um eine Korrektur vorzunehmen. Ihr Vater teilte ihre Ansicht, sie konnten sich also beruhigt nach Drinnen begeben, da blickte Amala noch einmal hinaus auf den See.

Ihr stockte Herz und Atem. In der Gischtwand tauchte ein Schemen auf, ein blaugoldenes Segel zeigte sich, die Nussschale des Königs. Sie raste vom Sturm getrieben mit aberwitziger Geschwindigkeit heran und krängte stark nach links. Deutlich waren nun drei Menschen zu erkennen, die auf der anderen Seite weit hinaushingen, um ein Gegengewicht zum infernalischen Winddruck zu schaffen. Der entsetzten Amala schoss durch den Kopf: „Oh mein Gott, Fried mein ein und alles, Du bist verloren, Du wirst am Schlossfelsen zerschellen.“ Welche Qual ohnmächtig zusehen zu müssen, wie der Geliebte den Gewalten der Elemente ausgeliefert war. Plötzlich nahm das Boot eine Wendung, neigte sich bedenklich zur Seite, richtete sich wieder auf und schoss ins Hafenbecken hinein, schlug erneut einen Haken. Die Segel fielen flatternd und vom Wind behindert nach unten. Das Boot hatte noch so viel Fahrt, dass es nach einer weiteren Kursänderung in den Königshafen glitt und dicht am Liegeplatz zum Stillstand kam. Das Boot wurde herangezogen und festgemacht. Trotz der Entfernung erkannte Amala ihren Friedrich, seine hellblaue Tunika war nicht zu übersehen. Nun sah sie auch die vier Paladine, die auf ihren König warteten und seinen Rappen Sultan. Mit einem Schwung saß Friedrich auf seinem Hengst und dann fegten die sechs Reiter, Ibrahim der Vertraute war unter ihnen, Richtung Hafenstadt.

Nichts konnte die Königin jetzt noch aufhalten, sie eilte zur Prunktreppe hinüber und diese dann hinunter. Ihr Vater hatte Mühe seiner Amala zu folgen. Sie wollte so schnell es ging zu ihrem Mann. Atemlos durch den schnellen Gang hielt sie auf dem Treppenabsatz des Königstores an. Da sah sie ihn, er war den anderen voraus, sprang vom Rappen und hastete die Treppe hinauf. Seine Amala eilte ihm treppab entgegen. Mitten auf der Treppe trafen sie sich, Amala stürzte sich in seine Arme und küsste ihn so stürmisch wie selig, war erleichtert und glücklich über sein Erscheinen. Friedrich war unter seinem hastig übergeworfenen Umhang triefend nass, hatte keinen trockenen Faden mehr am Leibe. Dann erst nahm Amala wahr, seine Tunika wies überall blasse Blutspuren auf und sah seine Hände. Sie waren aufgerissen und bluteten noch, ließen ahnen, was sich draußen auf dem sturmgepeitschten See zugetragen haben mochte. Eng aneinander geschmiegt gingen sie die letzten Stufen hinauf, dorthin wo sie Herzog Wittich erwartete. Stumm und mit sichtbarer Erleichterung zog er seine beiden an sich.

Friedrich gab einem der Wächter die Anweisung, der Leibarzt möge sich zu ihm begeben und dessen Sohn Nathan solle sich seiner beiden Leidensgenossen annehmen. Auf dem Weg zu ihren Gemächern wich ihm Amala nicht mehr von der Seite, auch dann nicht als er ein heißes Bad nahm und danach neu eingekleidet wurde. Anschließend verband ihm Nikolaus fachkundig die Hände, was Amalas Vater wieder miterlebte. Friedrich berichtete ihnen nun, was geschehen war, und es war zu erkennen, in welcher Gefahr er geschwebt hatte. „In der Morgenfrühe war der Wind zwar stramm, aber nicht heftig. Da ich bald wieder zurück sein wollte und ich – das gebe ich unumwunden zu – neugierig darauf war, wie sich der *Seeadler* bei gutem Wind anlassen würde, nahm ich diesen und nicht das große Schiff. Ich freute mich darüber, wie gut sich mit dem neuen Boot gegen den Wind kreuzen ließ und erreichte so das Kronkloster weit früher als gedacht. Dort traf ich den Oheim bereits auf dem Weg der Besserung an, eine heftige Influenza hatte ihm zuvor zugesetzt. Er freute sich sehr über meinen unerwarteten Besuch und wir vergaßen in einem angeregten Gespräch die Zeit. Erschrocken, denn ich hatte Euch ja zugesagt bald wieder zurück zu sein, hüpfte ich ins Boot ohne mich weiter um das Wetter zu kümmern. Nicht weit nach der Insel frischte der Wind auf einmal derart kräftig auf, dass er den „Seeadler“ furios vor sich hertrieb. Einen Moment dachte ich an Umkehr, doch dafür war es zu spät. Gegen die sich nun aufwerfenden hohen Wellen anzukreuzen, wäre nicht ratsam gewesen. Also suchten wir unser Heil in der Flucht nach vorne, obwohl wir dabei kräftig Wasser übernahmen und Matthias Mühe hatte mit dem Schöpfen nachzukommen. Es wurde mir mulmig zumute als Wind und Wellen immer mächtiger wurden. Normalerweise hätten wir die Segel reffen müssen, doch dann wäre das kleine Boot der Willkür der Elemente schutzlos ausgesetzt gewesen, was mir noch gefährlicher erschien als der Ritt auf den tobenden Wellen. Wir drei Männer leinten uns an, um im Falle eines Sturzes aus dem Boot noch eine Chance zu haben. Allerdings hätte der Pechvogel ganz schnell herangezogen werden müssen, denn in solch aufgewühlter Gischt lässt es sich nicht richtig atmen. Das blieb uns zum Glück erspart und so trieb uns der Sturmwind mit Wucht vor sich her. So rasend schnell bin ich noch nie in meinem Leben vorangekommen, jedoch auch nicht in solcher Sorge. Ich befürchtete, Du würdest das Unwetter mitbekommen, und Dich um mich ängstigen. Deinem stürmischen Empfang auf der Treppe nach zu schließen, habt Ihr meine letzten Schlenker vor und im Hafen noch mitbekommen. Auch ich war erleichtert als ich diesen Kampf mit der Windsbraut überstanden hatte."

„Majestät, wodurch habt Ihr Euch denn Eure Wunden in den Händen zugezogen? Sie sind relativ tief und sicher schmerzhaft!" „Lieber Niko, aber bestimmt nicht so, wie dann, wenn Salzwasser darin gewütet hätte. Damit wir bei Not die Segel rasch niederbringen konnten und vor allem wegen der kritischen Wende vor dem Hafen, habe ich die Segel nur wenig belegt und zeitweilig mit den Fäusten abgesichert. Dabei habe ich mich überschätzt und den Zug der Leinen zu spüren bekommen. Aber das ist bald vergessen, hoffentlich auch für die beiden geschundenen Männer, die mit an Bord waren und um die ich mich nach dem Landen nicht mehr gekümmert habe. Denn ich hatte nur noch ein Bestreben, meiner Amala die Angst zu nehmen. Sobald sich Ildebad und Matthias wieder erholt haben, bitte ich sie zu mir." Damit beauftragte er seinen Knappen Manfred, der sich zum Hafen begab. Der Leibarzt verabschiedete sich dann, um an der Universität Vorlesungen zu halten.

Danach nahm sich Friedrich für Frau und Schwiegervater Zeit, nur einmal wurden sie vom Kanzler unterbrochen, der mit seinem Herrn etwas von Gewicht zu bereden hatte. Während dieser Unterbrechung trafen die beiden Leidensgenossen des Königs ein, die noch vom Höllenritt über die Wellen gezeichnet waren. Das machte es der Königin möglich, sich mit den beiden zu unterhalten und ein deutlicheres Bild von der Gefahr zu bekommen, der ihr Gemahl gerade noch ausgesetzt war. „Verehrte Hoheiten, wir verdanken unser Leben nur unserer Majestät. Unser Herr hat nicht nur eisern Kurs gehalten und immer wieder den Ansturm des Windes auf unser Boot gemindert, in dem er bei den Segeln nachließ. Unser König strahlte eine unerschütterliche Ruhe und Zuversicht aus, selbst als unser Boot zu kentern drohte. Wir haben um unser Leben gefürchtet, und was sagte unsere Majestät: Männer, der „Seeadler" liegt prächtig und läuft riesig; so als wären wir auf einem Spaziergang. Entweder mussten wir Raushängen oder Schöpfen. Je schneller wir vor dem Wind sind und über die Wellen hinweg fliegen, desto weniger sind wir gefährdet! Und wenn unsere Majestät das sagt, dann gilt dies." Der bisher schweigende Ildibad ergänzte das Bild noch um eine Nuance: „Als urplötzlich der Schlossfelsen in Windeseile näher rückte, erfasste mich Panik." Dem stimmte auch sein Kollege zu. „Majestät rief uns gelassen zu: Männer, ich lasse bei den Segeln mal kurz nach, wir schlagen einen Bogen und fahren dann in den ruhigeren Hafen hinein. So lief es auch ab und endlich hatte uns die feste Erde wieder, aber wir waren so fertig, dass wir weder gehen noch stehen konnten. Und was macht unser Hoher

Herr, er schwingt sich mit blutenden Händen auf seinen Sultan, so als wäre nichts geschehen. Den Kollegen vom Königsschiff gab er noch die Anweisung, sich um uns zu kümmern. Woher unsere Majestät nur diese übermenschliche Kraft hernimmt?“ „Wollt Ihr das wissen, Ihr braven Männer?“ So ertönte auf einmal Friedrichs Stimme, der gerade zurückkam. „Einmal weil ich meiner Gemahlin ihre begründete Sorge nehmen wollte. Und zum zweiten gilt: Ich trug doch auch die Verantwortung für Euer Leben, die ihr so gerne mal ein ganz schnelles Boot unter Euren Füßen haben wolltet.“ Er erkundigte sich nach dem Befinden der beiden Offiziere des Königsschiffes, ließ ihnen eine gute Mahlzeit servieren und schenkte ihnen einen edlen Becher zur Erinnerung. So etwas kam schnell herum in Thule, und so wurde aus einer kleinen Sache – so Friedrich – eine Anekdote mit dem Dreiklang Höllenritt, Heldenmut und Fürsorglichkeit.

Warum Amala ihrem Gemahl keine Vorwürfe machte? Sie wusste längst, Friedrich konnte das überhaupt nicht ab. Außerdem gestand er seinen Fehler bei der Beurteilung des Wetters unumwunden ein. Leichtsinn hatte ihn also nicht angetrieben, eher schon das Wissen um die Sorge und Angst seiner Amala, wegen der er spornstreichs zu ihr eilte. Wer wirklich liebt, der sollte von Vorwürfen absehen und darauf vertrauen, den Geliebten konnte weder Leichtsinn noch Selbstüberschätzung dazu veranlasst haben. Und sie liebte ihren Fried mit allen Fasern ihres Herzens. Sie war glücklich, ihn unversehrt bei sich zu haben, auch Vater Wittich, der mit seiner Besorgnis besser umgehen konnte, freute sich mit. Es wurde ein schöner Nachmittag und ein langer Abend, den dann Markgraf Rainald und seine Frau Winthala noch bereicherten. Am nächsten Morgen ritt Herzog Wittich bei windigem, jedoch nicht stürmischem Wetter zurück ins Stormland.

Die Königsweihnacht

In den Wochen nach des König Höllenritt auf dem Amelungensee zeigte sich das Herbstwetter wechselhaft. Ab Mitte Dezember dominierte das Schmuddelwetter, es wurde deutlich kühler und die Menschen setzten sich dieser nassen Kälte so wenig wie möglich aus. Daher freute sich Amala über ihres Mannes Ankündigung Weihnachten in den Fünf Thälern zu verbringen. Geschützt unter weiten Pelerinen machten sie sich mit kleinem Gefolge auf den Weg. Im Tal der Albia nieselte es gerade mal, was dann beim Anstieg im ersten Tal aufhörte. Welch ein Kontrast dazu erwartete sie weiter oben. Alles rings um die kleine Reitergruppe erstrahlte in reinem Weiß, knirschte unter den Hufen der Pferde. Ihr Atem schwebte den Reitern wie ihren Rössern als kleine Wolken voraus. Schnee, überall Schnee, alles hatte er bestäubt und eine unberührte Welt geschaffen, in welche die Hohen Herrschaften und ihr Gefolge eindrangen. Nur wenige Fußspuren zeichneten sich auf ihrem Weg ab, sie befanden sich nahezu alleine in dieser verzauberten winterlichen Welt. Königin Amala hatte dergleichen noch nie gesehen und freute sich über diese flockige Überraschung. Sie begann zu verstehen, warum ihr Mann den Winter hier erleben wollte. Der Schnee war diesmal ungewöhnlich früh gekommen und üppiger ausgefallen als sonst. Das Königspaar war auf dem Weg zur Burg Vogelstein, um dort das Christfest zu verbringen. Im unteren Tal konnten sie den Schnee gerade mal ahnen, er hatte sich nur oben auf die Berge herabgesenkt und mied die Niederung. Doch je höher sie dem Klarälv folgend bergan kamen, desto geneigter wurde der Schnee alles mit seinem weißen Gespinst zu verhüllen. Unmittelbar nach der Burg Greifenfels war der Weg bereits mit Schnee besprenkelt. Zu Füßen des Klosters Heiligenstein erwies er dem Herrscher die gebührende Referenz und breitete einen weißen Teppich aus. Je höher sie kamen, desto dichter wurde er.

Neben der Königin ritt ihre Schwägerin Adelheid und vor ihnen ihre Männer. Friedrich hatte sie eingeladen, was die beiden gerne angenommen hatten. Die Geschwister um sich zu haben erfreute ihn und auch Amala, es bereicherte das Fest. Zwei Paladine ritten voran, trugen die Standarten Thules und des Königs, nach den Herrschaften folgten zwei Leibwächter. Gräfin Beatrix und ihr Gemahl Thorismund hatten sich ihnen angeschlossen, sie wollten jedoch am zweiten Festtag weiter zu Thoris Eltern reiten. Dahinter zog ein kleiner Tross aus Zofen, Mägden, Knappen und Edelknechten, die Lastpferde mit sich führten. Zum Schluss kamen noch zwei Paladine, darunter der vertraute Graf Roderich, dem der König immer mehr Sonderaufgaben übertrug. Ein herrlicher Blick eröffnete sich den Reitenden auf ihrem Weg zur Burg Vogelstein. Der Vogelsee lag in tiefem Blau zu ihren Füßen, umrahmt von hellem Weiß, das ab und an das Grün einiger Nadelbäume belebte und die graugrüne Wand über dem See durchbrach.

Alles Schroffe war bedeckt, alles Störende verborgen und gab einem festlichen Bild Raum.

Wohlig warm war es in der eingemummten Burg, der Vogt hatte für dieses Wohlbehagen sorgen lassen, seine Knechte hielten die Kamine am brennen. So hatte es sich Amala erträumt, draußen die erfrischende Kälte und das leuchtende Weiß und hier drinnen den ihr lieben Menschen nahe zu sein und von wohliger Wärme umfangen. In den Fünf Thälern war dies jene Zeit, in der sich Mensch und Tier in die Häuser zurückzogen, Hektik und Lärm erstarb. Die Seeholmer waren in Scharen zum Fünf-Brüder-Platz geströmt, um eingehüllt in ihre Lodentücher dem Herrscher und den anderen hohen Herrschaften ein gebührendes Willkommen zu bereiten. Der König wurde von ihnen keineswegs mit Hoher Herr angesprochen, sondern sehr wohl mit Hohe Majestät. Damit entlarvte sich sein Besuch in Begleitung Amalas als vereinbartes Inkognito. Er gab es unumwunden zu und erklärte: Wenn er hinter der Fahne mit den Fünf Adlern ritte, dann sei er *nur* der Graf. Als der König seine Ansprache hielt, allen eine gesegnete Weihnacht wünschte und den Segen Gottes für alle erbat, schlüpfte er wieder zurück in seine eigentlich schon abgelegte Rolle des arianischen Priesterkönigs.

Den Gottesdienst hatten die höchsten Herrschaften Thules nicht in der Burgkirche besucht, sondern in der altehrwürdigen Kirche von Seeholm. Das war so Brauch, wenn der Herrscher auf Vogelstein weilte. Die Kirche war vollkommen überfüllt, doch für den König und sein Gefolge hatte der Pfarrer Stühle herbeischaffen lassen. Einer war für die Königin fürsorglich gepolstert. Wie wohl ganz Thule wusste auch er, dass die Königin froher Erwartung war. Es ließ sich nicht mehr verheimlichen; König Friedrich fand, den Thulanern stünde diese Vorfreude zu. Darauf ging der alte, aber wache und lebenskluge Pfarrer in seiner Predigt ein. Er verglich das Warten auf den Sohn Gottes mit ihrer aller Warten auf den Spross des Königspaares. Der würde im Königsschloss zur Welt kommen und in einer purpurnen Wiege ruhen. Der spätere Herr der Welt und Sohn Gottes, Jesus Christus, sei hingegen in einem Stall geboren worden und habe sich mit Stroh begnügen müssen. „Das erscheint uns heute noch ungeheuerlich und höchst ungerecht. Wir, seine sterblichen Geschöpfe, sind heute dank seiner Güte viel besser dran, dürfen ihm und seinem göttlichen Vater an diesem besonderen Tag aus vollem Herzen danken. Wir sind ihm auch dafür dankbar, dass er unsere Hohe Majestät am Leben ließ, ihn mit unserem Engel vermählte und unserem Königlichen Paar ein Kind schenkt. Da unser König gerecht und gottgefällig herrscht, alles tut, um unser Dasein zu erleichtern und die Armut im Lande zu lindern, ist das ja auch recht und billig.“ Friedrich raunte seiner Frau zu, er halte diesen Vergleich für sehr gewagt. Da er den Lauschenden gefallen hat, wolle er es so stehen lassen. Die Gesänge der festlich in ihre besten Trachten gekleideten Menschen erfüllten die Kirche und wärmten die Herzen. Amala empfand diese Zeremonie schlicht und schön, ehrliches Gefühl und tiefe Frömmigkeit waren deren Quell. Die Kinder sangen voller Inbrunst mit und wendeten sich jetzt auch dem hölzernen Jesuskind auf dem Altar zu. Zuvor hatten sie nur Augen für die Hohen Herrschaften gehabt.

Danach gab es jene Ansprache des Königs, die in die Annalen Thules eingehen sollte. Sie wurde, im Gegensatz zur bisherigen Praxis, nicht kurz sondern zur großen Weihnachtsbotschaft des Herrschers an sein Volk. Der König, der sonst frei sprach, ließ sich von einem Knappen einen Bogen Papier reichen. Zuvor wendete er sich an die Anwesenden, erläuterte die Bedeutung dessen, was er nun verlesen würde. „Diese Botschaft wird in diesem Augenblick überall in Thule und auf unseren Seeschiffen von Priestern und Kapitänen den Menschen kundgetan. Ich habe es das Friedensmanifest von Seeholm genannt. Es soll in alle Herzen eindringen, soll mein Anliegen zu dem aller Thulaner machen und uns alle dem Frieden näher bringen. Seht die Bezeichnung als Auszeichnung für Euch an und als meinen Dank für Eure Treue und Zuneigung.“ Damit löste er bei den Hörern glückliches Strahlen aus, die Zuhörer waren in diesem Augenblick der Mittelpunkt Thules.

„Meine lieben Thulaner, Gottes Kinder auf den Inseln im großen Ozean, wir begehen heute das größte Fest der Christenheit und gedenken der Geburt Christi. Wir lauschen seiner Botschaft des Friedens auf Erden und des Wohlergehens aller Menschen. Frieden fällt nicht vom Himmel, wird uns nie geschenkt, er muss von jedem einzelnen errungen werden. Frieden beginnt bei uns selbst, greift über auf unsere Umgebung und wirkt fort über unsere Mitmenschen. Wo Not, Elend und Armut herrschen, ist der Frieden ein flüchtiger Gast. Hier gilt es bei uns anzusetzen, und zwar von allen denen es besser geht. Wir müssen das uns Mögliche tun, um diesen unhaltbaren Zustand zu lindern und dessen Ursachen zu verhindern. Not entsteht auch durch unbedachten Eigennutz, durch Ausnützen von Notlagen anderer und der Versuchung daraus einen Vorteil zu ziehen. Das führt oft zu ärgerlichen Kettenreaktionen, vertieft die Not, und zeitigt Unzufriedenheit. Was auf den gebeugten Rücken Unglücklicher erbeutet wird, erzürnt Gott und mich. Seht davon ab! Ich werde meinen Beitrag leisten, nütze mit Gottes Hilfe meine Macht und meine Mittel.

Wenn wir uns friedfertig verhalten, Streit und Zwistigkeiten nicht mit Waffen austragen, sondern vom Richter klären lassen, sind wir auf gutem Weg. Schafft Frieden in euch, um euch und für unser Thule. Wenn wir Neid und Missgunst in uns bekämpfen, uns der eigenen Unzulänglichkeiten bewusst sind, schaffen wir Frieden. Wer Bedürftigen etwas abgibt, ihnen hilft, Schwierigkeiten zu meistern, der schenkt sich selbst den inneren Frieden.

Denkt darüber nach, wen ihr noch in Lohn und Brot setzen könntet. Wer Arbeit hat ist zufriedener mit sich und friedfertiger gestimmt. Lasst eure Fantasie darüber walten, wie sonst noch geholfen werden kann, jetzt und das Jahr über. Macht keine Unterschiede, weder bei Religionen und Nöten noch bei Herkommen und Stand, alle sind Gottes Kinder, leiden nicht anders als wir. Seid mildtätig und warmherzig, gebt und helft, erntet den Segen Gottes und die Freude der Beschenkten. Wer so empfindet, lebt und mitfühlt, der handelt als Geschöpf Gottes in dessen Sinn, erfüllt sein Gebot und folgt ihm so nach. Mitgefühl und Lebensfreude schließen sich nicht aus, so wenig wie Milte und Stolz auf den eigenen Erfolg. Gebt, damit Ihr das, was euch Gottes gütiges Geschick gegeben hat, von Herzen und im Frieden mit euch selbst genießen könnt.

Ihr Edlen, Geistlichen, Räte der Städte und Gemeinden, fertigt eine Liste derjenigen an, die der Hilfe bedürfen. In kleinen Gemeinschaften listet Zehn auf, in größeren Hundert und in großen Städten Tausend. Überlegt, was ihr tun könnt, sprecht jene an, die euch dabei helfen können und tut das euch mögliche. Kämpft für den Frieden, besiegt Not, Elend und die anderen Geiseln der Menschen. Euch sei Lohn durch die Freude, die Ihr anderen bereitet. Denkt daran, nur wenige der Unglücklichen sind an ihrer Lage selbst schuld. Benützt dies nicht als Alibi, um Euch von den Armen, Kranken und Gebrechlichen abzuwenden. Viele können heute das Fest Christi Geburt nicht mit ihrer Familie feiern. Das gilt auch für unsere Krieger, die draußen auf dem Meer ihr Leben wagen oder an unseren Küsten wachen. An sie denken wir heute und danken ihnen.

Helft mir dabei Eintracht in Thule und Frieden an den Grenzen zu schaffen. Steht zu Eurem König, wenn es darum geht Not, Elend und Armut zu bekämpfen. Widersteht dem inneren Bestreben die Augen zu schließen vor dem Elend, weil es die eigene Bequemlichkeit stört. Empfangt meinen Dank und den der Hilfsbedürftigen. Helft den Dienern Gottes, die Euch das Evangelium verkünden. Geht mit wachen Augen durch die Welt und habt offene Ohren für deren Anliegen. Jedes Licht, das wir heute entzünden, stehe für einen Menschen, dem wir nicht nur an diesem Tag Gutes angedeihen lassen wollen.

Meine Getreuen, ich wünsche Euch Gottes Segen und erbitte für uns den Frieden von unserem ewigen Vater, dem Allmächtigen.

Euer König Friedrich II. Teja."

Still blieb es nachdem der Herrscher geendet hatte. Nachdenkliche Gesichter zeigten sich, aus denen Zustimmung zu entnehmen war. Der König hatte nichts gefordert, er hatte sie gebeten, einen jeden in die Pflicht genommen, nicht zuletzt sich selbst. Frieden, das war es, was er anstrebte, der Held und Sieger vieler Kämpfe und Schlachten. Dafür wollte er nun kämpfen und er meinte es ernst. Es war wohl keiner im Raum, dem sich das nicht mitgeteilt hätte. Pax Friederiensis, das wollte er zu aller Anliegen werden lassen, dafür warb er, der mächtigste Herrscher den Thule je besaß. Gemeinsam mit dem Pfarrer stimmte der König das Vaterunser an, in jener Version, die seit Jahrhunderten hier gesprochen wurde und ihnen von Ulfilas gelehrt wurde. Tief senkten sie die Köpfe, nie hatte ihr Hoher Herr dies so getan im Einklang mit der Kirche, die der Pfarrer vertrat. Danach gab er der Gemeinde mit ausgestreckten Armen den Königssegen. Jener magische Moment, der sonst vor einer Schlacht entstand, erfüllte den Raum und belebte Herzen und Sinne. Auch die Königin war tief ergriffen von dieser außergewöhnlichen Weihnachtsmesse. Der Magier hatte dieses Weihnachten zu einem einmaligen Erlebnis werden lassen. Dieser Tag ging in die Geschichte und aller Erinnerung ein als Königsweihnacht. Das Sakrale des Thulanischen Königtums war in diesen Minuten für alle greifbar und ließ sie das Besondere daran mit heim nehmen.

Das hölzerne Abbild des Christkindes wurde nach der Messe hinauf zur Burg getragen. Dort sollte es eine würdige Herberge vorfinden und mit Gaben überhäuft morgen wieder in die Kirche zurückgebracht werden. Diesen Brauch gab es seit Jahrhunderten und er wurde in den Fünf-Thälern unverfälscht gepflegt. Der Hintergrund dieser Tradition gründete auf der Empörung der Thulaner über die herzlose Behandlung der Heiligen Familie in Bethlehem. Einem so gastfreundlichen Volk wie den Thulanern war dies nicht zu vermitteln, es galt als ein schwerer Verstoß gegen einen ihrer wichtigsten Werte. So entstand der Brauch, dass das Christkind von einem Begüterten mit nach Hause genommen wird, um dort die Gastfreundschaft der Thulaner symbolisch zu erleben. Der Pfarrer ging dem Zug voraus, der hinauf zur Burg Vogelstein strebte, er hielt eine große brennende Kerze in Händen, die Windlichter der Ministranten beleuchteten den Weg. Hinter ihnen trugen vier kleine Mädchen eine Trage, auf der das in Fell gehüllte Christkind lag. Unter ihnen waren des Burgvogts Töchterchen und die Amala schon bekannte kleine Gunhild. Die in weiß gekleideten Mädchen sollten Maria verkörpern, die neben ihnen gehenden gleichaltrigen Buben den Heiligen Joseph. In weiten Mänteln gewandet, mit Pilgerhut auf dem Kopf und gestützt auf ihren Wanderstab beschützten sie Mutter und Kind. Alle acht Kinder waren stolz auf die Ehre, den ersten Gang mit dem Königspaar machen zu dürfen. Am nächsten Tag würden andere Kinder das Christkind abholen und in die Kirche bringen. An jedem Abend bis zum Fest der Heiligen drei Könige würde es in einem andern Hause zu Gast sein.

Königin und Prinzessin hatten sich bei Friedrich eingehängt, Theodemir ging an Amalas anderer Seite. Erst jetzt stellte sie fest, dass ihr Mann heute kein Schwert trug, was sie außerhalb des privaten Bereichs noch nie erlebt hatte. Darauf angesprochen antwortete er: „Dies ist der Tag des Friedens. Außerdem könnte ich mich in den Fünf-Thälern immer waffenlos bewegen, ich würde beschützt sein durch diese treuen Menschen. Nie hat es hier auf den König einen Anschlag gegeben. Darauf sind sie stolz, es verschafft ihnen in Thule eine Sonderstellung. Nirgendwo in Thule gibt es diesen direkten Zugang zu mir und nicht diese bedingungslose Zuneigung, mal abgesehen von Theodericia. Für sie bin ich ihr König und ihr Graf, der einzige Herr und Gebieter." Hinter ihnen hatte sich das Gefolge vergrößert, die vom Burgvogt angeführten Bediensteten der Burg und die Eltern der das Christkind tragenden Kinder gehörten nun dazu.

Im großen Saal nahmen alle Platz, über ihnen schwebte der riesige Kranz aus Tannenzweigen auf dem dicke rote Kerzen brannten. Gegenüber den beiden hohen Paaren saßen die Kinder und blickten sie mit großen Augen an. Vor lauter Verlegenheit und Erfurcht getrauten sie sich nicht zu reden. Der König löste ihr Schweigen, indem er die kleine Gunhild, des Gärtners Töchterchen, ansprach. „Nun Gunhild, wie ist es denn in der Schule, gefällt es Dir dort?" „Hohe Majestät, es ist wunderschön. Ich kann schon etwas Schreiben und sogar Lesen, ein bisschen!" Sie sagte es ganz ernsthaft, aber freudestrahlend. Jetzt gab es für die anderen Kinder kein Halten mehr, alle wollten etwas zur Schule sagen. Doch stets sagten sie, so als wäre es ihnen eingetrichtert worden „Hohe Majestät" und zu den anderen drei "Königliche Hoheit". Amala lockte aus ihnen heraus, dass der Herrscher selbst im kleinen Kreise stets als unsere Hohe Majestät der König bezeichnet wurde. Im Morgengebet der Schule hieß es „Gott schütze unsere Hohe Majestät König Friedrich Teja." Nach diesem ersten offiziellen Auftritt der Königin setzten sie hinzu: "und unsere Königin Amala." So berichtete es Gunhild der Königin beim nächsten Besuch auf Vogelstein. Allmählich bezogen die hohen Paare die Erwachsenen in die Gespräche ein. Obwohl es für alle nur Säfte und Wasser gab, entkrampfte sich die Stimmung immer mehr. Es gab dazu Weihnachtsbrot mit kandierten Früchten, Honigkuchen, Bratäpfel und Trockenobst. Die Anwesenden wurden vom König beschenkt, der speziell die Kinder bedacht hatte. Er liebte Kinder und nahm sich ihrer besonders an. Ihm, dem Oheim König, brachten sie dafür eine von Herzen kommende Zuneigung entgegen. Freudig gestimmt gingen die Seeholmer wieder hinunter an den häuslichen Kamin. Einer konnte sein Glück kaum fassen, der Pfarrer, den des Königs Weihnachtsgabe überwältigt hatte. Es waren nicht die Solidi, sondern das mit Edelsteinen geschmückte goldene Kreuz, das künftig als Friedrichskreuz die Kirche schmücken würde. Dieses Kleinod war im Tal entstanden. Gold und Edelsteine kamen aus den Minen ringsum und manifestierten Gottes Gaben für die Einheimischen.

Die andere Seite ihres Mannes, seine Großzügigkeit und Herzlichkeit, durften die Seinen dann am Abend erleben, als sie sich im Kaminzimmer um ihn scharten. Mit dabei waren Beatrix, Thorismund, die Leibwächter und Paladine und als Novum sogar die Zofen und Knappen. Nach der knapp gehaltenen Ansprache des Königs, in der er allen dankte, gab es Geschenke. Für diese hatte die umsichtige Beatrix gesorgt. Das für sie und Thorismund hatte das Königspaar ausgesucht. In diesem prächtig geschmückten Raum gab es anschließend an langer Tafel ein Festmahl. Dazu wurde Rotwein aus dem Königlichen Keller gereicht und zum Abschluss ein golden leuchtender Pflaumenschnaps aus dem Tal. Danach zogen sich die Königlichen Hoheiten in die Bibliothek zurück, um sich dort zu beschenken.

Am nächsten Tag reisten Thorismund und Beatrix nach Hildebrandtsvik, um mit dem Markgrafenpaar das Fest zu begehen. Mit ihnen durften der Knappe Manfred und die Zofe Agnes reisen. Die beiden würde in der Hafenstadt eine reguläre Kutsche aufnehmen und nach Hohenufer mitnehmen. Das Königs- und das Prinzenpaar besuchten die Armen, die ihnen der Pfarrer genannt hatte. Sie brachten Freude und Zuversicht in deren Behausungen und erhielten Staunen und Glückstränen als Gegengabe. Des Königs Geldgabe und sein Zuspruch, auch die Weihnachtsgaben, waren oft mehr als die Fassung dieser Menschen aushalten konnte. Der König in seinem praktischen Sinn fand danach: „Wir sind eine schöne Verpackung, sie erfreut im Augenblick die Sinne, lindert jedoch nicht Not und Sorgen; Taten und Mittel sind allemal wichtiger.“

Die überall in Thule verlesene Rede zeigte Wirkung, der König hatte damit Schleusen geöffnet und Dämme durchstoßen. Der Strom an Hilfsbereitschaft, Gaben und Taten, spülte Hartherzige mit sich fort, erzeugte ein Klima des Mitgefühls und führte zu gezieltem Handeln. Viele taten es anfangs nur ihm zuliebe, wohl auch aus sozialem Druck, doch es entwickelte sich zum Bedürfnis, wurde vielen zum inneren Antrieb. Friedrichs Lohn waren Dankschreiben von Edlen, Räten der Städte und Gemeinden, wie Geistlichen. Mit ihm freute sich Königin Amala, die der Dank mit einschloss. Sie hatte noch vor Weihnachten in Theodericia Arme, Alte und Kranke aufgesucht. Davon hatte sie ihrem Mann so lebendig berichtet, dass diesem die Idee zum Seeholmer Manifest kam. Leibarzt Nikolaus hatte seine Königin dabei tatkräftig unterstützt. Er nannte ihr bedürftige Menschen und ermöglichte die medizinische Betreuung Schwerkranker. Dafür erhielt Amala viel Geld aus der königlichen Privatschatulle und gab aus der ihren dazu.

Am Abend ritten die vier hohen Herrschaften zum Kloster Heiligenberg, um mit den Benediktinern den Gottesdienst zu begehen. Der Kirchenraum, ein uralter, mystischer Ort, war mit Hunderten von Öllampen illuminiert. Abt Balduin dankte dem König für das Tags zuvor verlesene Manifest, nannte es eine Verschmelzung weltlichen und geistlichen Wollens. Friedrich, den einst von vielen Katholiken geschmähten König, nannte er einen Friedensfürsten und den König der Milte. „Gott setzt durch Euch, hochverehrte Majestät und verehrte Königliche Hoheiten, sein Wollen auf Erden um. Ihr habt in Thule ein Licht entzündet und damit die Herzen entflammt. Euer Vorbild wird reiche Früchte tragen, einen Quell aus dem Felsen des Übersehens und der Gedankenlosigkeit schlagen, und diese unsere Inselwelt in Gottes Sinne verändern!“ Reich beschenkt mit guten Worten ritten die vier höchsten Herrschaften Thules wieder in ihr warmes Nest zurück, dankbar und zufrieden. Im Namen aller vier hatte der König dem Abt eine ansehnliche Summe überreicht, womit er des Klosters segensreiches Wirken materiell unterstützen wollte. Seine Großzügigkeit kam aus tiefem Mitgefühl und war ihm ein großes Anliegen. Zuvor wurde es von seinen Gegnern verschwiegen, und Friedrich sogar als hartherziger Kirchenfeind verleumdet. Dank des reinigenden Prozesses erwies sich dies als gemeine Lüge. Seitdem gaben die Kirchen preis, wie viel die Krone für das Wohlergehen und den inneren Frieden tat.

Diese geruhsame Zeit auf der heimeligen Burg wie die Ausritte ins Tal genossen die doch sonst so eingespannten Herrschaften. Vieles konnten sie besprechen, Pläne entwickeln und über Veränderungen in der Verwaltung wie beim Militär in Ruhe nachdenken. Dennoch ging es auch um alltägliche Dinge und Kleinigkeiten, sie ergötzten sich an den Kindern, die jauchzend auf Lederstücken oder Schlitten die Hänge hinabsausten. Hier konnten sie unter sich sein, gehörte der König Frau, Schwester und Freund. Selten kam ein Königsbote mit Botschaften, denn auch der Kanzler machte Ferien; Thule lag im Winterschlaf und allen tat dies gut. Amala wünschte sich dieses unbeschwerte und freie Dasein möge ewig dauern, aber dies war ihnen nicht beschieden, von Geburt an standen Pflichten und Aufgaben an, die es im Sinne des Reiches zu erfüllen galt. Lediglich Amala hatte aus Liebe zu Friedrich, dieses Geschick freiwillig auf sich genommen. Weil sie ihn zum Mann wollte, musste sie die Königin *in Kauf nehmen*. Als Ausgleich für dieses von Pflichten geprägte Schicksal erlebten die vier ihre enge Verbundenheit und erfuhren die Zuneigung eines ganzen Volkes. Beides bedeutete ihnen unendlich viel, sie sahen es als Geschenk Gottes an und als Glück ihres Lebens.

Eifersucht

Im Königsschloss war längst wieder der Alltag eingekehrt und ein sonniger Januar lockte immer wieder mal nach draußen. Daher verwunderte es die Königin, als ihre Zofe Agnes im Schlafzimmer des Königs versonnen über das Laken strich. Betten zu machen, das gehörte nun wahrlich nicht zu ihren Aufgaben. Weil die Königin ihre eigenen Räume selten aufsuchte, konnte sich die Zofe überhaupt in des Herrschers privaten Räumen aufhalten, um dort der Königin zu dienen. Amala wollte, so es ging, in der Nähe ihres Gemahls sein, was auch ihm wichtig war. Das Königspaar lebte in seinen privaten Gemächern nicht viel anders als reiche Bürgerpaare. Hier wollten sie Mensch sein, sich selbst gehören und nicht in königlichem Pomp ein fremdbestimmtes Leben führen. Vorrangig betreut wurden sie hier von dem treuen Werinher, der ihnen unauffällig und fürsorglich die Wünsche von den Augen ablas. Der Oberdiener hatte seinem König schon während dessen Studienzeit in Italien gedient. Unterstützt wurde er von seiner Frau Nicola, die sich vor allem der Wünsche der Königin annahm. Da die beiden selbst keine Kinder hatten, kümmerten sie sich geradezu rührend um das Königspaar. Friedrich, den sie verehrten ja fast vergötterten, sahen sie fast als ihr *Kind* an, und die so gewinnende Amala schlossen sie darin ein. Was immer das Dienerpaar für König und Königin tun konnten, das machten sie möglich. Daher hielten sie die anderen dienstbaren Geister, und deren gab es viele im Schloss, auf Distanz und schirmten den König ab. Das war ganz in seinem Sinne, denn er wollte in seinem Privatbereich möglichst unbehelligt leben.

Agnes war daher zwar nicht überflüssig, aber doch wenig von Nöten, zumal ihre Herrin die ihr von Kind an vertraute Zofe Irmingard von der Rosenburg mitgebracht hatte. Die Zofen kamen sich dabei zunehmend ins Gehege, was Agnes, von der es ausging, seitens der ersten Hofdame Gräfin Beatrix eine Ermahnung eingetragen hatte. Obwohl Agnes morgens in die Schlossschule ging, schien sie nicht ganz ausgefüllt zu sein und „strich" durch das Schloss. Das wäre an und für sich nicht sonderlich gewichtig gewesen, wenn sie nicht versucht hätte, in Friedrichs Nähe zu gelangen. Das blutjunge Mädchen war in den verehrten König vernarrt. Sie versuchte seine Aufmerksamkeit zu erlangen und machte dem Verehrten schöne Augen. Agnes war zu einem außergewöhnlich schönen Mädchen geworden. Helles Blondhaar fiel ihr über die schmalen Schultern und betonte ihre schlanke Gestalt. Ein ebenmäßiges, von tiefblauen Augen geprägtes Gesicht mit einer kindlichen Stupsnase, wie ein rosiger Teint unterstrich diesen Eindruck. In jüngster Zeit wurde aus dem Kind eine junge Frau, deren Brüste zusehends wuchsen und sich frauliche Formen herausbildeten. Ihre Jugendschönheit brachte ihr Verehrer am Hofe ein, doch sie hatte nur für einen Augen, tat alles, um einen Blick des Königs zu erhaschen. Sprach Friedrich sie an, war sie selig, errötete und wahrte dabei doch einen gehörigen Schuss Koketterie. Der König war ihr durchaus gewogen, sprach sie auch mal als kleine Diana an, nahm dabei Bezug auf das erste Zusammentreffen. Anfangs dachte sich die schwangere Königin nichts dabei, fand diese Leutseligkeit ihres Gemahls sogar noch nett, doch jetzt störte sie dies. Denn daraus zog die Schöne offenkundig Schlüsse, die keineswegs mehr harmlos waren. Agnes war kein unschuldiges Kind mehr, sondern eine Frau, wenngleich eine noch sehr junge.

Als die Königin wieder einmal ihre Räume aufsuchte hörte sie aus der Kammer der Zofe ein eigenartiges Stöhnen. Zuerst überlegte Amala ob ihre Zofe vielleicht krank war und dies verschwiegen hatte, doch es bedeutete etwas ganz anderes. Durch den Spalt der nicht ganz geschlossenen Türe, sah sie wie Agnes sich auf ihrem Bett wälzte. Mit beiden Händen hatte sie unter ihr Gewand gefasst, um damit in ihrem Schoß zu wirken. Nicht dies brachte ihre Herrin auf, sondern die mit ihrem Stöhnen verbundenen Seufzer „Friedrich, oh mein Friedrich“. Ohne Zweifel ließ sie sich in ihrer Fantasie gerade vom König begatten. Er beflügelte offensichtlich ihre gar nicht mehr jungfräuliche Begierde. Leicht verstört zog sich die Königin wieder zurück, beschämt darüber, Zeugin eines solch intimen Vorgangs geworden zu sein, aber auch beunruhigt und besorgt. In Agnes waren wohl all die Säfte und Triebe eingeschossen, die bei anderen Mädchen erst viel später auftraten. Sie waren, was sie gerade miterlebt hatte, derart heftig, dass sie einen Abfluss suchten. Ausgerechnet König Friedrich hatte sie dabei zu ihrem Opfer auserkoren, Amalas Mann und Geliebten. Der König und die Zofe, was für ein lächerlicher Gedanke, zumal ihr Friedrich nicht den geringsten Anlass gab, an seiner Liebe und Treue zu zweifeln.

Dennoch ging die Königin nicht sofort zur Tagesordnung über, sie sinnierte vor sich hin. Hatte sie denn nicht vernommen, Männer suchten Abwechslung und dies auch in der Liebe? Strebten sie denn nicht auch nach Bestätigung durch eine neue Eroberung? Ihr Streben nach Entdeckungen, nach neuen Erlebnissen, das fänden sie gerne bei einer Geliebten, deren Körper sie erkunden könnten! War ausgerechnet ihr Friedrich dagegen gefeit, er dem Treue so wichtig war? Aber er war doch auch nur ein Mann und sie selbst befand sich in anderen Umständen? Außerdem kannte er doch jeden Fleck ihres Körpers, hatte alles schon entdeckt und mit ihr erlebt. Ob er denn nicht auch Versuchungen ausgesetzt ist und Abwechslung schätzte? Amala wurde auf einmal von Fragen gequält, die sie bisher nicht kannte. Gedanken schwirrten ihr durch den gekrönten Kopf, die sie verunsicherten und ängstigten. Die Männer sollten doch von ganz jungen Frauen magisch angezogen werden, sie würden in der Vereinigung mit diesen selbst wieder jung. Ihr Friedrich war doch nicht aus Stein, sondern aus Fleisch und Blut? Ob ihn die schöne, blutjunge Agnes doch nicht gleichgültig ließ? Wie Agnes sich so bewegt und schreitet in ihrer Mischung aus Kindfrau und erwachsener und erwachter Fraulichkeit, musste ihn das nicht auch ansprechen? Kamen ihm dabei vielleicht abwegige Gedanken und Gelüste? Dagegen sprach allerdings, dass es zumeist sie, Amala, war, die ihn verführte, den so Vielbeschäftigten und so vieles Bedenkenden. Bisher hegte sie die Vermutung, die Flut der Aufgaben, und früher die ihn besetzende Rachsucht dämmten dieses Bedürfnis ein. Aber wie verhielt es sich damit heute? Lag es an seiner starken Arbeitsbelastung, an den Folgen der schlimmen Vergiftung? War er ihres Körpers und der körperlichen Vereinigung schon überdrüssig? Außer allem Zweifel stand für Amala, dass er sie liebte, das bewies er ihr ja täglich aufs Neue. Doch was war mit ihrer körperlichen Anziehung? Hatte ihr Körper schon seinen dynastischen Zweck erfüllt, einen Sohn zu empfangen, auszutragen und letztlich zu gebären? War ihm ihr Verlangen vielleicht schon lästig, erfüllt er es nur noch weil er sie liebte und nicht weil es ihn zu ihr trieb? Nie würde sie es sich getrauen, ihn danach zu fragen. Doch wen konnte sie sonst ansprechen? Adelheid, die vertraute Schwester und Schwägerin? Würde diese sie nicht tadeln, ob ihrer Torheit, oder Partei ihres Bruders ergreifen müssen? Was hatte ihr Tante Winthala damals gesagt als sie schwankte zwischen Verzicht und Verlangen? Ein König gehört Dir nie allein, stets musst Du ihn mit anderen teilen, denn er gehört Thule und den Thulanern! Ihn aber auch im Bett mit anderen teilen zu müssen, das konnte doch nicht richtig sein, und so hatte es ihre Tante sicher nicht gemeint. Bei der schwangeren Amala schwankte die Stimmung neuerdings zwischen Wohlbefinden und diesen sie verstörenden Gedanken.

Hatten denn nicht viele bedeutende Könige der Goten und Thulaner neben Frau und Kindern auch Geliebte? Friedrich war doch über seine Urgroßmutter ein Indulfinger, von denen sich viele mit Geliebten vergnügten? Und wie hielt es denn Friedrichs großer Ahn, und sein Vorbild, der große Kaiser Friedrich II., als dessen Wiedergeburt sein namensgleicher König von Thule galt? Hatte der geniale Imperator nicht viele Geliebte und mit diesen sogar viele Kinder? War er nicht der Größte aller deutschen Kaiser, er, das Staunen der Welt? Durfte dann sie selbst ihren Friedrich ganz für sich alleine haben und seine körperliche Liebe als einzige erfahren? Oder war es schlicht egoistisch von ihr, das Verlangen ihrer übergroßen, verzehrenden Liebe? Musste sie ihm denn diese Freiheit nicht einräumen, stand ihm dies als dem großen Herrscher nicht zu? War sie selbst denn einst nicht bereit gewesen, sich mit dem Status der Geliebten zu begnügen? Irgendwann hätte es eine Königin gegeben, die sich mit der Geliebten ihres Gemahls arrangieren müsste! Und sie beide vielleicht auch noch mit weiteren Geliebten? Amala klammerte sich kurz an eine Hoffung in ihrer verdüsterten Stimmung. Ihr Friedrich hatte ihr mit seinem Mannes- und

Königswort versprochen, dass es neben ihr nie eine andere Frau geben würde? Doch wenn sie es bedachte, dann hatte es ihm abgepresst!

Als Amala sich dies eingestanden hatte, verfiel sie wieder in ihre sie herabziehende Gemütsverfassung. In dieser war sie nun bereit, sich in diesen Sachverhalt drein zu schicken, wollte für sich daraus das Beste machen. Wenn er sich bei den anderen nur mit gelegentlichem Beilager begnügen würde und stets zu ihr zurück käme? Wäre das denn nicht viel mehr als jeder anderen Frau in Thule vergönnt ist? Sie bliebe doch die Gemahlin des Titanen, die Königin an seiner Seite, diejenige, die am häufigsten um ihn sein durfte. Sie wäre zwar sehr traurig, wenn dieser Fall eintreten würde, aber sie sollte nicht versuchen, dies zu verhindern. Sollte sie denn nicht froh darüber sein, dass die Geliebte ihr nicht ebenbürtig war an Herkommen, Status und Persönlichkeit? Sollte die sich doch an seinem Körper erfreuen, wenn sie ihr nur den Gemahl belassen würde, der ihr ein und alles war.

In ihrer seelischen Not war die Königin in den Auslug geflohen, überließ sich dort ihren schwermütigen Gedanken und weinte bittere Tränen. Dabei prangte doch zu ihren Füßen der große See in seinem Festgewand und hatte seinen Silberspiegel über sich gezogen. Er ließ sich von den Strahlen der Sonne mit Abertausenden glitzernder, auf den sanften Wellen tanzender Sternchen beschenken und sendete seine arkadische Heiterkeit über die Ufer. Amala bekam nichts davon mit, sie litt an ihrer Liebe, grundlos zwar, aber dessen ungeachtet war sie zutiefst aufgewühlt. Sie fühlte sich in diesen Augenblicken so elend und allein.

Wie aus dem Nichts tauchte Friedrich auf, sah das unglückliche Wesen, das seine angetraute Gemahlin war. Er sagte nichts, nahm seine Amala in die starken Arme und auf einmal war es vorbei mit dem Empfinden der Verlassenheit und den dummen Gedanken. So als hätte er geahnt, dass ihn seine Amala gerade jetzt so dringend brauchte, ihn, der sie, ohne es selbst zu wollen, so sehr bestimmte. „Liebes, ich wollte Dich einfach sehen und wissen wie es Dir geht. Und nun finde ich Dich in einer Stimmung vor, die so gar nicht zu dem schönen Tag passt. Wie kann ich Dir helfen, Geliebte, lass es mich wissen!" „Mein Fried, Du hast mir schon geholfen. Jetzt wo Du bei mir bist strahlt auch mir die Sonne wieder, erreichen mich die Grüße des Sees!" „Liebes, für uns ist es die Zeit der Rosen, freue Dich an unserem Glück, lass ab von der Gedanken wirrem Tosen, blicke nur auf Schönes zurück." Innig war der Kuss den sie sich gaben, löste bei Amala Verlangen aus, wild und heiß. Sie ließ ihn dies spüren, wollte ihn jetzt und hier an diesem uneinsehbaren Traumplatz. Sie liebten sich unter den schützenden und ihnen zulächelnden Rosen, beider Lieblingsblumen. Diese Medizin war für Amala so herrlich, sie vertrieb all ihre Hirngespinste, brachte ihr die Fröhlichkeit zurück. Ihr Fried hatte sie begehrt, bewies ihr dass ihn ihr Körper sehr wohl lockte und ihn sogar von seiner Arbeit abzuhalten vermochte. Nun war sie wieder die heitere Amala, des König einzige Gemahlin und Geliebte. Er hatte sie ganz ohne Ziererei unter dem Thulanischen Himmel so genommen, wie ein Schäfer seine Schäferin. Danach hielten sie sich noch lange umschlungen, freuten sich aneinander und an ihrer Vertrautheit. Amala brauchte nun keinen Rat mehr einzuholen, ihres Frieds Liebe machte das für sie nun wahrlich überflüssig.

Doch der gelbe Drache der Eifersucht war noch nicht völlig tot. Ihr Held hatte ihn mit seiner Lanze zwar heftig verletzt, doch noch immer regte er sich und ließ Amala nicht völlig aus seinen Fängen. Sein letztes Aufbäumen erfolgte in der nächsten Woche. Der König arbeitete draußen in der Ecke des Gartens vor seinem Arbeitszimmer. Er war derart in seine Arbeit vertieft, dass er die sich anschleichende Agnes erst spät bemerkt hatte. Das was sich daraus ergab, bekam die Königin mit. Agnes trug ein leichtes, fast durchscheinendes Sommergewand. Als der König sie herzitierte verbeugte sie sich tief vor ihm. Die Verbeugung entsprach allerdings keineswegs, der dem Herrscher gebührenden Verbeugung. Agnes neigte Kopf und Oberkörper so, dass das Gewand weit abstand und sich ihre Brüste des Königs Blick unverhüllt darboten. Die Königin hatte der sonst so Stillen derartige Raffinesse nicht zugetraut, sie hatte es darauf angelegt, die Majestät zu verführen. Agnes war dabei viel zu unbedarft, um an sonstige Weiterungen zu denken. Bei ihr scheinen in den letzten Tagen die Triebe manch weiblicher Natur, derart heftig und unkontrolliert ausgebrochen zu sein, suchten Erleichterung von dem Verlangen, das ihren Schoß mit Feuer füllte. Was lag da näher, als gerade dessen Nähe zu suchen, den sie bisher als schwärmerische Maid so angehimmelt hatte. Gerne hätte Amala die Naive jetzt zurückgehalten, um ihr in ihrer Unbedarftheit zu helfen, doch dafür war es zu spät.

Was war geschehen? Friedrich war einerseits ungehalten, andererseits aber nicht überrascht. Er hatte also die bisherigen Versuche der Zofe, in seine Nähe zu gelangen, sehr wohl mitbekommen. Da er dieses Verhalten als Schwärmerei und jugendliche Verliebtheit eingestuft hatte, war er darüber hinweg gegangen. Doch das ging jetzt nicht mehr an, er musste handeln. Doch wie? Würde er auf das eindeutige Angebot eingehen? Würde er jetzt so tun, als würde er es nicht bemerken oder für einen unglücklichen Zufall halten? Der Herr von Thule entschied sich für einen dritten Weg. Er zitierte Agnes an seinen Tisch und hieß sie sich zu setzen. Was sich nun zutrug konnte die gebannt Lauschende gut vernehmen, denn die Türe zum Gartenhof stand offen. Es sprach nur Friedrich, eindringlich jedoch auch mitfühlend.

„Agnes, einst wolltest Du mich mit Pfeil und Bogen erlegen und jetzt mit Deinen Reizen, welche Dir die Natur in jüngster Zeit in ansehnlicher Art schenkt. Stell Dir vor, ich wäre darauf eingegangen, hätte Deine Jungfräulichkeit zerstört, was dann? Weitere Stelldicheins, körperliche Vereinigungen, ausleben von Sinnlichkeit und Trieben? Sich gegenseitig zu befriedigen, um das Feuer zu löschen; warten auf das nächste Mal, nur noch von den Trieben gesteuert sein? Warten in Läufigkeit und Brunst, sich abzureagieren wie Tiere, mehr ist das nicht! Das solltest Du nicht wollen, mein Kind, das Du bei allem noch bist. Du wirst eine schöne Frau werden, wirst wenn Du die Schlossschule ernst nimmst, noch dazu zur klugen Frau heranreifen. Das sind gute Voraussetzungen, um später einen besonderen Mann zu gewinnen. Aber doch nicht, um sich vorher wegzuwerfen, benützt zu werden wegen des schönen Körpers und nicht weil Du geliebt wirst! Körperliche Liebe und Anziehung will ich nicht verteufeln, aber sie ist nichts gegen die wirkliche Liebe. Diese erfasst Dich ganz, sie gibt Dir so viel, dass Du nicht anders kannst als Dich selbst zu verströmen. Wenn Du geliebt wirst und selbst mit allen Fasern liebst, dann ist die körperliche Liebe ein Verschmelzen in Liebe und Lust. Sie wird zu einem sich gegenseitigen verschenken und verbindet dich mit deinem Partner so sehr, dass es ein ganzes Leben anhalten kann! Das andere, Agnes, die Du meiner Mutter Namen trägst, ist ein kurzer Sinnenrausch auf den schreckliche Ernüchterung folgt. Irgendeines hohen Herrn Geliebte zu sein, und sei es selbst die des Königs, ist danach wenn es vorbei ist, lebenslange Strafe und mündet ein in peinigende Selbstvorwürfe. Das ist es nicht wert, mit niemandem und auch nicht mit mir, das solltest Du Dir zu Herzen nehmen. Ich habe Dich in unseren königlichen Haushalt aufgenommen, weil Dich und Manfred ein ungnädiges Schicksal um vieles betrogen hatte. Ich war und bin der Ansicht, ich kann hier etwas ausgleichen. Darum, und weil ich in Euch beiden besondere Kinder sehe, die es wert sind, mich ihrer anzunehmen. Wenn Du meiner geliebten Gemahlin und der edlen Gräfin Beatrix sowie indirekt mir treu dienst, dann gibst Du etwas zurück und bekommst jene Zuwendung, die Dir vorenthalten blieb. Agnes, hast Du mich verstanden oder nur zugehört? Habe ich Dich erreicht?" „Ja, Eure Majestät, und danke dafür, dass ich nicht aus Eurer Gnade gefallen bin!" Ganz klein war sie geworden, blickte verzagt und ernüchtert drein. Sie war sich vermutlich klar geworden, dass sie haarscharf zwischen Scyilla und Charybdis durchgekommen war. König Friedrich hatte ihr die Hand gereicht, die sie nicht inbrünstig sondern dankbar küsste. Für sie war nun Friedrich wieder ihr König, unerreichbar und verehrt, unter dessen Munt stehen zu dürfen, das Glück ihres jungen Lebens war. Agnes war sichtlich froh, weiter am Hof sein zu dürfen, trollte sich beschämt von dannen.

Wie erging es dabei der Lauschenden, der Zeugin dieser Ermahnung? Wieder einmal hatte Friedrich, der sich erneut in seine Arbeit vertiefte, seine junge

Gemahlin beschämt. Oh, diese törichte Eifersucht, warum nur hatte diese sie erneut erfasst? Die Lektion, die er Agnes erteilt hatte, sie galt auch ihr selbst, sie zeigte Amala wie er die Liebe verstand und wie er zu ihr, seiner Gemahlin stand. Sie hatte seine ganze Liebe, war ihm Gemahlin und Geliebte, Vertraute und Gefährtin, war ihm alles, so wie auch er ihr! Es ist die Zeit der Rosen, so hatte der geliebte Mann ihre Ehe bezeichnet, und daran wollte sie sich nun halten.

Beim Hochgehen in die privaten Räume sprach Beatrix sie an. „Hoheit, ich habe Euch während der Ermahnung, die unser Herr der Agnes erteilte, beobachtet. Ich habe Eure Beschämung mitbekommen. Erlaubt Ihr mir ein offenes Wort?“ „Euch immer, liebe Beatrix.“ „Die Gemahlin eines solchen Titanen zu sein ist sicher nicht einfach. In seiner Nähe stellen sich immer wieder Selbstzweifel ein, wirst du ab und an unsicher und manchmal sogar ganz klein. Doch ich weiß ganz fest, Majestät schätzt mich und ist mir gewogen, das rufe ich mir in solchen Situationen in Erinnerung. Auch Ihr, Hoheit, solltet dies tun, bei Euch geht das doch noch viel weiter. Ihr seid seine Gemahlin, die er zutiefst schätzt, ehrt und liebt. Wie sehr, das entgeht niemand am Hofe, und Ihr verdient es wie keine. Denn nur Ihr, die alle seinen Engel nennen, habt ihm, unserem verehrten Herrn, seine gewinnende Herzlichkeit zurückgebracht. Allein dafür habt Ihr doch die Liebe aller am Hofe, es wird sogar in ganz Thule so gesehen. Eure warmherzige Art gewinnt die Menschen, Euch zu sehen schafft vielen einen Moment des Glücks. Bitte wehrt Euch doch nicht gegen meine Bewertung. Ich zähle nicht zu den Schmeichlerinnen und ich habe durch die Prinzessin und vor allem durch Majestät gelernt zu beobachten. So gebe ich Euch lediglich wieder, was ich wahrnehme, erfahre und gewichte. Keine Thulanerin, die ich kennen gelernt habe, hätte so zu unserem Herrscher gepasst wie Ihr, Hoheit. Darauf dürft Ihr bauen, und noch auf etwas anderes auch. Unsere Majestät fordert Treue, diese ist ihr das wichtigste und unser Herr gibt sie uns doppelt und dreifach zurück. Er hält sich selbst genauso daran. Nie würde er schon aus diesem Grunde auf das, wie auch immer geartete Anerbieten einer geneigten Frau eingehen. Sollte Euch je ein Anflug von Eifersucht erfassen, schüttelt ihn ab, denn er ist schlicht absurd. Für die Liebe zu einer Frau hat sein Herz nur für Euch Platz, die Ihr ihm die emotionale Wärme und innere Heimat gebt, deren er so sehr bedarf. Ihr gebt ihm damit so unendlich viel und braucht nie das Gefühl zu haben, neben ihm nicht bestehen zu können. Außerdem werdet Ihr nun Mutter, schenkt ihm ein Kind und verbindet Euch noch einmal in besonderer Weise mit Eurem Gemahl. Lasst Euch nicht durch Zweifel anfechten, sie sind in Eurem Fall – Ihr verzeiht – unangebracht, ja töricht. Denkt daran, welch glückliche Kindheit er dank der Liebe seiner Eltern zu einander wie zu ihm erfahren durfte. Dieses Ideal einer Beziehung hat er verinnerlicht und diese ist für ihn das wieder gewonnene Glück!“ Die Königin drückte die ihr so treue und gewogene Beatrix an sich und dankte ihr für ihre ehrliche und mitfühlende Darlegung.

Danach war Amala wieder sie selbst und fühlte sich wie von einem Albtraum befreit und geheilt. Draußen im Königsgarten lag der gelbe Drache der Eifersucht. Zwei Lanzen hatten ihn durch bohrt, beide hatte ihm Amalas geliebter Gemahl in den Leib gestoßen und ein für alle mal erledigt. Ihr war auf einmal, als würde sie auf Wolken schweben. Die beiden Damen nahmen gerade einen Kaffee zu sich, als der König herein trat. Ungeniert gab er seiner Gemahlin einen liebevollen Kuss. Gräfin Beatrix wollte sich diskret zurückziehen, wurde aber vom Herrscher daran gehindert. „Liebe Gräfin, ich habe Euch gerne um mich, schätze Eure kluge und offene Art, warum sollte ich mich jetzt darum bringen?“ „Majestät, Ihr schmeichelt mir“, entgegnete ihm Beatrix. „Haltet Ihr mich gar für einen Schmeichler, Beatrice?“ „Aber nein“ sagte lachend die Gräfin, „das würde ja schon überhaupt nicht zu Euch passen!“ „Na dann bin ich beruhigt, dieses Attribut würde ich schon gar nicht gerne tragen.“

Königin Amalas erste Seereise

Wieder stand eine lange Reise für das Königspaar bevor, es ging nach Seeburg im Fjordland. Angesichts der Schwangerschaft der Königin sollte sie nicht zu Pferd stattfinden, fand der König. Damit verblieben zwei Alternativen, entweder mit der Kutsche, oder mit dem Schiff zu reisen. So das Wetter mitspiele, wäre laut König Friedrich die Seereise die bequemste und interessanteste Möglichkeit. Da das Schiff des Nachts vorankomme ginge es zudem am schnellsten. Die Königin erinnerte sich an die kurze Reise mit dem Schiff vor Indulfsvik und wünschte sich die Seereise. Die Route wurde festgelegt und die Königsboten übermittelten dies den Herrschaften, die sie unterwegs beehren würden. An Bord würden die Gräfin Beatrix und Zofe Irmingard das Königspaar betreuen. Das übrige Gefolge würde sie in Steinstrand erwarten, um ihre Herrschaft auf dem kurzen Wegstück nach Seeburg zu begleiten.

Mit der Kutsche ging es zum Arsenal von Hildebrandtsvik. Dort wurden sie vom Prinzenpaar und anderen ranghohen Herrschaften verabschiedet. Bei schönem Wetter und sanftem Westwind stiegen sie an Bord des Thulanischen Flaggschiffs, der *Friedrich Theoderich*. Dort erwartete sie Graf Gerold, der Bruder von Beatrix und Kapitän des Schiffs. Er und seine Mannschaft waren stolz darauf, den Herrscher auf eine längere Reise mitnehmen zu dürfen. Dennoch gab es bei den abergläubigen Seeleuten Vorbehalte gegen die Mitreise von drei Frauen, denn das bedeutete Unglück. Der seeerfahrene König kannte diesen Aberglauben und löste das Problem elegant. Er fragte die Seeleute, was denn gewichtiger sei, das Königsheil oder die alte Mär? „Keine Frage“ sagte einer der beiden Offiziere, „das Königsheil“. Sein Kollege setzte hinzu: „Für Engel gilt das sowieso nicht und der Engel von Thule hält alles Unglück fern.“ Die Königin bezog nicht die für sie freigemachte Kajüte, der König erklärte, seine Gemahlin hätte in seinem Raum Platz und Gräfin Beatrix bezöge die freie Kajüte. Im Vorraum zu den beiden Kajüten bekam Irmingard eine Hängematte und war damit den beiden Damen nahe, die sie betreute.

Das mächtige Schiff glitt aus dem Arsenal in den oberen Amelungensund hinaus, die Fahnen des Reiches und des Herrschers flatterten am Hauptmast. Bald kam die Sundburg auf sie zu, die eine Klippe überwucherte. Die Burg wirkte wie ein Pfropf im engen Ende des Sunds und wehrte allen feindlichen Schiffen das Eindringen ins Herz Thules. Fahnen wurden geschwenkt, mit denen die Krieger ihrem Herrscher und seinem Gefolge Meeresstille und gute Fahrt wünschten. Bald darauf passierten sie die Insel Stromsend, danach nahm sie der weite Sund auf das Mittelmeer Thules. Da seine Ufer flach waren und sich die begrenzenden Gebirgszüge auf beiden Seiten in der Ferne verloren, wirkte der Sund weiter als der Amelungensee. Er war allerdings an dieser Stelle sogar etwas schmäler. Auch hier war die Landeskrone zu sehen, sie stieg himmelan aus dem Wasser, so als würde sie erst im Himmel enden, denn ihre weiße Kappe verschmolz gerade mit zart einspinnenden Wolken. Welch ein majestätischer Anblick; von dort oben herab hatte Friedrich als bisher einziger Mensch weit hinabgeblickt in seine Thulanische Welt. Beatrix war fasziniert und erinnerte sich ihrer ersten Begegnung mit der Landeskrone. Bald darauf lenkte eine am Horizont den Sund abriegelnde „Schwelle" die Aufmerksamkeit auf sich. Die Inseln Lilleholm und Stureholm ließen das Schiff durch die mittlere ihrer drei Passagen hindurch. Diese Meeresenge säumten verträumte Weiler und Gehöfte, an der engsten Stelle lag die Riesenburg. Nach dieser Sperrburg weitete sich das Blickfeld, sie fuhren in den großen Amelungensund hinaus. Genau auf der Grenze zwischen Amelungia und Rhenia lag der Kurs des mächtigen Schiffs, das nun ein kräftiger Westwind voran schob.

Linker Hand tauchte in der Ferne Helliland auf, die größte der Sundinseln. Wie die interessierte Amala von ihrem Gemahl erfuhr, gehörte diese zu Stormland und genoss informell den Status einer Gaugrafschaft. Auf dieser Insel residierte Graf Caserta, der aus einem mit dem Hause Hohenstaufen eng verbundenen Geschlecht stammte. Die letzten der Casertas, die der Verfolgung durch die Anjous entkommen waren, zogen mit König Friedrich I. nach Thule. Der König griff das Interesse seiner Gemahlin an der Insel auf, wie die mit ihr verbundene Geschichte und stellte einen Besuch in Aussicht. Er schränkte jedoch ein: „Allerdings nur dann, wenn die Rückreise gut von statten geht!" Längst wollte er dort das Grab seines Freundes Enzio wieder aufsuchen und seinen Eltern einen Besuch abstatten. Des Königs Urgroßvater hatte den Casertas damals weit ertragreichere Ländereien zugedacht, doch sie hatten sich für dieses karge Eiland entschieden. Es erinnerte den alten Grafen wohl an seine Heimat Gaeta. König Friedrich I. übertrug ihm noch die Insel Stureholm und Ländereien auf der linken Sundseite. Die Casertas dankten den Staufern diese Gunst durch ihre Treue und ihre fähigen Nachkommen.

Durch Amalas Nachfragen kam die Sprache auf Friedrichs Freund Enzio Caserta. Er wäre heute, so er noch leben würde, entweder Markgraf oder Kanzler, denn er verdanke ihm viel. Er, der erste Knappe seines Vaters habe einige Male seine frechen Streiche durch Absprache mit den Verulkten gerade gebogen. Damit sei ihm das verdiente väterliche Donnerwetter erspart geblieben. Viel konnte er von Enzios Fechtkunst lernen. Anfangs hätte er stets gegen ihn verloren, denn Enzio sei sehr geschickt und stark gewesen. Doch allmählich wurde es immer enger für Enzio, bis er ihn eines Tages bezwungen hatte, und dann immer öfter. „Ich dachte, ihn den Älteren würde es sehr treffen, doch das Gegenteil war der Fall, er freute sich darüber. Fried, nun habe ich Dich soweit, dass Du mir über bist, so gut habe ich Dich gemacht! So war er in allem, was er konnte und wusste, gab er weiter. Enzio war ein exzellenter Krieger und ein überaus heller Kopf. Er sah in seiner Rolle als erster Knappe meines Vaters den Auftrag, die ihm Zugewiesenen bestmöglich zu fördern, so auch Toti und Bodo. Ihn, den „*Löwen*", gab Oheim Konrad mir als Leibwächter und Berater mit nach Italien. Den Freund um mich zu wissen, war sehr wichtig für mich, denn Enzio war viel reifer und diplomatischer als ich. Außerdem sprach er, wie in der Familie Caserta üblich, als Muttersprache Italienisch. In unserer Familie war es hingegen die Zweitsprache. Weder Mutter noch Nonna beherrschten es, daher korrigierten mich mein Vater, Nonno und Oheim Konrad. Sie namens aber nicht so genau, wenn sich Fehler eingeschlichen hatten. An der Universität von Bologna kam ich nicht nur mit Latein durch, ich musste sehr wohl Italienisch beherrschen, um die Feinheiten dieser schönen Sprache zu verstehen. Die meisten Professoren und Studenten waren Italiener und tauschten sich in ihrer Muttersprache aus. Nebenbei lernte ich von den wenigen Deutschen einige Brocken dieser Sprache, was vom Thulanischen her kein großer Schritt war. Dies war für mich deswegen wichtig, weil ich mich ja als Nordländer ausgegeben hatte. Zu meiner Erleichterung wurde mir diese Sprache nie abverlangt, sodass meine falsche Identität nicht aufkam, und ich nicht in Erklärungsnöte."

Mittlerweile hatte das Schiff die Insel passiert, fuhr nun an einer öden sandigen Küste entlang, die den Steuermann zur Vorsicht gemahnte. Amala wollte noch mehr zum Italienaufenthalt ihres Mannes wissen. „Für mich waren Enzio und unser Diener Werinher die Brücke zur Heimat und trugen dazu bei, mein Heimweh zu lindern. Es plagte mich je länger umso mehr. Mir fehlten vor allem meine Schwester, auch meine nahen Verwandten und natürlich die Freunde Toti und Bodo." Friedrich und Heimweh, das hätte Amala bis dahin nicht zusammengebracht, sie hatte angenommen, dass er, der so viele Fluchten unternommen hatte, eher vom Fernweh geplagt werde. Das zu hören beruhigte sie ungemein, denn nun konnte sie zu recht davon ausgehen, dass seine Fluchten nie allzu lange dauern würden. Und mit dem Heimweh, das wusste sie, war nun das Sehnen nach ihr verbunden, auch wenn ihr Geliebter das so nicht aussprechen würde. Das Schiff steuerte in den äußeren Sundbereich hinein, dicht an einer lotrecht aufsteigenden Felswand entlang. Der gelbliche Fels glühte in der spätnachmittäglichen Beleuchtung golden. Am Ende dieser Wand tauchte auf der rechten Seite die dritte Reichsburg des schlauchförmigen Amelungensunds auf. Die langgestreckte, mächtige Burg balancierte auf einem kirchturmhohen Felssporn und hütete wie ein goldener Drache den Zugang zum Sund. Die Drachenburg sei für Herzog Markulf ein Dorn im Fleisch Holmenlands gewesen. Zu gerne hätte er darüber verfügt und den Status der Reichsburg abgelöst, denn damit wäre der Zugang zum Amelungensund von ihm kontrollierbar geworden. Die Drachenburg galt als eine der ältesten Burgen

Thules. In ihrem geschützten Hafenbecken lagen stets drei Kriegsschiffe, bereit sich jedem fremden Schiff entgegen zu stellen. Wenn der König oder der Kronprinz von Hildebrandtsvik aus eine Seereise unternahmen, dann verbrachten sie in der Drachenburg die erste Nacht. Doch diesmal schlängelte sich das Königsschiff durch den äußeren Sund, denn Friedrich wollte den günstigen Wind nützen, zumal der Kapitän davon ausging, der Wind würde vermutlich draußen auf der offenen See wechseln. Er schloss es aus der Form und dem Verlauf der Wolken. Da sie Engel an Bord hätten, könnte ihnen sogar ein Schiebewind aus Nordosten beschieden sein. Solange der allmählich abflauende westliche Wind noch wehte, ließ Graf Gerold das Flagschiff hinaus aufs offene Meer segeln. Der Kapitän hatte die Änderung des Windes gut eingeschätzt, der aufkommende kräftige Nordostwind bescherte dem Schiff eine rasche Fahrt.

Der nach vier Stunden eingeschlagene Kurs ging gen Südwesten. Lange noch standen der König und die drei Damen, geschützt durch wärmende Tücher an Deck. Sie genossen das Rauschen und leise Knattern der Segel und Seile, aber auch das Gurgeln des Schiffes, welches das Wasser pflügte. Über ihnen Sternenhimmel und rund um sie das blauschwarze leicht gekräuselte Meer. Amala empfand keine bangen Gefühle, sie lehnte sich an den Herrn von Thule an, fühlte sich in seinen starken Armen geborgen. Wo er war, hatte Angst für die Königin keinen Platz, es stellte sich Zuversicht und Wohligkeit ein. Später, drunten in der engen Kajüte überließ sie sich weiter diesem beruhigenden Gefühl. Viele unbekannte Geräusche waren um sie, allesamt beruhigend, so wie Friedrichs Herzschlag, den sie an ihrem Rücken spürte. Das sanft schaukelnde Schiff wiegte das Paar in den Schlaf.

Die *Friedrich Theoderich* war gut vorangekommen. hatte die nördlichen Inseln Stormlands hinter sich gelassen und fuhr nun in südliche Richtung. Die Blinkzeichen der wie eine Kette angereihten Wachttürme hatten ihre Position weitergemeldet. Delphine umspielten das Schiff, erfreuten sich an der Abwechslung und die Betrachter mit ihren verspielten Sprüngen aus dem Wasser. Amala erlebte sogar die Riesen der Meere, mächtige Wale durchschnitten das Meer, peitschten mit ihren Fluken das Wasser und bliesen es hinaus in die frische Morgenluft. Erstmals erlebte Amala die faszinierende Unendlichkeit des Ozeans, der weit im Westen an einer unbekannten Küste endete. Im Gegensatz zur Lehrmeinung der Kirche hielten die Thulaner die Erde für eine Kugel. Alten Mären zufolge lag weit hinter dem Horizont ein Kontinent, dem auf der Westseite wieder ein riesiges Meer folgen würde, das sich bis nach China erstreckte. An Bord verlief der Alltag diszipliniert wie immer, jeder Seemann wusste, was er zu tun hatte und erfüllte seine Pflicht. Selten bedurfte es eines Befehls durch die Offiziere und nur einmal den des

Kapitäns. Friedrich sagte zu seiner Gemahlin: „Überall spürst Du die Handschrift Totis, alles ist bestens in Schuss, alle Decks sind gepflegt, so wie auf allen unseren Schiffen, gleich ob Kriegs- oder Handelsschiff. Unsere Flotte ist wie ein starker, blitzblanker Schild und unser aller Stolz. Meine Freude hierüber habe ich soeben Graf Gerold mitgeteilt." Wie ein Lauffeuer kam das so seltene Lob in der Mannschaft herum, gut abzulesen an den strahlenden Gesichtern. Beatrix bemerkte dazu: „Majestät, davon zehren mein Bruder und seine Mannen noch lange. Das allerhöchste Lob ist ihnen, wie uns allen sehr teuer, zumal es so selten ist." „Liebe Beatrix, ich vernehme aus Euren Worten nicht nur Zustimmung, sondern auch leise Kritik?" Die etwas verlegen wirkende Gräfin räumte ein, sie hätte einen am Hofe bedauernd vermerkten Eindruck wiedergegeben, der nicht für sie selbst gelte. „Majestät, Euer Lob ist etwas ganz besonderes. Es zeichnet diejenigen, denen es zuteil wird gegenüber anderen aus, löst aber bei jenen, die oft auch ihr Bestes geben, Bedauern aus." Diese Aussage gefiel ihrem Herrn nicht gerade, er schickte seiner Gemahlin einen fragenden Blick und bekam zur Antwort: „Bei mir bist Du damit wahrlich nicht geizig, doch bedingt durch Deine hohen Ansprüche bei vielen anderen schon!" Sie belegte es ihm anhand von Beispielen, dabei unterstützt von Beatrix. „Ihr klugen Damen, was Ihr mir gesagt habt, ist leider nicht zu widerlegen. Ich werde in mich gehen und künftig etwas aufmerksamer werden. Danke für Eure Offenheit, die zwar schmerzlich doch auch hilfreich ist."

Am späten Nachmittag bot sich dem Herrscher eine Gelegenheit seine Lernfähigkeit zu beweisen, denn das Schiff wollte mit der Flut in Meerburg am Sturevik einlaufen. Damit überraschte der König seine Amala, die zwar von diesen Acht-Gemeinden an der Westküste gehört, sie aber nie betreten hatte. Hinter diesen zu Stormland gehörenden Gemeinden stiegen die Taborberge schroff und abweisend auf. Seit einiger Zeit waren sie mit einem kühnen Steig an das Tabortal angebunden. Der St. Thomas-Sund, eine schmale mit gefährlichen Klippen gesäumte Meeresstraße, nahm das Schiff auf. Behutsam wurde es durch die Inselchen und Felsen gerudert, die dem Vik vor den hier häufigen Stürmen Schutz boten.

Landung in Meerburg

Vom Ort Meerburg ließ sich bisher nur die fast mit den Felsen verfließende Meerseite der Burg sehen. Diese Burg gehörte Herzog Wittich, Amalas Vater. Dort amtierte Vogt Niklas von Ilberg, der Cousin Geros. Bald darauf war das Kap umschifft und Meerburg mit seiner Stadtmauer, der Hauptort der Acht-Gemeinden lag direkt vor ihren Augen. Der Ort klebte an einem Felssporn, deren höchste Erhebung, einem Baumpilz gleichend, die Burg trug. Um die fünfzig graue Steinhäuser duckten sich hinter einer grauen Mauer, die ihnen Schutz vor Unwettern bot. Nicht alle Häuser machten einen tristen Eindruck, die außerhalb der Mauer am Strand auf Stelzen erbauten Fischerhäuser wetteiferten mit bunten Farben um die Blicke der Ankommenden. Blaue Fischerboote waren hoch auf den Strand gezogen, Fischernetze hingen zum Trocknen und Flicken an den Hütten. Links zogen hölzerne Gestelle die Blicke auf sich, an ihnen trockneten Fischhälften, so auch auf etlichen Klippen. Schweifte der Blick nach rechts, kamen grüne Terrassen ins Blickfeld, die an steil aufragenden Felswänden endeten. Eine Kapelle mit einigen Bäumen davor, mehr konnten die Betrachter auf Anhieb nicht wahrnehmen.

Außerdem galt nun aller Aufmerksamkeit den Menschen, die dicht an dicht am Strand und auf dem Kai den Besuch erwarteten. So viele Menschen konnten niemals in diesem kleinen Ort wohnen, es schien so, als wären alle Bewohner der Acht-Gemeinden hier versammelt und etliche mehr. Voller Freude erkannte Amala die Fahne des Herzogs, im sanften Wind wehte auch die Flagge der Rosenburger. Dann sah sie ihres Vaters hohe Gestalt und neben ihm Gero, den Cousin ihrer Mutter, der dritte im Bunde musste wohl Vogt Niklas sein. Dahinter blähten sich Kirchenfahnen, darunter jene des Klosters St. Maria in den Bergen. Als das Schiff näher kam, schlug ihnen der Jubel wie Brandungswogen entgegen, noch übertönt von den Rufen „Unser König kommt!“ Friedrich hatte die Königstunika angelegt und sich den Stirnreif aufgesetzt, in dem die für jedes der Herzogtümer stehenden Edelsteine, in der Sonne funkelten. Dies war das Zeichen für einen Staatsakt, den die beiden hohen Damen, aber auch die Mannschaft des Flaggschiffs durch ihre Festkleidung betonten. Doch zuerst einmal galt alle Aufmerksamkeit dem etwas kritischen Anlegemanöver, ein so großes Schiff hatte hier noch nie festgemacht. Präzise Kommandos des Kapitäns erleichterten den Vorgang, Seile flogen hinüber zu den fangbereiten Fischern, die ledernen Fender hingen an der Bordwand, eine sanfte Berührung zeigte an, sie hatten es geschafft. Der König rief seinen Seekriegern zu: „Das habt Ihr großartig gemacht und uns allen Euer Können demonstriert.“ Er lobte, was Amala und Beatrix sich zulächelnd registrierten.

Als erster stieg König Friedrich von Bord, reichte seiner Gemahlin die Hand. Ihnen folgten Gräfin Beatrix und ihr Bruder Graf Gerold. Nach Herzog Wittichs liebevoller Umarmung von Tochter und Schwiegersohn begrüßten alle lokalen Würdenträger das Königspaar. Was Amala nicht erwartet hatte, Äbtissin Mechthildis befand sich unter ihnen. Dem König küsste sie die Hand, was ihr die Königin zwar verwehrte, nicht jedoch die Anrede Königliche Hoheit. Für Amala war das eine kleine Genugtuung dafür, dass sie durch das Gift ihrer Worte Amala beinahe um ihr Lebensglück gebracht hatte. Des Königs lockere Art und seine kurze Ansprache löste die Schultheißen aus ihrer Befangenheit. „Meine lieben Getreuen, ich freue mich so herzlich empfangen zu werden, und spreche auch für Eure Königin. Wir danken dafür, hier bei Euch fleißigen Sturevikern so willkommen zu sein. Den Annalen meiner Vorgänger habe ich entnommen, dass sich hier noch nie ein Thulanischer König sehen ließ. Dieses Versäumnis will ich dadurch wettmachen, dass Euch nun auch Eure Königin aufsucht.“ Das löste Jubel aus, stimulierte die bisher unterdrückte Festtagsstimmung. Echt und überschäumend war die Freude über diesen königlichen Dank.

Gero, der Cousin ihrer Mutter, hatte Amala zuvor mit Königliche Hoheit angesprochen, was ihr nicht passte. Leise gab sie ihm zu verstehen: „Aber Oheim Gero, was ist denn mit Euch los, für Euch bleibe ich Amala.“ Es freute ihn zwar, doch er vermied es zunächst sie noch einmal anzusprechen. Warum war Äbtissin Mechthildis in Meerburg anwesend? Dies Geheimnis löste sich bald. Die Schultheißen hatten sie eingeladen, um mit ihr Frieden zu schließen, denn sie hatte vor einem halben Jahr versucht, die Acht-Gemeinden im Handstreich mit gefälschtem Dokument dem Klosterbesitz zuzuschlagen. Zu Glück war dieses Vorhaben gescheitert. Ihr, die um Haaresbreite an einer Amtsenthebung vorbei geschrammt war, bedeutete diese Einladung viel. Diese Geste der Versöhnung hatte das Seeburger Manifest des Königs ausgelöst und sein Aufruf zum inneren Frieden. Da wollten diese ihrem Herrscher so Treuen das Ihre dazu tun. Als der hocherfreute König dies erfuhr, verlieh er Meerburg stellvertretend für alle Acht-Gemeinden das Stadtrecht. Er schuf damit die kleinste Stadt Thules. Diesen Lohn empfanden die Stureviker als eine nie erwartete Auszeichnung. So wurde aus diesem Besuch spontan das Stadtgründungsfest Meerburgs, was anschließend in der Burg gebührend gefeiert werden sollte.

Herzog Wittich hatte ein Fest angeordnet und Vogt Niklas nahm dies gerne auf. In den beiden Burghöfen drehten sich Hammel und Schweine am Spieß, wurden Meeresgetier und Geflügel auf Rosten gegrillt. Diese brandigen Gerüche überlagerten den ansonsten hier allgegenwärtigen Duft von Fisch, Salz, Meer und Tang. Im Vogthof war eine endlos lange Tafel aufgebaut, am

Kopfende vor dem Brunnen saß der König, den die Königin und der Herzog einrahmten. Nur für diese hohen Herrschaften hatte es zu Stühlen gereicht. Links und rechts schlossen sich streng nach Stand und Geltung alle anderen an. Beatrix, Gerold, die Äbtissin Mechthildis und die Äbte der freien Klöster eröffneten die Reihe zur Linken. Rechts begann es mit Gero, dem Vogtsehepaar und deren Tochter, danach saßen zu beiden Seiten die Schultheißen mit ihren Frauen sowie das Gefolge des Herzogs und die Offiziere des Schiffes. Die lokalen Würdenträger beschlossen die lange Reihe. Alle anderen Stureviker feierten im Wirtschaftshof, saßen auf Treppen, Mauern, Trögen, Fässern und anderem, was als Sitzgelegenheit dienen konnte. Da hier der Platz nicht ausreichte, wurden die Gasse und zwei kleine Plätze einbezogen. Amala freute sich Ragnhild von Ilberg, des Vogtes Tochter zu sehen. Scheu begegnete ihr die einstige Mitschülerin im Kloster St. Maria in den Bergen. Amala fiel wieder ein, sie war ihr auch damals eher aus dem Weg gegangen, ihr, der Tochter des mächtigen Markgrafen. Nie hatte sie über den König eine abwertende Bemerkung gemacht, einige andere Mädchen jedoch schon. Hatte sie denn nicht im kleinen Kreis gesagt: „Keine von uns hat je den Herrscher selbst erlebt, doch wir maßen uns an, ihn zu kritisieren. Wir machen diese Kritik an ungeprüften Aussagen fest und reden wie die Blinden von der Farbe.“ Vieles musste sie damals einstecken, doch Ragnhild blieb standhaft und ging danach allen weiteren Erörterungen aus dem Weg. Sie versteckte sich nun hinter ihrem Vater, wohl um der Königin auszukommen.

Gegen Abend hob der König die formelle Sitzordnung auf, Amala setzte sich zu ihrem Vater. Und was machte ihr Gemahl? Er nahm mitten unter den Schultheißen Platz, die erst einmal nach Luft schnappten. Ihr Halbgott, das hatte Amala zuvor aufgeschnappt, setzte sich so mir nichts, dir nichts zu ihnen. Doch es dauerte nicht lange dann entwickelte sich dort eine lebhafte Diskussion. Friedrichs gelegentliches Lachen, wie das dröhnende Gelächter seiner Umgebung zeigte, sie verstanden sich. Amala hatte ihn so noch nicht erlebt, aber sie wusste ja, ihr Gemahl unterhielt sich früher auf seinen Streifzügen durch Thule häufig mit seinen Thulanern. Bald standen viele um den Tisch herum, verfolgten die Gespräche und gaben sie flüsternd weiter. Die Königin erinnerte sich wieder an ihr erstes Gespräch mit Beatrix, die ihr die immense Verankerung des Herrschers in der Landbevölkerung wie bei den Bürgern der Städte aufzeigte. Damals hatte es Amala beunruhigt, denn sie fühlte mit dem Landadel, der des König Verbundenheit mit seinem Volk fürchtete. Er beklagte seinen Machtverlust, Amala übersah dabei den Schulterschluss des Hochadels mit dem König, den zu dieser Zeit nur einige wenige nicht vollzogen hatten. Hier erlebte sie dieses Phänomen, nun nicht mehr geängstigt, sondern stolz auf ihren Friedrich. Dabei blieb er immer die hochverehrte Majestät, und konnte dennoch unbeschwert und offen mit seinen Getreuen reden.

Vieles wollten die Stureviker von ihrem König wissen. Meist waren es alltägliche Dinge, aber es ging auch übergeordnete Sorgen, die vor allem die Bedrohung vom Meer her betrafen. Gemeint waren damit nicht die Stürme, sondern fremde Schiffe, die früher so manches Gestade verheert hatten. Ihres Herrschers Antwort schien ihnen die Sorgen zu nehmen, als er erläuterte, was es mit der Verlagerung des äußeren Schutzes auf das Meer auf sich hatte. Noch mehr beruhigte sie seine Einschätzung, dass es künftig keine größeren Überfälle geben werde. „Wir werden mögliche Angriffe weit draußen auf dem Ozean abfangen und unser Thule so schützen. Eure Mauern braucht Ihr deswegen nicht zu schleifen, doch sie weiter auszubauen, hieße die Kräfte zu verzetteln." Die nächste Frage ergab sich hieraus: „Hohe Majestät, wo sollen wir dann unsere gemeinsamen Kräfte ansetzen?" „Zwar weiß ich noch recht wenig von Euch, trotz unserer angeregten Unterhaltung, aber drei Ansatzpunkte liegen mir am Herzen. Zum einen das Beenden von Streitigkeiten untereinander und das Streben nach Gerechtigkeit, um die Auslöser des Haders zu beseitigen." Hier unterbrachen sie ihren König und berichteten ihm stolz, was sie seit seiner Weihnachtsbotschaft schon alles bereinigt hatten! Die spontane Freude und Anerkennung ihres Herrn, ließ ihren Stolz wachsen. „Ich habe erfahren, ihr wollt den Steig hinauf ins Tabortal zur Fahrstraße ausbauen. Das ist meines Erachtens nicht so sinnvoll, wie das Anschaffen von einigen Booten oder gar eines Schiffes. Selbst wenn ihr einen großen Zuschuss von Herzog Wittich und der Kronkasse bekommt, überfordert dies eure Kräfte und Mittel. Frischen Fisch könnt ihr selbst dann nicht rechtzeitig zum Kloster St. Maria und nach Schmalfurt bringen. Außerdem versorgen eure Kollegen von der Nordmännerbucht das doch eher kleine Städtchen ausreichend, so würdet ihr zu wenig erlösen. Silberthal und Balthensvik würden gerne noch mehr Fisch auf den Märkten sehen, so es ihn denn gäbe. Da müsst ihr ihn hinbringen; mit einem großen Boot lässt sich das jeden Tag machen. Für jene Denare, die ihr in den Ausbau des Steigs stecken müsstet, könnt ihr leicht drüben in Stellamünde drei große Boote bauen lassen. Und noch eine Anregung, meine Stureviker. Für Eure Waren wie Schafwollgewänder, Loden, Schmuck, Knöpfe, Bestecke und Spielzeug aus Walknochen findet Ihr dort Abnehmer, die einiges davon in die großen Städte des Reiches bringen. Das gilt auch für Euren Waltran und das Ambra. Eure Perlen würden selbst die Damen im verwöhnten Theodericia erfreuen. Inzwischen ist Ermanaricia für die Erzeugnisse eurer fleißigen Hände aufgeschlossen. Alles was sich gut lagern lässt, könnt ihr später bei günstigem Wetter auf eine weite Reise mitnehmen."

Die Männer mit ihren von schwerer Arbeit und dem rauen Klima der Westküste gefurchten Gesichtern nickten. Für sie galt, was ihr König sagte war richtig und zu befolgen. Bei ihres Herrschers drittem Vorschlag zögerten sie erst, denn es ging um eine Schule für die Acht-Gemeinden. Das war für sie etwas ganz Neues, denn Lesen und Schreiben konnten nur die Äbte der beiden Klöster und einige ihrer Mönche. Selbst Meerburgs Pfarrer hatte damit so seine Schwierigkeiten. Daher wendeten sich die Stureviker an ihren Vogt und an seine Tochter, die auch Latein beherrschte. Zuletzt ging es nur noch um das Gebäude, das in Meerburg sein sollte, denn hier lebten von den 2000 Sturevikern mehr als siebenhundert. Der Pfarrer fand, dass der Pfarrhof für ihn allein viel zu groß sei und dort Platz für die Schule wäre. Den Vorschlag fanden die Honoratioren gut, der davon begeisterte Vogt Niklas genehmigte sie sofort. Der Schultheiß von Stillbucht fragte dann, ob auch Mädchen die Schule besuchen dürften. Alle lachten, denn der wackere Mann war Vater von sieben Töchtern. Der König berichtete von der Schule in Seeholm und den Mädchen, die dort zur Schule gingen. Er erinnerte an den Kampf seiner Schwester, um ihren Zugang zu Schlossschule und Universität. Er wendete sich an Äbtissin Mechthildis: „Seit Jahrzehnten gibt es die Höhere Schule im Kloster St. Maria in den Bergen. Eure Königin, meine Gemahlin, weilte dort und wie ich annehme auch Ihr, Ragnhild, die, wie ich mitbekommen habe, durch Eure Schreibkünste eine Brücke zur Außenwelt bildet." Alle drei Damen nickten zustimmend. „Also, lieber Schultheiß, Eurem Wunsch steht nichts im Wege. Ich will in Thule den klugen Mädchen den gleichen Weg ermöglichen wie den Jungen. Seid Ihr damit zufrieden?" „Hohe Majestät, ich schon, aber meine Kollegen vielleicht nicht!" Keiner ergriff das Wort, und damit war auch dieser das Königspaar erfreuende Punkt gelöst. Der König setzte hinzu: „Mit dem größten und sichersten der neuen Boote ließen sich doch die Kinder der anderen Orte nach Meerburg bringen. Bei Sturm fällt die Schule eben aus, und das Gelernte wird zu Hause repetiert." Auch das wurde angenommen und bald darauf umgesetzt, was einige Zeit später Herzog Wittich bestätigte. Als Lehrer boten sich der Abt von St. Thomas und ein Mönch des Klosters Wildenberg an. Die dritte Lehrkraft würde übergangsweise Ragnhild sein, bis eine ausgebildete Lehrerin aus Hildebrandtsvik käme.

Beflügelt durch ihres Königs freundliche Art, vielleicht auch dank dem gut zugesprochenen Wein, wurden noch weitere Fragen gestellt, auch zu ihrem Herrscher selbst. Einer fragte ihn, ob er denn vom Blut her mehr ein Gote oder ein Apulier sei? Friedrich lachte und entgegnete: „Darüber habe ich noch nicht nachgedacht. Ich mache es mir mal einfach, ich bin Thulaner, so wie alle hier. Doch ich gebe Euch folgendes zu bedenken: Meine Mutter, meine Großmütter und meine Urgroßmütter waren Gotinnen. Also war mein Großvater ein halber Gote, mein Vater zu zwei Dritteln und ich?" Lachend kam die Antwort „ein ganzer Gote!" „Na ja, ich kann Euch da zwar beipflichten, doch wenn Ihr meine dunklen Haare betrachtet, gilt das nur eingeschränkt. Ich gehe mal die Stauferinnen in Europa durch; Beatrix, Kaiser Barbarossas Gemahlin, kam aus

Burgund, Konstanze, Kaiser Heinrichs Gemahlin war Normannin, Kaiser Friedrichs Frau Bianca, die Mutter König Manfreds, eine Langobardin, alle waren blondhaarig. Meine dunklen Haare stammen wohl von der schönen Oströmischen Kaisertochter Helena, König Manfreds Gemahlin. Weil wir schon dabei sind, das Blut des heiligen Kaiser Karl Blut fließt in meinen Adern, auch das der Ottonischen und Salischen Herrscher. Über meine Indulfinger Ahnen bin ich mit dem großen Theoderich verwandt. Ihr seht, ein Apulier bin ich nicht, obwohl drei der Genannten in Italien geboren wurden."

Man sah den Leuten das angestrengte Nachdenken an, vor allem aber bewunderten sie die unvergleichliche Ahnenreihe ihres Königs. Das allein genügte, um ihren Herrscher sternenweit über allen anderen zu sehen, doch seine Persönlichkeit und Ausstrahlung stand über allem. Dazu kam hinzu sein Ruhm als siegreicher Feldherr und unbezwingbarer Held. Und ihr großer König, saß heute mitten unter ihnen, in schlichtem dunkelgrünem Gewand, allerdings trug er einen Goldreif auf dem Haupt. Inzwischen hatte sich das Ganze an den großen Steintisch verlagert. „Hohe Majestät, nur Euch würde der Titel des allmächtigen Kaiser des Abendlandes gebühren und keinem sonst, oder sehe ich dies falsch?" So einer der Schultheißen. „Die Antwort hierauf ist einfach, teilweise habe ich sie schon beantwortet. Ich bin doch kein Deutscher sondern ein Gote. König von Thule zu sein, ist eine gewaltige Aufgabe. Kaiser dieses geschundenen, zerstrittenen und vom Aberglauben zersetzten Kontinent zu sein überfordert einen jeden. Das ist Qual ohne Ende und so etwas wie Flöhe hüten. Hier ist mein Platz, in unserem Thule ist zwar alles besser als dort, aber es gibt dennoch viel, sehr viel zu tun. Den Frieden zu bewahren, allen Wohlstand zu ermöglichen, Straßen zu bauen, Gesetze zu reformieren, da ist so viel, dass immer etwas als ungelöst zurückbleibt. Meine Getreuen, die Aktengebirge nehmen am Abend ab aber am Morgen sind sie wieder so hoch wie zuvor. Das ist keine Klage, es ist der Auftrag der Thulaner an ihren König, ist das, was mir meine Ahnen als Pflicht übertragen haben. Ich bin Thulaner, liebe Thules Menschen, Gefilde und Inseln, hier gründen meine Wurzeln, hier schlägt mein Herz und atmet meine Seele!"

Die nächste Frage lautete: „Unsere Hohe Majestät, wie viele Thulaner sind wir denn überhaupt?" Der König gab lächelnd zu verstehen, dass ihn diese Frage in Verlegenheit stürze, denn er wisse es selbst nicht. „Auf alle Fälle sind wir mehr als eine Million, vermutlich sogar mehr. Wenn wir bedenken, wie klein hier unsere Anfänge waren. Mein Ahnherr Indulf I. herrschte am Ende seiner Tage über etwa 40 Tausend Menschen. Ich würde selbst gerne wissen wie viele wir sind, ob sie in der Stadt oder auf dem Lande leben und welche Berufe sie ausüben. Doch vor dieser Zählung besteht Unbehagen, genährt von der Begleitgeschichte vor Christi Geburt. Darüber werde ich mit Thron- und

Kronrat reden und mit diesen die Vor- und Nachteile abwägen. Wie viele seid Ihr denn in Euren Acht-Gemeinden?“ Schultheiß Cornelius von Meerburg hatte die Zahl parat, seit vorgestern seien sie 2017 Seelen. Der König wendete ein, dass er dann ja eine Diskussion mit seinem Kanzler bekäme, denn sie hätten festgelegt, eine Stadt müsse mindestens Zweitausend Menschen zählen. Der Schultheiß von Stormvik der am weitesten entfernten Gemeinde wendete ein, dass sie doch über der festgelegten Zahl lägen, denn seit der Besiedlung dieser Bucht empfänden sie sich als ein Ort mit Teilgemeinden. Seine Kollegen stimmten ihm zu oder nickten mit dem Kopf. Der Herrscher dankte ihm für den Hinweis und aller Gefühl von Zugehörigkeit. Damit seien eventuelle Einwände des Kanzlers vom Tisch.

Was wollten sie nicht noch alles von dem so Verehrten wissen. Nie wieder würde sich ihnen solch eine Gelegenheit bieten. Vogt Niklas stellte eine allseits Erstaunen auslösende Frage. „Hohe Majestät, darf man seine Frau mehr lieben als Gott?“ Seine Frau errötete dabei wie ein junges Mädchen. „Vogt Niklas, Euch wird aufgefallen sein, dass ich meine Gemahlin, Eure Königin, von Herzen liebe und Gott dankbar dafür bin, dass er sie für mich bestimmt hat.“ Ungeniert hatte er dabei Amala an sich gezogen. „Diese Liebe, lieber Niklas, ist eine andere als jene, die wir Gott schulden. Auch die Liebe zu unseren Kindern und Enkeln ist wieder eine andere als jene zu unseren Eltern, Geschwistern und Freunden. Längst hat es sich in Thule herumgesprochen, dass Prinzessin Adelheid und mich ein inniges geschwisterliches Verhältnis verbindet. Euch ist auch vertraut, dass ich Eurem hochedlen Herzog Wittich stets sehr zugetan war und aus dem väterlichen Freund mein Schwiegervater wurde. Meine Verbundenheit mit Prinz Theodemir ist wie zu einem guten Bruder. Wir sind zusammen aufgewachsen und gereift. Und es gibt noch etliche, die ich schätze und mag. Lasst mich, um diese Frage abzuschließen, ein Bibelwort abwandeln: Gebt Gott was Gottes ist und gebt Euren Frauen die Liebe, die sie verdienen! Himmel und Erde sind wie die zwei Seiten einer Münze, sie gehören zusammen und stehen auch wieder für sich. Der Schöpfer hat uns beides gegeben und will, dass wir beides leben. Es sei denn, wir entscheiden uns für ein Dasein als Priester, Nonne oder Mönch. Dann gilt die irdische, allerdings freundschaftliche Zuwendung denen, die uns umgeben und jenen, die unserer Hilfe bedürfen. Insoweit ist in dem Amt des Königs auch dieser Auftrag angelegt, er handelt zum Nutzen aller und dazu gehört die ihm anvertrauten Menschen zu mögen.“

Die nächste Frage brachte den Herrscher in Nöte, aber er stellte sich ihr. Johannes ein alter Schultheiß brachte sie vor: „Hohe Majestät, mich bedrängen ab und an schreckliche Tagträume und ich sehe unser Thule im Meer versinken. Würdet Ihr, von dem es heißt, Euch sei die Gabe verliehen worden, in die Zukunft zu blicken, falls Ihr den Eintritt dieses Untergangs erahnen könntet, bei uns bleiben?“ Still wurde es in der Runde, bang lauschten sie auf die Antwort des Herrschers. Selbst Amala vergaß in diesem Augenblick, dass sie seine Gemahlin war, sie sah wie alle in der Runde in Friedrich den Wissenden, den, der laut der Meinung seines Volkes in die Zukunft blicken konnte. Ihn, den Nachkommen der großen Seherin Amalaberga, überkamen gelegentlich schlimme Träume, das wusste sie von Adelheid. Gebannt blickten alle auf das Antlitz des Königs, das nun ernst wurde. Seine großen Augen waren in weite Fernen gerichtet, so als würde er eine andere Welt betreten. Er rang um die Antwort, wollte weder Ängste verstärken noch lügen. „Johannes, sollte Eure Vision je eintreten, werde ich in unserer letzten Stunde bei Euch bleiben. Das gilt selbst dann, wenn ich aus Anzeichen schließen könnte, dass uns dieses Ungeheuerliche bevorsteht. Ich, der König von Thule bleibe auf dem Platz, den mir Gott und meine Ahnen anvertraut haben.“ Friedrichs sonst so feste Stimme klang müde und resigniert, Amala schauderte, welch eine entsetzliche Assoziation. „Wenn dies Ungeheuerliche eintreten sollte, was unser gnädiger Gott verhindern möge, dann werden wir Goten unseren letzten Gang furchtlos und würdig antreten. Wir werden weder klagen noch schreien, sondern gefasst und betend in die Ewigkeit eingehen. Wir lassen uns von dunklen Fluten dahin tragen und von dunkelroten Feuern geleiten. Unsere lieben Toten der vor uns gegangenen Generationen werden uns erwarten und sich vor uns verneigen, die wir ihnen Ehre gemacht haben. Wir werden weiter schreiten bis zu Gottes lichtem Thron. Zu dessen Füßen knien die Könige Thules und unsere Heldenkönige. Sie werden sich erheben, vor uns verbeugen und willkommen heißen im ewigen Reich der Menschheit.“ Der Herrscher hatte die Augen geschlossen, um in sich zu lesen und die Bilder, die in ihm aufstiegen, in Worte zu fassen. Als er die Augen wieder öffnete, erkannte er die Betroffenheit, die seine Antwort ausgelöst hatte und fuhr fort. „Meine Getreuen, bei meinen Überlegungen sind mir zwei große Fehler unterlaufen. Ich habe unterstellt ewig zu leben und ließ mich einfangen von einem unwahrscheinlichen Ereignis. So kommt es nicht, das hätten wir nicht verdient, die wir friedfertig sind, fleißig arbeiten und gottesfürchtig leben. Aber es ist ab und an gut, sich so eine Katastrophe vorzustellen. Es verhindert, dass wir den Schöpfer und die von ihm geschaffene Natur vergessen und uns zum Maß aller Dinge erheben. Johannes, Eure Frage hat mich aus der Furche gebracht und eigene Ängste angestoßen, die wahrlich unbegründet sind. Zum Glück suchen uns solche Albträume nur selten heim.“ Sein Lächeln brachte nicht nur ihm die vorherige Festeslaune wieder zurück sondern auch den anderen. „Aber nun, meine Getreuen, wenden wir uns wieder den leiblichen Dingen zu, sonst wird aus unserem geselligen Beisammensein noch eine Thingrunde.“

Amala unterstützte ihres Gemahls Bemühen und ergriff das Wort. „Liebe Stureviker, vor einiger Zeit verbrachte ich unweit dieser Küste einige Jahre als

Schülerin der Klosterschule St. Maria in den Bergen. Täglich hatte ich dort den Taborsee vor Augen und das dahinter aufragende Gebirge, das dem Tabortal Schutz gewährte. Mich interessierte immer, wie es dahinter wohl aussieht und wer dort am großen Ozean lebt, doch bis heute blieb es mir verwehrt. Dank dieser Reise konnte ich meine Neugier stillen, durfte Euch fleißige und liebenswürdige Menschen erleben und einen Blick auf diese raue Küste werfen. Jetzt kann ich mir ein wenig vorstellen, wie hart und gefährlich Euer Dasein als Fischer ist und wie sehr Ihr Euch abmühen müsst, um an dieser Küste ein auskömmliches Leben führen zu können. Das verdient große Anerkennung und Respekt. Ich darf diese Gelegenheit nützen und mich herzlich für die freundliche Aufnahme in Meerburg bedanken." Die Königin hatte die richtigen Worte gefunden, und sie erhielt stürmischen Beifall.

Nach dem Fest, das Stunden andauerte, wollte Amala im gemeinsamen Schlafgemach etwas von ihrem Gemahl wissen. „Fried, wie bist Du zu der schrecklichen Vision vom Untergang von Thule gekommen?" „Erinnerst Du Dich noch des Schreis, den ich in der Nacht meines Erwachens ausgestoßen habe?" „Aber ja, wie könnte ich diesen und die ganze Seligkeit dieser Nacht je vergessen?" „Mit diesem Schrei wehrte ich dem Sog einer fürchterlichen Woge, die mich zu verschlingen drohte. Davor hatte ich das, was ich am Nachmittag als Vision darlegte, in allen Einzelheiten geträumt. Ich war schon bei meinen Eltern, als erneut eine Woge auftauchte. Meine Mutter war plötzlich in Dich verwandelt worden, Du strecktest die Arme aus, um mich zu erretten, da erfasste mich die Woge und riss mich von Dir weg. Mein Schrei, das letzte Aufbäumen gegen den Tod, ließ mich erwachen. Noch war ich mir nicht sicher, ob ich im Fieberwahn nicht erneut einem anderen Traum anheim gefallen war. Darum bat ich Dich um einen Kuss. Der war so wunderschön irdisch, so glühend und leidenschaftlich, er konnte weder von einem Trugbild, noch von einem himmlischen Engel stammen. Mit diesem ersten, von mir erwiderten Kuss, hattest Du mich ins Leben zurückgeholt. Der Odem der Liebe, das brennende Verlangen nach Dir, gab mir jene ungeahnten Kräfte, die mich weiterleben ließen."

Am nächsten Morgen teilten sich die Wege des Königspaares. Der König besprach sich mit seinem Schwiegervater, den beiden Vögten sowie den Schultheißen von Sturevik. Die Königin kam einer Bitte der Äbtissin nach, die um ein Gespräch gebeten hatte, an dem auch Ragnhild teilnehmen sollte. Es entwickelte sich allerdings kein Gespräch sondern ein Monolog der Äbtissin. Sie entschuldigte sich bei ihren ehemaligen Schülerinnen für ihre einseitige königsfeindliche Indoktrination, wie sie eingestand. „Ich selbst kannte den König damals nicht, verließ mich auf jene Informationen, die ich von Seiten der hohen Geistlichkeit bekam. Ich unterstellte, zugegeben leichtgläubig, diese würden vor Gott und den Menschen stimmen. Zu meiner bitteren Enttäuschung musste ich dann erkennen, nicht Gott hatte den Herren die Feder geführt, und auch nicht der Heilige Geist die Zungen befohlen. Es war eine andere Macht, jene, die ich stets auf Seiten des Königs wähnte. Dabei verdankte ich doch dem Herrscher mein Amt. Seine gütige Nachsicht und menschliche Größe überwand jene, die mich verdammten, weil ich einen tief bereuten Fehltritt tat. Und wie dankte ich es dem König? Ich schmähte ihn als Antichrist, dem von der Kirche auf ewig Verdammten. Als Mörderprinzen bezeichnete ich ihn, als einen der vom finsteren Teufel der Rache Getriebenen! Und er wusste dies, hat es lange hingenommen, sah darin eine lässliche Sünde. Was ich tat, lässt sich nicht entschuldigen, es war Verrat am König, dem Herrn aller Reichsklöster, den hier Euer Vater, der damalige Markgraf vertrat. Mich entlastet auch nicht, dass der König meine Verwandten Hugo und Herwig, wie die sie Begleitenden tötete. Alle waren Hochverräter und Mörder. Es schmerzt mich noch immer, mir dies einzugestehen, doch es ist die bittere Wahrheit. Sie erlitten damit noch eine gnädige Strafe. Dem Gesetz gemäß hätten sie eine viel schlimmere Strafe erleiden müssen. Vor ihren Angehörigen, Verwandten, dem Gesinde, wie vor einer riesigen, gaffenden Menge am Galgen zu enden, hätte das Ansehen unserer Sippe auf immer zerstört. Dies blieb uns dank der Taten des Königs erspart, der zuerst als Zwölfjähriger und später als Löwenritter dem Recht Geltung verschaffte. Würdigen kann ich es erst seit einiger Zeit, allerdings noch immer nicht so recht begreifen. Persönlich habe ich den König erstmals bei der Synode erlebt, und ich konnte nur noch Staunen. So wie mir ging es vielen im Refektorium. Er hat zweimal direkt mit mir gesprochen und machte mir deutlich klar, worin ich gefehlt habe; beim zweiten Gespräch hat er mir meine Reue abgenommen, beließ mir Amt und Würden. Einen Ausspruch von ihm habe ich mir eingeprägt: Äbtissin, tiefer Glaube ist wunderbar, aber er befreit nicht davon, die Realität wahrzunehmen. Daran werde ich mich künftig halten, denn diese Lektion habe ich verinnerlicht.“

Vor ihrem geistigen Auge schien das Vergangene wieder aufzuleben. Hager aber nicht scharf wirkte ihr Gesicht, ihre Gestalt war schlank. Mit ihren großen, nun leicht verhängten Augen musste sie einmal schön ausgesehen haben. Das Leben war nicht gut zu ihr gewesen, doch erst jetzt vermochte sie, ihren eigenen Anteil daran zu erkennen. Lange bildete Friedrich, der unbekannte mächtige Herrscher, den Kristallisationspunkt ihrer eigenen Enttäuschungen. Aus ihrer Sicht verhinderte er damals, dass sich in Thule die von ihr erträumte Welt auftat, das Gottesreich. Doch diese Welt lag in Scherben, bestimmt für den Abfallhaufen der Geschichte, darunter auch ihr eigener, noch immer latent spürbarer Ehrgeiz. Macht war ihr Lebenselixier, diese wollte sie ausbauen, zuerst über die Herzen der Anvertrauten, dann über alle anderen. Was sie wohl in dem Regnum von Berengar geworden wäre? Oberin ihres Ordens oder was sonst? Amala bedauerte sie nicht, nahm ihr die Reue nicht so richtig ab. Die Königin ahnte, bei einem Zeitenwandel würde sie wieder einen anderen Weg einschlagen. Solange König Friedrich herrschte war ihr dieser versperrt, würde sie nur Äbtissin bleiben. Dabei lief sie ständig Gefahr, dass ein unbedachtes Wort gegen den König, von einer Schülerin nach Hause getragen wurde. Das wäre ihr Ende als Mächtige und dessen war sie sich bewusst. Die Königin begegnete ihr höflich, blieb aber auf Distanz. Einmal mehr bereute sie ihre einstige Leichtgläubigkeit und Verbohrtheit.

Mit Ragnhild verhielt es sich ganz anders, nie hatte sie Mechthildis Hetzereien für wahr gehalten, sie blieb stets königstreu, so wie ihre Eltern und alle Stureviker. Nachdem sich die Äbtissin verabschiedet hatte, bat Amala ihre Schulkameradin Ragnhild, ihr doch Meerburg zu zeigen, was sie nicht gut abschlagen konnte. Amala war schließlich Gast in ihrem Reich und noch dazu die Königin von Thule. Dennoch nahm sie kein Blatt vor den Mund, sprach Amala mit Königliche Hoheit an, was diese ihr wehrte. „Na hör mal, im kleinen Kreis bin ich Amala und nichts anderes." Statt darüber erfreut zu sein blieb sie reserviert, ja abweisend. Das empfand Amala viel deutlicher als vor Monaten bei ihrer heutigen lieben Freundin Gernlind. Sie sprach Ragnhild auf ihr kühles Verhalten an, was diese nicht in Abrede stellte. „Amala, Ihr fragt mich, was zwischen uns stehen würde? Obwohl ich Euch nicht traue, Angst vor den Folgen meiner Äußerung habe, will ich damit nicht hinter dem Berg halten. Ihr ward doch diejenige, welche die Königsfeindinnen unter uns anführte, deren dank Eures fanatischen und blinden Hetzens, immer mehr wurden. Jede andere Äußerung, falls Ihr sie überhaupt zu Ende angehört hättet, galt zumindest als dumm, wurde als blind und einfältig abgetan. Ihr, die Tochter des mächtigen Markgrafen hattet natürlich den größten Einfluss. Dazu hin habt Ihr sogar vorgegeben, die abwertenden Äußerungen von ihm selbst zu haben. Damit rücktet Ihr Euren Vater, den Erzieher unseres Königs ins Licht des Hochverrats. Da ich den redlichen und bedingungslos königstreuen Markgrafen mehrmals erlebt hatte, wusste ich, dass nichts von dem, was Ihr von Euch gegeben hattet, von ihm stammen konnte. Blind seid Ihr der Äbtissin auf den Leim gegangen und habt ihre Meinung ungeprüft übernommen. Königin Amala, wer so seinen Vater verraten hat, der verrät auch seinen Gemahl, das ging mir am gestrigen Abend durch den Kopf." Amala fühlte sich gegenüber dieser Abrechnung durch Ragnhild hilflos, sie konnte nicht verhindern, dass ihr die Tränen kamen. „Vor zwei Jahren branntet Ihr noch als den König erbittert Hassende und nun gebt Ihr vor ihn innig zu lieben. Das kann ich Euch nicht abnehmen, so gern ich es tun würde. Eure strahlende Schönheit hat selbst den Helden von Thule gefällt, ob dies zu seinem Glück ist, bezweifle ich. Vielleicht habt Ihr Euch geändert und alles war damals nur ein der Unreife geschuldetes Theater? Vielleicht tue ich Euch Unrecht, dann mag Gott mir verzeihen. Zu stolz und standesbezogen habt

Ihr Euch damals gezeigt. Und nun bitte ich Euch, mich wieder meiner häuslichen Pflicht nachgehen zu lassen, ich werde von meinen Eltern gebraucht!“ Damit ging sie und ließ Amala aufgelöst zurück.

In diesem Zustand fand Friedrich seine Gemahlin vor, die nun in seinen Armen schluchzte. Zwar tröstete er sie und stillte ihre Tränen, aber er stellte ihr auch Fragen. „Was soll jetzt geschehen, Ragnhild hat ja immerhin Dir, der Königin den schuldigen Respekt verweigert?“ „Aber nein, sie war ja nur ehrlich zu mir, wenngleich einiges von dem, was sie zu mir sagte, so nicht stimmt.“ „Und das andere, was Du nicht anzweifelst, Dein Verhalten im Internat des Klosters, hatte sie damit Recht?“ „Das ist es ja, ich war vergiftet von meiner irrigen Bewertung Deiner Person, und verhielt mich gegenüber Gleichaltrigen und Rangniederen anmaßend und apodiktisch. Ich habe nicht einmal mitbekommen, dass meine Aussagen meinen Vater in ein völlig falsches Licht rückten. Oh ich Törin…“ Erneut übermannten sie die Tränen. „Amala, so wie Du damals einem falschen Bild angehangen hast, so tut es nun des Vogtes Tochter. Sie ist der irrigen Ansicht, ihr Bild von Dir sei viel realistischer als jenes, das Du damals hattest. Soll ich mit Ragnhild reden, oder ist es Dir nicht recht?“ „Doch es liegt mir viel daran, Ragnhild ist eine mutige und besondere Frau, sie soll ein echtes Bild von mir gewinnen.“

Der König setzte sich drunten auf den breiten Rand des Brunnens und ließ Ragnhild zu sich bitten. Amala verfolgte die Szene von ihrem Fenster aus, konnte jedoch nichts hören. Ragnhild war die Angst anzusehen, aber auch der Mut, den sie aufwenden musste. Bald entnahm Amala aus ihrer Haltung, dass die Angst sie floh und Erleichterung Platz machte. Sie durfte sich auf die nahe Steinbank setzen, um ihrem König Rede und Antwort zu stehen. Amala bemerkte nun auch Graf Gerold, er saß auf den Stufen des Herrenhauses und folgte interessiert dem Dialog der ungleichen Gesprächspartner. Mehr als einige Wortfetzen konnte er aus dieser Entfernung nicht vernehmen. Nach einiger Zeit entließ der König sichtlich huldvoll die befreit wirkende Ragnhild, die zum Gästehaus hinüber schritt, was Amala veranlasste, sich in ihren Raum zurückzuziehen. Kurz darauf klopfte es an der Türe und Ragnhild trat ein. Sie wirkte einerseits schuldbewusst, andererseits aber nicht mehr abweisend. „Amala, bitte verzeih mir, ich habe Dir großes Unrecht angetan. Mein so unbegründeter Verdacht, auch mein Zweifel an der Echtheit Deiner Liebe, waren geradezu infam. Majestät hat mit mir gesprochen, und mir Deine Leidensgeschichte berichtet, von der ich keine Ahnung hatte. Zu meiner großen Beschämung hat er mich erleben lassen, dass das Bild welches ich mir von Dir machte, so realitätsfern ist, wie Deine damalige Sicht des Königs. Ohne nachzudenken habe von dem Gestern eine Brücke geschlagen zu dem Heute. Ich war genauso blind und uneinsichtig, wie ich Dich damals erlebte. Und nun habe ich selbst auch nicht mehr wahrnehmen wollen als die Fassade und konnte nicht dahinter blicken. Vielleicht machte mich die einstige Enttäuschung, nicht angehört worden zu sein, verbohrt. Kannst Du mir vielleicht doch verzeihen und mir abnehmen, dass ich damals statt der törichten Magdalena nur zu gerne Deine Freundin geworden wäre. Sie hat Dich dann, was Dich sehr schmerzen musste, in der Stunde tiefster Not verraten. Das erfuhr ich im Gespräch mit unserer Majestät."

Amala antwortete ihr nicht, umarmte dafür die weinende Ragnhild. „Es ist nicht zu spät mit der Freundin, Ragnhild. Du hast mir vorhin weh getan, leider war vieles davon wahr. Ich habe sehr gelitten, als mir die Trugbilder zusammenbrachen und ich endlich die Wirklichkeit zur Kenntnis nehmen konnte. Anfangs wehrte ich mich dagegen, doch dies hielt ich nicht lange durch, dazu war die Kraft der Fakten zu überzeugend und meine eigene Wahrnehmung zu real. Wieder einmal mit meiner, an manchen Stellen wenig rühmlichen Vergangenheit konfrontiert zu werden, hält mich am Boden. Es gibt daher nichts zu verzeihen. Ragnhild, ich freue mich darüber, nun von Dir anders gesehen zu werden. Du hast meinen Gemahl erlebt und erkennst, er würde nie so töricht sein, auf reine Schönheit hereinzufallen." „Ach Amala, was ist unser König nur für ein Mensch! So weise und majestätisch, aber auch wieder normal, Genie und Mensch in einem. Amala, Du bist zu beneiden und gleichermaßen zu bedauern." „Warum denn zu bedauern?" „Ich kann mir nicht vorstellen, ständig mit soviel Klugheit und Reife beglückt zu werden." Amalas Fröhlichkeit brach wieder durch, lachend gab sie preis: „Liebe Ragnhild, dieser mächtige, kluge Herrscher kann, wenn wir alleine sind albern, dich reinlegen und sich darüber freuen wie ein Lausbub. Er ist der liebste Ehemann auf Gottes Erdboden. Und wie war ich verstört als ich erkennen musste, dass der innig geliebte Löwenritter kein anderer war als der von mir so geschmähte und gefürchtete König. Vehement habe ich mich auch dann noch gegen ihn gewehrt, und gegen mein wehes Herz. Aber inzwischen, und das war ein schmerzlicher Prozess hatte ich gelernt zu beobachten und zu hinterfragen. Um mich ändern zu können, musste ich zuvor in Hoffnungslosigkeit und Lebensüberdruss hinabsinken. Doch Friedrich konnte sich in mich hineinversetzen, verstand mich und wurde nie irre an seiner Liebe zu mir. Er wusste, dass ich fest davon überzeugt war ihn nicht zu verdienen, doch er setzte sich darüber hinweg und nahm mich so an wie ich war. Ragnhild, die Amala, die Du kanntest und ihren ständigen Zwiespalt, die gibt es nicht mehr. An seiner Seite habe ich viel gelernt, konnte mich so in die Rolle der Königin hineinfinden. Doch das für mich tausendmal Bedeutendere ist mir seine Liebe und mein Dasein als seine Gemahlin. Durch ihn werde ich jetzt auch noch zur Mutter, werde wieder etwas ganz Neues erleben. Du brauchst mich also wahrlich nicht zu bedauern."

Gerne nahm Amala nach dem Gespräch das Angebot von Ragnhild an, ihr Meerburg zu zeigen, Ragnhilds kleines Reich. Da das Schiff erst am Nachmittag mit der Flut wieder ablegen wollte, blieb für den Rundgang reichlich Zeit. Unbegleitet durfte sich die Königin nicht in der Öffentlichkeit bewegen und bat ihren Gemahl um Geleitschutz. Bevor Friedrich ihr antworten konnte, boten sich Graf Gerold und Vogt Niklas an, der Königin Schutz zu gewähren. Beatrix bat darum sich ihrer Herrin anschließen zu dürfen, worum auch Irmingard ansuchte, die selten eine Bitte äußerte. Der König vertieft ins Gespräch mit Herzog Wittich und Gero, nickte zustimmend. Sie durchmaßen die beiden Höfe der langgestreckten Burg – Knechte und Mägde beseitigten dort die Spuren des Festes – schritten die lange Treppe hinab und überquerten ein Brückchen. Hinter dem Torhaus betraten sie den vorderen und ältesten Teil Meerburgs. Die grauen Steinhäuser drückten sich aneinander, rahmten enge Gassen ein. Im Rücken der obersten Häuserzeile ragte die erste von zwei Mauern auf, dahinter lagen Terrassen, die von zwei hurtig fließenden Bächen flankiert wurden. Da die Königin sich einen Eindruck von den Terrassen verschaffen wollte, stiegen sie nach einem kleinen Tor eine schmale Treppe hinauf. Die Bänder der Terrassen wanden sich auch außerhalb des Orts um den Fuß des schütter bewaldeten Gebirges, zogen sich hin zu den anderen Orten am Sturevik. Von dem Brückchen am Ende der Treppe konnten sie das Vik und die es vor dem Ozean schützenden Inseln überblicken. Unweit des Ortes zeigte sich der Friedhof mit Kapelle, vor der ein mächtiger Baum die Schotterstrasse teilte. Dahinter zogen dicht am Ufer der Bucht liegende Klippen den Blick an. Immer mal belebten zumeist rot gestrichene Scheunen die Reihe der kleinen Felder. Wie mühsam musste es gewesen sein, den Berghängen diese Felder abzuringen, von Steinbrocken zu befreien und sie zu mächtigen Trockenmauern aufzuschichten. Aus einer Wüstenei hatten die Stureviker in Generationen eine wirtliche Gegend gemacht, in der sie sogar an einigen Stellen Wein anbauen konnten.

Amalas Frage, warum denn die Felder innerhalb der Trockenmauern noch mit vielen niederen Mauern abgeteilt seien, beantwortete ihr der Vogt. Sie dienten als Wind- wie als Salzschutz, denn das heutige Königswetter sei hier eine erfreuliche Ausnahme. Sonst würde an stürmischen Tagen feuchte und salzgesättigte Seeluft alles überlagern. „Unsere Vorfahren haben herausgefunden, dass die Pflanzen direkt hinter den Mauern besser gedeihen, weil die porösen Steine das Salz binden. Immer wieder bringen wir neue Erde und Mist auf die Terrassen, um deren Salzbelastung zu vermindern. Die Erde holen wir aus Schluchten und Mulden unserer Berge, tragen sie mit Bütten zu Tal und mit Maultieren hin zum Ort ihrer Bestimmung. Wir Stureviker führen ein hartes und karges, aber stolzes und freies Leben. Der Besuch Ihres Vaters, unseres Herzogs und Gaugrafen, ist sicher etwas Besonderes, aber immer mal wieder Erlebtes. Doch der Besuch unseres Königs, den wir in unsere Gebete einschließen, ist dagegen etwas so Überwältigendes, dass wir es noch nicht so recht fassen können. Er und Ihr, Königliche Hoheit habt uns Glanz und Freude gebracht, dies zu ermessen ist wie ein Wunder. Ich getraue mich nicht, es unserem König zu sagen, ich kenne ja seine Bescheidenheit, die trotz aller Hoheit und Glanz immer wieder aufscheint. Er ist ganz die Hohe Majestät und zugleich auch unser Vater, obwohl er doch noch so jung ist. Wie er am Vorabend mit uns geredet und gelacht hat, das war so ungezwungen und natürlich, mir blieb erneut nur Staunen." „Warum sagtet Ihr erneut, Vogt Niklas?" „Königliche Hoheit, ich war doch Gast an Eurer Vermählung und erlebte diese schlichte und ergreifende Trauung mit. Als unser aller Herr das Gebet in altem Gotisch sprach, das leider nur noch wenige kennen, da war ich so ergriffen, dass mich – und nicht nur mich – die Tränen der Rührung überwältigten. Was war das für ein Tag der Überraschung und grenzenlosen Freude. Wir, die Getreuen Eures Vaters, waren gekommen, um unseren Herrscher gebührend willkommen zu heißen, und dann dies. Es war zwar gemunkelt worden, es handle sich diesmal nicht nur um einen Besuch. Ich nahm das Gerücht nicht ernst, denn zu oft schon schwirrten Vermutungen über eine baldige Eheschließung unseres Königs durch Thule. Selbst dem sonst so verlässlichen Gero habe ich nicht abgenommen, dass der König primär wegen Euch, der Tochter des Markgrafen, kommen würde. Mein Cousin erträumte sich wohl dies Füllhorn der Ehre, die sich über die Rosenburg und unseren Gau ausgießen würde, so meine Vermutung. Und dann wurde ich Zeuge des einmaligen Ereignisses, war trunken vor Freude wie alle Gefolgsleute Eures Vaters. Ihr seht, Königliche Hoheit, so völlig abgeschieden von den wichtigen Ereignissen Thules sind wir hier nicht."

Auf dem Rückweg galt dem Rathaus ein Abstecher. Sein kleiner schöner Innenhof und der mit Fresken versehene Ratssaal stachen ab von den sonstigen einfachen Steinhäusern. Vom Saal aus konnte Amala den Hafen einsehen, mit der an der Mole vertäuten Friedrich Theoderich, den Platz davor und den kiesigen Strand der Hafenbucht. Direkt unterhalb ergoss sich der reißende Bach, der den Platz teilte, in die Bucht. Auf dem Hafenplatz ging es geschäftig zu. Hier überholten die Fischer ihre Boote, flickten die Netze und präparierten den eingebrachten Fang. Gemüse wurde feilgeboten und Schwätzchen gehalten. Viele Kinder bestaunten das Flaggschiff, denn solch ein Riesenschiff hatten sie noch nie gesehen. Zurück ging es nach dem Brückchen, links dem von Mauern eingezwängten Bach folgend die Hauptgasse abwärts und wieder einige Stufen hinauf zur Kirche St. Michael. Das Gotteshaus hob sich deutlich von den anderen Gebäuden ab. Fresken an den Seitenwänden und Mosaiken im Chor sollten die Gläubigen erbauen. Eingezwängt von zwei Treppen lag das Pfarrhaus, das künftig die Schule beherbergen würde. Danach schritten sie eine langen Gasse entlang, die das Kirchviertel erschloss. Von dort aus ging es über eine lange Treppe hoch ins Bergviertel, das aus zwei Häuserzeilen bestand, in die sich nach einem Brunnenplatz noch eine dritte hinein schob. Hier wohnten vor allem Katharer, fleißige und fromme Menschen, die dem König zutiefst verbunden waren. Er hatte in der großen Synode ihre Rechte gesichert und sie vor dem Zugriff der Kurie geschützt. Viele Gebete schlossen den König ein, dem sie dankten und für dessen Wohlergehen sie Gott baten. Ragnhild wies auf das schlichte Versammlungshaus hin, das sich die Katharer – von manchen auch Albigenser genannt – erbaut hatten. Keiner von ihnen war Fischer, denn sie töteten keine Tiere, aßen meist pflanzliche Nahrung. Sie lebten vom Verkauf ihres Lodens und der Wollstoffe. Noch nie gab es Abträgliches über sie zu berichten, die fast wie Heilige leben. Erst jetzt wurde Amala gewahr, viele der Menschen trugen schmucklose graue Gewänder, auch die Kinder. Freundlich und offen hatten sie die Herrschaften gegrüßt, dennoch wirkten etliche so, als weilten sie in einer eigenen Welt. Der Vogt zeigte auf die hohe unregelmäßige Mauer, welche die Häuser an der Meerseite gegen Sturmwetter schützten. Vom Meer aus gesehen verschwamm die Mauer mit der schroff abfallenden Bergflanke und entzog das Dorf den Blicken Fremder. Vogt Niklas setzte hinzu: „Sollte unser Ort noch einmal wachsen, dann würden wir den Sundberg mit einer Mauer versehen und dahinter weitere Häuser bauen.“ Als er dies sagte, stand die Gruppe auf der hier begehbaren Mauerkrone oberhalb eines kleinen Platzes, den ein Baum und ein Brunnen schmückten. Vor ihnen hingen wie auf dem Sundberg und wie auch jenseits des Hafens, die ausgenommenen Fische zum Trocknen an hölzernen Gestellen.

Während des Rundgangs seiner Gemahlin erörterte König Friedrich mit seinem Schwiegervater Herzog Wittich, Vogt Gero und dem Schultheiß von Meerburg eine Idee. Die Vier blickten vom Südturm der Burg aus über die kleine Stadt. Der König hatte zuvor eine Beobachtung gemacht. Bei der Ebbe war das Hafenbecken über die Klippen vor der Kapelle hinaus und der Sund nicht trocken gefallen. Würde bei dieser Wassertiefe ein großes Schiff noch genügend Wasser unter dem Kiel haben? Das wollte der König wissen. Der Schulheiß, ein alter Fischer, bejahte dies. „Friedrich, Du stellst die Frage doch nicht ohne Hintersinn!“ „Vater, das siehst Du richtig. Das Taborgebirge ist der am weitesten im Westen Thules liegende Teil unserer Hauptinsel. Wir denken derzeit über vier Stützpunkte für die Flotte nach, wobei einer im Nordwesten liegen sollte. Von dort aus sollte die offene See sofort erreichbar sein. Deswegen wäre Meerburg eine gute Wahl. Würden wir die Klippen vor der Kapelle verfüllen, könnten wir davor einen Hafen für vier tiefgängige Kriegsschiffe anlegen. Das aufgeschüttete Gelände müsste eine kleine Werft, eine Kaserne und zwei weitere Gebäude aufnehmen. Davor zwei Anlegebereiche zu bauen ergäbe sich fast zwangsläufig. Vater, was hältst Du davon?“ Herzog Wittich stimmte dieser Überlegung gerne zu. Der mit Meerburg vertraute Gero brachte ein, dass hinter dem Friedhof der Berghang weniger steil sei, sich dort die benötigten Steine leicht ausbrechen ließen und als Nebeneffekt die obere Terrasse erweitert werden könnte.

Dem Schultheiß gefiel das Vorhaben gut, aber er rechnete mit Bedenken seiner Leute. Zwar könnten sie auf der neuen Terrasse mehr anbauen, aber die Seekrieger würden das Gefüge Meerburgs stören. Das ließ der König nicht gelten und entgegnete ihm, nur bei Sturmwetter bliebe mehr als ein Schiff im Hafen. Die Seeleute wohnten in ihrer Kaserne und seien sehr diszipliniert. Viele von ihnen hätten Familie und würden daher außerhalb des Stützpunkts wohnen wollen. Dem Einwand, dafür sei der Wohnraum im Ort zu knapp, entkräftete der König. „Dann werden wir eben die Mauer um den Sporn herum verlängern und dort Häuser bauen!“ „Ihre Hohe Majestät, dann müssten ja die Gestelle zum Trocknen des Fischs verschwinden, was die Fischer hart treffen würde.“ „Dafür verfüllen wir die Klippen am Ende des Sporns mit dem Aushub für die Häuser und gewinnen so eine ebene Fläche. Reicht das Material nicht, nehmen wir es vom gegenüberliegenden Abhang des Sunds.“ So ganz zufrieden war der Schultheiß immer noch nicht, wollte aber seinem König nicht mehr widersprechen. Der Herrscher hatte vor, seine Idee mit Prinz Theodemir, dem Seegrafen und weiteren Seeleuten zu besprechen, sie aber als dringlichen Wunsch ausgeben. Der Herzog lachte zufrieden: „Friedrich, ich kenne keinen, der sich gegen einen dringlichen Wunsch von Dir stellen würde, nicht einmal mein Neffe Theodemir.“ Meerburg sollte einer der Stützpunkte werden, den lokalen Handwerkern Arbeit verschaffen und das Städtchen aufwerten. Zur Stadt erhoben zu sein und so begünstigt zu werden, das werteten die Meerburger zu recht als besondere Gunst. Ihre Vorfahren hatten sich einst wegen ihrer strengeren Glaubensausrichtung an dieser Bucht niedergelassen. Durch Vereinigung der Hauptkirchen und die verbriefte Glaubensfreiheit der übrigen Religionen war ihnen auch die Sorge vor Verfolgung genommen.

Beatrix und Gerold erinnerte Meerburg an ihre Heimat, die auch am Meer lag und vom Fischfang lebte. Graf Gerold verstrickte sich auf dem Rückweg in eine Diskussion mit Ragnhild und ihrem Vater Niklas. Amala und ihre Hofdame Beatrix kamen einige Schritte danach. Sie nahmen am Ende der langen Treppe einen anderen Weg, wendeten sich nach links, um der Treppe des Hafentors folgend zum Strand zu gelangen. Mit der auflaufenden Flut drängten die Boote in das sich füllende Hafenbecken hinein. Halb Meerburg half den Fischern ihre Boote auf den Strand zu ziehen und diese zu entladen. Was da alles angelandet wurde, Fische, Krebse, Muscheln, Seeschnecken und sonstiges Meeresgetier. Der Vogt blieb bei zwei Fischern stehen, die er bat ihren Fang zur Burg zu bringen, um dem Königspaar etwas Besonderes zu bieten. Die Brüder hatten Muränen einer sehr wohlschmeckenden Art gefangen. Amala widerstand der

Versuchung, sich wie ein Kind nach einer schönen Muschel zu bücken, einer Königin stand das nicht gut an.

Beatrix flüsterte ihrer Herrin zu: „Ich fürchte, mein lieber Bruder hat Feuer gefangen." „Warum fürchtet Ihr dies, Beatrix?" „Hoheit, ich habe mich falsch ausgedrückt, denn des Vogts Tochter ist eine beeindruckende junge Frau. Auf den ersten Blick wirkt sie zurückgenommen, ja spröde, gewinnt dann aber immer mehr. Sie ist klug und abwägend und wie ich beobachten konnte, praktisch und fleißig. Gestern hat sie mit zugegriffen und das Fest wesentlich organisiert." „Das kann ich nur bestätigen, Gräfin. Ragnhild ist zudem eine gebildete und offene Frau. Wir sind sehr weitläufig verwandt, denn meine Mutter war eine geborene Ilberg. Näher kennen gelernt habe ich Ragnhild allerdings erst in unserer gemeinsamen Zeit auf der Klosterschule. Ob sie an Eurem Bruder interessiert ist? Ich denke, sie sieht in Eurem Bruder einen höhergestellten, für sie unerreichbaren Mann."

Als sie dann weitergingen gesellte sich Ragnhild zu Amala, die anderen waren einige Schritte voraus. Ragnhild ging es darum, von ihrer Freundin etwas zu erfahren. „Amala, Du bist sehr vertraut mit Gräfin Beatrix, obgleich sie Dich förmlich mit Hoheit anspricht. Warum steht sie in Deiner Gunst?" Der Königin positive Auskunft, die Graf Gerold einbezog, gefiel ihr. Amala setzte nach: „Ragnhild, meine wieder gewonnene Freundin, Du fragst doch nicht ohne Hintergedanken?" Als Amala sie so ansprach, da wurden ihre herben Züge weich und erblühten in Schönheit; so freute sie sich über diese Ansprache. „So ist es, Amala. Ich bekomme mit, dass mir Graf Gerold den Hof macht. Er ist ein angenehmer und gebildeter Herr, aber meint er es ernst? Ist für ihn eines kleinen Vogtes Tochter nur ein Zeitvertreib? Bevor ich auf seine Avancen eingehe – mein Interesse an ihm verhehle ich nicht – will ich wissen, ob er ein ernsthafter Mensch mit ehrlichen Absichten ist. Dies mag Dir nüchtern vorkommen, doch bedenke meine Lage. Ich bin das einzige Kind meiner Eltern, die eine sehr glückliche Ehe führen, so wie ich mir dies auch wünsche. Liebe erwächst für mich aus Achtung und Respekt, ist kein aufwallendes Gefühl sondern anhaltende Vertrautheit und bleibende Zuneigung." „Ragnhild, aus Deinen Worten entnehme ich Vorsicht und noch etwas anderes. Steckt dahinter vielleicht eine große Enttäuschung?" Unsicher zuckte die Freundin zusammen, doch sie kniff nicht. „Amala, Du hast es erfasst. Es ist noch nicht lange her, da war ich sehr verliebt und wollte diesen Mann gerne heiraten. Er hatte dies nie vor und zeigte bald sein wahres, übles Gesicht. Er weilt nicht mehr unter den Lebenden, daher will ich ihn nicht schmähen. Des Königs getreuer Markgraf Bodo hat ihn bei dem ruchlosen Überfall auf den wehrlosen Löwenritter getötet. Ich bitte dich, dies vor anderen zu verschweigen, noch immer schmerzt diese Enttäuschung." Amala nickte und legte mitfühlend ihren Arm um die Schulter.

„Ragnhild, wem mein Gemahl seine Gunst schenkt, der ist von edler Gesinnung und ein guter Mensch, aber er muss auch tüchtig sein. Nie hätte Graf Gerold so hoch steigen können, wäre er nicht ein lauterer Charakter und exzellenter Kapitän. König Friedrich liest in Menschen und durchschaut sie, darauf kannst Du bauen, auch bei Graf Gerold!“ Als sie dies hörte, da wurde ihr schmales Gesicht mit der fast kindlichen Nase, verklärt und weich. Der schmucke Kapitän hatte sie wohl mehr beeindruckt, als sie sich eingestehen wollte. Die grauen Augen erfüllte Sehnsucht, erstrahlten voller Hoffnung. Nun wirkte sie schön, wenn auch auf eine eher herbe Art.

Als die Königin mit ihrer Begleitung im hinteren Burghof eintraf, fand sie König und Herzog am Steintisch sitzend vor. Der Herrscher war gerade dabei die Urkunde der Stadterhebung von Meerburg zu siegeln. Ehrfürchtig verfolgten die Honoratioren des Stureviks den Vorgang, so wie sie zuvor schon des Königs Schreibkünste bestaunt hatten. Danach las er ihnen, die des Schreibens und Lesens nicht mächtig waren, die Urkunde vor und erklärte ihnen die damit verbundenen Rechte und Pflichten. Mit der Übergabe an den Schultheiß, der so zum ersten Patrizius von Meerburg wurde, war der Ort zur Stadt geworden. Danach schworen er und alle, die mit ihm waren, ihrem Herrscher die Treue, sie küssten ihm dankbar und ehrerbietig die Hand und ließen ihrem Jubel dann freien Lauf. In einigen Tagen würde sie Sigmund, der Königliche Oberrat und Freund des Königs, mit einigen seiner Herren aufsuchen. König Friedrich wollte ihn einen genauen Plan ausarbeiten lassen, um die mit dem Flottenstützpunkt verbundenen Bauarbeiten und Kosten einschätzen zu können. Wie gewohnt würde Sigmund Lösungen vorschlagen, die pfiffig und günstig zugleich waren. Den Sturevikern gefiel vor allem, dass sie zu dem großen Vorhaben keinen Solidus beisteuern mussten. Dabei profitierten von ihm sowohl die lokalen Handwerker als auch die Händler, Fischer und Bauern, denn die Seekrieger und ihre Familien würden den Kreis der Kunden erweitern.

Zum Abschied des Königspaares fand sich ganz Meerburg ein. Die Gäste aus dem Bereich des Viks und aus dessen Umgebung waren am Morgen abgereist. Herzog Wittich hatte seinen Schwiegersohn gebeten, seinen Leuten den Königssegen zu erteilen. Friedrich zögerte kurz, überwand sich, machte seine berühmte Geste, die Augen richteten sich auf ihn und alle verstummten. Er breitete die Arme aus und die Menschen, selbst die Seekrieger auf ihrem Schiff, sanken auf die Knie. Was der König lange nicht mehr getan hatte, er sprach laut das Vaterunser, und alle fielen darin ein. Darauf hatten sie fast abergläubig gewartet, denn für sie war mit dem Segen ihres Herrschers irdisches Glück verbunden. Auch wenn er sich tags zuvor noch zu einem Staubkorn im Angesicht Gottes erklärt hatte, sahen das seine Getreuen anders. Er war der ihnen seit Jahrhunderten versprochene große König und Heilsbringer, das stand für alle unzweifelhaft fest. Während sich Amala von ihrem Vater verabschiedete, entging ihr eine kleine Szene nicht. Graf Gerold hatte Ragnhild gefragt, ob er wiederkommen dürfe? Errötend sagte sie: „Ich werde warten." Und er zurück: „Eure Worte machen mir Mut, habt Dank, edle Ragnhild." Dann war Amala an der Reihe, umarmte die Freundin und flüsterte ihr zu: „Ich freue mich für Dich und drücke Dir die Daumen." Und für alle rings um hörbar sagte sie: „Liebe Ragnhild, über Deinen Besuch im Schloss zu Theodericia würde ich mich sehr freuen, bitte komm." Ihre Bitte verstärkte der König noch: „Macht uns diese Freude!" So versprach sie es und wollte es bald einlösen. Herzlich war auch die Verabschiedung von allen anderen, ein letztes Winken von Bord und dann legte das Schiff ab. Die Menschen und die Mole wurden immer kleiner, das Winken war bald nur noch zu erahnen als das Flaggschiff im Sturevik gen Süden segelte. Von dessen Ufern grüßten die Orte Sturevik-Dorf, Meerspitz und Stillbucht sowie die beiden Klöster St, Thomas und Wildenberg. Im Stillbuchtsund entließ sie das Vik ins offene Meer, linker Hand zeigten sich die wie an einer Perlenschnur aufgereihten Schafsinseln. Im weiten Bogen segelte die *Friedrich Theoderich* über das unruhige, vom Westwind geharkte Meer. Nach einer Phase des Ankreuzens gegen den Wind änderte der Kapitän den Kurs und ritt vor dem Wind über die See. Danach übergab er das Ruder einem der Offiziere und gesellte sich zur Königin und seiner Schwester.

„Königliche Hoheit, Ihr kennt Ragnhild schon lange und seid Ihr freundschaftlich verbunden. Euch ist vielleicht aufgefallen, dass ich nur ungern von Meerburg geschieden bin." „So ist es, Graf Gerold, und ich denke ich kenne den Grund." Der Königin Antwort verunsicherte den Kapitän, daher fuhr er stockend fort: „Königliche Hoheit, Ihr kennt unsere Geschichte und wisst von dem Makel, der unser Geschlecht befleckt." „Aber ja, Graf Gerold." „Wenn ich um Eure Freundin Ragnhild von Ilberg freien würde, wäre dies vermessen und löste bei Euch gar Ärger aus?" „Liebe Beatrix, die Antwort könntet auch Ihr Eurem Bruder geben, doch gebe ich sie gerne. Mein Gemahl schätzt Euch und hat Euch eine hohe Position übertragen, was auch für Eure Geschwister gilt. Eure Schwester Beatrix ist meine Vertraute und steht in der besonderen Gunst unseres Herrschers. An Euch allen haftet kein Makel, durch Eure treuen Dienste habt Ihr sogar Ehren auf Euch gehäuft! Das stellte keine Hürde dar und so ist Euer Ansinnen weder vermessen noch löst es Ärger aus. Solltet Ihr es jedoch nicht ernst meinen, dann müsstet Ihr allerdings damit rechnen!" Er zuckte zusammen: „Königliche Hoheit, ich meine es sehr ernst und würde am liebsten sofort umkehren, um Ragnhild einen Antrag zu machen. Aber ich gebe es freimütig zu, ich habe Angst davor abgewiesen zu werden!" Amala lächelte: „Dass gerade edle und anständige Herren so scheu sind, andere Männer treten oft forscher und ohne Bedenken auf. Graf, Ihr seid doch sonst ein unerschrockener und mutiger Mann, warum zögert Ihr?" Die Königin und ihre

Hofdame lächelten sich zu und lüfteten den Schleier ein wenig. „Geri, so kenne ich Dich nicht, und nicht so blind. Ich fühle, dass Du sehr wohl Chancen hast!“ Die Königin setzte noch eines drauf: „Graf, die habt Ihr ganz sicher, ich weiß es aus erster Quelle!“ Graf Gerold, strahlte als er die beiden Damen verließ. Am nächsten Tag teilte ihm sein König mit, dass er auf der Rückreise wieder Meerburg ansteuern wolle. Dort habe jemand etwas verloren und wolle es sich wieder holen. Dem Grafen verschlug es für einen Moment die Sprache, damit hatte er nicht gerechnet, dankbar küsste er seinem König die Hand.

Überspringen wir vorerst die nächsten Ereignisse und bleiben bei der Geschichte. Unerwartet, aber keineswegs unbeobachtet fuhr die Friedrich Theoderich Tage später wieder in das Sturevik ein und legte an. Die Fischer hatten eilig die Mole geräumt, um Platz zu machen. Der Kapitän durfte von Bord gehen und traf bald auf Ragnhild. Vor Freude und Überraschung überwältigten sie die Gefühle, sie sanken sich in die Arme. Kurz darauf standen sie vor Ragnhilds Eltern, die das Königspaar gebührend willkommen geheißen hatten. Unbekümmert um die Umstehenden hielt der Graf bei den Hocherfreuten um die Hand ihrer Tochter an. Wie ging es nun weiter? Der König winkte den Kapitän zu sich her, der daraufhin an Bord stieg, um kurz darauf mit einem Bündel in der Hand zu Ragnhild zurückzukehren. Der König wendete sich an die Mannschaft, die gerade ein Hoch auf Gerold und Ragnhild angestimmt hatte. „Meine getreuen Seekrieger, am selben Tag in der nächsten Woche holt Ihr Euren Kapitän wieder ab. Ich habe ihm eine Woche Landgang in Meerburg verordnet!“ Zufrieden lächelnd lud er Ragnhild und ihre Eltern zu sich in die Heilige Stadt ein. Er schlug vor, in der kommenden Woche mit Graf Gerold an Bord zu gehen. Diese Einladung des Herrschers wollten sie auf keinen Fall ausschlagen. Welchen Sterblichen war es je vergönnt, Gast im Hause des Königs zu sein!? Launig gestimmt beauftragte er die Seekrieger: „Männer, Niklas und Elivira von Ilberg, und Tochter Ragnhild gehen dann mit an Bord, und Ihr bringt mir diese wohlbehalten nach Hildebrandtsvik! Alles klar?“ Jubelnd stimmten sie ihm zu, sie fühlten mit ihrem Kapitän. Manche der angeblich so rauen Seekrieger waren gerührt, sie mochten Graf Gerold. Der König ergriff dann die rechten Hände der beiden Verliebten, barg sie in den seinen und erklärte sie zu Verlobten. Ihr Dank waren strahlende Mienen und ein Kuss auf die Hände, die sie soeben gesegnet hatten. Noch ein kurzer Abschied ein letztes Winken und schon glitt das große Schiff aus dem Sund hinaus. Amala musste ihren Fried küssen, der wieder einmal so herrlich reagiert hatte. Beatrix, die sonst so Beherrschte verdrückte gerührt einige Tränen ob des Glücks ihres Bruders. Zu Amala sagte sie: „Hoheit, unsere Majestät überrascht immer wieder durch Mitfühlen und unmittelbares Handeln. Dadurch entstehen neue und auch tiefere Bindungen an ihn. Obwohl unser Herrscher nicht nach Liebe strebt, wird er deshalb von den Betroffenen geliebt. Die erzählen das

Erlebte weiter und bald erfasst die Begeisterung sein ganzes Volk. Gott möge ihn schützen und ihn uns lange belassen.“ So überschwänglich hatte Amala ihre sonst doch eher nüchterne Hofdame noch nie erlebt.

Abb. 7 Meerburg am Sturevik

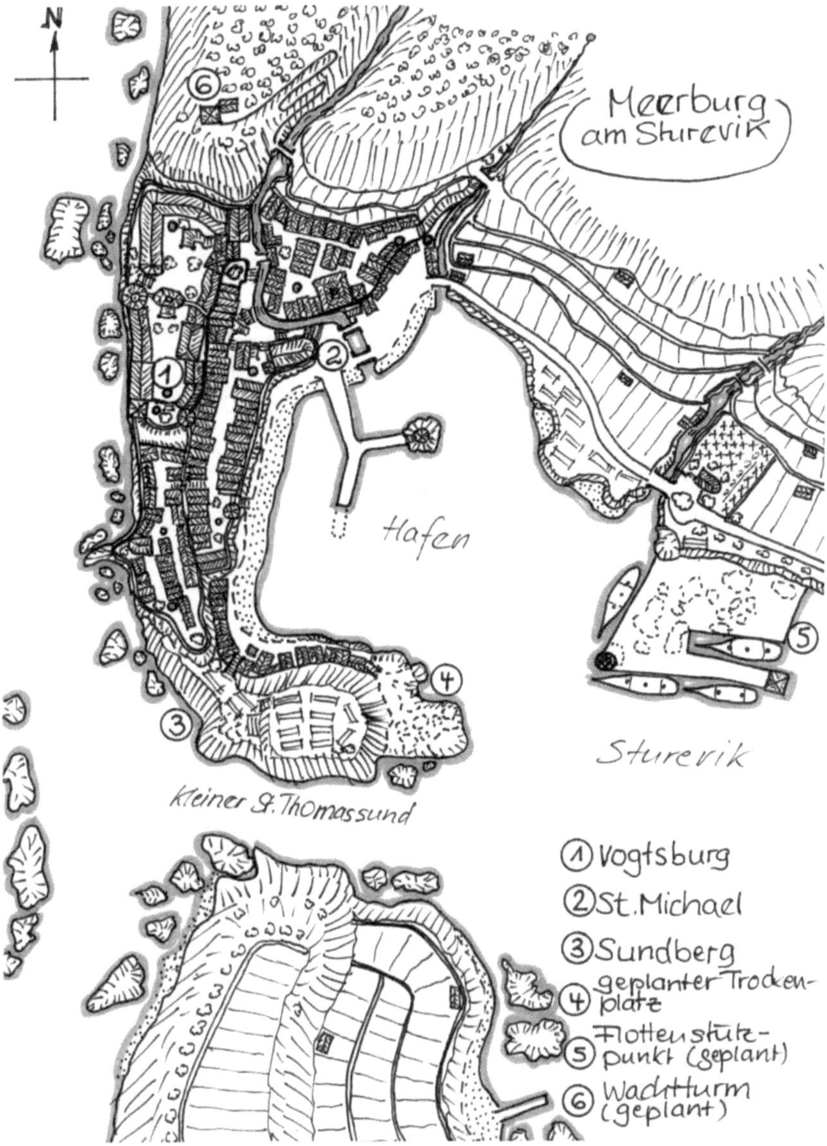

Balthensvik

Eine felsige, steil aufragende Insel galt es noch zu umsegeln, danach lag die Nerabucht frei vor ihnen mit der Silhouette einer großen Stadt. Balthensvik, der drittgrößte Hafen Thules wuchs einen sanft ansteigenden Hügel hinauf, den die Kathedrale überragte. Trotz vieler Türme stach die alte Burg auf ihrem ins Meer hineinragenden trutzigen Felssockel ins Auge. Damit hatte es einst begonnen und mit der ihr vor gelagerten Siedlung, doch das Wachsen der Stadt hatte die einstige Grenze längst weit verschoben. Das Schiff fuhr rechtzeitig in die weite Bucht hinein, denn der Ebbstrom hatte bereits eingesetzt. Aber der stramme Westwind drückte es voran und er hatte mehr Kraft als der Gegenzug des ablaufenden Meeres. Noch ein kurzer Bogen unter gerefften Segeln und dann trieben die Ruderschläge das Thulanische Flaggschiff in den großen Hafen hinein, der sich hinter den festlich beflaggten Türmen auftat. Der Hafenplatz war bunt überzogen von Menschen in ihrer Festtagskleidung, das seltene Ereignis des Königsbesuchs wollte sich kein Balthensviker entgehen lassen. Außerdem war die schöne Königin angekündigt worden, über die schon so viel Gutes vermeldet worden war. Die riesige Gestalt des Markgrafen Bodo ließ sich erkennen, wie auch seine Gemahlin Gerlind und sogar die kleine Agnes an der Mutter Hand. Dahinter hatten sich die Honoratioren der Stadt und der Adel des Westmeergaus versammelt, rechts standen die hiesige Hundertschaft und die Zünfte hinter ihren Fahnen. Das Anlegemanöver ging gut vonstatten, denn der Hafen war breit und tief, was dem Schiff selbst bei Ebbe noch ausreichend Wasser unter dem Kiel belassen würde.

Eine breite Planke wurde aufs Schiff geschoben, der König zeigte sich nun und mit ihm seine Gemahlin. Friedrich angetan mit seinem Königsornat grüßte die Seinen mit ausgebreiteten Armen. Ihr vielstimmiges Raunen verwandelt sich in einen Jubelsturm, er war da und mit ihm sein Engel. Der herzogliche Regent Bodo begrüßte das Königspaar zwar förmlich, doch seine Freude ließ sich nicht übersehen. Friedrich dankte seinem Getreuen und löste alle Förmlichkeit auf indem er seinen engen Freund umarmte, desgleichen tat Amala bei Gerlind. Bodo getraute sich seine Königin mit Wangenküssen zu begrüßen, womit auch Friedrich Gerlind ehrte. Die Menschen staunten, diese ungewöhnliche Ehrung und Auszeichnung ihres Markgrafenpaares hatten sie nicht erwartet. Nun war die Reihe an Agnes, die brav knickste und sich genierte. Doch als ihr Patenoheim zu ihr sagte: „Bekomme ich denn heute keinen Kuss, mein Engelchen?“ stürzte sie sich in seine Arme. Friedrich warf sie hoch in die Luft und fing sie wieder auf, auf seinem Arm gab sie ihm den Kuss. Agnes strahlte und jauchzte, es hätte nicht viel gefehlt und die Balthensviker hätten sich dem angeschlossen. Es stimmte also doch, was an ihr Ohr gedrungen war, die Königin hatte den bisher so verschlossenen Herrscher verwandelt und ihm seine Heiterkeit zurückgebracht. Weiter ging es mit der Begrüßung durch den

Stadtpatrizius und dem Leiter des Hafens. Das musste nun mal so sein, der Herrscher ließ sich nicht anmerken, wie wenig ihm diese Kaskaden der Elogen behagten, die er über sich ergehen lassen musste. Sie meinten es ja gut und ehrlich, waren stolz über den hohen Besuch ihres Heros, wie ihn der Patrizius genannt hatte. Danach dankte der König seinen Balthensvikern für den herzlichen Empfang und gab ihnen seinen Segen, was andächtige Stille nach sich zog. Daran hatten weder die Synode noch sein Verzicht auf sein Amt als Herr der Arianischen Kirche etwas bewirkt. Für die Seinen blieb er nach wie vor König und Hoher Priester, sie waren nicht bereit das sakrale Moment ihrer Königsherrschaft zu vergessen. Keiner konnte sie so segnen wie ihr Herrscher, kein Primas und auch kein anderer Geistlicher und darauf wollten sie nicht verzichten.

Bischof Werinher, der getreue Gefolgsmann des Herrschers hatte den Konflikt wohl vorausgesehen und war ihm bewusst aus dem Weg gegangen. Der Bischof, der mit dem Markgrafen nach Balthensvik gereist war, empfing daher das Königspaar erst zur Abendandacht im Dom. Durch das Spalier der sich vor dem Herrscher und seiner Gemahlin verneigenden Menschen ging es eine leicht ansteigende breite Straße hinauf zum Herzogschloss. Mit den Paaren zogen die Adeligen und Honoratioren. Auffallend waren die gegenüber den hohen Häusern der Heiligen Stadt viel niedrigeren Gebäude, was sowohl an dem häufigen Wind lag als auch an der weit geringeren Zahl der Bewohner. Der Geruch des Meeres und der Fische ließ auch hier kaum nach. Nach wenigen Schritten erreichte der Zug einen langgestreckten Platz, an dem die repräsentativen Gebäude lagen. Schloss, Stadthaus, Dombezirk, Adelspalais, Zunfthäuser und Geschäfte säumten den Indulfplatz, die „gute Stube“ der Stadt. Die beiden Arme der Nera umfassten die Kernstadt, jenseits dieser Insel lagen, angebunden mit großen Brücken die Vorstädte St. Markus und Bergheim. In Anbetracht der begrenzten Zeit würde Amala nur einen kurzen Eindruck von dieser fünftgrößten Stadt Thules mitnehmen können. Die Hafenstadt profitierte nicht nur vom Meer, sondern auch vom Handel, den Tuchwebern und Gerbern. Einen guten Ruf genoss das hiesige Bier, das von vier Brauereien angeboten wurde.

Bischof Werinher ließ es sich nicht nehmen, den König bereits an der Dompforte willkommen zu hießen. König Friedrich, der im Herzogtum von Regent Bodo vertreten wurde, war als Herzog der Stadtherr Balthensviks. Der riesige langgestreckte Dom füllte sich bis auf den letzten Platz, die Menschen standen in den Gängen und Seitenschiffen dicht an dicht. Nichts wollten sie sich entgehen lassen von ihrem hohen Besuch. Schlicht war die Andacht und gut aufzunehmen die kurze Predigt über den guten Hirten, unüberhörbar der Bezug zu König Friedrich. Währenddessen wurden im Schlosshof die Tische gedeckt, denn der Regent gab zu Ehren des Königsbesuchs ein Fest für Herrschaften der Stadt und des Gaus. Die Brauereien hatten sich ihm angeschlossen und wollten der Bevölkerung Freibier ausschenken. Davon angesteckt spendeten der Rat und die Zünfte der Fleischer, Bäcker und Fischer für das leibliche Wohl. Gefeiert sollte also nicht nur im Schlosshof werden, sondern auch auf dem Indulfplatz. An der großen Tafel unter den Kastanienbäumen des windgeschützten Schlosshofs wurden die vielfältigen Früchte des Meeres angeboten. Fleisch und Gemüse kamen aus dem Umland, aus dem Rheniatal stammte der Wein. Bodo legte Wert darauf, lokale Erzeugnisse anzubieten. Um ihrem Herrscher nahe sein zu können, waren die Tafeln einander gegenüber aufgebaut worden. Wie üblich war die Sitzordnung streng nach Rang und Würden gestaltet worden, aber der Fröhlichkeit, die der launige König beflügelte, schadete es nicht. Eingerahmt von Gerlind und Bodo saß das Königspaar, anschließend an Gerlind saßen mit Gaugraf Roderich und Gemahlin, die künftigen Schwiegereltern ihres Bruders Arnulf. Amala unterhielt sich länger mit der sympathischen Gräfin. Zu Amalas Erschrecken aß ihr Friedrich Tintenfisch, was ihm sogar mundete. Sie überwand sich als er ihr ein von Saugnäpfen freies Stück anbot und kostete es. Sie fand es zwar schmackhaft, aber deren Aussehen hinderte sie am Nachfassen.

Da der König seiner Gemahlin noch etwas mehr von Balthensvik zeigen wollte, unternahmen sie einen Rundgang durch die Stadt. Geleitet wurden sie dabei von den Freunden Bodo, Gerlind und der kleinen Agnes. Beschützt von den Leibwächtern des Markgrafen ging es zwischen den ihnen zujubelnden Schmausenden hindurch den Platz und die Nerastrasse hinab. Einen Abstecher machten sie zum Sternplatz, um den von König Friedrich I. gestifteten Brunnen zu besichtigen. Das Wasser floss bei ihm über mehrere Schalen hinab in ein großes Becken. Der reich mit allegorischen Figuren gezierte Brunnen bildete den Mittelpunkt des Sternplatzes wie des dicht besiedelten Sternviertels. Sieben Straßen mündeten in diesen. Nur wenige Schritte davon entfernt lag mit dem Burgviertel die Keimzelle der Stadt. Ein altes Tor am Stadtbach erinnerte noch an jene Zeit. An etwas anderes erinnerte der Friedhof rund um die Kirche St. Peter. Die Pforte zum Friedhof stand offen und verleitete den König, dort hindurch zu gehen. Hier ruhten viele Fischer, die dem Meer zum Opfer gefallen waren. Daneben lag das Waisenhaus, das den zurückbleibenden Kindern eine Zuflucht bot und in dem sie eine Schule besuchen konnten. Der König wollte sehen, wie die Kinder dort lebten. Er traf sie im Essraum an, eine karge Mahlzeit auf den Tischen. Wie vom Blitz getroffen schreckten Kinder wie Betreuer auf, denn nie zuvor erschienen solch edle Herrschaften bei ihnen. Ungläubig weiteten sich die Augen und demütig fielen die Verbeugungen aus. Der König selbst kam zu ihnen, für alle gut zu erkennen an seinem Stirnreif und dem edlen Umhang. Er dankte für die Begrüßung winkte den Kindern zu und sprach deren Betreuer an. „Droben auf dem Platz wird geschlemmt und hier gedarbt, das gefällt mir nicht! Es wird dort noch eine Menge zu essen geben und daran sollt auch ihr teilhaben!“ So kam es, dass dank der Aufforderung des Herrschers wenig später die Waisenkinder auf dem Platz gut bewirtet wurden. Die Kinder genossen die beste Mahlzeit ihres jungen und oft traurigen Lebens. Deren spontane Freude hatte zuvor die kleine Agnes beeindruckt, ihre Frage, warum es den Kindern hier so schlecht gehe, brachte ihren Vater in Verlegenheit. „Agilein, Dein Oheim König und auch ich tun vieles für Kinder, die keine Eltern mehr haben, aber es ist noch immer nicht genug. Ich werde künftig dieses Waisenhaus in meine Obhut nehmen.“ Nun war es die Kleine zufrieden, denn ihr Papa würde Wort halten.

Auf dem kleinen Platz vor der Kirche bestätigte sich aller Eindruck, in diesen kleinen, aneinandergebauten Häusern lebten keine wohlhabenden Leute. Die alte Burg am Ende der mittleren Straße änderte daran auch nichts. In den verwaisten Fischerhafen warfen sie nur einen kurzen Blick, in ihm lag Boot an Boot und roch es stark nach Fisch und Tang. Drei Häfen hatte Balthensvik, im großen Hafen war ihr Schiff vertäut und im alten Hafen lagen die großen Fischerkähne, mit denen weit draußen auf dem Meer Wale erlegt und Thunfische gefangen werden. Auch er war mit zwei Türmen geschützt, das Becken schloss ein Winkelbau ab, von dem beide Molen ausgingen. In ihm befand sich die Markthalle, in der neben Fisch auch noch Lebensmittel aus dem Umland angeboten wurden. Weiter ging es den menschenleeren Hafenplatz entlang, vorbei an den Kontoren der Handelshäuser, der Hafenkirche St. Paul und dem Hafenamt, hin zur Werft. Dort sahen sie nicht nur drei Schiffe, die überholt wurden, sondern auch vier neue seetüchtige Boote, von denen eines noch keinen Käufer hatte, wie der König vom Wächter erfuhr. Da der Werfteigner unweit davon unter den Honoratioren der Stadt tafelte, bat ihn der König zu sich und kaufte ihm das freie Boot ab. Er machte zur Auflage, dass es nach Meerburg gebracht werden müsse und auf den Namen Sturevik zu taufen sei. So beschenkte er seine treuen Stureviker und stiftete ihnen das Schulboot. Auf dem Rückweg zeigte Bodo seinen Gästen noch ein Kleinod, die kleine Kirche St. Andreas, die hinter der Werft an die Stadtmauer angebaut war. Schöne Fresken prägten sie, die sich im Halbdunkel erst allmählich dem Auge erschlossen. Ein übermannsgroßes Kreuz mit einem entrückten Christus hing über dem Altar, dahinter leuchtete ein Mosaik. Linker Hand waren Häuschen lückenlos mit der Stadtmauer verbaut, gegenüber lagen die Speicherhallen und Gebäude der Gerber, Weber und Brauereien. Die Gruppe wandte sich nach links und stand nach wenigen Schritten auf dem Heldenplatz vor dem Schloss. Davor wachten die Standbilder der vier Heldenkönige trutzig über den Zugang zum Schloss und über die Stadt. Feixend flüsterte Amala ihrer Freundin Gerlind zu: „Da gibt es wenigstens mal keinen Platz für ein fünftes Denkmal!“ Leises Lachen begleitete ihre Antwort: „Wenn Du Dich damit nur nicht irrst, liebe

Amala. Diese fünfte Statue haben sich die Balthensviker längst in Theodericia bestellt und sie wird hier inmitten des Platzes aufgestellt werden. Unser Patrizius wollte es Majestät heute schon „beichten", aber Bodo, der unseren König so gut kennt, empfahl ihm damit noch zu warten. Du siehst, unsere Thulaner wollen ihren Herrscher auch dort ständig vor Augen haben, wo er selten erscheint, und sei er eben in Erz abgebildet. Dein Gemahl muss sich damit abfinden, ihm wird schon zu Lebzeiten eine Verehrung entgegengebracht, die früheren Königen, wenn überhaupt, erst nach ihrem Tode zu Teil wurde." Die beiden Damen hatten ihre Schritte etwas verzögert, um sich über ihre Belange unterhalten zu können. Die dritte Dame, die kleine Agnes, weilte unter den Männern und hielt abwechselnd die Hand ihres Vaters oder des Oheims.

Später wartete eine Überraschung auf das Königspaar, ein Singspiel sollte im neuen Theater aufgeführt werden. Es befand sich in der Aula des alten Palas, der vor Jahren auf Geheiß des Königs umgebaut worden war. Von dem einstigen Schloss stand nur noch ein Teil, der Rest war einem Stadtbrand zum Opfer gefallen. Am Ende des Singspiels gab es vom erfreuten Herrscher nicht nur Applaus, er empfing den Verfasser und seine Sängerin in seiner Loge. Beide sonnten sich in der Anerkennung durch Friedrich, der ihnen auch den Weg ins Stadttheater von Theodericia öffnen wollte. „Dieses Singspiel, wie die schöne Stimme der jungen Sängerin, will ich auch in der Heiligen Stadt des Öfteren erleben dürfen." Später im Schlafgemach ergänzte er seinen Wunsch noch, er sagte leicht lästernd zu seiner Frau: Die Musik erreicht meine Seele, darin „badet" sie. Das wollte Amala unterstützen und die Sänger auffordern, noch andere Singspiele einzuüben. Wenn dabei die Stimme der Sängerin Rosalinde erklingen würde, wäre der König hoch erfreut.

Abb. 8 Balthensvik

Im Fjordland

Früh am nächsten Morgen ging es an Bord, verstärkt um Bodo und Gerlind mit ihren Kindern. Gaugraf Roderich und seine Gemahlin Hildegard durften sich ihren künftigen Verwandten anschließen, was als besondere Gunst Friedrichs gewürdigt wurde. Ein weiteres Schiff legte mit ihnen ab, auf diesem fuhren die Kinder des Grafenpaares und ihre engen Verwandten. Lange konnte es dem Flaggschiff nicht folgen, schon nach dem Balthensund und der Insel der Seelöwen riss der Kontakt zu ihm ab. Außerdem fuhr Kapitän Gerold weit hinaus auf den Ozean, während das andere Schiff sich dicht an der Küste hielt. Die Küstenlinie verschwamm bald vor den Augen, die Schneehauben der thulanischen Alpen zeigten sich hinter dem Küstengebirge des Georgensteins. Alles überragte am Horizont der mächtige Zwölfflüsseberg, der zweithöchste Berg Thules, an dessen Flanken Amelunga und Rhenia und noch zehn weitere Flüsse entsprangen. Seinem vereisten, abgeplatteten Kegel entstieg eine weiße Wolke, obwohl es ringsum sonst wolkenfrei war. Gespannt schaute der König zu dem Vulkan hinüber. Als sich bald darauf eine weitere Wolke erhob, veränderte sich seine Miene, sie wirkte nachdenklich und besorgt, doch er schwieg.

Wie alle wendete er sich einem großen Segelschiff zu, das vor ihnen auftauchte. Die Flaggen von Stormland und die der Rosenburger wurden freudig registriert. Herzog Wittich war also in der Nacht an ihnen vorbeigesegelt. Nun auf gleicher Höhe, fast Bord an Bord, flogen Gruß- und Scherzworte hin und her. Gräfin Winthala, Amalas Tante, zeigte sich, was darauf schließen ließ, dass fast der ganze Hochadel an der Hochzeit von Arnulf und Hildegard in Seeburg teilnehmen würde. Da die Friedrich Theoderich schneller als das Herzogsschiff segelte, gab der König die Order, die große Insel Hellingö zu umsegeln. „Nie war die Sicht für mich so gut wie heute, das muss mit den Engeln an Bord zu tun haben, die sich mit Gräfin Gerlind und Hildegard um zwei vermehrt haben.“ Des Königs Aussage löste bei der kleinen Agnes spontanen Protest aus. „Oheim König, immer sagst Du, ich sei Dein Engelchen!“ Friedrich nahm sie tröstend auf den Arm und vorbei war es mit der Enttäuschung. „Entschuldige mein Schatz, Du bist und bleibst mein kleines blondgelocktes Engelchen!“ Er zeigte ihr die in der Ferne blasenden Wale, gab dem Kapitän ein Zeichen und sie glitten nahe heran an die Riesen der Meere. Die Wale ließen sich nicht stören und setzten ihr Spiel fort, was nicht nur die Kinder entzückte. Friedrich, der Spross des Markgrafenpaares wollte unbedingt da hinüber, um auf dem Rücken eines der Könige des Meeres zu reiten. Seine Schwester Elsa brachte vor Staunen kein Wort heraus, nur das Kleinkind Wittich-Beowulf war von Gerlinds Haarsträhne weit mehr angetan und machte Anstalten sie zu verspeisen.

Wieder befahl der König eine Kursänderung, er wollte die unbewohnte Insel Vulkania umschiffen, der sie sich näherten. Erneut blickte Friedrich kritisch auf den Kegel des Vulkans, über dem sich eine zitternde Luftsäule erhob. Kritisch wurden die Linien in des Herrschers Antlitz, was in der Regel nichts Gutes verhieß. Nicht nur Amala hatte ihn beobachtet, sondern auch Beatrix, sie raunte ihrer Herrin zu: „Majestät nimmt etwas wahr, was sie beunruhigt. Ich vermute, es hängt mit dem Berg zu unserer Linken zusammen." So war es, als sie ihn darauf ansprachen. Da niemand sonst in der Nähe weilte, bat er sie über das, was er ihnen nun sagen würde, zu schweigen. „Die Esse des Teufels, wie der Volksmund den Zwölfflüsseberg benennt, und der Vulkan auf dieser Insel sind eindeutig aktiv. Auf dem einen erhitzt sich der Kratersee, der sich mit Wolken Luft verschafft, und hier wirkt er wie ein Kamin, unter dem ein gewaltiges Feuer brennt. Nie war es mir bisher vergönnt, hier solch klares Wetter zu erleben. Leider bestätigen sich meine Vermutungen und meine Befürchtungen wachsen an." Er verstummte, denn Bodo und Gerlind gesellten sich wieder zu ihnen.

Mittlerweile war die Südspitze der Insel umschifft und es ging wieder nach Nordosten. In der dunklen Wand der nächsten Insel erschien ein strahlender heller Fleck, der sich beim Nähern als ein Kloster entpuppte. Die Mönche hatten sie gesichtet, winkten mit ihren Fahnen und das Schiff zeigte die Königsflagge. Das Kloster hieß Epiphanias, es war das einzige griechisch-orthodoxe Kloster Thules. „Die Mönche haben es nicht gerne, wenn ihre Ruhe gestört wird und sie vom Beten und Arbeiten abhält. Frauen haben dort keinen Zutritt, Amala, Dir hätten sie es allerdings nicht verwehrt, denn für die Königin ist jedes Kloster Thules offen. Aber ich wollte weder unsere Seeleute mit einem gefährlichen Anlegemanöver, noch die fleißigen Beter dort drüben in Verlegenheit bringen. Sie haben sich über unseren Flaggengruß gefreut, was diesmal genügen muss. Es ist ein beeindruckendes Kloster, das keinem auf unseren Inseln gleicht, ein Stück Hellas in Thule. Deren Liturgie, Gewänder und täglicher Ablauf wirkt fremdartig und mystisch, aber auch anregend. Zwei Tage lang, noch vor dem Antritt meiner Regentschaft, genoss ich diese Welt. Bei nicht gerade idealem Wetter habe ich mit einem Segelboot die Inseln Fjordlands und Indulfias erkundet. Später kam ich nur noch einmal in diesen Archipel, wobei neben dem Besuch bei meinem Großvater auch Thormia auf dem Programm stand. Neben dem Los der dorthin Verbannten interessierte mich der aktive Vulkan auf der Insel und die Folgen des vorherigen Ausbruchs. Dabei war der noch nicht zu Ende, denn es floss weiterhin glühende Lava aus einem Seitenschlot und versank mit infernalischem Zischen im Meer. Von wegen Teufelsspuk und andere mystische Erklärungen, mit solch vagen „Begründungen" gebe ich mich nicht zufrieden, ich will überzeugende Beweise hören oder mir selbst ein Bild machen. Und so kam ich zu einer eigenen Erklärung, die ich später einmal darlegen kann. All diese kargen Inseln im Thormischen Meer sind, wenn überhaupt, nur dünn besiedelt. Die Ausnahme bildet Thormia auf der viele der Verbannten leben und das fruchtbare Land bestellen. Die Arbeit dort läuft unter steter Bedrohung durch den Vulkan ab, was Teil ihrer Sühne ist.“

Gerlind wollte mehr dazu wissen: „Majestät, wer wird nach Thormia verbannt?“ „Üblicherweise jene, die so große Schuld auf sich geladen haben, dass nach unseren Gesetzen auch die Todesstrafe möglich gewesen wäre. Ich neige dazu lieber Verbannung auszusprechen, als ein Leben auszulöschen. Einige Ausnahmen gibt es unter den Verbannten, nämlich jene, die durch diesen Schock zum Nachdenken über ihr bisheriges Verhalten gebracht werden sollen. Letztes Beispiel dafür war jener Arzt, der mich, als ich in tiefer Ohnmacht lag, aus eigener Anmaßung und nie dazu berufen, zur Ader ließ. Damit hätte er um ein Haar meine gerade noch flackernde Lebensflamme ausgelöscht. Er wurde sofort vom Richter zum Tode verurteilt und von mir, allerdings gegen großen inneren Widerstand, zur Verbannung begnadigt. Sollte er zur Einsicht fähig sein und begreifen, dass er eigenmächtig und aus unzulänglicher Fähigkeit heraus gehandelt hat, wird die Verbannung bald aufgehoben. Allerdings nur dann, wenn er bereit ist hinzuzulernen. Nikolaus meint, er würde durch die Umstände in Thormia seine Grenzen erkennen, und so er Mitgefühl empfindet, über bessere Heilungsmöglichkeiten nachdenken. Es ist ihm erlaubt über den Inselvogt Bitten an die Hofkanzlei zu richten und andere Ärzte um Rat zu fragen. Da er dies immer wieder tut, sehe ich ihn als geläutert an. Ich habe angeordnet meine Vermutung zu überprüfen und ihm die Freiheit wieder zu geben. Dies als Beispiel für die Ausnahmefälle.“

Rechts vor ihnen stieg schroff ein felsiges Eiland auf, die Insel der Albatrosse. Hier nisteten diese Vögel von Menschen ungestört in Wänden und Spalten. Die kleine Fischersiedlung auf der anderen Seite beeinträchtigt sie nicht. Zu Hunderten schwebten die großen Segler der Lüfte über sie hinweg. Bald darauf tauchte vor ihnen die Küste des Festlandes auf und davor die beiden Schiffe, die sie zurückgelassen hatten. Die drei Schiffe fuhren in Kiellinie in den Steenfjord hinein, um die Hafenstadt Steinstrand anzulaufen. Dort erwarteten sie neben allen Bewohnern des Städtchens auch viele hohe Herrschaften. Der Posten auf dem Lummenkap hatte die Kette der Leuchtzeichen ausgelöst, welche die Ankunft der Schiffe nach Seeburg meldeten. Diese Vorlaufzeit reichte aus, um von Seeburg hierher zu reiten. Da Herzog Beowulf scharfe Ritte liebte, war davon auszugehen, dass er seit einer halben Stunde hier wartete. Als sie näher kamen erkannten sie neben dem Herzog auch Prinz Theodemir, Herzog Alarich, Markgraf Thorismund und Graf Markulf sowie deren Gefolge. Hinter ihnen standen zwölf Paladine mit ihren Knappen und auch die beiden königlichen Knappen Ibrahim und Manfred, denen es oblag, die Pferde für das

Königspaar mitzuführen. Es war das erste Mal, dass die Bewohner von Steinstrand so viele hohe Herrschaften zu sehen bekamen, was Begeisterung zeitigte. Als die Schiffe am Kai festgemacht hatten, würde es so wie seit langem üblich beim Besuch des Königbesuchs ablaufen. Eine Planke wurde zum Flaggschiff hinüber geschoben, die der Herrscher zuerst betreten würde. Doch weit gefehlt, stattdessen stürmte die kleine Agnes die Planke hinunter, um sich dem lauthals begrüßten Opi in die Arme zu stürzen. Es war anrührend, wie sich der alte Haudegen Beowulf über die stürmische Begrüßung durch seine Enkeltochter freute und sie herzte. Der kleine Wildfang hatte das Zeremoniell durcheinander gebracht, was den herzlich lachenden Herrscher nicht scherte. Jetzt wollten auch die beiden anderen Enkelkinder zu ihrem Großvater hinüber, was ihnen nicht verwehrt wurde. So begrüßten eben die anderen hohen Herrschaften das Königspaar. Erst nach der Begrüßung seiner Lieben war es Herzog Beowulf möglich, den Herrscher und seine Gemahlin formell willkommen zu heißen. Friedrich bester Laune unterbrach ihn: „Lieber Oheim Beo, wenn Ihr jetzt noch eine Laudatio anstimmt, dann meine ich fast, wir sind uns fremd!“ Er lachte dabei ansteckend fröhlich und umarmte den Herzog. Nach der allgemeinen Begrüßung bestieg das Königspaar seine Pferde. Vom Sattel aus hielt der König eine kurze, aber begeistert aufgenommene Ansprache an die Einwohner.

Für alle anderen, die mit den Schiffen gekommen waren, hatte Herzog Beowulf Pferde und Kutschen bereitstellen lassen. Es wurde ein prächtiger Zug, der von der kleinen Hafenstadt aus zur Herzogstadt aufbrach. Er bewegte sich durch ein weites ebenes Land, in dem sich Äcker, Wiesen und Weideflächen um die vielen Einzelhöfe und kleinen Weiler scharten. Lediglich ein großes Dorf passierten sie, in dem eine Straße abzweigte, die in den rauen Westen des Fjordlands führte. Längst hatte sich herumgesprochen, dass der König des Wegs kommen würde. Von weit her eilten die Menschen zur Straße, um ihn wenigstens einen kurzen Augenblick zu sehen. Daher war die Straße immer wieder von Menschen gesäumt, die dem gemächlich reitenden Herrscher und seinem Gefolge zuwinkten. Auf der linken Seite eröffnete sich immer wieder ein Blick auf die breit und behäbig dahin fließende Odala. Oft umströmte sie mit Bäumen und Büschen bestandene Inseln, schlängelte sich durch Auwälder darüber schwebten viele bunte Vögel. Allmählich schoben sich die Ausläufer der Thulanischen Alpen ins Blickfeld und engten die Ebene ein. Am Horizont zeigte sich das einen Hügel bedeckende Seeburg, die letzten Meilen führte die Straße dicht an der unter ihnen liegenden Odala entlang. Neben der Stadtmauer mit ihren schlanken Türmen stach die Pferderennbahn ins Auge. Auf der Höhe des Siechenhauses wurde die Straße breiter und endete auf einem Torplatz.

Mitten unter der Menschenmenge war das Brautpaar Arnulf und Hildegard zu erkennen, das die Gäste sogleich herzlich begrüßte. Der Stadtpatrizius schloss sich ihnen an und löste mit seinem launigen Willkommen erneut einen Jubelsturm bei den Seinen aus. Was in solchen Augenblicken in ihrem Friedrich vorging, das wusste Amala längst. Aber er war nun mal die Inkarnation von Thule und aller Herr, nur er konnte ihre Wünsche erfüllen. Indem sie ihn bejubelten, feierten sie auch sich und ihre Heimat Thule. Wie hatte er zu Amala gesagt: „So ging es doch jedem meiner Vorgänger, es ist wahrlich kein persönliches Verdienst, sondern dem Königsamt geschuldet. Wer daraus Honig für seine Eitelkeit saugt, der hat nichts begriffen. Ich erwarte von meinen Thulanern Respekt und Treue, sorge für Schutz, gute Verwaltung und Wohlstand, so weit mir das eben möglich ist. Damit haben sie etwas von ihrem Herrscher, stehen zu mir und zu unserem Reich." Gutgelaunt dankte der König für den Empfang und wünschte allen einen schönen Verlauf der Festlichkeiten, was mit Freude aufgenommen wurde. Viele neugierige und wohlwollende Blicke galten der Königin, von der sie zwar wussten, aber nun leibhaftig zu sehen bekamen.

Danach ging es durch eine Gasse in der Menge hinein in die Herzogstadt, deren Kernstadt sich über ihren Köpfen erhob. Erst einmal führte der Weg an der Odala entlang, zog vorbei an Gasthäusern und Handwerksbetrieben, so wie es häufig in Thule war. Die hungrigen und vor allem durstigen Reisenden hatten ja oft schon eine lange Reise hinter sich, es drängte sie am Ziel erst einmal zu Bier und Schmaus. Am Ende der Straße eröffnete sich ein erster Blick auf den zauberhaften Längsee, dessen türkisfarbener Glanz ihnen entgegenstrahlte. Die Straße zog sich rechter Hand steil hinauf, weitete sich und mündete in einen Platz ein. Vor ihnen baute sich der gewaltige Dom St. Martin auf, eine der größten Kirchen Thules. Zwischen ihren beiden Türmen zeigte sich hinter der breiten Treppe ein reich gezierter Haupteingang. Hier würde sich das Brautpaar nach der Trauung den wartenden Fjordländern zeigen. Heute jedoch wurde ein anderer erwartet und bei seinem Erscheinen bejubelt. König Friedrich, der Urenkel Herzog Gesalichs, war für sie nicht nur der Herrscher Thules sondern auch einer der Ihren. Er und seine Gemahlin grüßten in die Menge und fachten damit den Jubel noch einmal heftig an, winkend ritt das Königspaar hinein in die herzogliche Burg.

Sie stiegen im ersten Hof ab, wobei der König seiner schwangeren Gemahlin selbst vom Pferd half, was längst keine Demonstration mehr war, sondern Fürsorglichkeit des Ehemanns. Im darauf folgenden Hof hatten sich viele edle Herrschaften um die freudestrahlende Herzogin Elsa geschart. Wie nicht anders zu erwarten, kippten Gerlinds Kinder das Zeremoniell und stürmten zur geliebten Omi, die Mühe hatte alle drei hochzunehmen und von Herzogin

Amala unterstützt wurde. Natürlich wurde das königliche Paar gebührend begrüßt, aber dank der Kinder eher familiärer als üblich. Das hohe Paar wurde im Gästehaus in einem riesigen Zimmer mit neuem Bad untergebracht. Nur dieses Zimmer hatte einen Balkon, der ihnen einen einmaligen Ausblick auf den See zu ihren Füßen schenkte. Weit konnte der Blick nach Norden schweifen, glitt über die sanften Hügel beidseits des Sees, die dann in die hohen schneeverzauberten Berge der Thulanischen Alpen übergingen. Der Längsee konnte sich zwar an Größe nicht mit dem Amelungensee messen, aber an Schönheit stand er ihm nicht viel nach. Unmittelbar unter ihrem Balkon ragte aus der Felswand ein mit Bäumen bestandener Felsvorsprung. Das musste jener Auslug sein, auf dem sich Gerlind und Bodo zu ihrer Liebe bekannt hatten. Der Balkon ragte über die steile Treppe hinaus, die zu diesem lauschigen Plätzchen hinabführte. Da das abendliche Festmahl erst in zwei Stunden stattfinden würde, bestand Friedrich darauf, dass Amala bis dahin der Ruhe pflegte. Ihre Neugierde auf die schöne Burg und mehr noch auf das Gespräch mit den Verwandten und Freundinnen musste sie hintanstellen, sie *gehorchte* ihrem liebevollen, aber auch bestimmten Gebieter. Und es tat ihr gut, Amala erwachte erfrischt auf und war bereit für einen schönen Abend.

Vor dem Palas hatten sich die Gäste eingefunden, genossen die anregenden Gespräche, sprachen dem köstlichen Mahl zu und den edlen Weinen aus Beowulfs Keller. Der goldrot leuchtende Sonnenuntergang sorgte für eine besondere Abendstimmung. Das Inselchen St. Peter mit seiner Kapelle und dem alten Turm erglänzte in den letzten Sonnenstrahlen. Die fast kreisrund gebaute Seeburg war fürwahr ein lauschiger Fleck, der sich als Halbinsel in den See hinein schob. Mit ihren drei Vorhöfen war sie sehr geräumig und bot den Gästen samt Gefolge gute Unterkunft. Brunnen, Bäume und Sträucher setzten Akzente und nahmen dem alten Gemäuer alles Düstere. Diese südliche Heiterkeit gewann noch durch überall rankende Rosen und Passionsblumen. Gerlinds Heimat, den einstigen Stammsitz der stolzen Hohenberger, empfand Amala als heimelig und repräsentativ. Besonders der hohe Palas beeindruckte, aber auch das Gästepalais, einst das Domizil der herzoglichen Familie, konnte sich wahrlich sehen lassen. Doch das war eigentlich nur der Rahmen, denn wie stets in der großen Familie des Hochadels, begingen sie den Vorabend eines großen Ereignisses fröhlich.

Die eigentliche Hochzeit stand dem nicht nach. Kurz nur war der Weg des Brautpaares zum Dom, ihnen folgten ihre Angehörigen und Gäste. Nicht durch den Haupteingang betrat der erlauchte Zug den Kirchenraum sondern durch die Paradiespforte des Querschiffs. Vor dem Altar war Platz für die Hochzeitsgesellschaft freigehalten worden, während der Hochadel im Chor Platz fand. Das königliche Paar saß, so wie überall in Thule, gut sichtbar auf einem erhöhten Platz. Fast alle Bewohner Seeburgs und viele Fjordländer drängten sich im Dom, oder harrten auf dem Platz der Jungvermählten. Zwei Bischöfe nahmen die Trauung vor, ein Katholik und ein ehemaliger Arianer. Sie harmonierten unter den Augen des Königs gut miteinander, was sie danach auch an der Hochzeitstafel bewiesen. Gerlinds Töchter Agnes und Elsa waren unter den sechs Mädchen, die mit großem Ernst Blumen streuten. Hildegard war eine hinreißend aussehende Braut, sie trug einen Schleier und ein kleines Krönchen, der Hinweis darauf, dass sie einmal die Herzogin sein würde. Kaum zu hören war ihr gehauchtes Ja, dafür war jenes von Arnulf umso deutlicher.

Nachdem sich das Gotteshaus geleert hatte zog das junge Ehepaar durch das Spalier der Edlen des Herzogtums, sie kreuzten über ihnen ihre Schwerter, schufen so einen symbolischen Durchgang. Es bedeutete: Wir werden immer zu euch stehen. Oben auf der Treppe hielten sie an, erfreuten sich an den Glückwünschen der begeisterten Volksmenge. Dies war das untrügliche Zeichen dafür, dass Herzog Beowulf und seine Familie nach anfänglich zögerlicher Akzeptanz nun voll anerkannt waren. Da der König sich bewusst im Hintergrund gehalten hatte, konnten sie ihn nicht so richtig sehen, was viele schade fanden und auf eine andere Gelegenheit hoffen ließ. Aufgrund der vielen Menschen konnte Amala, die zum ersten Mal hier weilte, nicht viel von der Stadt wahrnehmen. Gerlind, änderte dies mit ihrer Einladung an die Königin und Prinzessin Adelheid sowie Gräfin Beatrix zu einer Stadtrundfahrt mit der herzoglichen Kutsche. Dem schlossen sich noch weitere Damen an, so machten sich drei gut besetzte Kutschen auf den Weg.

Erst einmal fuhren sie hinein in den auf einem Felsplateau liegenden dicht bebauten alten Stadtbereich. Im Westen und im Norden umgaben der See und die aus ihm abfließende Odala die Herzogstadt, gen Süden und Osten schützten starke Mauern vor feindlichen Angriffen. Die Oberstadt prägten viele kleine, bunt gestrichene Häuser mit spitzen Giebeln und Blumenkästen vor den Fenstern. Die sonst in Thule vorherrschenden Paläste und Häuser mit ihren schönen Innenhöfen waren hier eher selten zu finden. Kleine Plätze, etliche mit Brunnen in der Mitte und viele Gassen fielen ins Auge. Handwerker und Kleinhändler, die das weite und bäuerliche Fjordland als Einzugsraum hatten, fanden sich häufig. Dieser kleinstädtische Eindruck verlor sich in der großzügiger angelegten zweigeteilten Unterstadt. Zu ihr ging es auf einer rampenähnlichen Straße hinunter, linker Hand zeigten sich See und Hafen. An den Fuß des Plateaus schmiegte sich die einstige Seevorstadt, Reste der Stadtmauer ließ die einstige Ausdehnung der Stadt erkennen. Der früher vor dem Seetor liegende Friedhof lag nun am Gesalichplatz aber innerhalb des Mauerrings. Dem ersten Herzog des Fjordlandes und Gefährten König Indulfs I. hatten seine Nachfahren ein Denkmal errichtet, das von hohen Bäumen beschattet wurde. Vom Platz zweigten mehrere Strassen ab, eine führte hinaus zum Lukastor, hin zu der riesigen Arena, dem sonntäglichen Tummelplatz der pferdeverrückten Seeburger. Am Gesalichplatz lagen auch die in der ersten Inselzeit erbaute Kirche St. Lukas und dahinter das gleichnamige Kloster.

Gerlind drängte es, den Gästen den Stolz ihres Vaters vorzuführen – die renommierte Hochschule für Bergbau und Technik. Amala hatte von dieser schon gehört und wusste, dass ihr Gemahl auf diese Hochschule große Stücke hielt. Wie sie erfuhr, wurde dort das erforderliche Wissen gelehrt und praktisch angewendet. Lehrende und Studenten dachten hier über neue Verfahren und Möglichkeiten im Bergbau, Straßen- und Brückenbau wie in anderen Bereichen der Technik nach. Immer wieder war diese Hochschule erweitert worden. Die vielen Bänke unter hohen Bäumen luden zum Ausruhen ein, was laut Gerlind kaum genützt würde. „Unsere Studenten sind ein eigener Schlag, sie sind fleißig und dem Vergnügen eher abhold, darauf versessen Wissen zu erwerben und Neues zu entwickeln. Heute, an diesem Festtag sind sie allerdings droben unter den Feiernden auf dem Domplatz." Flächenmäßig war dieser Stadtteil fast so groß wie die Oberstadt, aber weitläufiger bebaut und von viel weniger Menschen bewohnt. Natürlich fuhren sie noch hinunter an den Hafenplatz, um einen Eindruck von See und Hafen zu gewinnen. Randvoll waren die beiden Hafenbecken und Molen mit Schiffen und Booten belegt, welche die Menschen zum großen Fest gebracht hatten. Der See breitete sich vor ihnen aus, erglänzte im morgendlichen Licht und lud ein, ein Schiff zu besteigen, um den Tag auf dem See zu verbringen. Doch das Hochzeitsmahl harrte ihrer. Daher fuhren sie nun zurück, entlang der Lagerhäuser und Kellereien, hinter denen tiefe Gänge in den Fels hineingetrieben waren. In diesen kühlen Höhlen lagerten Wein, Bier, Fleisch und Fisch sowie noch andere verderbliche Güter. Alles was dem See geraubt oder in seinem Umland erzeugt wurde, landete im Hafen an, wurde verteilt an die Händler und die Lagerhäuser. Gerlind drängte zur Eile, die Kutscher trieben ihre Pferde an, das Fest sollte doch pünktlich beginnen.

Je weiter sie den Seesteig hinauf fuhren, desto intensiver wurden der Geruch von gebratenem Fleisch und die Klänge der Musikinstrumente. Mit Mühe kamen die Kutschen an den vielen sie grüßenden Menschen auf dem Domplatz voran. Hier feierten die Fjordländer das große Fest; Herzog Beowulf hatte reichlich für Essen und Trinken gesorgt. Ochsen und Schweine drehten sich am Spieß, Fische und Innereien lagen auf dem Grill, jeder konnte sich satt essen und mehr als das. Die großen Fässer mit Wein und Bier würden bis zum Morgengrauen zur Neige getrunken sein, manch mitgebrachter Krug würde nicht überleben und so mancher Gast den Weg zur Wohnung oder Herberge nur mühsam bewältigen. Beatrix in ihrer so trockenen Art warf ein: „Sie alle werden mehr essen und trinken als sie zuvor für möglich gehalten hatten. Wenn Essen und Trinken umsonst sind, weitet sich der Magen unglaublich!“

An der unter den Platanen des großen Hofes aufgebauten Hochzeitstafel mangelte es an nichts, weder an edlen Getränken noch an erlesenen Speisen. Herzog Beowulf wollte in seinem Vaterstolz seinem Ältesten und der ihm so willkommenen Schwiegertochter ein rauschendes Fest bieten. Natürlich hatte ihn die Teilnahme des Königspaares zu allem erdenklichen Aufwand angetrieben. Er wollte seiner sprichwörtlichen Gastfreundschaft die Krone aufsetzen und heimste dafür von allen Seiten großes Lob ein. Sogar der hierin sparsame Herrscher hatte offenkundig in Meerburg dazu gelernt, er fand in seiner Dankesrede anerkennende Worte und machte damit das Herzogspaar glücklich. Zuvor hatte der König seinem Nennoheim Beowulf geholfen, einen schwierigen Punkt zu lösen, der die Sitzordnung betraf. Stets bildete das Königspaar den Mittelpunkt jeder Tafel, folgten die Hochadeligen streng nach Hierarchie und Alter. In diesem Fall hätte dies bedeutet, dass das Brautpaar, der eigentliche Anlass dieses Festes, abseits hätte sitzen müssen. König Friedrich schlug vor, zwei Tafeln einander gegenüber zu stellen, um an der einen das Brautpaar in den Mittelpunkt zu rücken und daneben alle Gäste so anzuordnen, wie dies den beiden Familien gebührte. „Die andere Tafel könnt Ihr dann so wie lange eingespielt besetzen. Platziert neben mich Herzogin Amala und gesellt ihr den Herzensbruder, meinen Schwiegervater, an die andere Seite und danach so wie stets.“ Da alle zufrieden waren, hatten der König und sein Oheim Beowulf alles gut bedacht. Außerdem würden sie sich ja nach Aufheben der strengen Ordnung immer wieder anders setzen. Eigene Tische hatten die anderen Edlen und die Kinder, die jedoch meist an einem anderen Fleck des idyllischen Hofes spielten.

Nach dem so ausgedehnten und üppigen Mahl wurden die Geschenke überreicht. Das Brautpaar erhielt viele erlesene Preziosen, Gegenstände und Waffen. Als der König zwei Pferde herein führen ließ, verblasste alles andere dagegen. Arnulf musste trotz des Festgewandes unbedingt auf seinem neuen Hengst Altan durch den freien Platz im Hof reiten und hatte etwas Mühe mit dem feurigen Pferd. Hildegard begnügte sich damit ihre Adalgisa zu kosen und zu tätscheln. Beide waren den Pferden zugetan und nun hatten sie je eines der königlichen Wunderpferde, was nur wenigen vergönnt war. Arnulf sah in den beiden Schecken die Reservepferde des Königspaares, nie wäre es den Brautleuten in den Sinn gekommen, als Hochzeitsgeschenk etwas derart Kostbares zu erhalten. Jeder an der Tafel wusste um den Wert dieser Tiere und darum, dass sich Friedrich jedes der edlen Geschöpfe abringen musste. Ein Pferd vom König bedeutete für jeden eine große Auszeichnung und Wertschätzung. Abschließend unternahm die Hochzeitsgesellschaft eine Reise auf dem wunderschönen von Zypressen gesäumten und von fernen Schneebergen gegrüßten See. Ganz erfüllt verließen die Gäste am anderen Tag das gastliche Haus. Das Königspaar bestieg in Steinstrand das Schiff und wurde wieder, durch Petri Gunst getragen, mit einer angenehmen Seereise beglückt. Dadurch gewannen sie einen ganzen Tag gegenüber dem ursprünglichen Zeitplan, den der König zu einem Zwischenhalt nützen wollte.

Abb. 9 Die Herzogstadt Seeburg

Ein unerwarteter Besuch

Nachdem Kapitän Graf Gerold in Meerburg von Bord gegangen war, fuhr das Schiff getrieben von kräftigem Westwind in der Nacht an der Küste Fjordlands entlang und schon im Morgendämmer in den Schlund des Amelungensunds hinein. Kurz darauf wurden sie von der in den Morgenstrahlen glänzenden Drachenburg herab mit Flaggen gegrüßt. Zwei Stunden später passierten sie die unbewohnte Insel der Sturmtaucher, hinter der eine große Insel in ihr ins Blickfeld trat. Abweisend und wüstenkarg lag die Nordspitze von Helliland vor ihnen. Nach wenigen Meilen sichteten sie Helliborg und verursachten in der kleinen Hafenstadt helle Aufregung. Das Königsschiff mit der gehissten staufischen Flagge machte allen klar, König Friedrich selbst befand sich an Bord und stattete einen überraschenden Besuch ab. Amala kam es so vor als wäre ein Fuchs in den Hühnerstall eingebrochen, die Menschen eilten rufend durcheinander, vor zur Mole und wieder zurück, um noch andere zu informieren. Irgendwie funktionierte es aber doch, die kleine Stadt hatte sich entleert, alle Menschen standen am Kai und winkten voller Begeisterung. Das Schiff hatte noch nicht ganz angelegt, da öffnete sich eine schmale Gasse in der Menge. Geführt von einer jungen Frau schritt unsicheren Schritts ein alter Herr auf das Schiff zu, der sich auf seiner anderen Seite eines Stocks bediente. Der vornehme Herr war sichtlich darum bemüht, keinen hinfälligen Eindruck zu machen, obgleich ihm von Nahem die Schmerzen anzusehen waren.

Der König und seine Gemahlin gingen von Bord und schritten auf das ungleiche Paar zu. Amala erkannte die große Freude in dem schmalen, doch von Leid geprägten Gesicht des alten Mannes. Als sich die Königin dem Mädchen zuwendete, war ihre Verwunderung groß. Selten hatte sie ein solch schönes Wesen gesehen. Üppige braun gelockte Haare schlangen sich zum Kranz gebunden um das schmale Gesicht mit den großen strahlenden Augen. Die Schöne blickte scheu, ja fast ängstlich auf das Königspaar. Aber Friedrich sah nur den alten Herrn, ging auf ihn zu, der ihn nun herzlich willkommen hieß. Es handelte sich um den Grafen Federico Caserta, den Vater von des Königs Freund Enzio und von Vilfredo, der beim großen Prozess für den Nuntius übersetzen durfte. Sein „Benvenuto Federico“ ging beinahe in der herzlichen Umarmung des Königs unter, den so geehrten Grafen zu Tränen rührend. Mühsam vermochte er sich zu fassen, zu überraschend war der plötzliche *Überfall* für ihn. Jetzt erst begrüßte er den König von Thule mit Majestät und die Königin, der er die Hand küsste, mit Königliche Hoheit. „So also sieht der Engel von Thule aus, der in aller Munde ist. Regina mia, Ihr seid wirklich wunderschön. Federico, mein verehrter König, dass Ihr gekommen seid und auch Eure Gemahlin, erfreut mein altes Herz über alle Maßen, ich bin ganz gerührt.“ Erst jetzt wurde der König des Mädchens gewahr, das schüchtern dabei stand. Er schaute sie an, erkannte sie, lächelte und sagte „Bianca“. Nun ging die Sonne in ihrem Gesicht auf und sie entgegnete: „Ja, Eure Majestät, die bin ich.“ Vor einigen Wochen noch wäre Amala vermutlich eifersüchtig geworden, denn nun nahm ihr Gemahl die Schöne in die Arme und küsste sie auf beide Wangen. „Bianca, was bist Du groß und schön geworden, kleine Schwester Enzios. Verzeiht, dass ich Euch noch geduzt habe wie einst als Ihr noch ein Kind ward, Contessa.“ „Bitte Majestät bleibt dabei, ich habe mich so darüber gefreut.“ Das gilt, aber dann lässt Du im kleinen Kreis auch das Majestät!“ „Ja, aber ich…“ „Kein aber, Bellissima, capito Bianca?“ „Si si, Re Federico grande e majestoso“ gab sie ihm glücklich lächelnd zur Antwort. Danach wendete sich die junge Gräfin an die Königin. „Seid ganz herzlich willkommen, verehrte Königliche Hoheit. Ich freue mich ja so Euch endlich auch sehen zu dürfen. Vilfredo hat uns so begeistert von Euch berichtet und Euch in den höchsten Tönen gepriesen. Alle reden von Euch und sind hellauf begeistert von der großen Liebe, die unser Königspaar vereint. Und nun wartet ganz Thule sehnsüchtig auf das Kind des hohen Paares.“ Für Bianca war Amalas Gemahl so wie ein großer Bruder, wenn auch verehrt als der höchste Herr des Reiches. Als kleines Mädchen hatte sie, wie sie anschließend der Königin erzählte, Friedrich als Freund ihres Bruders Enzio erlebt. Öfter sei er in Helliland gewesen und sie habe ihn auch gesehen als sie ihren großen Bruder in der Heiligen Stadt aufgesucht hatte. Später, bedingt durch sein hohes Amt, sei der Herrscher leider nur noch wenige Male in Helliborg gewesen.

Das Staatsschiff hatte nach einem schwierigen Manöver, unterstützt von einigen kräftigen Fischern am Kai der äußeren Mole festgemacht, denn nur hier hatte es ausreichend Wasser unter dem Kiel und dies auch nur bei Flutstand. Daher musste die *Friedrich Theoderich* das Hafenbecken alsbald wieder verlassen und erhielt Order, das Königspaar am nächsten Nachmittag wieder abzuholen. Doch dann schob der König noch etwas nach: „Falls Graf Vilfredo Caserta in Hildebrandtsvik weilt, bitte ich ihn uns mit einem kleineren Schiff abzuholen.“ Das Schiff legte wieder ab, um wenige Stunden später im Arsenal einzulaufen. Mit an Bord blieb Gräfin Beatrix, die mit ihrem Mann Thorismund in deren Gut Landstein ein längeres Wochenende zu verbringen gedachte. Beim Königspaar blieben zwei Leibwächter, der Knappe Manfred und die treue Zofe Irmingard sowie drei Knechte, die sich um das königliche Gepäck kümmern würden.

Das Städtchen Helliborg – oder war es doch eher ein großes Dorf – hatte Amala zuvor nicht so richtig wahrgenommen. Vom Sund aus betrachtet wurde es erst einmal von der langgestreckten Burg verdeckt, die auf einem Ausläufer des hinter Helliborg ansteigenden Hügels lag. Die weitere Ausdehnung des Ortes hinderte nicht nur die Grafenburg sondern auch dieser Hügel, dessen Abhang die schützenden Stadtmauern trug. Als das Schiff den Ort nicht mehr verdeckte, bot sich Helliland den Blicken dar. Die farbenfrohe Menschenmenge zog zwar die Blicke auf sich, aber des Städtchens Anmut wie seine ungewöhnliche Baustruktur entging Amala nicht. Vorbei ging es an Lagerschuppen, die sich an die hohe Kaimauer anlehnten und an einem Kirchlein endeten. Dann waren sie auch schon am inneren Kai. Sich ehrfürchtig verneigend machten die Menschen dem hohen Paar Platz. Sie freuten sich über die Grüße und das Winken der Königin. Sie blickten ehrfürchtig auf den Herrscher, den verehrten Heros seines Volkes und staunten über dieses unerwartete Erlebnis. Die große Ehre, die der König ihrem Vater und damit auch seinen Anvertrauten zuteil werden ließ, sei für alle etwas Unvergessliches, flüsterte Bianca der Königin zu. Die junge Gräfin war nicht minder stolz über diese Auszeichnung. Den Gewändern der Menschen nach zu schließen waren Fischer und Wollweber in der Überzahl, aber auch noch andere Berufe vertreten. Alle hatten ihre Arbeit unterbrochen, um dieses seltenen Ereignisses teilhaftig zu werden.

Langsam näherte sich der Allgewaltige den hier dicht gedrängt stehenden Menschen. Er selbst stützte anstelle von Contessa Bianca den alten Grafen. Der Herrscher trug zwar eine vornehme blaue Tunika und den Goldreif im Haar, sonderlich prunkvoll trat er jedoch nicht auf. Den Älteren unter ihnen war der König noch als Kindkönig in Erinnerung, der einst hier zusammen mit den Grafensöhnen ihr Städtchen beehrt hatte. Deshalb bedurfte es nach Ansicht der Thulaner weder Prunk noch Gold, ihr großer König wirkte aus sich heraus. Nach ihm, geleitet von Gräfin Bianca, schritt Königin Amala, der Engel von Thule, von der auch in Helliborg viel die Rede war. Ihr Anblick bestätigte den Ruf, den sich die hohe Frau in kurzer Zeit erworben hatte. Es lag nicht nur an ihrer Schönheit und dem edlen Gewand sondern an ihrer warmherzigen Ausstrahlung, der sich niemand entziehen konnte. So also sah ihre junge Königin aus, eine Freude für alle Helliborger.

Die Mole ging in einen langgestreckten Uferplatz über, den hohe Häuser mit flachen Dächern und breiten Balkonen säumten. Nur eines der Häuser fiel aus dem Rahmen, nicht durch seinen schönen schmiedeeisernen Balkon sondern durch das Walmdach, das sonst nur noch die beiden Torhäuser an den Enden des Platzes hatten. Auf dieses Haus, das Rathaus, steuerte König Friedrich zu und stellte sich auf die Stufe des Eingangs. Er wendete sich den Menschen zu mit der Amala so vertrauten königlichen Geste. Würde sie auch hier wirken? Rufe, Gespräche und Gemurmel verstummten, und der König sprach zu seinem Volk. „Edler Graf Federico, liebe Bianca, meine Getreuen. Obwohl wir euch in der Morgenfrühe *überfallen* haben, heißt ihr uns freundlich willkommen. Längst schon wollte ich euer mir seit Kindertagen so lieb gewordenes Helliborg wieder aufsuchen, und doch dauerte es so viele Jahre. Warum dies so war, das wisst ihr alle. Wir lebten in bewegten Zeiten, die wir miteinander überwunden haben. In unserem Thule herrscht wieder Eintracht und Frieden, findet endlich auch Anderes gebührenden Raum. Auch an euch ist diese schlimme Zeit nicht spurlos vorüber gegangen. Meine Freunde Enzio, Tancred und Manfred sind nicht mehr unter uns, sie haben eine schmerzliche Lücke hinterlassen. Ihrer gedenke ich nicht nur hier in ihrer Heimat dankbar, sie bleiben unvergessen. An meinen Freund Enzio erinnert ein Denkmal in meinem Garten, es mahnte mich all die Jahre, seine Mörder zu finden und zur Rechenschaft zu ziehen. Diese haben endlich gesühnt und der Mord an Enzio ist gerächt. Über diesen Verlust sind nicht nur seine Eltern schwer hinweggekommen." Ergriffen lauschten die Menschen diesen Worten, Federico und Bianca Caserta weinten, auch andere geboten ihren Tränen keinen Einhalt. Wieder kam die magische Geste und ihr Herrscher sprach weiter: „Doch das Leben muss weitergehen und in ihm alles getan werden, um unserem Thule den Frieden zu erhalten und den Wohlstand aller zu mehren. Meiner drei Freunde zu gedenken und ihnen zu danken, heißt auch in ihrem Sinne das eigene Leben auszurichten. Dazu gehört Fleiß bei der Arbeit, Freude am Dasein und ein gutes Miteinander in den Familien wie mit den Nachbarn. Meine Getreuen, so geeint erringen wir eine gute Zukunft, bieten wir allen Fährnissen die Stirn und finden unser Glück. Ich wünsche Euch nun frohes Schaffen und Eurem Tun Freude und Erfolg." Derart persönliche Worte hatte niemand erwartet, aber sie erreichten die Menschen und verbanden sie mit ihrem Herrscher.

Danach verließ das Königspaar winkend den Uferplatz. Amala, die davon ausgegangen war, hoch zur Burg zu gehen, war überrascht. Warum ging es denn nun direkt neben dem Rathaus durch eine schmale Pforte? Ein kleiner Platz nahm sie auf, kurz nach links und wieder nach rechts schritten sie auf ein Palais zu, die Heimstatt des Grafenpaares. Der Palazzo Caserta, ein vierstöckiges rötlich gestrichenes Gebäude mit einem mächtigen Walmdach, war von Platanen umringt. An der Eingangspforte erwartete sie Gräfin Caserta. Amala, die eine dunkelhaarige Frau erwartet hatte, traf auf eine graublonde Gotin, deren Herzlichkeit an diejenige der Apulier erinnerte. „Friedrich, Hohe Majestät, welch eine Freude Euch wiederzusehen." Sie strahlte wie eine Mutter, die den Sohn lange nicht gesehen hatte. Der König schloss sie in die Arme und stellte sie seiner Gemahlin vor. „Amala, das ist meines Freundes Enzio Mutter, mir eine liebe mütterliche Freundin." „Seid herzlich willkommen, Königliche Hoheit. Den Engel von Thule in unserem Haus begrüßen zu dürfen stellt für uns eine riesige Ehre dar. Bitte verzeiht, dass ich Euch nicht schon am Hafen begrüßt habe, aber ich wollte doch hier im Hause noch ganz schnell für einen solch hohen Gästen gemäßen Empfang sorgen!" „Wir haben Euch mit unserem überraschenden Besuch in Schwierigkeiten gebracht, Gräfin Caserta?" Fröhlich lachend stieg sie darauf ein: „Solche *Schwierigkeiten* hätte ich gerne öfters, denn das Leben fährt zumeist draußen auf dem Sund mit stolzen Schiffen vorüber. Selten verirrt sich eines in unseren Hafen." Das ließ ihre Tochter Bianca so nicht stehen: „Mama, Vilfredo kommt doch öfters zu uns und Oheim Hildebrecht kommt ab und an auch vorbei." „Du hast recht, mein Schätzchen, das Gewohnte übersieht man allzu leicht. Bitte, Friedrich und Königliche Hoheit, ich würde das Gespräch nun doch lieber im Hause führen als hier draußen, angestarrt von vielen Menschen. Habe ich Dich jetzt übergangen, Rico?" „Das machst Du doch nie", spottete ihr Mann. Sich an den König wendend sagte er: „Wir sind zwar die Hausherren, doch unsere lieben und starken Frauen wissen uns zuführen."

Das kleine Geplänkel fand bereits in der Eingangshalle statt, von der aus sich der Innenhof, ein wunderschöner von Säulen umstandener Gartenraum einsehen ließ. Ihn verzauberten vier Bäume, zwei Brunnen, Blumenkübel und Statuen. Unter den Arkaden unmittelbar nach der Eingangshalle hatte die Hausherrin eine Tafel eindecken lassen, um die sich sieben Stühle gruppierten. Wer würde denn noch dazu stoßen? Bevor diese Frage beantwortet wurde, nahm die Gräfin, und dies fast erschreckt, Manfred, den Königlichen Knappen wahr. Sie fragte die Königin nach diesem jungen Mann. „Dieser Knappe meines Gemahls ist Manfred von Sternfels und erst seit einigen Monaten am Hof." Amala winkte Manfred zu sich her, um ihn den beiden Gräfinnen vorzustellen. Dies gab ihr selbst die Gelegenheit den Jungen wieder einmal bewusst zu betrachten, denn ansonsten war er einfach da, verrichtete aufmerksam und ohne Aufheben seine Aufgaben. In jüngster Zeit war er noch etwas gewachsen, seine Schultern breiter geworden, alles in allem war er ein sehr gut aussehender junger Mann. Blond sein wallender Schopf, er trug die Haare länger als sein Herr. Manfreds Umgangsformen waren vollendet, er war zu einem höflichen und sprachgewandten Jungen herangewachsen. Die Nähe des Königs hatte ihn geformt, der erste Knappe Ibrahim und die Schlossschule hatten daran auch ihren Anteil. Manfred hatte die Gräfin Caserta offenkundig beeindruckt, die ihn zuerst erstaunt und dann immer wohlwollender ins Gespräch gezogen hatte. Und wie verhielt es sich mit Bianca? Diese schien er zu beunruhigen, denn sie wirkte Manfred gegenüber längst nicht so sicher wie im Gespräch mit der Königin. Friedrich, der mitbekommen hatte, dass Manfred den Damen vorgestellt wurde, beorderte ihn zu sich, um ihn auch dem Hausherrn vorzustellen. Auch er musterte den Knappen überrascht. „Junger Herr, Ihr nennt Euch Sternfels, wie heißt denn Euer Vater?" „Edler Graf Caserta, mein Vater hieß wie ich, ein Nordmännerspeer raubte ihm das Leben!" „Hatte Euer Vater Brüder oder Cousins?" „Ich weiß von keinem, denn sonst hätten wir nach Vaters Tod deren Hilfe erhalten." „Und Euer Großvater, nannte der sich Manfred?" „Nein, er hieß wie unsere Hohe Majestät Friedrich, war eines Grafen dritter Sohn und starb als ich fünf Jahre alt war." Graf Caserta stellte die Auskunft Manfreds nicht zufrieden, er setzte daher nach. „Junger Herr, ist Euch vielleicht ein Neck- oder Kosename bekannt?“ Manfred nickte: „Das schon, meine Großmutter rief ihn zumeist Ferro!“ Des alten Grafen verklärte Freude: „Also doch, Du bist der Enkel meines Freundes und Lebensretters Ferro von Sternfels, des eisernen Kämpen!“ Gerührt schloss er den Überraschten in seine Arme. „Sei auch Du willkommen in unserem Hause, Enkel des unvergessenen Freundes.“

An die üppig gedeckte Tafel wurden vier weitere Stühle gestellt, denn der König bat den Hausherrn, dass neben Manfred auch seine adeligen Leibwächter und der Königin Zofe dabei sein sollten, was gerne gewährt wurde. Die Hausherrin bat zu Tisch, lud ihre Mutter und ihre Schwägerin dazu. Gräfin Claudia hatte die uralte Dame geführt, die mit unsicheren Schritten den Arkadengang entlang kam. Der König war ihr entgegen gegangen und begrüßte die alte Dame mit großer Achtung. „Ich freue mich, Euch, die geliebte Nonna meines Freundes Enzio, wohlbehalten anzutreffen.“ „Hohe Majestät, lieber Friedrich, Ihr schmeichelt mir, mein Alter fordert schon seinen Preis. Aber ich lebe noch immer gerne, werde hier ganz lieb umsorgt, genieße meine beiden Enkel Vilfredo und Bianca und meine drei Urenkel, Vilfredos Kinder.“ Die Königin hatte sich ihres Gemahls Begrüßung angeschlossen, dann erst erblickte die alte Dame den Knappen Manfred und wirkte leicht verwirrt: „Enzio…, nein der ist seit vielen Jahren tot, mein Junge, auf den ersten Blick gleichst Du ihm sehr.“ Darum hatten die Casertas Manfred so angestaunt, alle erinnerte er schmerzlich an Enzio, den Liebling aller. Wie nicht anders zu erwarten war, drehte sich anfangs die Unterhaltung um Enzio, seine Zeit am Königshof und als Begleiter seines Herrn und Freundes in Italien. Danach stand die Königin im Mittelpunkt, denn Graf Vilfredo hatte ja am Prozess teilgenommen. Der Sohn des Hauses hatte Amalas Verhalten und die Liebe des Königs zu ihr gerühmt, ihre strahlende Schönheit und gewinnende Herzlichkeit herausgestellt.

Amala war froh als ihr Gemahl zu ihrem Vater überleitete, denn er war ja auch der Casertas Herzog. Der Graf unterstrich die Mühe Herzog Wittichs mit dem störrischen Adel von Stormland. „So wie zuvor Herzog Eurich seine Schwierigkeiten mit Markgraf Wittich, Gaugraf Ardarich und mir hatte, und noch mit einigen anderen Edlen, ging es bis vor kurzem dem edlen Herzog Wittich mit den Getreuen Eurichs. Friedrich, Euer gewaltiger Hieb gegen den Gaugrafen Walafrid und seine Anhänger hat meine Standeskollegen zutiefst erschreckt. Einige beginnen umzudenken und erleben die eingeleiteten Veränderungen als positiv. Die ewig Gestrigen kuschen nun und tun alles dazu, um Euren Unwillen zu vermeiden.“ Friedrich entgegnete ihm: „Lieber Graf, auf die Uneinsichtigen bauen wir nicht, auf die anderen schon. Ich helfe meinem Schwiegervater, wo er dies wünscht und gehe davon aus, dass wir das Rad ein für alle mal herumgedreht haben.“ „Majestät, das sehe ich auch so, zumal alle

Neubesetzungen aus meiner Sicht sehr gut bedacht waren. Verzeiht mir eine neugierige Frage, wer wird denn unser neuer Gaugraf?“ Friedrich zögerte etwas mit der Antwort: „Lieber Graf, da schneidet ihr einen schwierigen Punkt an, denn hier stehe ich in einem Konflikt mit mir selbst, und der dreht sich um Euren tüchtigen und mir so getreuen Sohn Vilfredo. Einerseits braucht ihn Prinz Theodemir als einen der noch zu ernennenden Admiräle. Andererseits wünsche ich ihn mir als neuen Gaugrafen und damit als Stütze für meinen Schwiegervater. Theodemir geht es nicht anders als mir. Einerseits würde er Vilfredo seinem Oheim Wittich gerne überlassen, wenn er ihn selbst nicht so dringend bräuchte. Mein Schwager und ich haben beschlossen, Vilfredo selbst die Entscheidung zu überlassen; und hoffen für die offenbleibende Position doch noch eine passende Lösung finden.“ Graf Caserta wiegte nachdenklich seinen Kopf. „Das wird für ihn eine schwere Entscheidung, denn er ist mit Leib und Seele Seekrieger. Doch die Chance Gaugraf werden zu können, noch dazu im eigenen Gau, wo er sicher voll akzeptiert würde, die bekommt er nur einmal. Hier wird unsere liebe Schwiegertochter Agatha ein gewichtiges Wort mitreden.“

Gräfin Caserta schaltete sich ein: „Lieber Friedrich, ich hatte übersehen Euch zu sagen, unsere Agatha ist leidend und liegt danieder. Unser Medikus kann ihr bisher nicht helfen, und so geht dieses Elend schon seit zwei Wochen. Bitte entschuldigt ihr Fernbleiben, ein Bote hat uns ausgerichtet, dass sie dies sehr bedaure. Sie hätte zu gern unsere hohen Gäste begrüßt.“ „Liebe Gräfin, das lässt sich doch einrichten. Amala, was hältst Du davon, mit mir hinauf zur Burg zu gehen und der Kranken unsere Aufwartung zu machen?“ Amala fand es eine gute Idee und begrüßte den Vorschlag. Doch zuvor ließen sie dem angeregten Gespräch seinen Raum und kamen auf den Seegrafen zu sprechen. Die alte Dame sprach den König an: „Friedrich, Ihr habt meinen Sohn Hildebrecht zum Markgrafen erhoben, was mich zu Tränen gerührt hat. Solch eine unglaubliche Ehre für ihn und mich macht uns unbändig stolz!“ Ihre Tochter stimmte darin ein und fand, ihr Bruder hätte nicht im Traum daran gedacht. „Ihr habt ihn doch schon zum Grafen erhoben und nun durfte Hildebrecht gar noch in den Hochadel aufsteigen, welch ein Glanz fällt auf ihn.“ Friedrich lächelte: „Euer Bruder hat es mehr als jeder andere verdient. Ich schätze sein Können und seine Loyalität. Dadurch wurde er mir zum Vertrauten, zu einem, der mir nicht nach dem Munde redet, sondern seine Sicht klar und offen darlegt. Ich habe ihn auf mehreren Seereisen begleitet, hatte stets das Gefühl mich einem Seekrieger anvertraut zu haben, der weiter denkt und mich berät. Mir ist er unersetzlich, daher habe ich ihn gefördert, auch gegen Widerstände.“

Über den Punkt Förderung kam das Gespräch auf Manfred und seinen Erfolg auf der Schlossschule. Deswegen dürfe der Knappe nächstes Jahr auf die

Universität wechseln. Manfred war es sichtlich unangenehm, solche Elogen vor anderen zu erhalten, er war und blieb bescheiden. König Friedrich war für ihn nicht nur sein bewunderter Herr, sondern auch sein tief verehrter Ziehvater. Und dieser förderte den klugen und auch im Waffenwerk sehr geschickten Jungen nach Kräften. Amala schien es so, als würde Bianca dies begierig aufnehmen. Die fünfzehnjährige Schöne entwickelte mehr als nur ein gastgeberisches Interesse an dem jungen Mann.

Nach dem ausgedehnten Morgenmahl ging das Königspaar nicht sofort hoch zur Burg, erst lenkten sie ihre Schritte zur Kirche St. Michael. Ihnen hatten sich Mutter und Tochter Caserta angeschlossen sowie die Schwester des Hausherrn. Manfred, mit dem sich der alte Graf noch länger unterhalten wollte, blieb im Palais zurück. Der beiden Leibwächter hätte es hier zwar nicht bedurft, aber ihren Herrn nicht zu begleiten, das war für diese Treuen nicht denkbar. Sie passierten eine verwinkelte schmale Gasse, querten einen kleinen Platz, danach noch eine kurze Gasse und betraten durch ein offenes Tor an anderer Stelle den zwar belebten aber längst nicht mehr überfüllten Uferplatz. Alles Leben spielte sich hier ab, es wurden die Netze geflickt und aus den geöffneten Türen und Fenster tönte das Klappern von Webstühlen. Still bosselten die Schnitzer an ihren Muscheln, fädelten die Frauen den fertigen Schmuck auf Schnüre, alte Männer reparierten Arbeitsgeräte. Sie saßen entweder unter den vor den Häusern aufgespannten Sonnensegeln oder den Platanen. Es ging hier gemächlich zu, in einem seit jeher gewohntem Gang. Was war das doch für ein Gegensatz zu den hektischen Städten Theodericia und Hildebrandtsvik, fand die Königin. St. Michael lag am Ende des Uferplatzes, thronte auf einer Klippe, behütete Stadt und Hafen. Schräg gegenüber zeigte sich über dem in der Mittagsruhe still daliegenden Hafen das Kirchlein St. Peter, in dem die Fischer den Heiligen um einen guten Fang oder eine ruhige Fahrt baten.

Nach wenigen Schritten standen sie hinter St. Michael und stiegen die Treppe zum Eingang hinauf. Diese lichte Kirche war das eigentliche Gotteshaus des Städtchens. Der Heldenengel Michael wachte über sie und hütete auch die Gräber der Casertas, die in einer Seitenkapelle ihre letzte Ruhestätte gefunden hatten. Stets waren die Casertas dem Königshaus eng verbunden, dienten der Krone als tapfere Krieger und kluge Diplomaten. Dort lagen die Sarkophage der drei Söhne des Grafenpaares, die von Enzio, Tancred und Manfred. Enzio, der einstige Knappe König Manfreds und König Friedrichs Freund war vergiftet worden, seine beiden Brüder fielen Seite an Seite in der blutigen Schlacht von Indulfsvik. Das Königspaar kniete vor Enzios Sarg und betete für das Seelenheil des treuen Gefährten des Herrschers. Friedrich war tief bewegt und versunken in die Erinnerungen an den Unvergessenen. Amala fühlte mit ihrem Mann, erinnerte sich wieder an ihr einst so verzerrtes Bild von ihm, das sie lange *gepflegt* hatte. Wie um sich daraus wieder zu befreien, entzifferte sie die lateinische Inschrift auf dem Sarkophag. „Er war unser Glück und Stolz, unseres großen Königs Freund und ein besonderer Mensch.“ Auf den beiden anderen Sarkophagen stand jeweils: „Unser lieber Sohn kämpfte treu und tapfer für seinen König, vor Indulfsvik starb er als Held.“ „Edle Christina, all das trifft zu, was hier verewigt wurde. Eure Söhne waren fürwahr edle, treue und tapfere Recken, einer wie der andere. Ich kann es Euch nachfühlen, wie sehr es schmerzt, vor den Gräbern geliebter Menschen stehen zu müssen.“ Er hatte den Arm um die Gräfin gelegt, seine Anteilnahme tat ihr im Augenblick sichtlich gut.

Zu all ihren Söhnen hatte der König eine besondere Beziehung, dem Ältesten war er Freund, den Jüngeren ihr Feldherr und ohnmächtiger Zeuge ihres Todes. Die Leibgarde des gegnerischen Heerführers und dieser selbst war es, die den beiden Tapferen den Tod brachten. Manfred war in große Bedrängnis geraten, woraus ihn Tancred befreien wollte. Dabei vernachlässigte er seinen eigenen Schutz, was das Ende der Brüder bedeutete. Amala wusste von ihrem Vater, dass danach ein entsetzlicher Kampf zwischen den beiden Feldherrn anhub. Friedrich, der viel jüngere Kämpe stand gegen einen Gegner, der alle Finessen und üblen Tricks der Kampfführung beherrschte. Ihm kamen noch zwei andere Anführer zu Hilfe, sie wollten der schon verlorenen Schlacht eine Wendung geben. Doch der Jüngere, bewegliche und entschlossene Recke bestand mit großer Mühe den Kampf, bei dem er sich einige Wunden zuzog. Danach ergaben sich die wenigen Überlebenden des fremden Heeres den Thulanern. Keiner von ihnen sah die Heimat wieder, sie durften nach einer Probezeit in Thule siedeln, es jedoch nicht mehr verlassen. Verschollen sollten sie bleiben in der Weite des Ozeans, unfähig von Thule zu künden.

Gräfin Christina weckte das Königspaar aus ihrem Rückblick: „Majestät, lieber Friedrich, mein Bruder Hildebrecht berichtete uns von Eurem Gedenken am zehnten Jahrestag des Mordens. Er war davon so stark bewegt, dass er jedes Eurer ergreifenden Worte wiedergeben konnte. Hier am Grab meiner Söhne darf ich Euch danken für Eure Größe und Euer Mitgefühl. Ihr standet an der Kapelle nicht als der Sieger der Schlacht, der Ihr ward, der durch seinen Heldenmut das drohende Schicksal doch noch bezwingen und Schlimmes von Thule abwenden konnte. Ihr standet dort als Trauernder, als mit uns Hinterbliebenen mitfühlender Friedensherrscher. Ihr könnt nicht erahnen, welch ein Balsam dies für mein wundes Mutterherz war. Tränen habe ich an meines Bruders Brust vergossen, so dankbar war ich für Eure Anteilnahme. Auch mein Rico war tief bewegt, er konnte es nur nicht so zeigen, aber wenn er hier in der Kapelle betet, kämpft der alte Krieger mit seinen Tränen, unverschlossen sind die Wunden unserer Herzen. Die Trauer wird nur stiller, überlagert nicht mehr alles andere, lässt der Freude wieder ihren Platz, doch sie verlässt uns nicht mehr. Zwei Kinder sind uns noch geblieben, Vilfredo und Bianca, beide sind unser Glück und Stolz, wie auch unsere Enkel, die wir nachher sehen werden."

Damit hatte sie das Leben wieder, sie verließen die Kirche und setzten an, hoch zur Burg zu schreiten. Doch als sie freien Blick auf den Hafen hatten, sahen sie wie ein Hochseeschiff in den Hafen einlief. Drei Flaggen hatte es aufgezogen, die Thulanische, die Staufische und diejenige der Casertas. Es handelte sich um die *Aligern*, ein Kriegsschiff mit geringem Tiefgang, das im Sund Dienst tat. Bianca hielt nichts mehr, sie eilte allen voraus denn sie wusste, ihr Bruder Vilfredo hatte das Schiff geführt. Es musste unweit von Helliland gesegelt sein und Vilfredo erfuhr so vom Königsschiff vom Wunsch des Königs, dem er umgehend nachkam. Kaum war er von Bord gestiegen, da umfing ihn schon seine kleine Schwester. Hand in Hand kamen sie auf der Mole heran. Das Königspaar verharrte einen Moment, um es dem blonden Hünen möglich zu machen, zuerst seine Mutter zu begrüßen, die er voller Freude fast erdrückte. Sein König reichte ihm die Hand, ließ jedoch nicht zu, dass er diese küsste. Die Königin verwehrte es ihm hingegen nicht, ging davon aus, der Kuss galt ihr als Frau und nicht nur der Königin. Sie wechselten einige Worte, dann bat der Kapitän, ihn kurz zu entschuldigen und eilte zum Schiff zurück. Sein Gepäck trugen ihm doch seine Leute nach, aber darum ging es ihm nicht. Galant half er einer Nonne von Bord, die von den Casertas umarmt wurde. Amala ging davon aus, es müsse sich bei der Nonne um eine Verwandte handeln, was sich als irrig herausstellte. Mutig schritt sie auf den König zu, er schien ihr vertraut zu sein und sah ihn ohne Scheu an. Große dunkle Augen blickten auf den Herrscher, ihr voller Mund lächelte. Nach kurzem Zögern erkannte sie der Herrscher und sagte: „Adelina, Ihr im Schleier?" „Ja, mein König, ich habe den Schleier genommen, denn ich wollte keinem anderen Mann verbunden sein als Enzio, dem Verlobten. Es war eine gute Wahl, damit kann ich im Gebet Trost suchen und da sein für die Armen, Kranken und Waisen. Dies erfüllt mein Leben und gibt mir innere Zufriedenheit." Der König stellte die Nonne seiner Gemahlin vor: „Amala, dies ist Adelina von Vohstein, die einstige Zofe meiner Mutter und die Verlobte von Enzio. Ja, und auch die Zeugin vieler Streiche und Neckereien, die sie, Enzio und Mama gegenüber Papa vertuschen halfen. Sie kennt mich gut, fast allzu gut, sie hat sicher jeden Respekt vor mir eingebüßt." Ihr Lachen vermischte sich mit jenem des Königs, es klang wie der Klang einer Glocke. „Aus dem Prinzen Sonnenschein ist der große Herrscher geworden, den von uns im Kloster so hoch verehrten König." Vor der Königin das Knie beugend fuhr sie fort: „Königliche Hoheit, es hieß allenthalben, Ihr würdet meiner Herrin Königin Agnes gleichen, und es ist tatsächlich so. Ich freue mich so darüber, dass unser vom Schicksal so geprüfter König durch Euch doch noch zu seinem Glück gefunden hat."

Eine solch herzliche Nonne hatte Amala noch nie erlebt und eine solch schöne auch noch nicht. Nicht nur die ausdrucksvollen Augen und der schön geschwungene Mund waren für diesen Eindruck bestimmend, sondern auch die feinen Gesichtszüge und ihre schlanke Gestalt. Zwar verdeckte das geistliche Gewand etliches und doch ging von ihr etwas sehr für sie einnehmendes aus. Sie nahm das Angebot von Bianca nicht an, sie ins Palais Caserta zu geleiten, sie wollte stattdessen mit hinauf zu Burg gehen. Adelina war wegen des morgigen Geburtstags der Tante gekommen, wie sie Gräfin Christina nannte. Doch zuvor hatte sie im Auftrag des Klosters St. Ursula in Theodericia verhandelt. Sie sei enttäuscht gewesen, dort weder den Kanzler noch Graf Thorismund anzutreffen. Insgeheim hatte Adelina gehofft, dass König Friedrich ihr über den Weg laufen würde. Der Herrscher unterbrach sie mit einer Frage: „Adelina, warum denn nur insgeheim, ich hätte mich doch über Euren Besuch gefreut!“ Sie lachte: „Mein König, von Euch heißt es doch, dass Ihr noch vor den Hähnen aufsteht und lange nach diesen die Arbeit wieder ruhen lasst. Da kann doch nicht jede kleine Nonne so mir nichts, dir nichts hereinschneien und Euch bei der Arbeit stören!“ „Liebe Adelina, ich habe mich auch in dieser Hinsicht gebessert. Der Engel an meiner Seite ist kräftig dabei, mich hier zu ändern.“ Der König, begleitet von Gräfin Christina und Graf Vilfredo ging voraus, den dreien folgten die Königin und die anderen Damen.

Adelina wandte sich an die Königin: „Königliche Hoheit, nicht nur Euer Gemahl nennt Euch einen Engel, ganz Thule bezeichnet Euch so. Euer Vorbild, Euer Einsatz für die Armen und Kranken hat uns mehr geholfen als alle Appelle unserer Bischöfe. Wenn unsere Hohe Königin dies als ihre Aufgabe ansieht, dann ziehen auch die anderen mit.“ Die erfreute Amala lud daraufhin die Nonne Adelina ein, sie bei ihrem nächsten Besuch in Theodericia aufzusuchen, was diese gerne versprach. Die ehrfürchtig gegrüßten Herrschaften bogen von der Uferpromenade ab und traten durch ein offen stehendes Tor. Unterhalb des schroff abfallenden Felsens, der die Burg trug, ging es in einer Allee von Maulbeerbäumen steil bergan. Drei kleine Kinder, zwei Mädchen und ein Junge stürzten den Herrschaften entgegen, riefen freudig „Papa, Papa!“ Vilfredo hatte Mühe seine Kleinen aufzufangen und kurz hoch zu nehmen. Die Nonna half ihm dabei und wurde wie auch Bianca stürmisch begrüßt. Doch als sie angehalten wurden, das Königspaar zu begrüßen, da wurden sie still und genierten sich. Aber ganz artig, es war ihnen wohl von ihrer Mutter so beigebracht worden, knicksten die drei und *flöteten*: „Willkommen Majestät und…“ sie stockten die Nonna flüsterte ihnen zu ….“Königliche Hoheit.“ Ganz erleichtert waren sie als sie es herausgebracht hatten. Der König nahm die Älteste auf den Arm und Amala die Jüngste, der vorsichtige Enzio blieb lieber in sicherer Position auf seines Vaters Armen. Danach querten sie eine Zugbrücke und den vorderen Hof und traten dann in den inneren Hof.

Dort wurde das Königspaar erwartet, mitten unter ihren Mägden zeigte sich die auf Krücken gestützte Gräfin Agatha, Vilfredos Gemahlin. Unterhalb der Freitreppe standen mit entblößten Köpfen Vogt und Knechte, harrend ihres Königspaares. Der jungen Gräfin waren die Schmerzen anzusehen, obwohl sie diese tapfer zu verbergen suchte. Das Lächeln im gequälten anmutigen Gesicht vermochte diese nicht zu überdecken. Agatha von Caserta war zwar tapfer, aber wie ihr Mann wohl zu Recht befand, nicht eben klug. Damit kam er jedoch nicht durch: „Mein lieber Schatz, nie zuvor hatten wir so hohen Besuch, das kann ich doch nicht im Bett liegend an mir vorüber gehen lassen." Als die Herrschaften sich ins Innere des Palas bewegten, beobachtete der König den schiefen, durch Krücken gesicherten Gang der Gräfin. Er wollte von ihr wissen, ob sie einige Schritte ohne Krücken gehen könnte. Sie versuchte es, biss auf die Zähne, wurde dann, als sie wankte, von ihrem Mann aufgefangen. Amala fragte sich, warum tat ihr Gemahl der von Schmerzen Geplagte dies an? Kaum hatte sie es gedacht, da handelte ihr Mann. Der Arzt Friedrich von Hohenstaufen drückte bei der Kranken auf eine Stelle des Rückgrats und war sich seiner Diagnose sicher.

„Cara und Adelina helft mir mal bei meiner Behandlung. Euch, Vilfredo, brauche ich auch dazu." Sie brachten die Leidende in ihre Kemenate und der königliche Arzt sagte zu den Helfern, was sie zu tun hätten und wie sie die Kranke halten sollten. Dann agierte Friedrich, mit einem Ruck renkte er den schiefen Rücken gerade. Ein nicht zu unterdrückender Schrei, dann war es geschafft. Die Helfer legten die Schweratmende auf ihr Bett, deckten sie zu und der König sprach die Gräfin an. „Hebt Euer rechtes Bein an, nun Euer Linkes. Sehr gut liebe Gräfin, es tut zwar noch weh, da Euch der Schmerz noch in den Gliedern sitzt, die Ursache ist jedoch behoben."

Danach verließen die beiden Männer das Gemach und die beiden Damen halfen Gräfin Agatha beim Ankleiden. Langsam fasste sie sich wieder und wirkte über die so unerwartete Hilfe überaus glücklich. „Königliche Hoheit, Euer Gemahl ist wahrlich ein Magier, was kann denn unsere Majestät nicht?" Diese Aussage reizte Amala zum Lachen: „Euch dies aufzudecken, verbietet mir die Treue einer Ehefrau. Mein Gemahl hat es gar nicht gerne, wenn ihm das Attribut der Allkompetenz angehängt wird. Glücklicherweise ist er nicht so entrückt, um nicht auch menschliche Schwächen aufzuweisen, sonst wäre er ja für mich kaum auszuhalten." Aber was nützte ihr Einwand gegen den Glauben seines Volkes. Diese Heilung sickerte nach draußen durch und baute seinen Ruf als Wunderheiler aus, dagegen war in keinem Arzneigarten Thules eine Pflanze gewachsen.

So kam es, dass am Geburtstagmorgen Gräfin Christinas ihre strahlende Schwiegertochter teilnehmen konnte, die sich nochmals herzlich bedankte. „Majestät, eine Frage bewegt mich seit gestern. Warum konntet Ihr mir denn überhaupt helfen?“ Friedrich lächelte: „Liebe Gräfin Agatha, ich habe in Bologna neben der Jura auch Medizin studiert und dabei einiges gelernt. Allerdings das mit dem Rücken habe ich einem alten Bauern in den Seebergen abgeschaut. Er war der Hexerei angeklagt und sollte vor Gericht gestellt werden. Zufällig bekam ich Wind von diesem unglaublichen, von Aberglauben getränkten Vorgang und intervenierte, zugegeben harsch; aber es schreckte die Juristen ziemlich ab. Dennoch interessierte mich die Heilkunst dieses Bauern. Verkleidet als Patient schmuggelte ich mich unter die Heilungssuchenden und erlebte staunend die Fähigkeiten dieses Heilers. Selbst durch den Stoff hindurch tastete er den Schmerzauslöser ab, was mir nie und nimmer möglich ist. Zum großen Verdruss des lokalen Arztes konnte er den Kranken Linderung verschaffen. Mich schaute der Alte nur an und sagte: „Edler Herr, Ihr wollt mich prüfen, denn Ihr seid kerngesund und meiner nicht bedürftig.“ Daraufhin gab ich mich zu erkennen und auch, dass er mir die Rücknahme der Anklage verdanke. Zwei Tage lang durfte ich ihn beim Behandeln beobachten und schied voller Bewunderung von ihm. Ich nächtigte in seiner bescheidenen Wohnstatt und konnte durch Zusehen wie Erörtern viel von ihm lernen. Unbehelligt konnte er ab da unter meinem Schutz praktizieren, im vergangenen Jahr endete der Tod sein segensreiches Tun. Nun müssen sich die Leute mit Beschwerden an den weniger kompetenten Arzt alter Schule wenden. So viele Ärzte und, was mir ein Anliegen ist, Ärztinnen, wie wir in Thule benötigen, können wir gar nicht ausbilden. Mein fähiger Leibarzt Nikolaus von Kamen, der sich an der Universität als Professor dieser Aufgabe annimmt, tut, was immer ihm möglich ist, doch mir, seinem ungeduldigen König, ist das leider nicht ausreichend. Ich bräuchte noch einen zweiten Nikolaus, der weitere Ärzte ausbildet und hilft den Mangel zu beheben.“

Adelina schaltete sich hier ein: „Lieber Friedrich, mein verehrter König, dann wäre ich ja beim Kanzler vergeblich vorstellig geworden, denn wir wollten um einen Arzt für Kloster und Umgebung ansuchen?“ „Wenn Du direkt zu mir gekommen wärst, dann wäre mir etwas eingefallen.“ Lachend: „Ach verzeiht, das Du ist mir herausgerutscht, so als wäre ich noch der nach einer Komplizin suchende Junge.“ „Mein König, daraus entnehme ich, dass Ihr mir nach wie vor gewogen seid, und es freut mich sehr!“ „Adelina, mit Euch ist wieder die Erinnerung wach geworden an jene schöne und unbeschwerte Zeit, als meine Eltern noch lebten. Doch zurück zu Eurem Anliegen: Einen Arzt werde ich

Euch nicht vermitteln können, aber eine hochbegabte Ärztin, die Erste, die mein Leibarzt ausgebildet hat. Ich gehe davon aus, St. Ursula fährt damit noch besser, denn die Scheu vor einem Arzt ist bei Frauen ungleich höher als bei einer Ärztin. Agatha und Vilfredo wäre es sicher lieber gewesen, wenn eine weibliche Person an meiner Statt gewesen wäre." Graf Vilfredo schüttelte den Kopf: „Friedrich, mein König, Ihr hattet nur Augen für das Leiden Agathas, ich sah es Euch an, Ihr ward in diesen Minuten ausschließlich der Medikus. Vermutlich saht Ihr nicht, dass meine Gemahlin schön von Gestalt ist, oder irre ich mich dabei?" „So ist es lieber Vilfredo, wenn ich mich über ein Urteil beuge, bin ich Jurist und nicht der König. Und so ist es auch, wenn ich mich eines Leidens annehme. Nur wer sich voll auf das im Moment Geforderte ausrichtet und auf sonst nichts, erreicht sein Ziel. Euer Gang, liebe Gräfin Agatha, dieses federleichte Schreiten, erfreut mich als Arzt. Euren schönen Anblick, den genieße ich jetzt als Mann. Da sich ein Engel meiner angenommen hat und sich ehern mir verband, ist dies Mitfreude mit Vilfredo Eurem Gemahl." Ungeniert hatte er dabei Amala an sich gezogen, die diese kokette Seite ihres Mannes nicht kannte. Sie empfand es, wie schon den ganzen Tag im Kreise von Vertrauten, als wohltuend angenehm.

Zuvor war das Königspaar durch den mauerumgürteten Ortskern von Helliborg geschlendert, hatte sich dabei einen Eindruck verschafft, welch fleißige Menschen hier wirkten. Die Webteppiche des Städtchens fanden mit ihren besonderen Mustern in ganz Thule ihre Käufer. Sowohl der hiesige Muschelschmuck hatte seinen Markt, als auch die getrockneten Feigen und der Agavenlikör. Agaven wuchsen auf dieser vom Regen benachteiligten Insel zuhauf, auch Orangen und Feigen gediehen bestens. Helliland war nicht reich, doch jeder fand ein auskömmliches Dasein, sei es als Fischer, Weber oder in sonstigem Beruf. In jedem Haus wohnten mindestens zwei Familien, aber der Platz reichte längst nicht für alle aus, der Ort war über den alten Kern hinausgewachsen. Hinter dem westlichen Stadttor wohnten doppelt so viele Menschen wie im *Borgo*, so Friedrich. Neuerdings zeichnete sich ein weiterer Erwerbszweig ab. Angelockt durch das trockene und milde Wetter suchten Gäste Erholung, genossen vorwiegend Hafenbereich und Strand. Wie Gräfin Claudia fand, würde sich dies herumsprechen und jedes Jahr mehr Gäste anziehen. Der Gastwirt bei St. Peter könne manchmal zur Essenszeit keine weiteren Plätze anbieten und stelle immer mehr Tische und Bänke auf die Mole. Davon profitiere der Torwirt, der seinerseits unter den Platanen bewirte und sogar Stühle dazu stelle. Amala fiel eines auf, trotz des Wassermangels gab es etliche Brunnen, was die Gräfin so erklärte: „Mein Bruder hat veranlasst, dass oben in den Bergen zwei Staudämme angelegt werden. Die Regenfluten des Novembers fangen wir damit ein und versorgen die Wasserleitungen. Königliche Hoheit, Euch ist sicher der mächtige Turm in der Bergmauer aufgefallen. Dort sammeln wir das Wasser und verteilen es auf die Leitungen in der Mauerkrone. Der Druck reicht aus, um selbst die Burg reichlich mit Wasser zu versorgen.

Amalas präventiv auf den Besuch vorbereiteter Gemahl hatte sogar ein Geburtstagsgeschenk für Gräfin Christina mitgebracht. Es löste Tränen aus, bittere und freudige zugleich. Aus einer Reisetruhe hatte er ein Bild entnommen. Theodosius, der große Maler, hatte es auf Geheiß des Königs gemalt. Er entnahm es aus einem Bild der Eltern des Königs, in dessen Hintergrund der damalige Knappe Enzio zu erkennen war. Die Gräfin drückte es an das wunde Mutterherz, wehe Tränen flossen über ihre Wangen. Adelina weinte ebenfalls, vermochte ihre Gefühle nicht zu dämpfen, zu lebensecht war das Bildnis geworden. „Ihr Lieben, Tränen habe ich ausgelöst, wo ich doch Freude bringen wollte.“ „Lieber Friedrich, das habt Ihr doch, welch ein wundervolles Geschenk. Nun ist unser Enzio nicht nur in uns, jetzt können wir ihn vor uns sehen und uns an seinem Anblick erfreuen.“ Friedrich, der Freund des Unvergessenen, schloss sie mitfühlend in die Arme, während Amala den Arm um Adelina gelegt hatte, was diese dankbar annahm. Um seine eigene Rührung zu überwinden ordnete der Graf an, das Bild solle sofort im großen Wohnraum der Familie an die Wand gehängt werden. Währendessen fragte Amala ihren Mann: „Fried, Du hattest doch von vornherein vor, hier einen Besuch zu machen.“ Er nickte: „Ich machte es vom Wetter abhängig, wollte jedoch darauf vorbereitet sein. So konnte ich das Gastgeschenk in ein Geburtstagsgeschenk umwidmen. Fast hätte ich es nicht mehr hergegeben, überwand jedoch meinen Egoismus und gedachte der Eltern Enzios.“

Graf Caserta bat Manfred sich zum Bild zu stellen, denn der Knappe stand genau in jenem Alter in dem Enzio abgebildet war. Deren Ähnlichkeit bedeutete keine Überraschung mehr. So hatte Adelina, die neue Zofe am Königshof, Enzio erstmals erblickt und sich sofort in ihn verliebt. Sie hätte es viele Jahre zu verbergen gewusst, in steter Sorge eine andere könne ihr zuvorkommen. Doch dies sei nicht der Fall gewesen, Enzio sei von seiner Aufgabe so besetzt gewesen, dass er das weibliche Geschlecht nicht richtig wahrgenommen habe. Er machte sich zu jener Zeit den quälenden Vorwurf, statt in der Mordnacht bei seinem Schützling Friedrich gewesen zu sein, Urlaub in Helliborg gemacht zu haben. Auf Umwegen sei er, als ihm das Unfassbare in Helliborg bekannt wurde, unverzüglich zur Kronburg gelangt. Zwar wurde er Knappe des Regenten Prinz Konrad, tatsächlich jedoch der vertraute Leibwächter König Friedrichs. Von da an gehörte Adelheid, des Königs kleine Schwester und deren Zofe, wie des Königs Kinderfreundin Vistulis zur engeren Gesellschaft um den jungen König. Darüber seien sich Adelina und Enzio näher gekommen und zu einem Paar geworden. Das flüsterte die Nonne der Königin zu, während das Bild aufgehängt wurde.

Diese dem König und nun auch der Königin so zugetane Familie verabschiedete ihre Gäste in großer Herzlichkeit. Friedrich hatte in Agatha eine neue Bewunderin gewonnen und die Casertas insgesamt froh gemacht. Zurück ließ das Königspaar ein Bild an der Wand und bei der gar nicht mehr so lustigen Bianca Manfreds im Herzen. Doch was war mit dem Knappen, war dieser davon unberührt geblieben? Wohl nicht ganz, denn er versprach, der von allen ausgesprochenen Einladung bald folgen zu wollen. Hielt er denn die Hand Biancas nicht ungewöhnlich lange, oder gab sich Amala hier einem Wunschdenken hin? Sie nahmen Adelina mit, die noch einmal mit nach Theodericia fuhr, um wegen der Ärztin vorstellig zu werden.

Die Königin ließ sich von Adelina erzählen, wie sie ihren Gemahl während dessen Jugendjahren als elternlosen König erlebt habe. Der heitere Prinz Sonnenschein hätte sich in der Mordnacht in einen ernsten und verschlossenen Kindkönig verwandelt. Zum Glück sei sie von seinem Misstrauen ausgenommen gewesen, obwohl es keine Streiche mehr zu verbergen galt. So oft er konnte habe er mit Enzio den Gebrauch der Waffen geübt. Der junge König sei von Tag zu Tag geschickter im Umgang mit Schwert und Speer geworden. Für alle erschreckend habe er dann zum Kampfhammer gegriffen und konnte damit bald unglaublich gut umgehen. Keiner, auch nicht Enzio, konnte dem damals erst Vierzehnjährigen hier standhalten. Einmal habe sie zugesehen, wie er einem Irrwisch gleich im Sattel Sultans alle ihm entgegen gereckten Schilde zertrümmert habe. Erschreckt blickte sie nicht nur auf die in den Sand purzelnden Übungspartner, sondern auch in des Königs grimmes Antlitz. Das war kein Junge mehr, das war König Teja, dessen gefürchteten Namen er erst Jahre später annahm. „Königliche Hoheit, von da an wusste ich, was unser König beabsichtigte. Hass und Rache trieben ihn an, formten ihn zum gewaltigsten Krieger Thules. Aber auch zu einem, und das gestehe ich freiweg, der viele ängstigte und dessen weiterer Weg sich nur wenigen erschloss. Lediglich Enzio, Theodemir und Bodo hatten noch Zugang zu ihm und ahnten, was dereinst aus ihm werden würde. „Euer kluger Vater und der weise Regent Prinz Konrad wie auch Graf Beowulf sahen schon damals den werdenden großen König in ihm. Gott hat ihn stets geleitet und nicht der Satan, wie Berengars Kreaturen den Thulaner weismachen wollten. Und nun darf ich unseren König seit Langem wieder erleben, und es ist eine Offenbarung für mich. Welch ein Mensch und welch ein Herrscher…“ „Und welch ein lieber Gemahl“ flocht die Königin ein. Dieses Gespräch führten Amala und Adelina auf der Backkiste des Schiffes sitzend, während sich der König mit Kapitän

Graf Vilfredo unterhielt. Was die beiden besprachen erfuhr Amala bald darauf von ihrem Gemahl.

Es ging dabei um das Angebot an Vilfredo, Gaugraf oder Admiral zu werden. Sowohl seine Eltern als auch seine Gemahlin hatten keine Präferenz angedeutet, und die Wahl ihm selbst überlassen. Vilfredo stellte seinem König eine diesen überraschende Frage. „Friedrich, mein König, was habt Ihr für Euren Knappen Manfred von Sternfels geplant?“ Der zögerte kurz und entgegnete ihm: „Lieber Vilfredo, darüber habe ich noch nicht weiter nachgedacht, bisher habe ich mich nur über Manfreds große Fortschritte gefreut. Was bewegt Euch zu dieser Frage, Vilfredo, da steckt doch etwas dahinter?“ „Das stimmt, sowohl meine Eltern als auch Bianca haben mich danach gefragt. Der Junge hat uns alle sehr beeindruckt und bei meinem Herzblatt Bianca scheint es noch mehr zu sein. Auch mir gefällt der kluge, wohlerzogene junge Mann, der offensichtlich besondere Anlagen hat.“ Friedrich stimmte ihm zu und ergänzte: „Manfred ist fürwahr ein edler, aufmerksamer und anhänglicher Junge, den ich nach Kräften fördere. Nun veranlasst Ihr mich, noch ein wenig weiter zu denken. Manfred hat sowohl das Zeug zu einem Offizier, als auch zu einem engen Mitarbeiter des Kanzlers. Ich kann mir sogar vorstellen, dass er wenn Graf Thorismund in einigen Jahren nach Hildebrandtsvik wechseln wird, dessen Stelle einnehmen oder unter diesem in der Heeresverwaltung arbeiten kann. An dieser Stelle brauchen wir dringend Entlastung. Manfred, der dann Jurist geworden ist, wird an jeder Stelle seinen Mann stehen und von mir dort eingesetzt werden, wo Not herrscht. Eines, mein Lieber, wird er dann sein, ein respektabler und im Range gleicher Partner für Bianca. Vilfredo, wir beide verfügen gerade über den Jungen, was ich noch nicht will, selbst wenn ich ihm, so wie bei meiner Gemahlin Zofe Agnes den Vater vertrete. Ihr wisst, wer zur engeren Hoffamilie zählt, genießt meine Fürsorge und meine leitende Hand, die zugleich fördert, fordert und schützt. Sollte es jedoch Euer Hintergedanke sein, ihm die Gaugrafenstelle anzuvertrauen, kann daraus nichts werden. Nicht nur sein jugendliches Alter spricht dagegen, auch sein Studium in Theodericia steht dem im Wege. Diesen Ausweg, lieber Vilfredo, kann ich Euch nicht bieten, es sei denn, wir finden einen geeigneten Regenten und Ihr wäret dann beides zugleich, Admiral und Gaugraf.“ Der Kapitän nahm diese Aussicht erfreut an: „Darüber will ich mit Seegraf Hildebrecht, meinem Oheim und Paten reden, er wird mir helfen.“ Manfred sprach wenig später seinen König und Ziehvater an und bat um einen kurzen Urlaub vor dem nächsten Trimester des Studiums. Der Herrscher gewährte ihm diesen gerne und sagte so nebenbei zu seinem Knappen: „Manfred, melde Dich dann in Hildebrandtsvik bei Markgraf Hildebrecht, dem Oheim von Bianca. Dann hast Du eine Passage nach Helliborg.“ Der Arme wurde rot, doch ein liebenswürdiger Klaps seines verehrten Herrn auf die Schulter, der damit Zustimmung signalisierte, löste seine Verlegenheit auf.

In Hildebrandtsvik wartete die Kutsche auf das Königspaar, doch diese nahm noch einen Umweg. Nie hätte es Friedrich über sich gebracht, die Geschwister einfach links liegen zu lassen. Theodemir staunte über Adelina, die als Letzte aus der Kutsche gestiegen war. Für ihn lüftete sie sogar kurz die Haube, zeigte ihr volles schwarzes Haar und strahlte den Prinzen an. Der umarmte sie herzlich und sagte erfreut: „Adelina, Du bist es, nie hätte ich mit Dir gerechnet, die Du so lange unser Schutzengel gewesen bist. Speziell allerdings der von Friedrich, der manchmal so über die Stränge schlug, dass selbst unsere Königin, seine Mutter, nicht alles wissen durfte. Sei herzlich willkommen bei uns!“ Prinzessin Adelheid schloss sich ihrem Gemahl an, obwohl sie von Adelina eher aus den Erzählungen von Friedrich und Theodemir wusste, und ihr dies auch so wiedergab. „Was ist aus dem einst so drolligen Prinzesschen für eine schöne Frau geworden und aus Euch, Prinz, ein Bild von einem Mann“, entgegnete die Nonne. Nach zwei fröhlichen Stunden ging es dann weiter gen Theodericia, dem Refugium des Königspaares.

Obwohl es bei ihrer Ankunft schon dunkelte, staunte Adelina über die inzwischen im Königsschloss eingetretenen Veränderungen. Begeistert nannte sie es das königliche Paradies. Alles sei so viel schöner geworden, nicht nur die prachtvolle Treppe sondern auch die Räume und die Gärten. Selbst hier hätte der Magier Friedrich gewirkt, schwärmte sie. Sie genoss den Abend und das Frühmahl mit dem Königspaar. Hochbeglückt verließ diese besondere Nonne in einer königlichen Extrakutsche Theodericia. Sie nahm die junge Ärztin Margarete mit, die sich auf die im Kloster St. Ursula wartende Aufgabe freute. Die Zusage des Herrschers, das dort neu entstehende Krankenhaus kräftig zu unterstützen, bestärkte die Vorfreude der beiden Frauen. Adelina hinterließ das Versprechen, das königliche Paar bald wieder zu besuchen. Sie hielt dies gerne ein, erschien in einer neuen Rolle, sie war zwischenzeitlich zur neuen Äbtissin von St. Ursula gewählt worden. Die königliche Gunst hatte sicher das ihre dazu beigetragen, doch nicht nur, sie war nun mal auch eine außergewöhnliche Persönlichkeit.

Amala gestand ihrem Gemahl ein, dass sie diese Reise zwar bereichert aber auch sehr angestrengt habe. Ihre fortgeschrittene Schwangerschaft mache sich bemerkbar. Friedrich, besorgt um seine Frau, plante daher keine weiteren Reisen ein, um sich ganz um seine Amala kümmern zu können. Immer wieder kam er hoch in ihre privaten Räume, um sich Amalas anzunehmen, fuhr seine Arbeit zurück und blieb länger bei ihr als sonst. Diese Fürsorglichkeit bestätigte Amala einmal mehr, wie sehr ihr Mann sie liebte. Eingehüllt in einen Kokon der

Schonung und Zuwendung verbrachte die Königin die bis zur Niederkunft verbleibenden Wochen. Fest davon überzeugt, einen Sohn zu gebären, konnte sie es kaum mehr erwarten, bis dieser das Licht der Welt erblicken würde. Sie fühlte sich wohl, genoss diese Zeit der Ruhe und des Wartens wie ein Geschenk. Doch nicht nur sie wartete auf den Sohn, ganz Thule fieberte mit dem Königspaar und hoffte auf einen gesunden Prinzen.

- ENDE -

Abb. 10 Helliborg

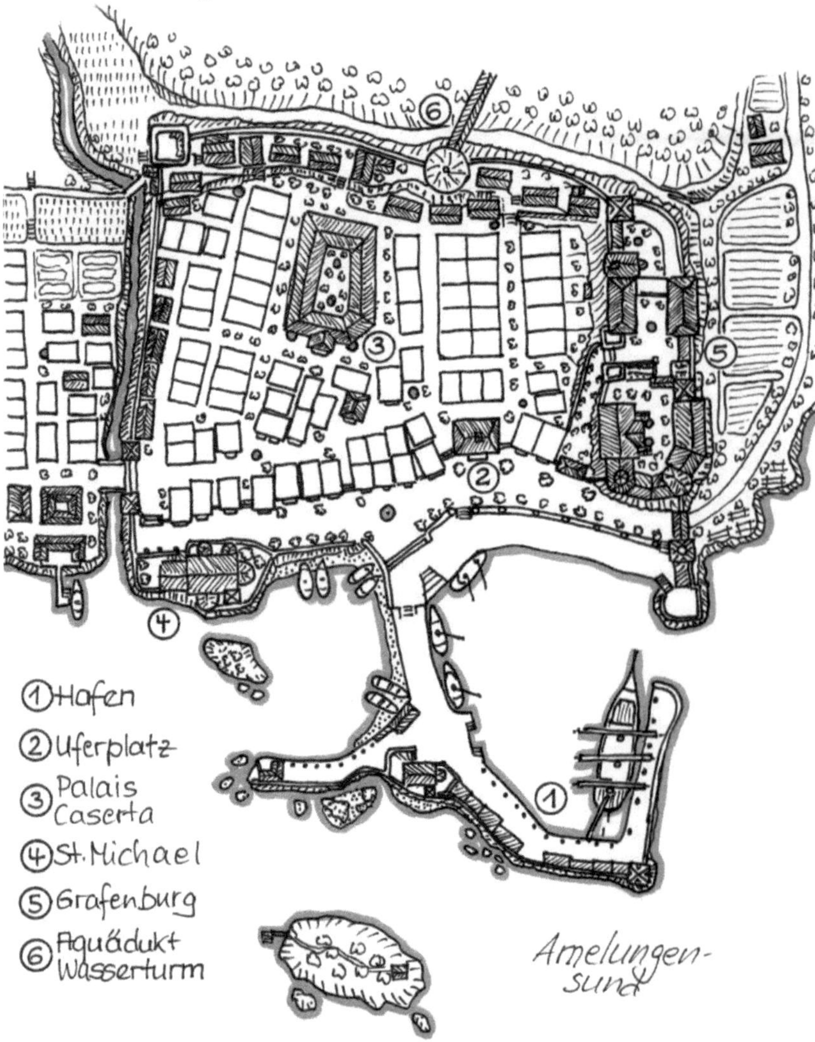

Günter Stoewer hat bisher zehn Bücher veröffentlicht.

Seine sog. ***Thule-Bände***, eine fiktive Reihe von Erzählungen, sind inzwischen auf sechs Bücher angewachsen:

*Der Zug der letzten Goten (Vom Vesuv nach Thule)
*Der Adler über Thule (Vom Kerker auf den Thron)
*Adler und Viper (Der verheißene Prinz)
*Der allgegenwärtige König (Eine Gräfin auf der Suche)
*Gift und Stahl (Machtkampf in Thule)
*Magier und Engel (Zeit der Rosen)

Das Material für einen siebten Band liegt handschriftlich vor. Es ist allerdings nicht abzusehen, wann und ob daraus ein Buch entstehen wird.

Außerdem hat der Autor noch den Nachkriegsroman: ***Die Launen des Schicksals*** veröffentlicht. Er umfasst drei Bände:

*Die Erinnerungen der Carola H.
+Die Liebe der Regula E.
*Geraubte Identität
*Ein denkwürdiger Tag

Das Buch ***G`schichten*** (Eine lange und einige kurze) ergänzt diese Werke.